Henning Köhler · Adenauer und die rheinische Republik

Inhalt

Verzeichnis der Abkürzungen 7

Einleitung 9

Die rheinische Republik 1918/19 — ein Beitrag zur Reichsreform? 15

Die Kampagne der „Kölnischen Volkszeitung" und ihr
politischer Hintergrund 21

Adenauers Haltung bis zum Jahresende 1918 31

Adenauer als Führer der rheinischen Bewegung im Januar
und die Versammlung vom 1. Februar 1919 47

Die Distanzierung von den Rheinstaat-Aktivisten 62

Adenauers Reaktion auf die Friedensbedingungen:
Ein verwirrendes Doppelspiel 80

Adenauers Geheimdiplomatie mit Capitaine Marquis de Lillers 95

Die Umorientierung nach der Annahme des Friedensvertrages 115

Adenauers Politik 1918/19 — Eine Zwischenbilanz 119

Jahre der Unentschiedenheit 1920–1922 125

Das Katastrophenjahr 1923. Ruhreinbruch und Rheinlandkrise 133

Die Ziele der französischen Rheinpolitik 1923 136

Die Separatisten 146

Die Haltung des rheinischen Zentrums 165

Adenauers Haltung von Beginn des Ruhrkonflikts bis zum
Abbruch des passiven Widerstandes 174

Die Konferenz von Hagen 184

Die Kapitulation Adenauers vor Tirard 196

Sand im Verhandlungsgetriebe 218

Intermezzo: Adenauers Kontakt zu Poincaré 230

Das Projekt der rheinischen Goldnotenbank und die Haltung
der Industrie 236

Das Verwirrspiel an der Jahreswende 1923/24:
 Festhalten an Illusionen oder Verwischen von Spuren? 257

Zusammenfassung 274

Quellen- und Literaturverzeichnis 281

Personenregister 285

Verzeichnis der Abkürzungen

AA	Auswärtiges Amt
AN	Archives Nationales
BA	Bundesarchiv
FO	Foreign Office
HAStK	Historisches Archiv der Stadt Köln
IRKO	Internationale Rheinlandkommission
KV	Kölnische Volkszeitung
MAE	Ministère des Affaires Etrangères
Pol. Arch.	Politisches Archiv
PRO	Public Record Office
ZSg.	Zeitgeschichtliche Sammlung

Einleitung

Konrad Adenauer scheint sich mehr und mehr zu einer Figur jenseits von Gut und Böse zu verklären. Die politischen und publizistischen Gegner von einst haben, spätestens in ihren Betrachtungen zu seinem 100. Geburtstag, wenn nicht ihren Frieden mit ihm gemacht, so doch in Ton und Schärfe der Kritik ein dem Anlaß entsprechendes Maß gefunden. Walter Henkels ist dies kürzlich bei der Sammlung von Adenauers „Gesammelten Bosheiten" besonders aufgefallen. In der Einleitung berichtet er von den Schwierigkeiten, überhaupt so etwas zu finden. Denn, so sein zweifellos richtiger Eindruck, „die Jahre und die Umstände nach seinem Tode 1967 haben den Alten noch liebenswerter gemacht. Ist er in seiner Verklärung nicht tatsächlich ein Wesen höherer Art geworden?"[1]

Bezeichnend für die Tendenz, wie man sich der Persönlichkeit nähert, mag ein Titel sein wie „Der Staatsmann im Oberbürgermeister Konrad Adenauer"[2]; hier kommt ein Bestreben zum Ausdruck, schon in frühen Stadien seines Lebens oder in minderen Positionen das Künftige und Bedeutungsvolle zu sehen, was unwillkürlich an die unübersehbare Flut der Bismarck-Literatur längst vergangener Jahrzehnte erinnert.

Für die „Ära Adenauer", die erste prägende Phase der Geschichte der Bundesrepublik, hat Hans-Peter Schwarz zwei gewichtige Bände[3] vorgelegt, deren Bezugs- und Preisgestaltung eindrucksvoll die These des Autors stützt, daß in den fünfziger Jahren eine „Renaissance der bürgerlichen Gesellschaft" stattgefunden habe. Denn man muß schon zu dem vom „Wirtschaftswunder" begünstigten Schichten gehören, um das Gesamtwerk der „Geschichte der Bundesrepublik Deutschland" bezahlen zu können. Welche Richtung künftig die Adenauer-Forschung nehmen soll, hat Hans-Peter Schwarz ebenfalls aufgezeigt. In einem Aufsatz, der ausdrücklich als „Pilotstudie" verstanden sein will[4], entwickelt Schwarz, dem man nicht zu nahe tritt, wenn man ihn als den führenden bundesrepublikanischen Historiker bezeichnet, einen Bezugsrahmen für die Politik Adenauers, der schlicht umwerfend ist.

Einerseits zeigt er den Kanzler als politischen Übermenschen und keineswegs nur als einen Politiker, der, wie es das landläufige Bild vermittelt, unbeirrbar an der einen Idee der Westintegration festhielt, sondern als Staatsmann, der

---

1 Walter Henkels, Adenauers gesammelte Bosheiten, Düsseldorf 1983, S. 11.
2 Rudolf Morsey, Der Staatsmann in Kölner Oberbürgermeister Konrad Adenauer, in: Rhein. Vjbll. 40 (1976), S. 199–211.
3 Hans-Peter Schwarz, Die Ära Adenauer. Gründerjahre der Republik 1949–1957, Stuttgart/Wiesbaden 1981; ders., Die Ära Adenauer. Epochenwechsel 1957–1963, Stuttgart/Wiesbaden 1983.
4 Hans-Peter Schwarz, Adenauer und Europa, in: VZG 27 (1979), S. 471–523.

souverän das komplizierte diplomatische Spiel beherrscht, die eintretenden Veränderungen jeweils in sein Konzept einbezieht und alle Eventualitäten im Auge behält. So entsteht ein ebenso facettenreiches wie verwirrendes Bild. Schwarz zeigt den mit den Amerikanern eng kooperierenden Adenauer wie den mißtrauischen Kanzler, der weiß, daß auf die USA kein Verlaß ist. Daher komme dann sein Eintreten für ein starkes Europa, das das Überleben auch ohne amerikanische Präsenz sichern solle; doch bleibe er natürlich letztlich überzeugt, daß es ohne die Amerikaner nicht gehe. So sei auch sein Eintreten für die EVG weit differenzierter aufzufassen, und seine Politik der europäischen Integration sei durchaus mit der betont nationalen Politik de Gaulles zu vereinbaren gewesen. Er begegnet als Verfechter einer internationalistischen europapolitischen Denktradition neuen Stils, doch zugleich wird sein Europabild und die Zielvorstellungen eines vereinigten Europas in überraschend starker Analogie zum Prozeß der deutschen Einigung im 19. Jh. gesehen — von der Zollunion über den politischen Zusammenschluß bis hin zur Großmacht. Überhaupt sei sein Europakonzept weit entfernt von aller christlich-abendländischen Enge. Denn Schwarz bemüht sich aufzuzeigen, daß es für ihn tatsächlich um Europa als Ganzes ging. Aus diesem Grunde würden sich auch die früheren Kontroversen um seine Deutschlandpolitik und insbesondere um den Stellenwert der Wiedervereinigung in dieser europapolitischen Gesamtperspektive aufheben.

Unabhängig von der Frage, ob die von Schwarz angebotene Globaldeutung im einzelnen richtig ist oder nicht und ob sie aus den zugänglichen Quellen nachvollziehbar ist, erscheint vor allem folgender Gesichtspunkt wichtig. Hier wird ein Interpretationsrahmen vorgelegt, der so weitgefaßt ist und so elastisch mit mehreren Größen arbeitet, daß die Frage nach der Richtigkeit selbst in Teilbereichen, ganz zu schweigen von der Frage, ob die These insgesamt überzeugend ist, unterlaufen wird.

Nun stellt sich allerdings die Frage, ob ein so konstruiertes Raster überhaupt akzeptabel erscheint, das Kritik in Teilbereichen, z. B. in der konkreten Integrationspolitik nach 1950, nur nachsichtig als Mißverständnis hinstellt oder als zu kurz greifende Versuche, einer höheren Realität habhaft zu werden, abtut.

Stellt sich auf diese Weise nicht der Verdacht ein, daß autoritativ mit dem Renommee des Experten etwas festgelegt wird, eine Furche gezogen werden soll, der dann Generationen von Doktoranden beflissen folgen werden, ohne daß die Tragfähigkeit des Konzeptes wirklich erwiesen ist? Auch scheint eine solche visionäre Gesamtdeutung die Forschungsaktivität in Teilbereichen wenig zu befruchten oder gar zu ermuntern. Ist nicht zu befürchten, daß die unbedingt notwendige Einzelforschung zur gehobenen Materialsammlung degeneriert, wenn sich der Forscher einem solchen Interpretationsrahmen gegenübersieht? Von seinem konkreten Arbeitsgebiet wird er in der Regel nicht in der Lage sein, die von Schwarz angebotene Gesamtschau mit seinen Forschungsergebnissen zu erschüttern. Die Folge wird sein, daß er entweder gar nicht oder auf dem von der „Pilotstudie" gewiesenen Weg versucht, die Resultate seiner Arbeit in einen größeren Zusammenhang einzuordnen.

Entgegen den Intentionen der Schwarzschen Pilotstudie wird in dieser Arbeit das umgekehrte Verfahren angewandt werden. Um der visionären Verklärung entgegenzuwirken, soll hier ein Kapitel des politischen Wirkens Adenauers untersucht werden, das als bewältigt, als geklärt gilt, hat es doch, wie immer wieder betont wird, seine adäquate Darstellung in dem Buch von Karl Dietrich Erdmann gefunden[5]. Dieser Abschnitt seines Lebens: sein Verhalten während der Bedrohungen des Rheinlandes nach 1918, ist für den politischen Werdegang wie für die Beurteilung seiner Politik und der politischen Grundsätze, die ihn geleitet haben, in gleicher Weise wichtig. In den Krisen nach dem Ersten Weltkrieg, als die Zukunft des Rheinlandes düster erschien und der Vorwurf des Separatismus laut wurde, gehörte Adenauer zu den umstrittenen Figuren. Die Frage nach seiner damaligen politischen Einstellung, welche Vorstellungen er von Deutschland und dessen Rolle in Europa hatte und wie er konkret auf die verschiedenen Krisenlagen reagierte, die sich aus dem verlorenen Krieg und der 1923 erfolgten Besetzung des Ruhrgebietes durch die Franzosen ergaben, ist naturgemäß von hoher Bedeutung für die Beurteilung auch seiner späteren Politik. Hat er damals, so ist zu fragen, eine Konzeption entwickelt, die für seine Politik nach 1945 in gewisser Weise bestimmend blieb, oder reagierte er nach dem Ersten Weltkrieg nur situationsbedingt auf eine bestimmte politische Konstellation, die später nicht wiederkehrte, so daß jene Reaktion keinerlei Aussagekraft für die Beurteilung seiner Politik als Bundeskanzler beanspruchen kann?

Karl Dietrich Erdmann hatte seinerzeit ein Konzept vorgelegt, das weithin akzeptiert wurde. Ein Rezensent hatte sogar von einem „epochalen Werk" mit „zeitloser Bedeutung" gesprochen[6]. Nach Erdmann erstrebte Adenauer die Gründung eines westdeutschen Bundesstaates, selbstverständlich im Rahmen der Reichsverfassung und dies auch nur, um so die Annexion durch Frankreich zu vermeiden, zugleich aber auch, um Frankreich durch die Gründung dieses Staates eine Sicherheitsgarantie zu geben, die die Voraussetzung für eine dauerhafte Aussöhnung mit Frankreich bieten sollte. Ein weiteres wesentliches Ergebnis seines Buches lag in der Betonung des spezifischen Vorgehens von Adenauer: daß er seine Rolle vor allem als Koordinator sah, daß er auf die geschlossene Aktion aller politischen Kräfte des Rheinlandes Wert legte und die Realisierung dieses Planes nur in Übereinstimmung mit Berlin anstrebte. In der zugespitzten Situation Ende 1923 sei das Projekt des westdeutschen Bundesstaates als Element des Ausgleiches zwischen Deutschland und Frankreich noch dadurch modifiziert worden, daß Adenauer damit zugleich eine Verflechtung der westdeutschen und französischen Schwerindustrie habe kombinieren wollen.

Als 1976 die Festschriften zum 100. Geburtstag erschienen, fand man das Problem der „Rheinlandbewegung", obwohl eine Festschrift sich ausschließlich mit dem Oberbürgermeister von Köln beschäftigte, keiner erneuten Würdigung und Analyse für bedürftig. Eine solche Haltung war durchaus schlüssig, wenn

---

[5] Karl Dietrich Erdmann, Adenauer in der Rheinlandpolitik nach dem Ersten Weltkrieg, Stuttgart 1966.
[6] Bll. f. dt. Landesgeschichte 103 (1967), S. 403 f.

man von der Richtigkeit der Ergebnisse Erdmanns überzeugt war, selbst wenn das Lob der „zeitlosen Bedeutung" eher professionelle Zweifel hervorrufen mußte. Die Anerkennung als Standardwerk gedieh in dem Maße, wie in der rückblickenden Betrachtung die positive Würdigung der Politik Adenauers an Gewicht gewann. Daher begegnete er nun als Politiker, der, haushoch über dem Vorwurf des Separatismus stehend, bereits zu diesem frühen Zeitpunkt — seinen Zeitgenossen weit vorauseilend — den Gedanken der dauerhaften Annäherung an Frankreich vertreten hatte, den zu verwirklichen ihm dann schließlich erst als Bundeskanzler beschieden sein sollte.

Insbesondere für Schwarz hatte die Arbeit von Erdmann eine hohe Bedeutung. Sie erscheint gleichsam als ein wichtiger Pfeiler in der von ihm herausgearbeiteten Entwicklung, die organisch vom Reich zur Bundesrepublik führt und in der die Person Adenauers eine wichtige, wenn nicht die beherrschende Rolle spielte. Diese Entwicklung sieht er als natürliche, aus dem Zwang der Verhältnisse sich ergebende Neuorientierung.

So ist Schwarz in der Herausarbeitung der kontinuierlichen Entwicklung auch bemüht, Adenauer nicht als einen Außenseiter darzustellen, dessen Stunde erst unter den besonderen Bedingungen des geschlagenen und gespaltenen Deutschlands schlug, sondern der ganz unbefangen in den nationalen Traditionen dachte, wie sie ihm in seiner Jugend — als er sich noch von Bismarck ein Autogramm besorgte — zuerst begegnet waren. Noch nach 1945, so Schwarz, „zeigt jede genaue Prüfung der Äußerungen im ersten Jahrzehnt nach 1945, daß der alte Herr, der noch zu jener Generation gehörte, deren Heldengestalt der Reichsgründer Bismarck war, im Deutschen Reich weiterhin die natürliche Ordnung der Dinge gesehen hat"[7]. Angesichts dieser Erkenntnis kann es nicht überraschen, daß für Schwarz die Haltung Adenauers nach 1918 über jeden Zweifel erhaben ist.

Doch soviel Harmonie und Klarheit, solch eitel Sonnenschein, nachdem für Jahrzehnte dunkle Wolken von Behauptungen und Unterstellungen im Raum standen, die genau auf das Gegenteil hinausliefen, blieben selbst im friedlich gestimmten Jubiläums-Jahr 1976 nicht ohne Widerspruch. Rudolf Augstein konnte sich nicht die sarkastische und für die Glaubwürdigkeit von Wissenschaftlern wenig schmeichelhafte Feststellung verkneifen, daß schon viel „Wissenschaftlertum" — „man muß schon sehr viel wissen und sehr gelehrt sein" — zu dem Urteil von Schwarz gehöre, daß Adenauer eine „Schlüsselfigur im Kampf gegen die Abtrennung des Rheinlandes vom Reich" gewesen ist[8].

Wenn im folgenden der erste Abschnitt des politischen Wirkens Adenauers, von seiner kommunalpolitischen Tätigkeit getrennt und bezogen auf seine politischen Aktivitäten 1918/19 und 1923/24, erneut untersucht werden soll, so geschieht dies notwendig in kritischer Auseinandersetzung mit Erdmann. Zudem stellt sein Buch in der Historiographie der Nachkriegszeit insofern einen Sonderfall dar, als es das seltene Beispiel für eine affirmative Geschichtsschrei-

---

7 Hans-Peter Schwarz, a.a.O., S. 510.
8 Rudolf Augstein, „Jener Mongole mit den schlauen Augen". Hundert Jahre Adenauer, in: Der Spiegel Nr. 53 v. 29. Dez. 1975, S. 26.

bung abgibt. Von daher ist auch die Bedeutung des Buches als Standardwerk der Adenauerliteratur zu verstehen. So ist er für das „Privileg" dankbar, von Adenauer empfangen worden zu sein und daß der Altbundeskanzler in „voller Liberalität" der Auswertung der vorhandenen Akten zugestimmt habe[9], als ob selbst ein Mann von der Statur und dem Einfluß Adenauers damals in der Lage gewesen wäre, die Benutzungserlaubnis für Akten zu erteilen oder vorzuenthalten, die nicht sein persönlicher Besitz waren, sondern als dienstliche Schriftstücke in den zuständigen Archiven lagerten. Doch damit der Referenz nicht genug: „Es war für den Historiker überzeugend, einem Staatsmann zu begegnen, der hinsichtlich des Vergangenen und des Gegenwärtigen in Übereinstimmung mit sich selbst steht".

Dabei gibt Erdmann bei aller Pietät in seinem Buch doch einige Anhaltspunkte, die zeigen, auf welchen Verdrängungen und Weglassungen diese Harmonie beruhte.

Die Absicht dieser Arbeit besteht nicht darin, an einem Denkmal zu kratzen, sondern hier soll nichts anderes als das getan werden, was eigentlich immer und in erster Linie die Aufgabe des unabhängigen Historikers sein soll, nämlich Mythen durch genaue Interpretation der Quellen zu zerstören und das von Anhängern oder Gegnern gezeichnete Bild kritisch zu überprüfen.

Hinsichtlich des Ausgangspunktes dieser Studie kommt noch ein weiterer Gesichtspunkt hinzu. Es geht nicht nur allein um eine abweichende Interpretation der damals für Erdmann reservierten und von ihm zuerst benutzten Quellen im Kölner Stadtarchiv und im Bundesarchiv. Natürlich wird auch dazu etwas zu sagen sein, aber wichtig ist die Einbeziehung der französischen Akten, die nach der Publikation der Studie Erdmanns, in den siebziger Jahren schrittweise freigegeben worden sind. Denn auf diese Weise eröffnet sich die Möglichkeit, ein neues Gesamtbild herauszuarbeiten. Zugleich erhalten manche deutsche Quellenaussagen einen anderen Sinn, wenn sie mit der Überlieferung der Gegenseite verglichen werden. Auf diese Weise ist die Voraussetzung geschaffen, nicht nur die Motive Adenauers aus seiner eigenen Sicht oder wie er sie verstanden wissen wollte, sondern auch so, wie sie sich der französischen Seite darstellten, kennenzulernen.

Der entscheidende Punkt bei der Beurteilung seiner Politik ist das Problem des Separatismus und damit die Frage, inwieweit dieser Begriff auf das Verhalten Adenauers anzuwenden ist. Gewiß geht es nicht darum, apologetische Tendenzen des Buches von Erdmann zu konterkarieren, etwa in der Weise, daß nun Beschuldigungen und Unterstellungen in umgekehrter Richtung erhoben werden sollen. Es ist nicht beabsichtigt, nachdem manche Flecken oder Ungereimtheiten durch behutsame Weichzeichnung „entschärft" worden sind, diese wieder grell hervortreten zu lassen.

Der Begriff des Separatismus hat vor allem in der innenpolitischen Auseinandersetzung eine Rolle gespielt. Mit diesem Vorwurf, der undeutlich im Raume stehen konnte, ohne durch Beweise erhärtet zu sein, konnte man Politiker zur Strecke bringen. Adenauer selbst mußte sich noch nach 1945, als er zum führen-

---

9 Karl Dietrich Erdmann, a.a.O., S. 12.

den Politiker der CDU aufstieg, wiederholt damit auseinandersetzen. Er zog daraus die Konsequenz, in seiner „autorisierten" Biographie[10] das Problem unter den Tisch fallen zu lassen. Um die Leute nicht kopfscheu zu machen, stritt er auch Kontakte, etwa zu Dorten, ab, die unzweifelhaft bestanden hatten. Das enthob ihn der Notwendigkeit, die ganze komplizierte Situation näher erklären zu müssen und damit nur neue Widersprüche heraufzubeschwören. Erdmann und Morsey, letzterer in seiner Darstellung der Geschichte der Zentrumspartei, haben dann den Separatismus nach Kräften verdrängt und ihn lediglich für die Aktivitäten Dortens und seiner Anhänger sowie für die 1923 in Erscheinung tretenden anderen Gruppen akzeptiert.

Mit dem Begriff des Separatismus hatte es in Deutschland seine eigene Bewandtnis. Im Ausland, etwa auf Korsika oder im Baskenland, ist Separatismus etwas grundsätzlich anderes. Dort bezeichnen sich Menschen selbst als Separatisten oder werden so benannt, weil sie eine Politik der Lostrennung von dem Staat, zu dem sie nicht gehören wollen, in Wort und Tat vertreten. Im Rheinland verhielt es sich anders. 1918/19 gab es niemanden, auch Dorten nicht, der öffentlich erklärte, das Reich verlassen zu wollen. Da es keine erklärten Parteigänger der Trennung von Deutschland gab, wurde der Begriff unscharf. Denn das Kriterium dafür, jemand mit diesem politisch-moralischen Vorwurf zu belegen, bestand häufig nur in der Vermutung, daß der Betreffende Kontakte zu der französischen Besatzungsmacht unterhalten oder in irgendeiner Weise die Rheinpolitik Frankreichs unterstützt habe. Da diese das Ziel verfolgt hat, das Rheinland dauerhaft unter ihre Kontrolle zu bekommen und wenn möglich – von Deutschland abzutrennen, führte der Kontakt zu französischen Dienststellen fast automatisch zu der Unterstellung, daß Separatismus im Spiel sei.

In der vorliegenden Arbeit geht es nicht darum, die Gesinnungsprüfung früherer Zeiten wieder aufzunehmen. Als Separatist wird nur bezeichnet werden, der selbst erklärt hat, für ein neutrales und unabhängiges Rheinland eintreten zu wollen. Der Begriff Separatismus wird in der Regel nur dann verwendet, wenn die französischen Quellen davon sprechen.

Es ist nicht beabsichtigt, Adenauer als Separatisten zu „entlarven", der in heimlichem Einvernehmen mit den Franzosen das Rheinland „verkaufen" wollte. Ebenso wenig kann er jedoch als die Integrationsfigur, als der über den Parteien stehende Koordinator präsentiert werden, dem es nur um die Geschlossenheit der loyalen politischen Kräfte des Rheinlandes ging.

Leitender Gesichtspunkt der Untersuchung wird die Herausarbeitung der politischen Grundanschauung sein, die Adenauer in den Krisenlagen nach 1918 entwickelt hat. Jenseits der Behauptungen und Unterstellungen, die sein politisches Leben seitdem begleitet haben, gilt es, auf einer soliden Quellenbasis sein politisches Verhalten darzustellen und das Verhaltensmuster herauszuarbeiten, das ihn nach dem Ersten Weltkrieg teilweise in große Schwierigkeiten brachte, das es ihm aber nach der Katastrophe von 1945 ermöglichte, schneller als die meisten anderen Deutschen sich den Gegebenheiten anzupassen und seine einzigartige Nachkriegskarriere zu starten.

10 Paul Weymar, Konrad Adenauer. Die autorisierte Biographie, München 1955.

Die rheinische Republik 1918/19 – ein Beitrag zur Reichsreform?

Die Ereignisse und Entwicklungen zwischen dem Ende des Krieges und dem Friedensschluß sind kaum auf einen Nenner zu bringen. Zu vieles, oft Gegensätzliches ist miteinander verbunden. Die im Grunde nicht für möglich gehaltene militärische Niederlage, die durch die überstürzte Bitte um Waffenstillstand deutlich wurde, und der Sturz des politischen Systems, das durch die militärische Entwicklung mit in den Strudel gerissen war, bewirkten tiefe Verwerfungen im politischen Bewußtsein der Bevölkerung. Als markantes Beispiel dafür, daß Ursache und Wirkung umgekehrt werden können oder zumindest die eine Entwicklungslinie wesentlich stärker als eine andere, nicht minder wichtige in Erscheinung tritt, können die beiden dominierenden Daten und Ereignisse des Novembers 1918 angeführt werden: der politische Umsturz und der Waffenstillstand. Die „Revolution", die sich von der Küste ausbreitende Matrosenrevolte, die am 9. November mit dem Sturz der Monarchie in Berlin „siegte", hatte, weil sie das beherrschende und die Masse der Bevölkerung unmittelbar betreffende Ereignis war, eine weit stärkere Wirkung als die Meldung des zwei Tage später in Kraft getretenen Waffenstillstandes.

Es sollte sich zeigen, daß die Akzentverschiebung nicht ohne weitreichende Folgen blieb, die die innenpolitischen Entwicklungen — vom Interesse der Bevölkerung her — ganz natürlich in den Vordergrund rückte, während die außenpolitische Situation — teilweise aus Mangel an Informationen, teilweise aus einem gewissen Wunschdenken heraus — weniger Berücksichtigung fand. Insbesondere die Frage nach den Konsequenzen der Niederlage wurde häufig verdrängt; es trat infolge der Turbulenzen im Innern kaum ins Bewußtsein, daß von den Siegern eine schlimme Rechnung präsentiert werden könnte. Viele glaubten — und das waren mehr oder weniger die neuen politischen Führungsschichten —, daß man um die Folgen der Niederlage herumkommen könnte, weil man nun einen ganz anderen Staat, eine parlamentarische Republik geschaffen hatte, ganz nach den Vorstellungen des Präsidenten Wilson, wie man glaubte. Und wenn dies so war, konnte man zuversichtlich sein, denn warum sollte das „neue" Deutschland für die Sünden des „alten", überwundenen Systems büßen? Andere meinten, man könnte sich um die Rechnung drücken, weil man für sich besondere Bedingungen beanspruchte oder glaubte geltend machen zu können. Wenn man zum Beispiel am Rhein lebte, dann konnte die außenpolitische Konstellation, die Orientierung auf die wichtigste Siegermacht Frankreich, die militärisch damals die stärkste der drei Westmächte war und außerdem in so bedrohlicher Nachbarschaft sich befand, eine ganz andere Bedeutung gewinnen.

Neben den beiden zentralen Fragen, der inneren Entwicklung und der außenpolitischen Zukunft, gab es eine Fülle anderer Probleme, das, jedes für sich genommen, in „normalen" Zeiten ausgereicht hätte, um die Tagespolitik auszufüllen: Die Umstellung von der Kriegs- auf die Friedenswirtschaft und dann die Wiedereingliederung der Soldaten und der Flüchtlinge und Ausgewiesenen in das Wirtschaftsleben, die sozialen Folgekosten des Krieges mit der Versehrten- und Hinterbliebenenversorgung und keineswegs zuletzt die Umstrukturierung des politischen Lebens, nachdem die Oktoberreformen unter dem unmittelbaren Druck des Präsidenten Wilson eher die Richtung angegeben als tatsächlich schon die Realisierung bedeutet hatten. Vor allem aber stellte sich auch die Frage nach der Umstrukturierung des Reiches.

In vielfältiger Form regten sich Bemühungen, das chaotische Kriegsende zum Anlaß für einen Neuanfang zu nehmen. Es machte sich eine Fülle von Bestrebungen bemerkbar, zu einer schon im vorpolitischen Raum beginnenden grundlegenden Erneuerung zu kommen. Oft hatten diese Aktivitäten, die dazu dienen sollten, einen Beitrag zum Neubeginn zu leisten, ihre Wurzeln in der Vorkriegszeit. Eine Flut von Broschüren erschien, die unterschiedlichste Themen behandelten: die Bodenreform, die Lebensreform im allgemeinen, das neue Bauen und Wohnen, die Vergesellschaftung der Wirtschaft wie überhaupt Vorschläge zur Lösung der sozialen Frage; eine Fülle von Initiativen machte sich bemerkbar.

Die Frage nach der Neugestaltung des Reiches, und das hieß in erster Linie die Aufteilung Preußens in der einen oder anderen Form, hat ohne Zweifel in der Fülle der Bestrebungen und Aktivitäten, die alle um den Neubeginn kreisten, die die Niederlage ins Positive wenden wollten und die Möglichkeit, aber auch die Berechtigung zur Reform daraus ableiteten, eine wichtige Rolle gespielt. Die Frage ist nur, welchen Stellenwert sie tatsächlich hatte. War es im Bewußtsein der Zeitgenossen eine Angelegenheit von drängender Aktualität oder eher ein Anliegen, dessen Berechtigung man zwar anerkannte, aber doch mehr geneigt war, wegen der unabsehbaren Schwierigkeiten, die sich bei der Realisierung im konkreten Einzelfall dann aber zeigen mußten, die Angelegenheit zögerlich zu behandeln mit der Tendenz, sie auf die lange Bank zu schieben?

Für Karl Dietrich Erdmann ist die Umgliederung des Reiches von zentraler Bedeutung. Die Frage nach der Zukunft Preußens in einem republikanischen Deutschland ist für ihn der Ausgangspunkt der Überlegungen, die dann zu den politischen Bestrebungen im Rheinland geführt hätten.[1] Er zitiert den Staatsrechtler Hugo Preuß, dessen ursprüngliche Vorstellungen bekanntlich auf den „dezentralisierten Einheitsstaat" hinausliefen. Denn dessen republikanischer Rigorismus wollte mit all den Zufälligkeiten und Abstrusitäten der überkommenen dynastischen Staaten Schluß machen. Auch Friedrich Meinecke fehlt nicht als Zeuge, da auch er für die Opferung Preußens zugunsten der Vollendung der nationalen Einheit plädiert hatte.

---

1 Karl Dietrich Erdmann, a.a.O., S. 21 ff. Die diesbezügliche Kapitelüberschrift lautet: „Die Frage der Umgliederung des Reiches und die Rheinlandbewegung: Was soll aus Preußen werden?"

Im historischen Rückblick müssen wohl die Stimmen derer als die Gewichtigeren anerkannt werden, die 1918 das Ende Preußen sahen und ganz einsichtig argumentierten, daß mit dem Sturz der Monarchie, dramatisch noch unterstrichen durch die schmähliche Flucht des letzten Inhabers der Krone, auch das Ende dieses Staates gekommen sei. Für die Auflösung oder, anders ausgedrückt, für die Umorganisierung dieses Staates sprach mehr als für seine Beibehaltung. Die Chance für einen halbwegs funktionierenden Föderalismus konnte nur im Falle des Verschwindens Preußens gegeben sein. Sobald die Beweihräucherung des republikanischen Preußen und die pietätvolle Darlegung seiner „demokratischen Sendung"[2] einer nüchternen und mehr realitätsbezogenen Erörterung der Rolle Preußens in der Weimarer Republik Platz gemacht haben wird, sollte es möglich sein, die Schattenseiten der Fortexistenz Preußens als eine Dauerbelastung für die Republik in vielfacher Hinsicht herauszuarbeiten.

Hier sei nur soviel gesagt, daß in der rückschauenden Sicht das Fortbestehenlassen Preußens nur als folgenschwerer Fehler verstanden werden kann. Die Alternative war nicht der Einheitsstaat, sondern ein stärker föderalistisch bestimmter Staat, als es die Weimarer Republik war, in dem mehrere neue Länder an die Stelle Preußens hätten treten müssen.

Fragt man jedoch nach der Bedeutung, die die Frage im öffentlichen Bewußtsein nach dem Novemberumsturz hatte, insbesondere ob ein Druck von irgendeiner politischen Seite festzustellen ist, in dieser Richtung aktiv zu werden, so kann die Antwort nur negativ ausfallen. So zeigt etwa das liberale „Berliner Tageblatt", das Hugo Preuß nahestand und das seinen berühmten Artikel über „Volksstaat oder verkehrter Obrigkeitsstaat" veröffentlicht hatte,[3] für die Frage nach dem Schicksal Preußens kein Interesse. Zwar wird einmal über die Äußerung des ehemaligen Oberpräsidenten von Ostpreußen Batocki, der in der „Deutschen Allgemeinen Zeitung" für die Auflösung Preußens plädiert hatte, berichtet, doch mit dem distanzierenden Zusatz, daß die „feste Fundamentierung durch die Nationalversammlung vorausgehen (müsse), ehe an eine Neugruppierung der einzelnen Reichsteile gedacht werden kann"[4]. Die Frage des Zusammentritts der Nationalversammlung, im Dezember 1918 alles andere als sicher voraussehbar, war entscheidend; solange sie nicht geklärt war, konnte das Thema „Preußen" kaum Interesse finden.

Vom 3. Januar 1919 datiert die berühmte Denkschrift von Preuß über die Grundsätze der künftigen Reichsverfassung, die ausdrücklich die Auflösung Preußens forderte: „Denn der Fortbestand einer einheitlichen Republik von 40 000 000 Einwohnern innerhalb einer von ihr organisatorisch getrennten Republik von zusammen 70 000 000 Einwohnern ist schlechthin eine staatsrecht-

---

2   Dieser Trend war besonders deutlich im Rahmen der Preußenausstellung, die 1981 in Berlin stattfand. Vgl. ferner die für die sympathische Verzeichnung des republikanischen Preußens bahnbrechende Biographie von Hagen Schulze, Otto Braun oder Preußens demokratische Sendung, Berlin 1977.
3   Berliner Tageblatt, Nr. 583 vom 14. Nov. 1918, abgedruckt in: Ursachen und Folgen, Bd. 3, S. 421—423.
4   Berliner Tageblatt Nr. 631 vom 10. Dezember 1918.

liche, politische und wirtschaftliche Unmöglichkeit."[5] Am folgenden Tag nahm der Leitartikel des „Berliner Tageblattes" darauf Bezug, aber wieder in einer eher zurückhaltenden Art. Obwohl die Unhaltbarkeit der bestehenden Situation zugegeben wurde, war das Blatt überaus vorsichtig in der Empfehlung, wie es nun weitergehen, wie man die staatsrechtlichen Verwerfungen in der bundesstaatlichen Gliederung des Reiches ausgleichen sollte. „Die Frage ist nur, in welcher Weise die Neueinteilung des Deutschen Reiches erfolgen soll. Auch wenn man ohne weiteres zugibt, daß Preußen in seinem bisherigen Umfang nicht weiter bestehen kann, da es sonst das neue Reich auseinandersprengen würde, so ist doch in einer zu weitgehenden Zerreißung zusammengehöriger Teile eine nicht viel kleinere Gefahr zu erblicken."[6]

Festzuhalten bleibt, daß die Auflösung Preußens zwar „eigentlich" auf der Tagesordnung stand und von einigen einsichtigen Köpfen auch gefordert wurde. Für die breite Öffentlichkeit war es aber kein Thema, das nach dem Umsturz ein größeres Interesse fand. Daher ist es unrichtig, wenn Erdmann schreibt: „Zu den wesentlichen Elementen der Situation, vor deren Hintergrund sich das Handeln Adenauers in den Monaten nach dem Zusammenbruch abspielt und verstanden werden will, gehört neben dem außenpolitischen Faktor der französischen Rheinziele innenpolitisch die Frage nach dem Schicksal Preußens"[7]. Diese Einschätzung widerspricht übrigens auch der generellen Beurteilung der Situation, wie sie Erdmann an anderer Stelle geäußert hat. Denn als Handbuchweisheit hat er festgestellt, daß Ende 1918 nur die Alternative zwischen „Rätestaat und parlamentarischer Demokratie" bestanden habe und daß das „entscheidende Kriterium ... die Konfliktentscheidung durch das Majoritätsvotum" ist[8], also in diesem Fall die Entscheidung durch die Nationalversammlung. Die Vernachlässigung dieser allgemeinen Problematik erfolgt lediglich, um die rheinische Sonderbewegung zu rechtfertigen. Deshalb bringt er die Kölner Aktivitäten seit dem November 1918 primär mit der Frage der Auflösung Preußens in Verbindung, gleichsam als Beitrag zu einer staatsrechtlichen Lösung, während doch tatsächlich die Revolution und ihre möglichen Gefahren im Mittelpunkt der Überlegungen standen.

Die politischen Bestrebungen am Rhein stellten niemals eine „rheinische Initiative"[9] dar, die so etwas wie die Bewegung zur Auflösung Preußens einleiten sollte. Vielmehr standen vom Beginn an im Vordergrund all dieser Bestrebungen Ziele, die einen ganz anderen Motivationszusammenhang aufweisen. In Berlin und in anderen Teilen des Reiches befürchtete man oder war auch überzeugt, daß die rheinischen Aktivitäten alles andere als Beiträge zur Reichsreform waren; sie wurden statt dessen als Tendenzen oder Äußerungen eines handfesten

---

5 Abgedruckt in: Ursachen und Folgen, Bd. 3, S. 426.
6 Berliner Tageblatt vom 12. Dez. 1918.
7 Karl Dietrich Erdmann, a.a.O., S. 21.
8 Gebhardt, Handbuch der deutschen Geschichte, 9. Auflage Bd. 4, Die Zeit der Weltkriege, 1. Teilbd. bearb. von Karl Dietrich Erdmann, Stuttgart 1973, S. 154 f.
9 So lautet die einschlägige Kapitelüberschrift bei Erdmann, a.a.O., S. 28.

Separatismus gedeutet. Es verhält sich also genau umgekehrt: Die mit der Auflösung Preußens angestrebte Reichsreform wurde ganz entscheidend von dem, was im Rheinland vor sich ging, gebremst, und alle Bemühungen in dieser Richtung blieben in den ersten Ansätzen stecken. Dabei kann es hier offenbleiben, ob diese Gefahr wirklich ernstgenommen oder nur von interessierter Seite, etwa der preußischen Bürokratie, zur Rechtfertigung benutzt wurde, um jegliche Initiative, die auf die Auflösung Preußens gerichtet war, so schnell wie möglich abzubiegen.

Was Erdmann zur Erklärung des politischen Verhaltens Adenauers und Morsey[10] zur politischen Rolle des Zentrums angeboten hatte — Bücher, die fast zur selben Zeit in der Mitte der 60er Jahre erschienen waren —, hatte einen auffallend neutralen Charakter. Früher wurden ganz andere Töne angeschlagen, stand doch die politische Diskriminierung im Vordergrund. In der Weimarer Republik und besonders in dem Pamphlet von Ilges[11] in der Fassung von 1934 wurde ausgesprochen häßlich und oft in bewußter Verunglimpfung nur von Separatismus gesprochen. Diese negative Tendenz hatte dann die DDR-Historiographie übernommen und fortgesetzt, als man dort noch die gesamtdeutsche Linie vertrat und sich deshalb über den „Separatisten Adenauer" gutgespielt empören konnte.[12]

Es zeichnete sich also ein eigenartiger Kontrast ab: Was früher mehr oder weniger klar als Gegebenheit hingenommen wurde, daß nämlich im Rheinland nach 1918 Separatismus betrieben wurde, war bei Erdmann und Morsey nicht mehr vorhanden: nunmehr sollte es sich bei ihnen nur um einen Beitrag zur Reichsreform und gleichzeitige Abwehrmaßnahme gegen französische Annexionsabsichten oder um die Reaktion auf die schulpolitischen Erlasse des USP-Kultusministers Hoffmann gehandelt haben. Lediglich Erdmann deutet vereinzelt auf die Doppelbödigkeit der ganzen Angelegenheit hin, wenn er distanzierend von der „Clique" oder von „Aktivisten" spricht, die auch auf dem rheinischen Schauplatz ihr Unwesen getrieben haben.

Für diese Art der Erörterung hatte Adenauer selbst den Ton angegeben. In der „autorisierten Biographie"[13], die, wie Klaus Dreher betont[14], nach genauen Anweisungen des Kanzlers geschrieben worden ist, wird der gesamte Komplex über seine Haltung nach 1918, der ihm noch zu Beginn seiner Nachkriegskarriere auf dem Weg zum Vorsitz in der CDU viele Schwierigkeiten gemacht hatte, mit

---

10   Rudolf Morsey, Die Deutsche Zentrumspartei 1917–1923, Düsseldorf 1966.
11   F. Walther Ilges und Hermann Schmid, Hochverrat des Zentrums am Rhein, Berlin (1934).
12   So schrieb Peter Klein, Separatisten an Rhein und Ruhr, Berlin (Ost) 1961, S. 33: „Es gab und gibt nur eine deutsche Nation. Das ‚rheinische Volk' war eine Zweckkonstruktion französischer Annexonisten und deutscher Separatisten. An der deutschen Nation und am Völkerrecht vergeht sich, wer ... die Einheit Deutschlands antastet, indem er separatistischen Bestrebungen Tür und Tor öffnet."
13   Paul Weymar, Konrad Adenauer. Die autorisierte Biographie, München 1955.
14   Klaus Dreher, Der Weg zum Kanzler. Adenauers Griff nach der Macht, Düsseldorf 1972, S. 21.

äußerster Zurückhaltung behandelt. Die Darstellung scheint unter dem Motto zu stehen, daß es am günstigsten ist, so wenig wie möglich zuzugeben – oder, anders ausgedrückt, schlafende Hunde nicht zu wecken. Nur so ist es zu erklären, daß Weymar schlicht behaupten kann, Adenauer und Dorten seien nie zusammengetroffen[15], obwohl in der Broschüre von Ilges 1934 sogar die Faksimiles der Korrespondenz veröffentlicht waren.[16]

---

15 Paul Weymar, a.a.O., S. 72.
16 F. Walther Ilges u. Hermann Schmid, Hochverrat des Zentrums am Rhein. Neue Urkunden über die wahren Führer der Separatisten, Berlin (1934), S. 50 ff. Ilges hatte nach der Machtergreifung als erster die Akten Adenauers benutzt.

Die Kampagne der „Kölnischen Volkszeitung" und ihr politischer Hintergrund

Alle Bemühungen, das Phänomen der Rheinlandbewegung im allgemeinen und der separatistischen Bewegungen im besonderen zu erfassen, gehen in die Irre, wenn man hierfür nicht die „Kölnische Volkszeitung" und ihre Kampagne für die Gründung der rheinischen Republik als Ausgangspunkt nimmt. Auch Adenauers Verhalten und seine Bestrebungen sind von daher erst richtig zu beurteilen. Mit der „KV" und ihren journalistischen Äußerungen sowie mit den konkreten politischen Aktivitäten der führenden Persönlichkeiten werden die Faktoren deutlich, die für die ganze Bewegung entscheidende Bedeutung hatten: Das Eintreten für einen selbständigen rheinischen Staat unter bewußtem Bruch mit dem überkommenen Nationalstaat, die Festigung der Beziehungen zu französischen Regierungsstellen, die noch während des Krieges geknüpft wurden, und schließlich die führenden Köpfe der „Bewegung", d. h. ihr spiritus rector Josef Froberger, der Verleger Franz-Xaver Bachem und der „KV"-Chefredakteur Karl Hoeber.

Es gab keine Zeitung im Rheinland, die nach dem Umsturz, mithin seit dem 10. November 1918, eine ähnliche oder vergleichbare Haltung wie die „KV" eingenommen hätte. Nirgendwo wurde so nachhaltig betont, daß das Rheinland sich selbst organisieren müßte, daß das „Selbstbestimmungsrecht der Völker", dieses vom Präsident Wilson geprägte Zauberwort, nicht etwa gegenüber Frankreich, sondern gegen Berlin angewendet werden müßte, um von Berlin „los"zukommen. Das war nicht erst die Reaktion auf die törichten Erlasse des preußischen USP-Kultusministers Adolf Hoffmann, sondern gehörte zum politischen Programm, das schon vorher und ohne Bezug auf Hoffmann formuliert worden war. Das Übermaß an Harmonie und der erstaunliche Befund, daß sowohl Erdmann wie Morsey so wenig auf die Unter- und Zwischentöne geachtet und kein Gefühl für die Doppelbödigkeit dessen entwickelt haben, was heute gemeinhin die Rheinlandbewegung genannt wird, liegt wohl vor allem darin begründet, daß sie die zentral wichtige Quelle der „Kölnischen Volkszeitung" vernachlässigt oder beiseite geschoben haben. Die „KV" wurde zwar von Morsey sorgfältig für seine Geschichte der Zentrumspartei ausgewertet, ihre Kampagne für die Gründung einer rheinischen Republik jedoch so gut wie nicht zur Kenntnis genommen.

Nun ist es eine allgemein anerkannte Tatsache, daß gerade in den Wochen nach dem Novemberumsturz die Presseveröffentlichungen einen besonders hohen Quellenwert haben, da nach der Aufhebung der Zensur und angesichts ihrer zentralen Bedeutung als Medium die Zeitungen die wichtigsten Informationsträger waren. So bieten sie wichtige Aufschlüsse über die Parteienentwicklung, bringen organisatorische Einzelheiten, Nachrichten, wie das politische Leben sich nun zu entwickeln begann, welche Aufrufe veröffentlicht wurden, welche Gruppenaktivitäten sich regten und vieles anderes, was in den Akten der Verwaltung, Parteien und anderer Organisationen oft nicht enthalten ist. Alle diese Aktivitäten können auch in der „KV" festgestellt werden.

Darüber hinaus jedoch unterscheidet sich das Blatt grundsätzlich von allen anderen Zeitungen des Rheinlandes. Denn nur diese Zeitung betrieb in ganz einzigartiger Weise mit Vehemenz und Entschiedenheit eine Kampagne für die Gründung eines eigenen Rheinstaates. Dabei ging es um wesentlich mehr als nur um die Aufteilung Preußens oder ob den Kindern die Segnungen des Schulgebetes erhalten bleiben sollten. Die „Kölnische Volkszeitung", das einflußreichste katholische Blatt des Rheinlandes, bezog den Standpunkt, daß Niederlage und Revolution einen radikalen Bruch mit der Vergangenheit bedeuteten. Damit meinte man jedoch nicht, daß nun ein demokratischer Staat auf soliderer Grundlagen als das von Bismarck geschaffene Reich errichtet werden sollte. Statt dessen trat man für eine völlige politische Neuorientierung ein. Die rheinische Republik, der Zusammenschluß der Länder am Rhein, sollte der feste Kern für den staatlichen Neuaufbau Deutschlands werden, der jedoch mit den Plänen von Hugo Preuß nicht mehr das geringste zu tun hatte, handelte es sich doch bei dem, was die „KV" vortrug, um die spätere Bildung eines Staatenbundes anstelle des Bismarckschen Reiches, eines lockeren Zusammenschlusses verschiedener deutscher Republiken, unter denen der rheinischen allerdings besondere Bedeutung zukommen sollte.

Der Schwerpunkt des neuen, des „eigentlichen" Deutschland, sollte nach Westen verlagert werden. Der neue Schwerpunkt, die nach Westen verlagerte Achse, war „auf einer von Köln nach Passau sich hinziehenden Linie" zu suchen.[1] Diese vagen Perspektiven einer politischen Umstrukturierung bestimmten auch die Einstellung des Blattes zu Berlin. Während im Rheinland wie in anderen Teilen Deutschlands die Befürchtung vorherrschte, daß die gemäßigten Kräfte unter Ebert unterliegen könnten und das Bürgertum und die Armee bereit waren, die Mehrheitssozialdemokraten nicht nur zu tolerieren, sondern sie unbeschadet sonstiger politischer und ideologischer Differenzen in der konkreten Situation nach dem Umsturz gegen ihre ultralinken Gegner zu unterstützen, sprach die „KV" der Berliner Regierung jede Legitimation ab und griff sie in der übelsten Weise an. Man wollte mit Berlin als der deutschen Hauptstadt nichts mehr zu tun haben.

Die politischen Ideen der „KV" wurden nicht in der plumpen propagandistischen Manier der modernen Massenpresse publik gemacht, so daß gleichsam ein Trommelfeuer von Schlagzeilen auf den Leser herunterprasselte. Wohl waren die Artikel stets auf der ersten Seite placiert, aber sie bedienten sich oft einer verdeckten Sprache mit dunklen Hinweisen wie „dort, wo man in Deutschland noch zu hören versteht",[2] oder appellierten an den „aufmerksamen Leser",

---

[1] KV v. 23. Nov. 1918.
[2] So etwa in dem wichtigen Artikel: „Französische Auffassungen über die Behandlung Deutschlands" vom 11. Nov. 1918.

der die richtigen Schlüsse aus den verdeckt argumentierenden Artikeln ziehen sollte.

Von besonderem Interesse ist die Einstellung des Blattes Frankreich gegenüber. Unmittelbar nach Ende des Krieges mußte im Rheinland Frankreich als diejenige unter den Siegermächten betrachtet werden, die an einer sowohl politischen wie territorialen Änderung der Verhältnisse am Rhein das größte Interesse haben mußte. Für den Rheinländer, der deutsch bleiben und nicht „welsch" werden wollte, stand Frankreich im Mittelpunkt aller Überlegungen und Befürchtungen. Hier machte sich bei der „KV" seit dem Umsturz ein verblüffender Wandel bemerkbar. Das Blatt war während des Krieges weit nach rechts gedriftet und hatte eine ausgeprägt annexionistische Politik vertreten.[3] Es unterstützte vornehmlich viele Kriegsziele, die auf die Abrundung der deutschen Macht- und Interessensphäre im Westen, also betont gegen Frankreich gerichtet waren. Nun begann sich das Bild zu verändern; seit dem 10. November wurde dem „aufmerksamen" Leser wiederholt bedeutet, daß man die neuen Gegebenheiten anerkennen müßte. Doch mit diesem neu entdeckten Sinn für Realitäten hatte es eine besondere Bewandtnis. Indem man ihre Anerkennung empfahl, signalisierte man zugleich, daß alles, was in Paris entschieden würde, als unabänderlich hingenommen werden müßte. Die einzige Chance bestände darin, so schnell wie möglich in dem Zeitraum zwischen Waffenstillstand und Friedensschluß sich selbständig zu machen und dies nicht nur im staatsrechtlich formalen Sinn, d. h. durch die Gründung eines „normalen" Landes innerhalb des Reiches wie Sachsen oder Bayern, sondern mit solcher politischen Zielsetzung, daß die als unmittelbar bevorstehend suggerierte Annexion des Rheinlandes durch die Franzosen dadurch abgewendet werden könnte. Pressestimmen aus Paris, die in dieser Hinsicht etwas verlauten ließen, wurden voller Respekt zitiert und hatten für die Kommentatoren des Blattes eine autoritative Bedeutung.

Am Morgen des 4. Dezember 1918, an dem Tage, da am Abend in einer Versammlung in Köln die Gründung der rheinischen Republik erfolgen sollte, ging das Blatt in einem Artikel, der wie ein Aufruf wirken und das Publikum für den Abend richtig einstimmen sollte, so weit, offen an die Entente zu appellieren, das Unternehmen zu unterstützen: „Unabänderliche Tatsachen der politischen Neugestaltung Europas lassen uns jeden als Bundesgenossen willkommen heißen, der die Berechtigung unserer Forderung versteht."[4] Als der „Temps", zweifellos ein besonders einflußreiches Pariser Blatt, dessen Artikel mitunter einen offiziösen Charakter hatten, einen Artikel über die Rheinfrage veröffentlichte und die Maxime aufstellte: „keine Bajonette, kein Preußen, von Basel bis Köln",

---

[3] Vgl. dazu Ernst Heinen, Zentrumspresse und Kriegszieldiskussion unter besonderer Berücksichtigung der „Kölnischen Volkszeitung" und der „Germania", Phil. Diss. Köln 1962.
[4] KV Nr. 953 v. 4. Dez. 1918. In der Mittagsausgabe desselben Tages hieß es in dem Artikel: „Vor dem Einzug der Verbandstruppen": „Ohne Aufgabe unseres Volkstums in Verbindung mit dem neu entstehenden deutschen Staatswesen müssen wir uns bemühen, die Brücke zwischen dem siegreichen Westen und Neu-Deutschland zu bauen. Das ist unsere große weltgeschichtliche Aufgabe".

wurde dies unter der Überschrift: „Das französische Regierungsorgan über die Rheinlande" übernommen und am Ende der Wiedergabe des Artikels der Satz hinzugefügt: „Wir halten es nicht für nötig, die Auslassungen des Pariser Blattes mit einem Kommentar zu versehen."[5]

So einzigartig wie die Kampagne der „KV", die ihre Leser immer wieder aufforderte, mit der Vergangenheit zu brechen, sich selbständig zu machen und Berlin nicht mehr als Hauptstadt anzuerkennen, sondern statt dessen für die Zukunft einen lockeren Staatenbund in Deutschland anzustreben, ist auch die Tatsache, daß die „KV" im Frühjahr 1918 über holländische Mittelsmänner in Beziehung zur französischen Regierung getreten ist. Für eine Summe von einer Million Mark verpflichtete sich damals die Zeitung, für die Wiederherstellung Belgiens und die Rückgabe Elsaß-Lothringens einzutreten. Am 5. Juni 1918 meldete der französische Militärattaché in Den Haag, daß er am Vortage die erste Rate in Höhe von 400 000 Mark zuzüglich 15 000 Francs an die holländischen Unterhändler gezahlt habe.[6]

Für den Verfasser war die Entdeckung dieser Telegramme des Militärattachés in Vincennes überhaupt erst der Anlaß gewesen, sich mit diesen rheinischen Affären zu befassen. Weitere Akten waren damals nicht zugänglich. Angesichts der verblüffenden Übereinstimmung, daß das Geschäft vom Juni 1918 im November, als die Zensur fiel, so erstaunliche Früchte trug, daß das Blatt nämlich eine Kampagne führte, die den französischen Plänen, die deutsche Grenze am Rhein festzulegen und das linke Rheinufer gesondert – nach Frankreich hin – politisch zu organisieren, nur förderlich sein konnte, entstand damals die Vermutung, daß auch nach Abschluß des Geschäftes im Juni 1918 noch weitere Beziehungen zu französischen Stellen bestanden haben.

Nun ist inzwischen die Studie von Jean-Claude Montant erschienen,[7] in der er minuziös nachgewiesen hat, daß die Franzosen seitdem nichts mehr mit der Zeitung zu tun gehabt haben. Zugleich hat er erstaunliche Informationen über die holländischen Mittelsmänner und die näheren Begleitumstände ans Licht gebracht. Hier begegnet uns die charakteristische Mischung von Wahrheit und Täuschung, jenes Zwielicht, in das geheime Abmachungen von solcher Brisanz gehüllt zu werden pflegen. Über den eigentlichen Mittelsmann namens Fritz Domsdorf, der mit dem Militärattaché verhandelt und die Provision erhalten hatte und der stets als Bruder eines Geistlichen bezeichnet worden war, ist außer seinem Namen nichts bekannt. So weiß man weder sein Geburts- oder Sterbedatum noch etwas über sein späteres Leben. Auch die Karte, die ihn als Korrespondent der Zeitung ausweisen sollte, erfüllte nicht alle Echtheitsanforderungen. Ebenso hielt sich ein weiterer Geistlicher namens Leo Giesberts, der als Mitwisser genannt wurde, nicht, wie man den Franzosen erklärte, zu dieser Zeit

---

5 KV Nr. 999 v. 20. Dez. 1918.
6 Die diesbezüglichen Dokumente sind abgedruckt in: Henning Köhler, Autonomiebewegung oder Separatismus? Berlin 1974, S. 106–110.
7 Jean-Claude Montant, Une tentative française d'infiltration dans la presse allemande: L'affaire de la „Kölnische Volkszeitung" (février-décembre 1918), in: Revue d'Histoire moderne et contemporaine 27 (1980), S. 658–685.

in Köln, sondern als Missionar in der Südsee auf. Aber solche Ungenauigkeiten wird man bei derartigen, mit einem außerordentlichen Risiko verbundenen Geschäften wohl immer finden. Bei einer Entdeckung wäre das Erschießungskommando in bedrohliche Nähe gerückt. Aus dieser Perspektive wird es durchaus erklärlich, daß falsche Angaben in die Story eingebaut wurden. Sie konnten im Falle des Bekanntwerdens, falls die deutschen Behörden Kenntnis von der Angelegenheit erhielten, lebenserhaltende Funktionen haben, wenn man z. B. sagen konnte, daß die Karte, die den Unterhändlern als Sonderkorrespondenten der „KV" auswies, solche formalen Mängel aufwies,[8] daß die Zeitung sich immer darauf berufen konnte, mit dieser Angelegenheit nichts zu tun gehabt zu haben. Auch dem Militärattaché, dem General Boucabeille, war klar, daß man sich nicht an solchen Äußerlichkeiten festhalten durfte; für ihn war es wichtiger, „sich an die moralischen Garantien zu halten", die ihm seine Kontaktpersonen, insbesondere die Geistlichen, boten.

Während Montant wichtige neue Erkenntnisse über die handelnden Personen und die Rolle der französischen Behörden beizubringen vermag, weil ihm weitere Akten zugänglich waren und er darüber hinaus ein außerordentliches Gespür entwickelt hatte, die Personalien der mit der Affäre befaßten Männer herauszufinden, ist das Ergebnis, das er aus seinen Recherchen zieht, weniger überzeugend. Für ihn steht, durchaus naheliegend, das französische Engagement im Vordergrund. So bleibt die rheinische Seite etwas unterbelichtet, da für ihn vor allem die Tatsache entscheidend ist, daß die Regierung in Paris nach dem Umsturz die im Frühjahr 1918 angeknüpfte Verbindung nicht mehr benutzt oder gar ausgebaut hat. Die beiden einzigen Berichte des Militärattachés vom 3. November und 17. Dezember 1918 geben zwar einige Informationen über die Tätigkeit von Fritz Domsdorf — daß er im November einmal nach Köln gereist sei —, aber keinerlei Informationen, weder von Seiten des Generals noch der Regierung, auf die Zeitung in irgendeiner Weise Einfluß zu nehmen.

Aus diesem Grunde ist Montant geneigt anzunehmen, daß das Geschäft, das im Frühjahr 1918 verhandelt und das im Juni abgeschlossen worden war, gar nicht die „Kölnische Volkszeitung" erreicht hat. Er läßt den Ausgang völlig offen und präsentiert mehrere Möglichkeiten, scheint aber der Vorstellung zuzuneigen, daß es sich um ein deutsches Manöver, um eine Aktion des militärischen Geheimdienstes gegen Erzberger gehandelt habe. Diese überraschende Variante wäre so zu verstehen, daß Erzberger, der innenpolitische Gegner der Obersten Heeresleitung, von deutschen Geheimdienststellen durch eine Intrige zu Fall gebracht werden sollte, indem man ihn über angebliche Kontakte der „KV" mit französischen Regierungsstellen in Verbindung bringen wollte.

Alle derartigen Möglichkeiten müssen jedoch in das Reich der Spekulation verwiesen werden. General Boucabeille sprach zwar einmal davon, daß auch Erzberger mit der Angelegenheit zu tun haben könnte; dies deutete er jedoch als lediglich vage Möglichkeit ohne nähere Begründung an. Daß Montant so unentschieden ist und im Grunde geneigt zu sein scheint, ein „offenes Ende" der

---

8 Jean-Claude Montant, a.a.O., S. 669.

Affäre anzunehmen, hängt wohl vor allem damit zusammen, daß er die weitere Kampagne der „KV" nach dem 9. November 1918 nicht berücksichtigt hat. Er orientiert sich daher mehr an dem Dezemberbericht des Militärattachés, in dem dieser auch die Zeitung im Zusammenhang mit der spektakulären Versammlung am 4. Dezember in Köln, auf der ursprünglich die rheinische Republik, „rheinisches Recht für rheinisches Land" proklamiert werden sollte, erwähnt hatte. Ohne jede Hintergrundinformation und ohne auf das einzugehen, was die Zeitung bis zu diesem Zeitpunkt geschrieben hatte, fand der General, der offensichtlich niemanden zur Auswertung der deutschen Presse zur Verfügung hatte, nichts Auffälliges. Er bezog sich in dem Bericht lediglich auf die Resolution, die von der Versammlung angenommen worden und in der von der rheinisch-westfälischen Republik die Rede war. Das war allerdings ein Zusatz, den besonnene Zentrumsführer ebenso schnell noch eingefügt hatten wie die Formulierung, daß diese Republik im Rahmen des Deutschen Reiches existieren sollte. An dem Resolutionstext war also nichts, was den General besonders interessieren mußte, vor allem, wenn er über die Vorgeschichte und das, was die Zeitung bis dahin geschrieben hatte, nicht informiert war.

Daß dem Militärattaché nichts aufgefallen war, ist im Grunde nicht überraschend. Zweifellos war er ein tüchtiger Offizier, unternehmungslustig und verantwortungsfreudig, der seine Karriere wie andere bedeutende französische Offiziere in der Kolonialtruppe gemacht hatte. Im Sommer 1918 hatte er sogar durch Vermittlung von deutschen Deserteuren wie Wilhelm Pieck Kontakte zu den revolutionären Obleuten in Berlin angeknüpft und diesen viel Geld für den Fall in Aussicht gestellt, daß sie in Berlin einen Umsturz auslösten.[9] Das Unternehmen konnte jedoch nicht im Oktober 1918 anlaufen, weil Clemenceau, der den General persönlich nicht sehr schätzte, vor dem unabsehbaren Risiko einer sozialrevolutionären Entwicklung zurückschreckte und die Genehmigung verweigert hatte.

Angesichts der verwirrenden Situation in Deutschland nach dem 9. November war der General offenbar überfordert, konnte er doch im November in der Revolution in Deutschland nur ein jüdisches Schwindelunternehmen erblicken[10]. Es war eine geradezu typische Reaktion, daß er, wenn schon nicht einen Sündenbock, so doch eine generelle Erklärung für ein Phänomen suchte, das in seiner Widersprüchlichkeit seine militärisch geprägte Auffassungsgabe weit überstieg. Daher sind aus der Tatsache, daß er in seinem Bericht vom 17. Dezember nichts Auffälliges zu berichten hatte, keine weitreichenden Schlüsse zu ziehen.

Gegenüber allen kühnen Konstruktionen, die die Wahrscheinlichkeit deutlich überstrapazieren, erscheint die engere Orientierung an den vorhandenen Quellen der bessere Weg zu sein. Betrachtet man die neu erschlossenen Quellen genauer, anstatt Spekulationen, die vor allem vom „cui bono" bestimmt sind,

---

9 Henning Köhler, Beziehungen des französischen Geheimdienstes zu deutschen Linksradikalen 1917/18, in: Aus Theorie und Praxis der Geschichtswissenschaft. Festschrift f. Hans Herzfeld zum 80. Geburtstag, Berlin 1972, S. 189–208.
10 Ebenda, S. 206.

nachzuhängen, so erhält man wichtige Anhaltspunkte. Auch Montant kommt am Schluß seines Artikels, etwas unmotiviert, auf die Geistlichen zurück, die am Beginn der Affäre standen. Hier bieten die Berichte des Militärattachés in der Tat wichtige Indizien. Pater Domsdorf, der Bruder des Unterhändlers Fritz, gehörte zum Konvent der Missionare von Sacré Cœur, einem französischen Missionsorden, der eine Niederlassung im holländischen Tilburg hatte. Ein Mitarbeiter Boucabeilles hatte den Pater nicht nur dort aufgesucht, sondern war auch mit dessen Superior in Kontakt getreten. Er erkundigte sich bei ihm nicht nur nach der Glaubwürdigkeit des Paters Domsdorf, sondern auch, ob er über die Verhandlungen bezüglich der „KV" informiert sei, was der Superior ausdrücklich bejaht hatte.

Auch ein belgischer Geistlicher, Père Delafaille, hatte die Zuverlässigkeit Domsdorfs sowie die Solidität der Verhandlungen mit der „KV" betont. Der französische Militärattaché ließ den Unterhändler Fritz Domsdorf ebenfalls überwachen und kam zu einem positiven Ergebnis. Verdachtsmomente tauchten nicht auf. Der Mann führte einen frommen Lebenswandel, lebte mit seinen beiden Schwestern zusammen, erteilte Privatstunden und war ein gelegentlicher Mitarbeiter der „Kölnischen Volkszeitung."[11]

Es kann also keinen Zweifel über die Seriosität der Vertragspartner Boucabeilles geben. Daß die Geistlichen ein Schwindelunternehmen aufgezogen haben könnten, um Geld zu ergaunern, scheint völlig abwegig. Dagegen ist es sehr viel wahrscheinlicher, daß im Zuge der allgemeinen Politisierung des Klerus im Verlaufe des Krieges diese Geistlichen den Plan gefaßt hatten, politisch aktiv zu werden, wobei bei ihnen offensichtlich der katholische Glaube mit dem französischen Waffensieg in Übereinstimmung stand, denn man darf nicht vergessen, daß es sich bei den Tilburger Geistlichen nicht um neutrale Holländer, sondern um Mitglieder eines französischen Ordens handelte, die profranzösisch eingestellt waren, und das, obwohl die französische Republik die katholische Kirche bei der Separation, bei der Trennung von Staat und Kirche zu Beginn des Jahrhunderts, so schlecht behandelt hatte.

Welchen Umfang die Initiative dieser Geistlichen hatte, d. h. wer alles von diesen Dingen wußte, läßt sich nicht ermitteln. Sicherlich ist es grundverkehrt, von der konkreten Aktion in Holland auf klerikale Machenschaften in großem Umfang oder eine auf den Vatikan hinweisende Politik zu schließen. Andererseits ist es aber auch sicherlich nicht allein die Privatsache von zwei Holländern gewesen, die zufällig auch Geistliche waren. Man muß wohl davon ausgehen, daß im Bereich des Ordens, wie das Beispiel des Superiors in Tilburg zeigte, die Oberen informiert waren. Wahrscheinlich darf man sich über die näheren Vorstellungen der Beteiligten keine Illusionen machen. Wie so oft bei Leuten, die durch besondere Ereignisse politisiert wurden und sich zu politischem Handeln aufgerufen fühlten, war der Wunsch, irgendwie tätig zu werden, stärker als das Bewußtsein darüber, was sie denn mit diesen Aktivitäten konkret erreichen konnten. Wohl kaum hatten sie sich die Frage vorgelegt, ob gerade sie das Zeug dazu hätten, ein so kompliziertes politisches Manöver durchzuführen.

11 Für die Einzelheiten vgl. Jean-Claude Montant, a.a.O., S. 667 f.

Ob und wie die „Kölnische Volkszeitung" im Frühjahr 1918 in die Affäre eingeschaltet wurde, muß offen bleiben. Es ist durchaus möglich, daß das, was die Unterhändler als bereits bestehende Beziehung zu dem Blatt ausgaben, ein Wechsel auf die Zukunft war und in den kommenden Monaten erst realisiert werden sollte. Darauf deutet eine Passage in dem Bericht des Militärattachés vom Dezember 1918 hin. Dort wird nämlich eine Reihe von Gründen dafür genannt, daß bisher mit dem Blatt noch nichts unternommen worden sei. Neben der Schwierigkeit, das Geld zu übermitteln, der Strenge der deutschen Zensur wie überhaupt der Überwachung wird noch ein weiterer Punkt genannt, nämlich „die Bekehrung gewisser einflußreicher Redakteure[12]".

Das ist zweifellos der Schlüssel für die Affäre. Die „KV" wurde nicht „gekauft", um eine bestimmte Propaganda zu betreiben, indem der holländische Unterhändler bei dem Verleger erschien, über den geschlossenen Vertrag Bericht erstattete und diskret den Koffer mit dem Geld übergab. Das hätte dann zur Folge gehabt, daß die Redaktion entsprechend instruiert worden wäre, wie sie fortan gewisse Dinge zu betrachten und demzufolge auch darüber zu schreiben hätte. So wird sich die Sache gewiß nicht abgespielt haben. Statt dessen kann man davon ausgehen, daß die holländischen Geistlichen versuchten, in der Redaktion Kontakte herzustellen, wobei sie im Falle von Froberger besonders erfolgreich waren. Diesen, einen ehemaligen Ordensprovinzial der „Weißen Väter", eines anderen französischen Missionsordens, haben die Tilburger Missionare sicherlich gekannt. Auch den Verleger F. X. Bachem wird man ebenso wie den Chefredakteur Hoeber auf Grund ihres späteren Engagements hinzurechnen dürfen, keineswegs aber die gesamte Redaktion oder die übrigen Mitglieder der Familie Bachem, die zugleich Teilhaber der Firma J. P. Bachem waren.

Die Methode der individuellen Beeinflussung erklärt auch die Widersprüchlichkeit in der Haltung des Blattes, wie sie für den Zeitraum seit dem November 1918 klar erkennbar ist. Denn neben den Artikeln, die mit Blick nach Frankreich für den Staat am Rhein warben, sind stramm konservative Ausführungen zu finden. Schon sehr früh ist auch die Dolchstoßlegende vertreten, und selbst antisemitische Affekte gröberer Machart fehlten nicht. Das Ergebnis ist also einigermaßen verwirrend. Da treten holländische Ordensgeistliche an den französischen Militärattaché heran und bieten für eine beträchtliche Summe — das Inflationsbewußtsein war noch nicht so weit entwickelt, um in der damaligen Zeit des realen Wertverlustes schon voll gewahr zu werden — die publizistische Unterstützung für das wichtigste Kriegsziel Frankreichs, die Rückgabe Elsaß-Lothringens, an. Das Geschäft kommt zustande; die erste Rate wird gezahlt, doch dann passiert nichts. Das ist nicht weiter erstaunlich, denn schließlich herrschte die militärische Zensur. Als im Herbst die militärische Entscheidung im Westen gefallen war und die deutsche Niederlage feststand, auch wenn man auf Seiten der Entente nicht wußte, wann dies zum Ende des Krieges führen würde, war man auf

---

12 Jean-Claude Montant, a.a.O., S. 674. In dem Bericht heißt es, die Unterhändler hätten sich auf folgende Schwierigkeiten berufen, „d'abord à quelques difficultés dans la transmission des fonds, dans la ‚conversion' de certains rédacteurs influents, enfin à la surveillance extrêmement sévère de la censure allemande."

die publizistische Hilfe aus Köln nicht mehr angewiesen. Zudem wird man sich in Paris zu diesem Zeitpunkt nicht mehr sehr gern an diese Aktion erinnert haben, die für den Klerikalenfresser Clemenceau doch einen peinlichen Beigeschmack gehabt haben muß. Außerdem stand — wie schon erwähnt — der General Boucabeille aus politischen Gründen — er war Kabinettschef des Kriegsministers Lyautey gewesen, der 1917 demissionierte — nicht in seiner Gunst. So mochte man bestrebt sein, das Ganze zu vergessen, da man in den Wochen nach dem Umsturz nicht in der Lage war, und das traf besonders auf den Militärattaché zu, die politische Entwicklung in Deutschland im allgemeinen richtig einzuschätzen und daraus die erforderlichen politischen Schlußfolgerungen zu ziehen. Dies galt noch in gesteigertem Maß für die Verhältnisse in Köln und die Kampagne der „KV".

Auf der anderen Seite muß von den Abmachungen in Den Haag zwischen den Ordensgeistlichen und dem Militärattaché und seinen Gehilfen so viel nach Köln gedrungen sein, daß sich daraus die einzigartige Haltung der „KV" erklärt, diese Mischung von einer „hausgemachten" Kampagne, einen eigenen Staat zu gründen, sich vom Bismarckreich loszusagen und für die Gründung einer losen Konföderation verschiedener deutscher Republiken einzutreten. Das ist die eine Seite; auf der anderen Seite bestand die Erwartungshaltung, sich für alles, was aus Paris herübertönte, offenzuhalten, und wenn es nur ein Artikel des „Temps" war, der beflissen mit allen Anzeichen des Respektes referiert und kommentiert wurde.

Unter den Mitarbeitern des Blattes, die von Domsdorf oder seinen Gesinnungsgenossen „bekehrt" wurden, nimmt Josef Froberger mit Abstand die bedeutendste Stellung ein. Er war der Motor der Bewegung; phantasievoll und unermüdlich tätig, umfassend gebildet und weit gereist, ein bestauntes Sprachgenie, war er ein Mann, der den Eindruck des Fremden und Geheimnisvollen vermitteln konnte. Als ehemaliger Ordensgeistlicher, der weiterhin dem katholischen Milieu verhaftet blieb, aber sich zugleich auch nachrichtendienstlich als Mitarbeiter des Inlands-Nachrichtendienstes der OHL betätigte, als Elsässer, der keine Anhänglichkeit an das Bismarckreich zeigte und 1919 sogar einen deutschen und einen französischen Paß gehabt haben soll[13] — kurz, ein außerordentlich aktiver und zugleich undurchschaubarer Mann, der mit seinen internationalen Beziehungen — wer hatte die schon in Köln 1918 — viel Eindruck machte und die Leute verblüffte. Das traf auch in besonderem Maße auf Konrad Adenauer zu. Denn der Oberbürgermeister wurde unmittelbar nach dem Umsturz zum Anlaufpunkt für Froberger. Der wollte in der durch die mi-

---

13 Dorten berichtet: „Meine zweifelhafte Miene veranlaßte ihn, zur Bekräftigung seiner neuen Einstellung eine französische Legitimationskarte aus der Tasche zu ziehen: Als geborener Elsässer habe er die Berechtigung, für Frankreich zu optieren. Als ich ihm darauf vorhielt, daß wir vorderhand noch Rheinländer seien, zog er aus der anderen Rocktasche einen deutschen Paß und beteuerte hoch und heilig, daß er selbstredend nur auf die Errichtung des Rheinstaates warte, um dessen Bürger zu werden." Zitiert nach der im Bundesarchiv liegenden Fassung seiner Memoiren; BA ZSg. 105, Nr. 4, Bl. 58 f.

litärische Niederlage und den Umsturz im Innern bestimmten Situation nicht nur publizistisch tätig sein, sondern schaltete sich direkt in die politische Willensbildung ein und war bestrebt, seinen Einfluß wirksamer geltend zu machen, als dies mit journalistischen Mitteln möglich war.[14] So kam es, daß er nicht nur zur zentralen Figur der Kölner Bewegung wurde, sondern zugleich in enge, wenn auch nicht spannungsfreie Beziehungen zu Adenauer eintrat.

---

14 Carl Bachem, der bereits im Oktober 1918 aus der Redaktion der „KV" ausgeschieden war und den seither eingeschlagenen Kurs des Blattes scharf kritisierte, sprach rückblickend im Juni 1919 von dem „Tollkopf Froberger, der sich für einen hochpolitischen Kopf hält", was er aber nach der festen Überzeugung Bachems gerade nicht war. HAStK, Nachl. Bachem.

Adenauers Haltung bis zum Jahresende 1918

„Mit der Errichtung der rheinischen Republik wollte Adenauer im Reich dem Bürgertum die Führung sichern."[1] Nichts ist abwegiger, als Adenauer im Winter 1918/19 eine solche Haltung zu unterstellen. Mit derartigen Formulierungen leistet man einen Beitrag zur Legendenbildung, nicht aber zur Aufklärung des alles andere als einfachen Sachverhaltes. Die politische Situation in Köln stellte Adenauer vor so schwierige Probleme, daß man getrost davon ausgehen kann, daß er ganz andere Sorgen hatte, als dem Bürgertum — und das nicht nur im Rheinland, sondern im ganzen Reich, welch abstruse Vorstellung — die Führung zu sichern.

Adenauer, 1917 zum Oberbürgermeister aufgerückt, nachdem er seit 1906 als Beigeordneter verschiedene Ämter in der städtischen Verwaltung bekleidet hatte, war zweifellos ein erfahrener Kommunalpolitiker. Er hatte die schwierigen Probleme der Ernährung seiner Stadt während der Kriegszeit gemeistert, soweit dies bei der angespannten Versorgungslage und der Unzulänglichkeit der improvisierten Kriegswirtschaft überhaupt möglich gewesen war. Seine Schrift über die Ernährungswirtschaft hatte 1915 seinen klaren Blick für die auf die Städte zukommenden neuen Aufgaben deutlich gezeigt.[2]

Alle diese Probleme verloren mit dem Ende des Krieges nichts von ihrer Dringlichkeit; ganz im Gegenteil, waren sie doch durch die Risiken und Unwägbarkeiten nach dem Umsturz und durch die Frage, wie sich die Besatzungstruppen verhalten würden, noch komplizierter geworden.

Am 9. November, auf dem Höhepunkt der allgemeinen Verwirrung, erschien Froberger auf dem Rathaus. In Köln war die „Revolution" zu diesem Zeitpunkt schon zwei Tage alt und der Oberbürgermeister hatte mit dem Vorsitzenden des Arbeiter- und Soldatenrates, d. h. dem führenden Kölner Mehrheitssozialdemokraten Wilhelm Sollmann,[3] der ihm aus der Stadtverordneten-Versammlung bekannt war, die weitere Zusammenarbeit verabredet. In Berlin verschwand die Monarchie, ein Vorgang, den die Proklamation der Republik durch Scheidemann vom Fenster des Reichstages aus mehr illustrierte, als daß ihr eine rechtsschöpferische Bedeutung zugekommen wäre. Die „Kölnische

---

1 Karl Dietrich Erdmann, Stresemann und Adenauer — zwei Wege deutscher Politik, in: Aus Reichsgeschichte und Nordischer Geschichte, hrsg. von Horst Fuhrmann, Hans Eberhard Mayer, Klaus Wriedt, Stuttgart 1972, S. 400.
2 Konrad Adenauer, Die neue Regelung unserer Nahrungsmittelwirtschaft, Berlin 1915.
3 Wilhelm Sollmann, Die Revolution in Köln. Ein Bericht über Tatsachen, Köln 1918. In dieser noch im November 1918 erschienenen Broschüre gibt Sollmann einen informativen Überblick über die Umwälzung in Köln, ohne jedoch die Frage des Separatismus anzusprechen.

Volkszeitung" hatte am Morgen schon von der Nationalversammlung gesprochen und der Meinung Ausdruck verliehen, „daß dabei auch an eine Aufhebung der bisherigen bundesstaatlichen Gliederung unseres Volkes oder an ihren Ersatz durch andere Formen von ‚Selbstbestimmung' gedacht wird".[4]

Froberger kam nicht allein. Er war begleitet von einigen Zentrumshonoratioren, unter ihnen Oberpfarrer Kastert, der Vorsitzende der Kölner Zentrumspartei. Was die Männer mit Adenauer besprachen, ist nicht ganz klar. Rückblickend hat ein Zentrumsmann berichtet, daß am 9. November in kleiner Runde vier Herren bei Kastert versammelt waren, um die politische Lage zu erörtern. Am folgenden Tage wollte die Kölner Zentrumspartei eine Versammlung abhalten, die ein politisches Problem allererster Ordnung behandeln sollte, nämlich daß man „im Westen neu aufbauen" müsse. Dann seien Froberger und Chefredakteur Hoeber hinzugekommen, die die „außenpolitischen Momente in die Debatte" eingebracht hätten, woraufhin man beschlossen habe, sogleich zum Oberbürgermeister zu gehen.[5]

In dessen eigenem Bericht, der einige Monate später niedergeschrieben ist,[6] steht das, was Froberger erklärte, im Vordergrund. Demnach würde die Rheinprovinz — nicht das linke Rheinufer — Frankreich zufallen. „Man könne das Deutschtum hier am Rhein nur dann retten, wenn man sich von Preußen lostrenne und einen besonderen Staat bilde." Nach diesen Ausführungen hätten die Zentrumspolitiker das Stadtoberhaupt gebeten, sie mit den Vertretern der anderen Parteien zusammenzubringen, „damit sie mit diesen gemeinschaftlich diese Fragen beraten könnten", was aber Adenauer, der das Ganze für „absurd" hielt, ablehnte. Demgegenüber betont der Bericht von Zentrumsseite, daß Adenauer sofort an die Information der anderen Parteien dachte, dann aber im Verlauf der Beratungen davon abrückte und erklärte: „Der Gedanke ist mir noch nicht so klar und spruchreif, daß ich mit den anderen Parteien verhandeln könnte."

Man wird wohl davon ausgehen können, daß die Ablehnung sich auf den Vorschlag bezog, über die Frage des „Neuaufbaus" im Westen möglichst kurzfristig eine Versammlung einzuberufen. Denn warum soll man es „absurd" finden, ein Problem, das am Horizont aufgetaucht und sehr ernst zu nehmen war, mit den anderen Parteien zu erörtern? Hingegen konnte es verfehlt erscheinen, in dieser Situation, deren Gefährlichkeit man sich zwar bewußt wurde, wenngleich noch keine konkreten Anhaltspunkte vorhanden waren, eine allgemeine

---

4 KV Nr. 884 vom 9. November 1918.
5 Dieser Bericht, der sich in den Akten Adenauers befindet, (HAStK 902/253/2, Nr. 133 ff.) wird bei Karl Dietrich Erdmann, a.a.O., S. 29 zitiert.
6 Abgedruckt bei Karl Dietrich Erdmann, a.a.O., S. 238—253 (Dok. Nr. 4). Hinsichtlich der Datierung vermittelt Erdmann ein schiefes Bild, indem er den Eindruck erweckt, als könnte der Bericht irgendwann zwischen 1919 und 1926 geschrieben worden sein. Tatsächlich bricht die Darstellung am 17. März 1919 ab, als Adenauer im Zusammenhang mit den Auseinandersetzungen um die Kasino-Versammlung in „höchst unerquickliche Verhältnisse" geriet. Es ist nicht daran zu zweifeln, daß der Bericht im Frühjahr 1919 niedergeschrieben worden ist.

Versammlung einzuberufen, ganz zu schweigen von der weiterreichenden Frage, sich selbständig zu machen, die Rheinprovinz von Preußen abzutrennen.

Adenauers eigener Bericht entbehrt auch für die Folgezeit der wünschenswerten Klarheit. Zur Begründung dafür, daß er in den folgenden Wochen wiederholt Besprechungen mit den Vertretern der Parteien abgehalten hatte, schreibt er, durch „Zeitungsartikel der inländischen und ausländischen Presse wurde der Gedanke der Gründung einer westdeutschen Republik in den folgenden Wochen immer wieder ventiliert."[7] Das ist mit Sicherheit nicht richtig, war es doch allein die „KV", die sich für diesen Plan stark machte, während die übrigen Zeitungen, auch die Zentrumspresse, sich bedeckt hielten und möglichst wenig mit dieser Frage zu tun haben wollten. Die breite Erörterung der Frage kam erst nach der Kölner Versammlung am 4. Dezember in Gang, nicht jedoch vorher. Über den Inhalt der Besprechungen, die im Laufe des November stattgefunden haben müssen, teilt Adenauer mit, daß Übereinstimmung darüber geherrscht habe, die westdeutsche Republik[8] weit nach Osten zu verankern; sie sollte nicht nur Westfalen umfassen, sondern sogar bis Oldenburg reichen. Ferner war seinem Bericht zufolge nie von einem Staat mit Zentrumsmehrheit die Rede, „man war sich vielmehr darüber klar, daß auch in dieser Republik die Trennung von Staat und Kirche kommen müsse".[9] Diese Aussage scheint im Rückblick etwas zu apologetisch verbogen zu sein. Denn die breite, sorgfältig geschürte Polemik gegen den preußischen USP-Kultusminister Adolf Hoffmann, der für die Zentrumspartei geradezu existenzerhaltend war, weil der Kampf gegen die Trennung von Staat und Kirche die schwankend gewordenen Reihen der Partei wieder fest zusammenband, sollte in der damaligen rheinischen Zentrumshochburg Köln keine Rolle gespielt haben? Das erscheint völlig abwegig. Ob in Einzelgesprächen oder von besonders eifrigen Plänemachern phantasievoll ein Staat von solchem Umfang konzipiert wurde, mag offen bleiben. In der Presse, d. h. in der „KV", war in der Regel nur von den Ländern am Rhein und deren „rheinischer Freiheit" die Rede. Da Adenauer in seinem Bericht hinsichtlich der Verhandlungen mit den anderen Parteien sowie der Beratungsgegenstände sehr ungenau ist und auch keinerlei Angaben über Sitzungstermine, Teilnehmer usw. vorhanden sind, wird man hier einige Vorsicht gegenüber seinen Angaben üben müssen.

Die entscheidende Zäsur stellte die Versammlung am 4. Dezember 1918 dar. Während vor diesem Zeitpunkt nur die „KV" für den zu gründenden Staat am Rhein warb und weder ein positives noch ein negatives Echo auf diese Kam-

---

7 Ebenda, S. 238.
8 Wenn Adenauer in seinem Bericht rückblickend schreibt, daß es im November und Dezember 1918 um eine westdeutsche Republik gegangen sei, so ist das unkorrekt und irreführend, wenn er für diesen frühen Zeitraum bereits die spätere Sprachregelung verwendet, als es verpönt war, von der rheinischen Republik zu sprechen, da dieser Begriff zu sehr auf das linksrheinische Gebiet verwies. Andererseits war es problematisch, von der „Rheinisch-Westfälischen Republik" zu sprechen, da aus Westfalen lebhafter Protest gegen die Vereinnahmung geäußert wurde und lediglich im Vorstand der Zentrumspartei von Münster schwache Sympathiebezeugungen gemacht wurden.
9 Ebenda, S. 239.

pagne festzustellen war, vielmehr anscheinend das Bestreben bestand, in Deckung zu bleiben und sich nicht in irgendeiner Weise zu exponieren, da niemand wußte, wohin die Reise ging, war nach diesem Datum die Hölle los.

Die Versammlung, die in der Kölner Bürgergesellschaft am Abend des 4. Dezembers stattfand, war, betrachtet man die Begleitumstände, offensichtlich so angelegt, daß sie die Entscheidung, die Wende von der publizistischen Erörterung zur politischen Aktion bringen sollte, nachdem in der Öffentlichkeit bis dahin sich vor allem die „KV" bemerkbar gemacht hatte. Die letzten deutschen Truppen hatten die Stadt verlassen, und — so sahen es die Waffenstillstandsbedingungen vor — am nächsten Tag konnten die alliierten Truppen einziehen. Daß am Abend des 4. Dezember bedeutsame Ereignisse stattfinden sollten, war allgemein bekannt. Es wird berichtet, daß selbst aus Düsseldorf Interessierte in der Erwartung anreisten, daß etwas „passieren" würde.[10] Am Morgen hatte ein Aufruf in der „KV" für die richtige Einstimmung gesorgt. Dieser forderte „rheinisches Recht für rheinisches Land", einen eigenen Staat ohne jede Erwähnung der weiteren Zugehörigkeit zum Reich.[11] Er endete schließlich mit der klaren Aufforderung an die Entente, diesem neuen Staatswesen zu Hilfe zu kommen.

Was am Abend dann geschah, lag jedoch nicht völlig auf dieser Linie. Die Versammlung war als Zentrumsveranstaltung unter Leitung des Oberpfarrers Kastert einberufen. Demnach wäre dies nur eine lokale Angelegenheit der Kölner Partei gewesen. Um aber dem erstrebten Ziel der rheinischen Selbständigkeit näher zu kommen, ihren Aktivitäten größeres Gewicht beizumessen, damit man nicht sagen konnte, das wäre nur eine Kölner Spezialität, ein „Krätzchen" dieser für Späße und Überraschungen immer offenen Domstädter gewesen, überrumpelte man den rheinischen Zentrumsvorstand. Bei der Sitzung, die überraschend für den Nachmittag einberufen war, waren, wie Wilhelm Marx berichtet, eine Menge Personen anwesend, die nicht dem Vorstand angehörten, die aber um so eifriger die unbedingt notwendige Gründung der rheinischen Republik betonten.[12] Marx protestierte dagegen und hielt den Befürwortern die Unmöglichkeit vor, daß sie, „wenn sie das Alphabet der Trennung einmal angeschnitten und A gesagt hätten, dann unter den Augen der Entente das Alphabet ruhig weiter abhandeln (könnten)? Sähen sie denn nicht, daß wenn einmal A gesagt worden wäre, dann die Entente das Übrige weiter abhandeln würde?"[13] Er konnte sich jedoch mit diesem rationalen Argument nicht durchsetzen, da die Gegenseite von ihrer weltgeschichtlichen Mission überzeugt und deswegen seinen Vorhaltungen nicht zugänglich war. Er verließ jedoch nicht die Versammlung, sondern „nach alter Zentrumssitte" willigte er in den Kompromiß ein, trotz seiner Bedenken an der Versammlung teilzunehmen und dort eine Rede zu halten. Das wurde ihm durch die Tatsache leicht gemacht, daß wegen des Massenandranges die Versammlung in verschiedenen Sälen stattfinden mußte,

---

10 Fritz Brüggemann, Die rheinische Republik, Bonn 1919, S. 22.
11 KV Nr. 953 vom 4. Dez. 1918.
12 Der Nachlaß des Reichskanzlers Wilhelm Marx, Teil II, bearb. v. Hugo Stehkämper, Köln 1968, S. 84.
13 Ebenda.

also jeweils die Redner bestimmten, welches Thema sie wählten. Marx und auch der Zentrumsvorsitzende Trimborn hielten ihre Reden, die sich mit den Problemen der Zentrumspartei befaßten. In dem Saal, in dem Trimborn sprach, verlas anschließend „KV"-Chefredakteur Hoeber die Resolution, die dann unter großem Jubel angenommen wurde.[14]

In der Entschließung war zum erstenmal — und sicherlich auf den Widerspruch von Marx zurückzuführen — davon die Rede, daß es um die „Proklamierung einer dem Deutschen Reich angehörigen selbständigen Rheinisch-Westfälischen Republik" ginge.[15] Trotz dieser Beteuerung, daß die Einheit des Reiches bewahrt und nicht etwa nur ein linksrheinischer Pufferstaat, sondern ein auch rechtsrheinisch in Westfalen verankerter Staat gegründet werden sollte, hatte die Resolution wie die Versammlung überhaupt eine verheerend negative Wirkung. Nun kamen alle die Befürchtungen und Unterstellungen zum Ausdruck, die in den Wochen zuvor unterdrückt worden waren. Was als spezifische Aktion des Kreises um die „KV" anzusprechen war, der „Clique", wie man anschließend sagte, wurde von den politischen Gegnern als Zentrumsunternehmen deklariert und mit gehässigen antiklerikalen Unterstellungen versehen.[16] Die pauschal gegen das Zentrum erhobenen Beschuldigungen riefen eine eigenartige Reaktion hervor. Obwohl die Partei als solche eher als Opfer der Überrumpelungstaktik einer kleinen Gruppe denn als Motor dieser Politik angesprochen werden konnte, nahm das Zentrum eine widersprüchliche Haltung ein, indem es mit scharfer Kritik auf alle reichsfeindlichen Bestrebungen reagierte, zugleich aber um Verständnis für die Kritik am Berliner Zentralismus und am „naßforschen" Preußentum warb. Dadurch wurde es in seiner Handlungsfähigkeit gelähmt, da der Riß

---

14 Abgedruckt in: Ursachen und Folgen, Bd. 3, S. 145. Die Entschließung hatte folgenden Wortlaut: „Fünftausend rheinische Bürger und Bürgerinnen, am 4. Dezember 1918 in der Bürgergesellschaft zu Köln versammelt, fassen folgende Entschließung: In Anbetracht der tiefgreifenden politischen Umwälzungen im Deutschen Reiche, in der Erkenntnis der völligen Unmöglichkeit, in Berlin eine geordnete Regierung zu schaffen, in der Überzeugung, daß die Länder am Rhein nebst Westfalen politisch, kulturell und wirtschaftlich ausreichende staatsbildende Kräfte besitzen, gibt die Versammlung ihrem festen Willen Ausdruck, die Einheitlichkeit des Reiches zu wahren und den Wiederaufbau eines neuen deutschen Staatswesens von den Ländern am Rhein und Westfalen aus aufzunehmen. Die Versammlung fordert deshalb die anerkannten Vertreter des Volkswillens aller Parteien in Rheinland und Westfalen und den anderen Ländern am Rhein auf, baldigst die Proklamierung einer dem Deutschen Reiche angehörigen, selbständigen Rheinisch-Westfälischen Republik in die Wege zu leiten."

15 Es ist also nicht richtig, wenn Erdmann (a.a.O., S. 32) schreibt: „Tatsächlich verlief aber die Kundgebung so, wie sie die Aktivisten geplant hatten." Denn in der Planung war davon die Rede gewesen, nicht nur die Republik zu proklamieren — was nicht geschah, die Resolution forderte nur „baldigst" die Proklamation —, sondern auch gleich ein Oberhaupt, nämlich Adenauer, zu präsentieren.

16 Die liberale Kölnische Zeitung brachte am 5. Dezember unter der Überschrift: „Das Kölner Zentrum gegen Preußen" einen scharfen Artikel, in dem es u.a. hieß: „Schon äußerlich ist die Überrumpelung und Überraschung zu beanstanden, mit der hier versucht wird, die Welt vor eine vollzogene Tatsache zu stellen, deren Tragweite doch erheblich über die politische Einsicht und staatsbürgerliche Bedeutung der Leute hinausgeht, die gestern in der Röhrengasse zu Köln darangingen, das Reich aus den Angeln zu heben ...".

zwischen Gegnern und Befürwortern einer westdeutschen Staatsgründung quer durch die Partei ging und die interne Diskussion von der Parteileitung nach Kräften vermieden wurde.

Welche Rolle hat nun Adenauer bei dieser Veranstaltung gespielt? Eines ist sicher, nämlich daß er an jenem Abend in der Bürgergesellschaft nicht anwesend war. Über sein Verhalten gibt es drei Aussagen; zwei stammen von ihm selbst, die eine anläßlich des Treffens mit dem preußischen Innenminister Breitscheid am 13. Dezember in Elberfeld, dann die davon abweichende Darstellung in seinem Bericht von 1919, und schließlich existierte ein Brief des Sozialwissenschaftlers Götz Briefs aus dem Jahre 1932, den Adenauer damals auf seine Anwesenheit in Köln am 3. Dezember 1918 vor der Versammlung angesprochen hatte. Zu diesem späten Zeitpunkt befand sich Adenauer auf der Suche nach entlastenden Aussagen, um die Vorwürfe des nationalistischen Verlegers Bacmeister zu entkräften,[17] der dann 1934 auch das Pamphlet von Ilges und Schmid verlegte.

Aus seinen eigenen Äußerungen ergibt sich, daß er ein scharfer Kritiker der mit der Versammlung in der Kölner Bürgergesellschaft verbundenen Absichten gewesen sei. In Elberfeld erklärte er: „Ich bin vollständig überrascht gewesen von dem Verlauf der Versammlung am 4. Dezember. Es ist tatsächlich ein Heißsporn bei mir gewesen, mit dem Ersuchen, ich sollte mich an die Spitze der Sache stellen und die Republik proklamieren. Ich habe diesen Unsinn auf das Entschiedenste abgelehnt und dem Manne gesagt, ob er wohl meine, daß, wenn ich mich in Köln auf den Neumarkt stellte, dadurch die Republik Rheinland geschaffen werden könnte. Der Mann ging von mir, und ich nahm an, daß nun nichts passieren würde. Ich war daher ganz starr, als ich am nächsten Morgen zuerst in der Kölnischen Zeitung las, daß die bekannte Entschließung angenommen worden sei. Ich hatte den Eindruck, wir seien von einer kleinen Clique überrascht worden."[18] In seinem Bericht von 1919 ist er lakonischer und noch schärfer in der Verurteilung, schreibt er doch: „Durch die Zentrumsversammlung am 4. Dezember 1918 in der Bürgergesellschaft Köln, in der der Gedanke zum ersten Male in der großen Öffentlichkeit proklamiert wurde, bin ich vollständig überrascht worden. Ich las erst davon am folgenden Morgen in der Zeitung. Ich hielt dieses Vorgehen für äußerst unklug und gefährlich."[19]

Götz Briefs schrieb 1932 an Adenauer, wie er seinen Besuch bei ihm in Köln am 3. Dezember in Erinnerung hatte; das klang allerdings ganz anders: „Sie erklärten mir, am 4. Dezember nachmittags vor dem Einmarsch der Engländer solle im Gürzenich eine Versammlung stattfinden, in der die bundesstaatliche Selbständigkeit des Rheinlandes zu proklamieren beabsichtigt sei ... Sie würden gerne wissen, wie sich die Regierung in Berlin dazu stelle. Darum baten Sie mich, ich möchte sofort nach Berlin zurückreisen und mit den maßgeblichen Stellen

---

17 Vgl. die diesbezügliche Korrespondenz aus dem Jahre 1932 in HAStK 902/253/6.
18 Wie die rheinisch-westfälische Republik gemacht worden ist. In: Düsseldorfer Zeitung Nr. 655 v. 23. Dez. 1918. Adenauer hat eine Abschrift des Artikels zu seinen Akten genommen; HAStK 902/253/1.
19 Karl Dietrich Erdmann, a.a.O., S. 239.

Fühlung nehmen und Ihnen dann am anderen Mittag, also am 4., durch Staatstelefon Nachricht geben." Briefs tat dies und diskutierte am nächsten Morgen die Angelegenheit mit Hugo Preuß, dem Staatssekretär im Reichsamt des Innern. Dieser hatte ihm dann aufgetragen, „Herrn Oberbürgermeister telefonisch mitzuteilen, er möge dafür Sorge tragen, daß in der Versammlung vom 4. Dezember nichts proklamiert werde, was der Entscheidung der damaligen Reichsregierung vorgriffe. Diese Mitteilung habe ich Ihnen dann telefonisch zukommen lassen, und Sie sagten damals, dann werde also die Erklärung der Trennung der Rheinlande von Preußen und ihre Überführung in einen Bundesstaat nicht stattfinden."[20]

Wie sind diese unterschiedlichen Äußerungen zu verstehen? Was die Stellungnahmen Adenauers angeht, so fällt eine charakteristische Akzentverschiebung auf. Am 13. Dezember 1918 erklärte er in Elberfeld, daß er „von dem Verlauf der Versammlung", nicht jedoch von der Tatsache der Versammlung als solcher, „vollständig überrascht" gewesen ist. Das konnte schon deshalb nicht der Fall sein, weil er in Elberfeld ergänzend hinzufügte, daß ein „Heißsporn" ihm vorgeschlagen hatte, sich an die Spitze zu stellen. Das konnte nur heißen, daß er Präsident der neuen Republik werden sollte. Einige Monate später, in dem Bericht über seine Tätigkeit vom November 1918 bis März 1919, will er so „vollständig überrascht" worden sein, daß er die ganze Angelegenheit überhaupt erst am nächsten Tage aus der Zeitung erfahren habe. Aus diesem Widerspruch nun unbedingt schließen zu wollen, Adenauer hätte in dem späteren Bericht schon den Sachverhalt bewußt verdreht, erscheint nicht ganz überzeugend. Natürlich wird noch wiederholt festgestellt werden können, welch unbekümmertes Verhältnis Adenauer zur Wahrheit hatte, aber dieser Fall scheint in einer anderen Hinsicht interessant und symptomatisch zu sein, zeigt er doch, wie sich bei Adenauer schon bald nach den Ereignissen das Erinnerungsbild verschoben hat. Denn in dem Bericht von 1919 weist er selbst auf den Artikel vom 23. Dezember 1918 in der „Düsseldorfer Zeitung" hin, der nach Adenauer ein „ziemlich wahrheitsgetreues Bild" von dem Gespräch mit Breitscheid in Elberfeld gegeben hat.[21] In diesem Zeitungsbericht waren jedoch die ergänzenden Informationen erhalten, die Adenauer schon einige Monate später unter den Tisch fallen ließ. Er hatte zwar noch eine Erinnerung, daß der Artikel die Situation richtig geschildert und seine eigene Darstellung korrekt wiedergegeben hat; daher führt er den Zeitungsbericht in seinem späteren Bericht an. Zu diesem Zeitpunkt wußte er jedoch nicht mehr, was konkret in dem Artikel gestanden hatte; so gab er nun die verkürzte Sicht der Ereignisse wieder, obwohl eine Abschrift des Artikels sich in seinen Akten befand, er also jederzeit darauf zurückgreifen konnte.

Wie interpretiert nun Erdmann die Situation und das Verhalten Adenauers? Zwei Gesichtspunkte stehen für ihn im Vordergrund: die wohlüberlegte Zurückhaltung gegenüber den „Aktivisten" und die Kooperationsbereitschaft mit Berlin. Während die „Clique" drängte, sei Adenauer ruhig geblieben: „Das

20 HAStK 902/253/6.
21 So in seinem Bericht abgedruckt bei Karl Dietrich Erdmann, a.a.O., S. 241.

Ziel des Westdeutschen Bundesstaates machte er sich mehr und mehr zu eigen. Der Weg zu diesem Ziel war noch nicht sichtbar. Sicher war nur, daß es nicht durch eine einseitige Aktion in Köln erreicht werden konnte, ohne Abstimmung mit Berlin und nicht durch einseitiges Vorpreschen in einer Zentrumsversammlung."[22] Der Besuch von Götz Briefs bei Adenauer am 3. Dezember ist für Erdmann von grundlegender Bedeutung; denn er reagierte „in einer Weise, die für sein gesamtes Verhalten in der Rheinlandfrage charakteristisch bleiben sollte: Er informierte sich über die Einstellung der Reichsregierung in dem Bestreben, die Vorgänge im Rheinland mit den legalen Möglichkeiten, die sich in Berlin eröffneten, möglichst abzustimmen."[23]

Die Frage ist nur, ob diese weitgehende Interpretation, im Grunde die Kernthese des ersten Teils seines Buches, durch die Quellen abgedeckt oder aber auch nur wahrscheinlich gemacht werden kann. Kann man im Ernst behaupten, die Abstimmung mit Berlin sei die Grundlinie von Adenauers Verhalten gewesen, wenn nichts anderes passierte, als daß er plötzlich Besuch aus Berlin erhielt? Während er bis dahin nichts in dieser Richtung unternahm, ergriff er nun die Gelegenheit beim Schopf und bat Briefs, sofort zurückzukehren und ihm die Meinung der Regierung mitzuteilen. Offensichtlich machten ihm erst der Besuch Briefs und die Hintergründe, die diesen zu der Reise veranlaßten, den Ernst der Situation richtig klar.

Wenn in Berlin Gerüchte umliefen, „daß einflußreiche Kreise im Rheinland aus dem Reiche heraussstrebten, nicht wie normale Schieber mit Noten, sondern mit einem ganzen Lande auf dem Rücken",[24] dann mußte die Angelegenheit weit ernster genommen werden, als dies aus der Kölner Perspektive erschien. Daß Adenauer sofort reagierte und die Einstellung der Regierung zu erfahren suchte, spricht sowohl für seine Reaktionsfähigkeit wie für das offensichtlich vorhandene Engagement in der Frage der rheinischen Republik. Er war bis zu diesem Zeitpunkt weder als Aktivist in Erscheinung getreten noch in dem engen Kreis der überzeugten Befürworter, für die es keine Alternative gab und die sich gegenseitig in ihrer Überzeugung nur bestärkten, an exponierter Stelle tätig geworden. Das bedeutet aber nicht, daß er sich aus allem heraushielt. Er hatte ständig Kontakte zu Froberger, dem Motor der ganzen Bewegung, und war deshalb über alles, was vorging, gut informiert.

Daß er tatsächlich unterrichtet war und zugleich ein beträchtliches Maß an Autorität in diesen Kreisen genoß, belegen seine eigenen Aussagen. Als Briefs ihm am Mittag des 4. Dezember mitteilte, daß zwar Preuß persönlich für die Aufteilung Preußens eintrete, dies aber nicht die Auffassung des Rates der Volksbeauftragten sei, war seine Reaktion bezeichnend. Anstatt Ausflüchte zu suchen, die beabsichtigte Versammlung in ihrer Bedeutung im vorhinein zu verharmlosen und dadurch abzuwiegeln, sagte er kurz und bündig, daß die Versammlung nicht stattfinden werde. Das konnte doch nur jemand sagen, der über

---

22 Karl Dietrich Erdmann, a.a.O., S. 34.
23 Ebenda, S. 30.
24 So Briefs in seinem Schreiben vom 6. Dez. 1932 an Adenauer. HAStK 902/253/6, S. 679–682.

Einfluß und Autorität denen gegenüber verfügte, die nach Meinung der Regierung das Falsche zu tun sich anschickten.

Die starke Stellung, die Adenauer im inneren Kreis gespielt haben muß, wird auch dadurch bestätigt, daß einer der Aktivisten zu ihm gekommen war, um ihm die führende Rolle bei der Proklamation anzutragen. Das hieß nichts anderes, als ihn zum Präsidenten der neuen Republik zu machen. Nachträglich, nachdem das Kind in den Brunnen gefallen war, bezeichnete er diesen Königsmacher als einen „Heißsporn" und kanzelte ihn mit scharfen Worten ab.[25] Das geschah offensichtlich nach dem Telefonat mit Briefs am Nachmittag des 4. Dezember, vor oder nach der Sitzung des Zentrumsvorstandes, von der Marx berichtet hatte. Da er sich aber — dieselbe Erfahrung mußte ja Marx mit seiner scharfen Kritik während der Sitzung machen — mit seinen kritischen und abwiegelnden Argumenten nicht durchsetzen konnte und seine Autorität offenbar doch nicht so stark war, wie dies am Telefon Briefs gegenüber geklungen hatte, zog er für sich die Konsequenz, aus der Schußlinie zu bleiben und an der Versammlung erst gar nicht teilzunehmen.

Aufschlußreich ist es, wie Adenauer in seinem Bericht von 1919 den Besuch von Briefs darstellt. Von der engen unmittelbaren Verbindung zwischen der bevorstehenden Versammlung in Köln und der Möglichkeit, durch Briefs zu hören, was man in Berlin über die Auflösung Preußens dachte, um dann sein Verhalten danach einzurichten, ist nichts mehr vorhanden. Der Besuch von Briefs erfolgt nun in einem ganz anderen Zusammenhang. Schon die Datierung zeigt das Bestreben, die Dinge weit auseinanderzuhalten. So ist von dem Besuch erst die Rede, nachdem die Groener-Fehrenbach-Episode und die Besprechung mit Breitscheid am 13. Dezember unter Hinweis auf den darauf bezugnehmenden Artikel in der „Düsseldorfer Zeitung" vom 23. Dezember abgehandelt sind. Der Leser des Berichts hat hiernach den Eindruck, es müsse wohl gegen Anfang Januar gewesen sein, wenn er lesen muß: „In der Zwischenzeit war der Entwurf des Staatssekretärs Preuß[26] über die zukünftige bundesstaatliche Gliederung des Reiches, insbesondere über die Aufteilung Preußens bekannt geworden. Dadurch erhielt die ganze Bewegung auch ein innerpolitisches Gepräge. Eines Tages erschien bei mir der Prof. Briefs aus Berlin, der zu diesem Zweck eigens nach Köln gekommen war. Er erklärte, er komme im Auftrage des Staatssekretär Preuß, dieser lasse mir mitteilen, daß Preußen aufgeteilt werde und daß die Reichsregierung durchweg mit der Aufteilung Preußens und der Bildung einer Westdeutschen Republik einverstanden sei. Ich habe Herrn Prof. Briefs gebeten, mir eine schriftliche Erklärung des Staatssekretärs Preuß darüber zu bringen. Er fuhr nach Berlin zurück, telefonierte mir dann von Berlin, daß Staatssekretär Preuß eine amtliche schriftliche Erklärung nicht geben könne, daß aber im übrigen das, was er mir von Preuß mündlich überbracht habe, richtig sei."[27] Der Verfassungsentwurf von Preuß war aber erst am 20. Januar bekannt geworden, gehörte also

---

25 Vgl. den Bericht der Düsseldorfer Zeitung Nr. 655 vom 23. Dez. 1918.
26 Gemeint ist die Denkschrift zum Entwurf der künftigen Reichsverfassung, die im Reichsanzeiger Nr. 15 vom 20. Jan. 1919 erschienen ist.
27 Karl Dietrich Erdmann, a.a.O., S. 241 (Dok. Nr. 4).

nicht in diesen Zusammenhang. Zum anderen geht aus dem, was Briefs am 4. Dezember Adenauer übermittelt hatte, eindeutig hervor, daß die Volksbeauftragten keineswegs für die Auflösung Preußens waren und daß dies Briefs klar zum Ausdruck gebracht hatte. Was er daneben Adenauer als persönliche Meinung von Preuß mitteilte, verwandelte sich bei Adenauer in eine offizielle Stellungnahme, wobei die Rollen — wer wen fragte und etwas zu erfahren suchte — völlig verkehrt wurden.

Hier stellt sich wieder die Frage, wie man diese Widersprüche beurteilen soll. Adenauer muß den Bericht 1919 niedergeschrieben haben, ohne sich zuvor in seinen eigenen Akten zu informieren, denn dort findet sich ein Schreiben[28] von Briefs, das lediglich die persönliche Meinung von Preuß, nicht aber die Haltung der Volksbeauftragten mitteilte. Wahrscheinlich sind die Abweichungen in dem Bericht, der eine deutliche Tendenz zur Rechtfertigung hat, so zu verstehen, daß Adenauer den Bericht zu einem Zeitpunkt schrieb, als die Neuordnungsvorstellungen von Preuß schon gescheitert waren, er sich also auf jemand berief, der in der Öffentlichkeit nicht mehr viel bedeutete. Dennoch bleibt bemerkenswert, daß Adenauer — und ihm folgend Erdmann — die starke Kritik von Preuß völlig verdrängt hatte, die dieser zusammen mit den Volksbeauftragten Dezember 1918 in einer massiven Erklärung geäußert hatte. Dort hieß es: „Aufs Entschiedenste aber legen wir .... Verwahrung ein gegen Bestrebungen, wie sie in Köln zutage getreten sind. Die Einheitlichkeit des Reichs wird nicht ‚gewahrt‘, sondern gefährdet durch die völlig grund- und beweislosen Behauptungen, es bestehe die ‚völlige Unmöglichkeit eine geordnete Regierung zu schaffen‘. Vielmehr sind die Kölner Beschlüsse einseitig und im höchsten Grade geeignet, die Zusammenfassung aller Kräfte der Heimat in dieser schweren Übergangszeit von Krieg zum Frieden ganz erheblich zu hindern und zu schwächen."[29] Schließlich hatte Adenauer in seinen Akten auch das im „Kölner Tageblatt" veröffentlichte Interview abgeheftet, in dem Preuß sagte: „Ganz unmöglich und geradezu reichsfeindlich ist der Plan gewisser klerikaler Kreise im Westen, Deutschland in vier oder fünf große Teilstaaten zu zerlegen."[30]

Adenauers Zurückhaltung am 4. Dezember bot ihm, als in den folgenden Tagen die Wogen der Kritik hoch gingen, die Möglichkeit, sich sowohl von der ganzen Veranstaltung kritisch zu distanzieren, als auch die so heftig Beschimpften nicht im Regen stehen zu lassen und ihnen indirekt zu Hilfe zu kommen. Er gründete eine „politische Kommission", die paritätisch aus je drei Vertretern des Zentrums, der Liberalen und der Sozialdemokraten bestand, und schuf so einen institutionellen Rahmen für die Besprechungen mit Parteivertretern, von denen aber in den Kölner Akten keinerlei Spuren vorhanden sind. Zugleich war damit die politische Legitimation geschaffen, diese Frage zu diskutieren, ohne daß sie sofort als klerikale Machenschaft des Zentrums verteufelt werden konnte. In seiner eigenen Diktion brachte es Adenauer so zum Ausdruck, daß er es „im

---

28 HAStK 902/253/1, S. 17.
29 Abgedruckt in: Ursachen und Folgen Bd. 3, S. 145 f.
30 Kölner Tageblatt vom 17. Jan. 1919; Ausschnitt im HAStK 902/253/1, S. 79.

vaterländischen Interesse" für seine Pflicht gehalten habe, dagegen „einzuschreiten", um dem Eindruck entgegenzuwirken, „als wenn das Zentrum aus parteipolitischen Gründen die Sache betreibe".[31] Das klingt etwas übertrieben, wenn man daran denkt, daß Adenauer schließlich selbst Mitglied dieser Partei war. Andererseits ist aber die unabhängige Stellung des Oberbürgermeisters und das traditionelle Bestreben, als Amtsperson über den Parteien zu sehen, in Rechnung zu stellen. Wir haben also einen Mann vor uns, der durchaus Unterschiedliches unter einen Hut brachte. Er war überzeugt, im vaterländischen Interesse zu handeln, aber zugleich half er seinen Parteifreunden.

Für die ersten Wochen, vom Umsturz bis zum Jahresende 1918, ist bei Adenauer zweifellos die Sorge vor der möglichen Annexion des Rheinlandes durch die Franzosen vorherrschend. Auf ihn hatten die Erklärungen Frobergers, der unter Hinweis auf seine internationalen Beziehungen diese Gefahr eindrucksvoll beschwor, einen starken Eindruck gemacht. Inwiefern er sich dessen Schlußfolgerungen zu eigen machte, muß für diese Phase offen bleiben. Man wird aber davon ausgehen können, daß er der Kampagne der „KV" mit Froberger an der Spitze nicht ablehnend gegenüberstand, die unablässig behauptete, daß man nur ‚deutsch' bleiben und der Annexion entgehen könne, wenn man sich selbständig machte; das hieß also seine rheinische Eigenart so stark herauskehren und den Schlachtruf: „rheinisches Recht für rheinisches Land" so laut erschallen zu lassen, daß die erstrebte Selbständigkeit so stark ausgebildet erschien, daß die Franzosen auf die Annexion verzichteten, weil sie ihnen nicht mehr notwendig zu sein schien. Das bedeutete zugleich die Distanzierung gegenüber dem übrigen Deutschland, sowohl der gemeinsamen Vergangenheit wie der gemeinsamen Bewältigung der aus der Niederlage resultierenden Probleme. Für die „KV" war das Bismarckreich tot und vergessen; gegen Berlin hetzte man, weil es die gemeinsame Hauptstadt war, und was die gemeinsame Zukunft betraf, so sollte die Überlegung ihre Wirkung tun, daß soviel rheinische Eigenart eine Sonderbehandlung bei den Reparationen ermöglichen, man also mit einem blauen Auge bei der Begleichung der Kriegskosten davonkommen könnte. Zugleich spielte die Furcht vor dem „Bolschewismus" eine nicht zu unterschätzende Rolle, auch wenn die Gefahr sozialrevolutionärer Veränderung oder allgemeiner Anarchie in dem von den Alliierten besetzten Rheinland niemals entstehen konnte. Aber die Logik reichte im Rheinland damals nicht weit. Adenauer wird dem allen nicht kritisch gegenübergestanden haben; aber wir haben kaum Zeugnisse aus dieser Zeit, die über seine politische Haltung Auskunft geben. Soll man aus den haßerfüllten späteren Behauptungen einstiger Weggefährten wie Dorten, aber auch von französischen Stimmen, die bei ihm zu Beginn eine volle Identifizierung mit den separatistischen Zielen behauptet hatten und sein späteres Verhalten als „Verrat" an den einstigen Idealen brandmarkten, Rückschlüsse ziehen in der Meinung, es müsse etwas „dran" sein nach dem Motto: „Wo Rauch ist, ist auch Feuer"? Da es nicht darum geht, Adenauer zu „über-

---

31 Karl Dietrich Erdmann, a.a.O., S. 239 (Dok. Nr. 4).

führen" und aus Indizien, mögen sie auch schwach sein, ein Urteil zu zimmern, können wir alle diese Verdächtigungen und Unterstellungen hier auf sich beruhen lassen.

Die Episode mit General Groener bietet für das Verhalten Adenauers ein gutes Beispiel. Es ist in der Zeit kurz nach der Umwälzung eher von abrupten oder sogar panikartigen Reaktionen bestimmt, als daß man von planmäßigen politischen Aktionen sprechen könnte. Was war passiert? Am 10. Dezember 1918 kam der Verleger der „Koblenzer Zeitung", Duckwitz, nach Köln. Er besuchte Adenauer und berichtete dann in einem kleinen Kreis von Zeitungsleuten, Verlegern und Redakteuren, was ihm aufgetragen worden war. Er kam von Koblenz im Auftrage des Oberpräsidenten der Rheinprovinz und teilte mit, daß Groener einen Kurier gesandt habe, der aber bis Köln nicht durchgedrungen sei, weswegen Duckwitz diese Aufgabe übernommen hatte. Worin bestand die Botschaft? Duckwitz erklärte, daß die Annexionsgefahr durch Frankreich unmittelbar drohe, der aber nur begegnet werden könnte, wenn möglichst rasch der Reichstag einberufen und eine handlungsfähige, international anerkannte Regierung gebildet würde, die in der Lage wäre, Friedensverhandlungen mit der Entente zu beginnen. Denn nur so könnte die Annexionsgefahr abgewendet werden. Groener habe den Kurier ins Rheinland geschickt, damit insbesondere von Köln aus mit massivem Hinweis auf die Annexionsgefahr die Forderung nach Einberufung des Reichstages mit besonderem Nachdruck erhoben würde. Was Groener mitteilen ließ, wirkte auf den ersten Blick in der Tat beunruhigend, zumal er noch Einzelheiten hinzufügte; demnach würde Frankreich Calais an England abtreten und dafür das ganze Rheinland erhalten.

Für die damalige Militärfrömmigkeit — auch nach der Niederlage — ist es bezeichnend, daß kein Zweifel auftauchte und niemand die Frage stellte, woher denn wohl Groener solche Informationen habe, oder daß niemand einige Skepsis gegenüber der Behauptung an den Tag legte, daß Frankreich, das doch die Hauptlast des Krieges getragen hatte, dies mit einem so prestigebeladenen Gebietsverlust wie Calais „bezahlen" sollte. Es wäre falsch, diese Gutgläubigkeit als Taktik zu interpretieren. Vielmehr muß man wohl davon ausgehen, daß der kleine Personenkreis, der in Köln versammelt war, aus diesen Mitteilungen nur das heraushörte, was für ihn unmittelbar bedrohlich war, nämlich die Annexion, und so wurden keine weiteren Fragen mehr gestellt, weil diese Nachricht von autoritativer Seite gekommen war.

Eine besonders starke Reaktion wird von Adenauer berichtet. Er „sei so bestürzt gewesen über das Gehörte, daß er einen Entschluß nicht gleich habe fassen können", teilt das Protokoll mit, das über das Treffen mit Duckwitz angefertigt worden ist.[32] Dahinter Taktik und Berechnung vermuten zu wollen, wäre sicherlich falsch. Es ist eher der unmittelbare Ausdruck für das Gefühl, daß von Frankreich Gefahr drohte, daß der Sieger grundlegende Veränderungen plante.

---

32 Das Protokoll findet sich in Adenauers Akten, HAStK 902/253/6.

Wie nicht anders zu erwarten, schickte Adenauer umgehend das gewünschte Telegramm: „Namens der Metropole der nach untrüglichen Mitteilungen aufs äußerste gefährdeten Rheinlande" sprach er sich für den Zusammentritt des Reichstages aus, möglichst in der amerikanischen Zone, um die Regierung „Ebert-Haase zu bestätigen".[33]

Im historischen Rückblick sieht das Ganze natürlich wesentlich anders aus. Groener hatte nämlich keinerlei Informationen über die so dramatisch ausgemalte Annexionsgefahr. Ihm kam es auf etwas völlig anderes an. Sein Entschluß, den Kurier ins Rheinland zu senden, gehörte zu dem umfassenden Plan der OHL, mit dem Rückmarsch der Truppen wieder zu „Ruhe und Ordnung" zurückzukehren und die Revolution zu liquidieren. Dazu sollte der Reichstag einberufen werden, um sichtbar zu machen, daß die gesetzgebende Gewalt und zugleich die demokratische Legitimation noch beim Reichstag liege und die staatliche Kontinuität im Grunde ungebrochen sei. Der Reichstag sollte neben der Bestätigung der amtierenden Regierung der Volksbeauftragten dann ein Mandat für die Verhandlungen mit der Entente geben, vor allem in Hinblick auf die Verlängerung des Waffenstillstands.[34]

Denn Erzberger, der den Waffenstillstand am 11. November unterzeichnete, hatte dies in seiner Eigenschaft als Staatssekretär der kaiserlichen Regierung getan. Nachdem mit der Monarchie auch die Regierung des Prinzen Max von Baden verschwunden war, stellte sich die Frage der Verhandlungsvollmacht; daher schien es Erzberger günstiger zu sein, wenn er eine neue Legitimation von einer vom Reichstag bestätigten Regierung erhielte, als mit der alten, durch die Verhältnisse überholten Vollmacht sich den Vertretern der Entente zu präsentieren und mit ihnen über die Verlängerung des Waffenstillstandes im Dezember zu verhandeln. Um der Forderung nach Einberufung des Reichstages mehr Gewicht zu verleihen, bediente sich die OHL der Person des Reichstagspräsidenten Fehrenbach[35] und „bestellte" Telegramme, die den sofortigen Zusammentritt des Reichstages verlangten. Das ganze Unternehmen scheiterte jedoch kläglich, einmal weil die Volksbeauftragten sich gegen die Einberufung aussprachen und damit das Unternehmen torpedierten, zum anderen, weil es sich als unmöglich erwies, mit dem Rückmarsch der Truppen zum großen Schlag auszuholen und

---

33 Abgedruckt z. B. in KV v. 10. Dezember. Am folgenden Tag schrieb die KV in dem Artikel: „Die Zukunft der Rheinlande gefährdet!": „Damit wäre das Schicksal unserer Heimat endgültig entschieden, und es stände uns das traurige Los Irlands bevor. Wir alle müssen gegen solche Absichten unserer bisherigen Feinde einmütig und energisch den schärfsten Protest erheben. Wir dürfen jetzt nicht mehr ruhig und geduldig warten, bis die Dinge sich von selbst zu den verhängnisvollen Zielen hin entwickeln. Wir müssen vor allen Dingen tatkräftig handeln, selbständig handeln. Von Berlin haben wir eine starke Hilfe nicht mehr zu erhoffen. Wir müssen auf der ganzen Linie zur Selbsthilfe schreiten."
34 Vgl. zu dieser Frage Hennig Köhler, Novemberrevolution und Frankreich. Die französische Deutschlandpolitik 1918–1919, Düsseldorf 1980, S. 177 ff.
35 Vgl. den Bericht Fehrenbachs, der in Kassel von Groener zur Einberufung des Reichstages gedrängt wurde, in: Die Regierung der Volksbeauftragten, Düsseldorf 1969, Bd. 1, Nr. 57.

unter Androhung der Todesstrafe für alle, bei denen man Waffen fand,[36] die vorbereitete Entwaffungsaktion durchzuführen und so die ganze Entwicklung seit dem 9. November rückgängig zu machen.

Es ist charakteristisch, wie Erdmann diese Episode betrachtet. Von dem die Annexion fürchtenden Adenauer ist überhaupt nicht die Rede, erst recht nicht davon, daß er nach Aufforderung ein Telegramm abgeschickt hatte, das zu Zwecken benutzt werden sollte, die er kaum ahnte. Ebenso wird nicht der Hintergrund ausgeleuchtet, was hinter den Aktivitäten der OHL und anderer Kreise wie Erzberger und des Auswärtigen Amts[37] sich verbarg, daß es sich um eine koordinierte, aber schon im Ansatz scheiternde Aktion handelte, bei der Adenauer als Werkzeug benutzt wurde.

Dieser quellenmäßig abgesicherte Sachverhalt ist Erdmann unbekannt. Vermutlich erschiene er ihm zu simpel. In seiner Sicht hat sich Bedeutenderes ereignet: Adenauer hat nicht reagiert, sondern er war der Handelnde, er „unternahm frühzeitig einen Schritt, um die Reichsgewalt im Rheinland ins Spiel zu bringen". Auch über die Motive weiß Erdmann Genaueres: „Adenauer fürchtete, daß es beim Fehlen einer durch Volkswillen legitimierten deutschen Regierung zu einem Gewaltfrieden kommen könnte, mit der Gefahr, daß das Rheinland verloreninge."[38] Bei Erdmann wird dann der Eindruck suggeriert, als habe Fehrenbach nach dieser Initiative Adenauers die Abgeordneten tatsächlich benachrichtigt, so, als ob alles von Adenauer ausgegangen wäre.

Doch was für eine Reichsgewalt war es, die er einsetzen wollte? In seinem Telegramm begründet er die Notwendigkeit der Reichstagseinberufung mit der Notwendigkeit, auf diese demokratische Weise die „Regierung Ebert-Haase" zu bestätigen. Doch auch hier sieht Erdmann mehr: „Man wird nicht fehlgehen in der Annahme, daß für Adenauer in diesem Versuch, den Reichstag zu mobilisieren, auch der Wunsch eine Rolle gespielt haben mag, der illegalen revolutionären Instanz des Rates der Volksbeauftragten den legalen Reichstag entgegen zu setzen."[39] Welch kuriose Konstruktion: Adenauer handelte zwar auftragsgemäß, trat dafür ein, die Regierung Ebert-Haase durch den Reichstag zu legitimieren, d. h. dieser sollte der Regierung das Vertrauen aussprechen, andererseits aber habe er den revolutionären „illegalen" Rat der Volksbeauftragten matt setzen wollen, der doch nichts anderes als die Regierung Ebert-Haase war!

---

36 Diese Absicht kommt in dem Aktionsplan des Generalkommandos Lequis für den Truppeneinzug in Berlin vom 10.–15. 12. 1918 zum Ausdruck, wo es u. a. heißt: „Wer ohne Waffenschein noch Waffen in Besitz hat, wird erschossen." Abgedruckt in: Gerhard A. Ritter/Susanne Miller (Hrsg.) Die Deutsche Revolution 1918–1919. Dokumente, Hamburg 1975, S. 138.
37 So telegraphierte am 5. Dezember der badische Außenminister Hermann Dietrich, der frühere Bürgermeister von Kehl, an das Auswärtige Amt, daß er den Volksbeauftragten telegraphiert habe, daß „nach Information aus neutralem Ausland" Wilson und Entente es ablehnten, „mit gegenwärtiger Reichsregierung Friedensverhandlungen zu führen", weswegen er für vorgezogene Wahlen zur Nationalversammlung eintrat. Pol. Archiv AA WK 30, Bd. 7, D 918670.
38 Karl Dietrich Erdmann, a.a.O., S. 37.
39 Ebenda, S. 38.

Noch fragwürdiger wird es, wenn Erdmann in dem Bestreben, Adenauers Verhalten als möglichst bedeutungsvoll hinzustellen, seine Telegrammaktion mit dem einige Tage zuvor, am 8. Dezember, von Hindenburg an Ebert gerichteten Brief in Verbindung bringt. Das Schreiben der OHL sollte massiven Druck auf Ebert ausüben, so rasch wie möglich die Wahlen zur Nationalversammlung anzusetzen, da sonst mit der Auflösung des Reiches gerechnet werden müsse und die aus Köln stammende Losung „los von Berlin" immer mehr Gehör finden würde.[40] Diesen Appell Hindenburgs, die Einheit des Reiches durch entschlossenes Handeln zu retten, wobei dahingestellt bleiben mag, inwieweit mit diesem Brief das Manöver der OHL, die Revolution zu liquidieren, schon eingeleitet wurde, sieht Erdmann „in genauem Motivationszusammenhang" mit dem Telegramm Adenauers an Fehrenbach, so als hätten unabhängig voneinander zwei Instanzen sich für dieselbe Sache eingesetzt oder in die gleiche Richtung gewirkt. Tatsächlich ist die Verbindung da, aber nur in der Weise, daß Adenauer als Werkzeug benutzt wurde. Von den gleichen Motiven zu sprechen ist mehr als fragwürdig, denn Hindenburg und Groener malten den Untergang des Reiches drohend an die Wand, den wachsenden Separatismus, also die Auflösung von innen her als Folge der Untätigkeit der Berliner Regierung, während Adenauer durch die Nachricht geschockt wurde, die von der OHL in die Welt gesetzt worden war, daß die Franzosen das Rheinland annektieren wollten. Denn bei aller Kritik an der Kölner Versammlung vom 4. Dezember hätte Adenauer es doch mit Entrüstung zurückgewiesen, daß der Ruf „los von Berlin" wie überhaupt die spezifischen Kölner Aktivitäten eine den Zusammenhalt des Reiches schädigende Wirkung gehabt hätten und so der OHL als gewichtiges Argument für den aufkommenden Separatismus dienen konnten.

Alle diese Übertreibungen Erdmanns, das beflissene Bestreben, Adenauer zu einer politischen Persönlichkeit ersten Ranges emporzustilisieren und den „Staatsmann" schon vorwegzunehmen, sind für dessen Verhalten bis zum Ende 1918 fehl am Platze. Es war ihm gelungen, vor allem durch die Begegnung mit Götz Briefs, der ihn über die in Berlin umlaufenden Gerüchte ebenso wie über die Haltung der Regierung informierte, sich aus der Kontroverse um die Versammlung am 4. Dezember herauszuhalten, indem er nicht daran teilnahm und zuhause blieb, das Unternehmen zwar nachträglich scharf kritisierte, aber zugleich auch den angegriffenen Zentrumspolitikern zu Hilfe kam. Durch die Gründung des „politischen Ausschusses", in dem alle drei Richtungen der Kommunalpolitik vertreten waren, schuf er unter seinem Vorsitz ein Gremium, daß diese Fragen diskutieren konnte, ohne antiklerikale Empfindlichkeiten zu erregen. Da jedoch keinerlei Unterlagen über die Tätigkeit des Ausschusses, also Einladungen, Anwesenheitslisten, Protokolle u. ä. vorhanden sind, wird man davon ausgehen können, daß dieser Ausschuß keine große Rolle spielte und daß Gespräche mit Vertretern der verschiedenen Parteien mehr auf informeller Ebene stattfanden.

---

40 Der Brief vom 8. Dez., nicht wie Erdmann irrtümlich schreibt vom 5. Dez., ist abgedruckt in: Ursachen und Folgen, Bd. 3, S. 500–503.

Zugleich legte Adenauer im Dezember die Grundlage für die zentrale Rolle, die er in den nächsten Monaten im Rheinland spielen sollte. Sein Amt als Oberbürgermeister war dafür eine einzigartig günstige Voraussetzung. Er war eine Amtsperson, faktisch aber ungebunden und von keiner „vorgesetzten Behörde" abhängig. Er konnte mit Berliner Regierungsstellen ebenso wie mit Vertretern der Besatzungsmächte sprechen und unterstand im Grunde niemandem. So konnte er die Hoffnung vieler Aktivisten auf sich ziehen, die auf dem einen oder anderen Gebiet einigen Einfluß haben mochten, jedoch mit ihm nicht konkurrieren konnten.

Adenauer als Führer der rheinischen Bewegung im Januar und die Versammlung vom 1. Februar 1919

Der Monat Januar verlief im Rheinland insgesamt ruhig. Keinerlei spektakuläre Aktionen folgten den Turbulenzen des Dezember. Dies hing vor allem mit den beiden Wahlterminen am 19. Januar für die Nationalversammlung und einen Sonntag später für die Verfassunggebende Preußische Landesversammlung zusammen. Die rheinischen Aktivisten hielten sich zurück, um nicht neue Unruhe entstehen zu lassen und das Zentrum so um Stimmen zu bringen, da viele engagierte Befürworter rheinischer Selbständigkeit für das Zentrum kandidierten. Auch auf alliierter Seite gab es nichts, was kurzfristig für Aufregung sorgte, da die Friedenskonferenz gerade erst ihre Arbeit aufgenommen hatte.

Daß unter der Hand in kleineren Zirkeln die Diskussion weiterging und sich Positionen herausschälten, die mit der Gründung eines neuen Gliedstaates, sozusagen der Vorwegnahme Nordrhein-Westfalens, nichts zu tun hatten, kann kaum überraschen. So fand am 7. Januar eine Versammlung im Hause des Privatbankiers von Stein statt. An ihr nahmen, wie ein Vermerk in den Akten Adenauers feststellt, 20 bis 30 Personen teil.[1] Wer dort war, wird nicht mitgeteilt, aber nach dem zu urteilen, worüber man diskutierte, mußte es sich um wirklich überzeugte Parteigänger der „Rheinisch-Westfälischen Republik" gehandelt haben. Adenauer wurde nach seiner eigenen Aussage von Froberger dazu eingeladen. Es scheint auch kein Zufall zu sein, daß die private Versammlung im Hause von Steins stattfand, denn von Stein war auch in späterer Zeit immer unter den Befürwortern eines Separatstaates zu finden, wie überhaupt die Kölner Banken — das wird 1923 noch zu zeigen sein und insbesondere Louis Hagen betreffen — in der von der Inflation und dem „Loch im Westen" geprägten Situation der Nachkriegszeit eine Sonderrolle spielten.

Jedenfalls soll unter den Anwesenden „Einstimmigkeit darüber (geherrscht haben), daß die R.W.R. kommen müsse; daß aber, um sie ins Leben zu rufen, eine militärische Macht notwendig sei, und daß diese nur im Einverständnis mit der Entente aufgestellt werden könne".[2] Erdmann hat diesen Passus beschwichtigend mit der sich abzeichnenden Bürgerkriegssituation in Deutschland zu erklären versucht.[3] Das ist jedoch wenig überzeugend, da im besetzten Rheinland Bürgerkrieg von den Besatzungstruppen nicht geduldet wurde und demzufolge auch kein Gegner da war, gegen den man sich mit Hilfe und mit Zustimmung der Entente bewaffnen mußte. Diese Formulierung gibt daher nur Sinn, wenn man den Wunsch nach eigenen Streitkräften als Ausdruck des Strebens nach

---

1 HAStK 902/253/1, S. 75.
2 Ebenda.
3 Karl Dietrich Erdmann, a.a.O., S. 36.

eigener Staatlichkeit und nach einer lediglich von der Entente eingeschränkten Souveränität erklärt.

Adenauer dürfte bei dieser Versammlung hinhaltend taktiert zu haben. Da er offensichtlich wußte, welchen Charakter die Zusammenkunft haben würde, hat er, gleichsam als Zeugen, wie er schreibt, auf die Zuziehung von Sozialdemokraten gedrungen und eigens den Redakteur Meerfeld gebeten, ebenfalls anwesend zu sein. Der wußte wohl auch, was ihn dort erwartete, und ging gar nicht erst hin. Adenauer berichtet, daß er einem Professor Hauptmann aus Bonn — übrigens kein Angehöriger der dortigen Universität, die ja im Ruf stand, „verpreußt" zu sein — entgegengetreten sei, der das „innenpolitische" Argument verfochten habe, also unabhängig von der außenpolitischen Notwendigkeit, der Abwendung der Annexionsgefahr, für die rheinische Unabhängigkeit eingetreten sei. Trotz dieser Kritik wurde Adenauer aber an die Spitze eines Ausschusses berufen. Dieser wurde später Wirtschaftspolitischer Ausschuß genannt und zeigte eine seltsame Zusammensetzung. Das Protokoll führt folgende Namen auf: Adenauer, Ahn, Graf Beissel, Duckwitz, Prof. Eckert, Dr. Hoeber, Meerfeld, Posse, Freiherr von Schorlemer-Lieser, von Stein, Weidtmann. Davon lehnten drei die Mitgliedschaft in diesem Ausschuß ab (Meerfeld, Posse, Weidtmann). Was neben Adenauer und dem farblosen Handelsschulprofessor Eckert, Adenauers Adlatus bei der Gründung und Verwaltung der Kölner Universität, übrigblieb, waren Zeitungsverleger (Ahn und Duckwitz) und ein Chefredakteur (Hoeber) sowie der Kölner Bankier von Stein und der ehemalige preußische Landwirtschaftsminister und Großgrundbesitzer von Schorlemer. Letzterer spielte jedoch keine bedeutende Rolle, zumal seine Stellung im Zentrum, wie überhaupt der Einfluß des katholischen Adels zu dieser Zeit, nicht sehr groß gewesen sein kann. Obwohl der Ausschuß mehr die wirtschaftliche Seite der geplanten Staatsgründung behandeln sollte, ist es auffallend, daß nicht einmal ein namhafter Vertreter der Kölner Industrie aufgeführt war.

Allerdings wäre es grundverkehrt, aus der Abwesenheit führender Industrieller auch auf deren Desinteresse in der Sache schließen zu wollen. Davon kann keine Rede sein. Mit dem Engagement Kölner Kapitalisten hat es jedoch seine besondere Bewandtnis. Seit es die Auseinandersetzungen um den rheinischen Separatismus gibt, gehört es zum eisernen Bestand der Behauptungen und Vorwürfe, daß die wirtschaftlich Mächtigen aus Furcht vor sozialrevolutionären Umwälzungen und den Folgelasten des verlorenen Krieges damals für einen selbständigen Rheinstaat eingetreten seien, daß sie aus Angst um ihr Geld das Vaterland im Stich gelassen hätten.[4] So plausibel das Argument auch immer klingen mag, so war es ebenso eindeutig, daß schlüssige Beweise für die behaup-

---

4 So führte der Ost-Berliner Historiker Peter Klein eine Reihe bekannter Namen auf, die wahrscheinlich biographischen Nachschlagewerken entnommen waren, wie Louis Hagen, Paul Silverberg, Adolf Oehme, Otto Wolff, Heinrich von Stein, Max Charlier, und knüpfte daran die erhellende Bemerkung: „Das war der ‚Kölner Klüngel', das waren die Kreise der Großwirtschaft und Großfinanz, die Dr. Adenauer zum Oberbürgermeister von Köln gemacht hatten, die Mächte, in deren Auftrag er nun sein Spiel um die ‚Rheinische Republik' begann." Peter Klein, Separatisten an Rhein und Ruhr, Berlin (Ost) 1961, S. 41.

tete Einstellung nicht vorgelegt wurden. Im Gegenteil konnte man — wie es der Verfasser vor einiger Zeit getan hatte[5] — aus den Plänen der Franzosen, wie sie im Tätigkeitsbericht Tirards für die Zeit des Waffenstillstands deutlich werden, genau umgekehrt schließen, daß für die rheinische Industrie kein Interesse an einer Umorientierung nach Westen auf den französischen Markt bestanden hat, da die Franzosen weniger an Partnerschaft denn an simpler Ausbeutung der rheinischen Wirtschaftskraft interessiert waren.

Es ist jedoch fraglich, ob die Industriellen damals so ökonomisch-rational dachten oder ob sie auf die Tatsache der Niederlage und des Umsturzes mehr emotional reagierten und dabei spezifisch wirtschaftliche Überlegungen in den Hintergrund drängten.

Solange nur Quellen deutscher Provenienz zur Verfügung standen, war es mehr eine Glaubensfrage als eine durch Quellen abzusichernde Aussage, wenn man einschlägige Aktivitäten von rheinischen Industriellen behauptete. Durch den Zugang zu den französischen Akten der Interalliierten Rheinlandkommission, d. h. der Aktenüberlieferung, die unter deren Präsidenten Tirard entstanden ist, hat sich die Situation geändert. Denn nun ist eine Fülle von Berichten zugänglich geworden, die von den Vertretern Tirards „vor Ort" an ihn als den Chef der französischen Verwaltungsspitze im besetzten Gebiet gesandt worden sind.

So wissen wir nun, welchen Umgang der französische Delegierte in Köln hatte. Dies war der Marquis de Lillers, der, obwohl damals nur im Rang eines Hauptmanns, eine wichtige Rolle in Köln spielte. Er wohnte im Hause des Industriellen Charlier. Dort oder in der Villa des Großindustriellen Scheibler, des Chefs der bedeutenden Chemischen Werke Kalk, konnte er, ohne Aufsehen zu erregen, Kontakte zum Kölner Establishment unterhalten. Er trat auch mit Mitgliedern der Familie von Guillaume und natürlich mit Bankier von Stein in Verbindung. Über Louis Hagen ist 1919 kaum Nennenswertes zu berichten, was Kontakte zu Franzosen betrifft.[6] Das sollte sich erst 1923 ändern. Übrigens ist von Stein keinesfalls mit der Kölner Finanzwelt gleichzusetzen.

In dieser Umgebung traf de Lillers auf den Kölner Oberbürgermeister. Rückblickend erinnerte er sich, wie Charlier ihm einmal in Gegenwart Adenauers gesagt habe: „Was wollen Sie, wir sind den Berliner Herren für unseren wirtschaftlichen Reichtum und all das — er zeigte auf seine weiträumigen Fabrikanlagen auf dem rechten Rheinufer — dankbar, aber was wollen Sie, das Herz ist nicht dabei, wir verstehen uns nicht."[7] Äußerungen solcher Art sprechen für sich. Man gab sich frankophil, seufzte nicht wie ein biederer Patriot unter der

---

5 Vgl. Hennig Köhler, Autonomiebewegung oder Separatismus? Berlin 1974, S. 75—82.
6 In einem Brief an einen Pariser Bankier vom 20. Dez. 1920 schrieb de Lillers hinsichtlich einer Belebung der „relations franco-rhénanes" und des dafür in Frage kommenden Personenkreises: „Les personnalités que vous me signalez sont honorablement connues et représentent des intérêts importants. Je note cependant que, jusqu'ici, Monsieur Hagen s'est montré peu favorable aux éléments rhénans disposés à collaborer avec nous." AN, AJ^9/3326.
7 AN, AJ^9/3818; Notes de Lillers.

Last der Einquartierung und vermittelte mit dererlei Bekenntnissen dem französischen Gesprächspartner den Eindruck, daß man eigentlich auf sie rechnen könnte.

Das Problem war nur, daß sie sich bedeckt hielten und jedes Risiko, jedes direkte Engagement für den Rheinstaat scheuten. Sie hätten sich schnell auf den berühmten Boden der Tatsachen gestellt, wenn tatsächlich die Gründung vollzogen worden wäre. Solange das aber noch nicht geschehen war, tat man nichts aus eigenem Antrieb. Das veranlaßte im Mai 1919 de Lillers zu dem Seufzer, daß gerade diejenigen, die am besten geeignet wären, die rheinische Bewegung voranzubringen, „die von Guillaume und von Stein ... sich nicht kompromittieren wollten".[8]

Man wird also unter den führenden Persönlichkeiten der Kölner Wirtschaft eine erhebliche Bereitschaft zur Umorientierung nach Frankreich wie überhaupt nach Westeuropa ansetzen können, die aber 1919 wenig konkrete Auswirkungen hatte, weil keine ermutigenden Initiativen aus Paris kamen. Immerhin waren die für der Verwaltung des besetzten Gebietes zuständigen französischen Stellen von dem Potential an Kooperationsbereitschaft, das in der rheinischen Industrie vorhanden war, zutiefst überzeugt und buchten dies als Aktivposten, auf den sie bei günstiger Gelegenheit stets zurückgreifen könnten.

Am Ende des Monats, am 29. Januar, wurde der wirtschaftspolitische Ausschuß noch einmal zusammengerufen. Ursprünglich sollte der Bankdirektor Rinkel einen Vortrag halten, der, wie es Ahn in seinem schriftlichen Vorschlag Adenauer gegenüber begründete, „die Frage eines westdeutschen Freistaates von einer neuen Seite aus" beleuchten wollte.[9] Rinkel, der Direktor in der Bank von Louis Hagen war, kündigte dann aber an, daß Robert Pastor, Generaldirektor der de Wendelschen Hüttenwerke, nach Köln kommen werde, also daß er seinen Vortrag erst werde halten können, wenn Pastor ihn über die Motive der französischen Seite aufgeklärt habe, wozu es aber letztlich nicht gekommen ist.

Dafür veröffentlichte Rinkel am 10. Februar in der „KV" einen Artikel,[10] der einiges Licht auf Vorstellungen wirft, denen man sicherlich eine breitere Resonanz im Rheinland unterstellen kann. Nachdem er die Gesamtlage grau in grau geschildert und insbesondere auf die für die rheinischen Industrie negativen Veränderungen des Exportes nach England und Frankreich hingewiesen hatte, ließ er doch einen Hoffnungsschimmer aufleuchten. Eine Änderung der feindlichen Haltung der Entente sei möglich, „wenn Rheinland und Westfalen als selbständige Republik ihnen gegenübertreten, denn dadurch entfallen zunächst die meisten Bedenken politischer Natur, insbesondere bei den Franzosen. Sie werden in dem neuen Staatengebilde zwischen ihrem Lande und dem alten Preußen die Möglichkeit anzubahnender gegenseitiger freundlicher Beziehungen erblicken." Wichtig seien aber die wirtschaftlichen Interessen; Frankreich habe nach Abtretung Lothringens einen riesigen Überschuß an Eisenerzen. „Es wird

---

8   Ebenda 3759; Bericht de Lillers vom 31. Mai 1919.
9   HAStK 902/253/1, S. 101 ff.
10 Ferdinand Rinkel, Die Würfel sind gefallen. In: KV Nr. 114 vom 10. Febr. 1919.

sich hierdurch für Frankreich und Rheinland-Westfalen das naheliegende Interesse, miteinander Fühlung zu gewinnen, ergeben. Man stelle sich ein solches Wirtschaftsgebiet, gefestigt durch Verbände, vor, und man wird seine Bedeutung sofort erkennen." Hier taucht eine Vorform der Montan-Union auf, es wird die Vorstellung suggeriert, daß durch eine Zusammenarbeit auf dem Gebiet der Schwerindustrie gleichsam eine Tür nach Westen geöffnet und so auch der Zugang zum internationalen Geldmarkt wieder ermöglicht würde. Angesichts des wirtschaftlichen Gewichts der rheinisch-westfälischen Industrie glaubte man, über einen Trumpf zu verfügen, den man zum eigenen Nutzen einsetzen konnte, so daß man nicht wie ein Verlierer mit leeren Händen dastand. Nur der entscheidende Punkt, wer denn bei einer solchen Kooperation das Sagen haben würde, der politisch oder der wirtschaftlich Stärkere, wurde ausgeklammert, man muß wohl genauer sagen: verdrängt, denn konnte man im Ernst der Meinung sein, daß die rheinische Industrie sich in dieser Kombination erfolgreich behaupten würde?

Im Januar hatte Adenauer in Köln also zwei Vorsitzendenposten inne. Wie seine Korrespondenz zeigt, nahm er, gestützt auf seine Position als Oberbürgermeister der Stadt Köln, mehr und mehr die Schlüsselrolle ein. An ihn wurden Anfragen gerichtet und ihm wurden Informationen übersandt.

So meldete sich bei ihm auch ein Mann, der später zur Horrorfigur des Separatismus gemacht worden ist: Hans Adam Dorten. Adenauer hat in der von ihm autorisierten Biographie Paul Weymars jeden Kontakt mit diesem Subjekt weit von sich gewiesen.[11] Auch Erdmann ist in diesem Punkt sehr zurückhaltend und schreibt lediglich in einer Anmerkung, daß entgegen Weymars Behauptung „Dorten den Kölner Oberbürgermeister im Laufe des Winters 1918/19 einige Male aufgesucht und daß er ihm ein paar Briefe geschrieben hat, die sich in den Kölner Akten befinden."[12] Es dürfte aber nicht unwichtig sein, den Beziehungen Adenauers zu Dorten etwas mehr Aufmerksamkeit zu schenken, zumal die überaus große Zurückhaltung Erdmanns signalisiert, daß die Beziehungen Adenauers zu Dorten wichtiger gewesen sind, als er dies zugeben will.

Nach Dorten hatte der erste Kontakt bereits im Dezember 1918 stattgefunden. Er sei damals von Hoeber bei Adenauer eingeführt worden. Adenauer selbst schreibt in seinem Tätigkeitsbericht 1919, daß Dorten Mitte Januar aus Wiesbaden kommend bei ihm gewesen sei. Der erste Brief Dortens aus Wiesbaden datiert vom 18. Januar; darin bezieht er sich auf eine ihm gewährte Unterredung. In Anbetracht der damaligen schlechten Verkehrsverhältnisse ist es durchaus möglich, daß dieser Besuch zeitlich etwas länger zurücklag, Adenauers Aussage

---

11 Paul Weymar, Konrad Adenauer, München 1955, S. 72. Weymar läßt an dieser Stelle den Hauptmann Schwink berichten: „Ich habe zum Beispiel einmal den Versuch gemacht, dem Wiesbadener Staatsanwalt Dr. Dorten eine Unterredung mit Adenauer zu vermitteln. Ein Kölner Redakteur hatte mich um diese Gefälligkeit gebeten, und da ich damals noch nicht wußte, daß Dorten eine Politik betrieb, die darauf hinauslief, das Rheinland den Franzosen auszuliefern, nahm ich den Auftrag an. Ich habe Adenauer selten so empört gesehen. ‚Mit solchen Leuten verhandele ich nicht' sagte er."
12 Karl Dietrich Erdmann, a.a.O., S. 51 f.

also entsprechend zu relativieren ist. Dorten schildert in seinen Memoiren,[13] daß Adenauer ihm seine Rheinstaatpläne dargelegt habe. Diese wären im wesentlichen darauf hinausgelaufen, daß der neue Staat nur im Einverständnis mit den Engländern gebildet werden könnte. Das aber bedeutete, daß nur die nördliche Hälfte des besetzten Gebietes in Betracht komme, da die Engländer aus Furcht vor dem französischen Einfluß einen das ganze Rheinland umfassenden Staat nicht zulassen würden. Demgegenüber habe Dorten jedoch stark die Notwendigkeit betont, auch den französisch besetzten Süden einzubeziehen, so daß Adenauer ihm schließlich entgegnet habe: „Verschaffen Sie mir erstens in legal einwandfreier Weise den Beitritt des Südens zur Errichtung des Rheinstaates und zweitens das Einverständnis oder besser noch die wirksame Unterstützung Frankreichs."[14]

Es ist durchaus fraglich, ob Adenauer dies so — besonders hinsichtlich der französischen Unterstützung — gesagt hat. Andererseits wird man aber nicht sagen können, daß alles pure Erfindung von Dorten gewesen ist. Wahrscheinlich drehte sich das Gespräch um die Einbeziehung Rheinhessens und Nassaus. Als Dorten sich erbot, Kontakte mit den Franzosen aufnehmen zu wollen, oder den Anschein erweckte, daß er gute Beziehungen zu ihnen habe, wird Adenauer ihn ermuntert haben, jedenfalls aber nicht dagegen gewesen sein, daß Dorten die Haltung der Franzosen in Wiesbaden zu erfahren und in Kontakt mit ihnen zu gelangen suche.

Darüber hinaus berichtet Dorten, daß Adenauer ihm empfohlen habe, vor Froberger auf der Hut zu sein. Jedenfalls soll Adenauer ihm erklärt haben, daß er ihn vor Froberger „ausdrücklich warnen möchte".[15] 1933 im Exil hat Dorten über Froberger noch detailliertere Angaben gemacht, die dem Trend der Memoiren nicht widersprechen.[16] Die Wendung gegen Froberger überrascht deswegen, weil Froberger mit Adenauer in ständigem Kontakt war und Adenauer in hohem Maß von Froberger beeinflußt worden ist. Andererseits hatte Froberger ein noch gespannteres Verhältnis zur Wahrheit als Adenauer und entfaltete eine enervierende Aktivität nach allen Seiten, so daß der polemische Ausfall Adenauers gegenüber seinem Kontakt- und Vertrauensmann durchaus erklärlich ist, vor allem, wenn man in Erwägung zieht, daß Dorten sich anheischig gemacht hatte, den Kontakt zu den Franzosen herzustellen.

Man darf dabei nicht vergessen, daß der Dorten vom Januar 1919 weit entfernt war von der lächerlichen Figur des gescheiterten Separatisten, der schließlich an der Côte d'Azur ein französisches Gnadenbrot verzehrte und voller Haß und gekränkter Eitelkeit belastende Aussagen über ehemalige Weggenossen und insbesondere über Adenauer machte.

Justizrat Falk, ein liberaler Stadtverordneter, der Adenauer keineswegs feindlich gesonnen war, urteilte über diesen rückblickend: „Was ihm fehlte, war

---

13 Dortens „Memoiren" werden nach der im Bundesarchiv ZSg. 105, Nr. 4 liegenden maschinenschriftlichen Fassung benutzt.
14 BA ZSg. 105, Nr. 4, Bl. 45.
15 Ebenda, Bl. 44.
16 F. Walther Ilges und Hermann Schmidt, Hochverrat des Zentrums am Rhein, Berlin

Menschenkenntnis; er ging zwar mit einem gesunden Mißtrauen an fremde Persönlichkeiten heran, bildete sich aber dann ein Urteil wohl zu schnell. Nicht wenige haben es verstanden, ihm zu imponieren und sich dadurch zu bedeutsamen Stellungen aufzuschwingen."[17] Dorten war eine Persönlichkeit, die Adenauer durchaus imponieren konnte. Selbst Rheinländer, aber von besserer sozialer Herkunft, vermögend und deshalb in der Lage, weite Reisen zu unternehmen, machte er, nicht zuletzt wegen seiner fließenden französischen Sprachkenntnisse, einen gebildeten Eindruck und war schließlich als ein Mann anzusehen, der Karriere gemacht hatte. Denn man darf nicht vergessen, daß ein Staatsanwalt in Preußen vor 1918 ein ganz anderes Sozialprestige als später besaß, da er ja das politische und soziale System Preußens gegen die Gefahren des „Umsturzes" zu verteidigen hatte. Schon Dortens Vater, ein erfolgreicher Geschäftsmann in Endenich bei Bonn, hatte sich um den preußischen Staat so verdient gemacht, daß ihm die Gnadensonne schien und er den Kronenorden IV. Klasse erhielt. Das war eine nicht unbedeutende Auszeichnung für einen Mann seiner Herkunft und seines Milieus.[18] Adenauer hatte dagegen nach glanzlosem Examen als Jurist nur die kommunale Laufbahn eingeschlagen; obwohl diese ihn erstaunlich schnell in die Stellung des Oberbürgermeisters der Stadt Köln gebracht hatte, ist es dennoch bei der Überbetonung des Hierarchischen in Preußen durchaus einleuchtend, daß Dorten dem Oberbürgermeister imponierte. Daher wird er ihm mehr gesagt haben, als ihm später recht war. Doch festzuhalten bleibt, daß Dorten vor wie nach dem 1. Februar eine durchaus zuvorkommende Behandlung von seiten Adenauers zuteil geworden ist.

Dorten hatte am 18. Januar „im Verfolg der mir gewährten Unterredung" mitgeteilt, „daß die von mir erwähnten Besprechungen bisher — absichtsgemäß — allgemein informatorischer Natur waren."[19] Das konnte sich durchaus auf die Kontakte mit der französischen Besatzung beziehen. In seinen Memoiren schrieb er unverblümt, daß er keinerlei Erfolg bei seinen ersten Bemühungen hatte. Den gleichen Sachverhalt konnte er in dem Brief gemeint haben — nur sehr viel positiver und blumenreicher, aber doch im Grunde nichtssagend zum Ausdruck gebracht. Jedenfalls ließ Adenauer ihn noch nicht fallen, selbst dann nicht, nachdem sein Adlatus Eckert sehr Negatives über das Auftreten Dortens in Wiesbaden und Mainz berichtet hatte. Dorten kam am 23. Januar nach Köln und präsentierte seine kümmerlichen Erklärungen von Bürgermeistern aus dem Westerwald oder von Pfarrern, die sich im Namen ihrer Pfarrkinder allesamt für eine rheinische Republik ausgesprochen hatten, ohne viel Ahnung zu haben, worum es eigentlich ging.

Fortsetzung Fußnote 16
    1934, S. 69. Ilges berichtet, Dorten habe ihm gesagt: „Als er im Dezember 1918 zum ersten Mal bei Adenauer war, warnte dieser ihn vor Froberger; er sagte ihm, wenn er jetzt herausgehe, werde er im Vorzimmer einen Herrn sitzen sehen, der ihn unfehlbar ansprechen werde. Der Mann sei gefährlich. Es sei Froberger."
17 BA Kl. Erw. Nr. 385, S. 49.
18 Mitteilung des Stadtarchivs Bonn an den Verf.
19 HAStK 902/253/1, S. 93.

Während der Versammlung am 1. Februar war Dorten ebenfalls in Köln anwesend und wartete auf dem Rathaus auf seinen Einsatz. Am 30. Januar hatte ihm Adenauer telegraphisch den Versammlungstermin mitgeteilt; daraufhin drahtete Dorten seinen Ankunftstermin zurück mit der Bitte, daß Adenauer ihn noch am Morgen vor der Versammlung zu einer Unterredung empfangen möge.[20] Nach Dortens späterer Darstellung sollte er, in Absprache mit Adenauer, die Aufgabe haben, im Falle der Proklamation des Rheinstaates den „Anschluß" des Südens zu erklären. Dazu kam es aber bekanntlich nicht; weder wurde eine Republik ausgerufen, noch konnte Dorten seinen Auftritt zelebrieren.

Hier stellt sich nun die Frage, wie man die Haltung Adenauers und die Verwirrung der Ereignisse, die mit dem Datum des 1. Februar verbunden sind, schlüssig erklären kann.

Die unbestrittene Führungsstellung, die Adenauer innehatte, kommt bei dieser Veranstaltung besonders klar zum Ausdruck. Es sollte zugleich das erste und das letzte Mal sein, daß Adenauer in dieser Rolle auftritt. Er hatte die Abgeordneten der Nationalversammlung und der preußischen Landesversammlung, bevor sie zur Konstituierung der jeweiligen Versammlungen nach Weimar und Berlin fuhren, desgleichen die rheinischen Oberbürgermeister nach Köln eingeladen. Es handelte sich nur um Vertreter des besetzten Gebietes, nicht um solche der Rheinprovinz.[21] Sie tagten unter seinem Vorsitz. Nachdem er in einer weitausholenden Rede seinen Standpunkt zur Frage eines westdeutschen Gliedstaates dargelegt hatte, ging er noch kurz auf einen Resolutionsentwurf ein, den der politische Ausschuß ausgearbeitet hatte. Über diese Resolution berieten dann die Fraktionen getrennt und bekannten sich schließlich einstimmig zu einer abgeänderten Entschließung sowie zur Gründung eines neuen, des „Westdeutschen Politischen Ausschusses", der an die Stelle der bisherigen Gremien treten sollte. Auf den ersten Blick gesehen, oder wenn man nur das Protokoll der Beratungen zu Grunde legt, war wenig passiert: Die ruhige Darlegung der politischen Situation durch Adenauer, Beratungen und Konsens über das, was in Zukunft geschehen sollte, welche Entwicklung für das Rheinland als günstig angesehen wurde — das ist das Bild, das die Verhandlungen auf dem Rathaus vermittelten.

Doch die Harmonie in der Beletage des Rathauses war trügerisch; es war nur ein Aspekt des Geschehens. Gerüchte durchschwirrten die Stadt, daß nun

20 Die verschiedenen Telegramme aus HAStK 902/253/1, sind bei Ilges, a.a.O., S. 33 ff. abgedruckt.
21 Da Adenauer für eine westdeutsche Republik eintrat, die möglichst weit im Osten, d. h. im Westfälischen verankert werden sollte, war es naheliegend — vorausgesetzt man wollte dies tatsächlich —, daß man auch Vertreter dieser Region zu der Versammlung in Köln einlud. Da das unterlassen wurde, organisierte der Essener Oberbürgermeister Luther den Protest des Reviers gegen die Kölner Aktivitäten, die Adenauer zu entkräften versuchte, indem er am 6. Februar Luther „im nationalen Interesse" beschwor, davon abzusehen, wobei die kaum verhüllte Drohung nicht fehlte: „Stimmung in weiten Kreisen der linken Rheinprovinz und Rheinhessens ist derart, daß sie durch eine ablehnende Stellungnahme höchstwahrscheinlich ein im nationalen Interesse tief bedauerliches selbständiges Vorgehen dieser Gegenden herbeiführen würde." HAStK 902/253/1, S. 619.

endlich Tatsachen geschaffen, die Proklamation erfolgen würde.[22] Deshalb war ja Dorten wieder nach Köln gekommen. Kaas und seine Trierer Anhänger hatten am 29. Januar aus Trier telegraphisch die „Entscheidung in Frage freies Rheinland dringend" gefordert,[23] und einen Tag zuvor waren die linksrheinischen Handelskammern von Louis Hagen — wenn auch ohne Ergebnis — mit der Frage befaßt worden.

Mit wie hohen Erwartungen man in Köln die Ereignisse am 1. Februar in Köln verfolgte, zeigt die „KV".[24] Das Blatt sah das Rheinland „am welthistorischen Scheideweg". Wie am 4. Dezember machte man wieder Stimmung, sparte auch Drohungen nicht aus. Rückblickend schrieb das Blatt: „Außenpolitische und innenpolitische Erwägungen dringlichster Natur sind es gewesen, die in der rheinischen Bevölkerung das Verlangen nach staatlicher Selbständigkeit erzeugt haben und es im Laufe der letzten Wochen zu elementarer Stärke gelangen ließen. Dadurch wurde eine Tatsache geschaffen, die weder die preußische Regierung noch die Nationalversammlung aus der Welt schaffen können, die politische Wirklichkeit ist und bleiben wird. Vorab auf dem ganzen linken Rheinufer, wo besonders die außenpolitischen Beweggründe jedem Rheinländer in schärfster Form vor den Augen stehen, wo es sich um Sein oder Nichtsein handelt, wo die Zukunft von Land und Volk auf unabsehbare Zeit entschieden werden soll, ist die Forderung nach staatlicher Selbständigkeit zur großen Tagesfrage geworden, hinter der alle übrigen zurücktreten." Daß man nicht bereit war, auf seiten der „KV" die Entscheidungen der gewählten Versammlungen auf preußischer wie auf Reichsebene anzuerkennen, wurde unverblümt deutlich gemacht: „Wir wollen nicht untergehen, wir wollen nicht, daß gegen unsern Willen über unsere staatliche Gestaltung entschieden werde, das erklären wir auch der preußischen Regierung und der Nationalversammlung gegenüber ... und wenn jetzt die sogenannte preußische Regierung gegen uns die ‚Behörden' aufzurufen die Stirne hat, so antworten wir ihr nur: Denke an den 9. November. Nicht ungesetzlich wie diese Regierung, sondern gesetzlich will sich nach dem anerkannten Selbstbestimmungsrecht der Völker der rheinische Freistaat bilden und er nimmt für sich das parlamentarische Recht der Mehrheit und nicht das revolutionäre Auftrumpfen einer terroristischen Minderheit in Anspruch."

Die Parallele zu der Versammlung am 4. Dezember ist also klar zu erkennen, denn nach der Vorstellung der „KV" sollte die Versammlung der Abgeordneten als der gewählten Vertreter des linksrheinischen Gebietes vollendete Tatsachen schaffen, bevor die Nationalversammlung und die preußische Landesversammlung sich konstituiert hatten. Die Bildung des rheinischen Freistaates war soweit voranzutreiben, daß ein „unverrückbarer Tatbestand" geschaffen wurde, so daß

---

22 So berichtete der liberale Stadtverordnete Falk, daß er am Morgen Robert Bachem, einen der Verleger der KV getroffen habe; dieser, „ein Mann, der über weitreichende Verbindungen und gute Informationen verfügte, begrüßte mich mit den Worten: ‚Aha, Sie sind auf dem Wege zur historischen Sitzung'. Damit wußte ich, woran ich war." BA Kl. Erw. Nr. 385, Bl. 112.
23 HAStK 902/253/1, S. 149. Abgedruckt ist das Telegramm bei Ilges, a.a.O., S. 47.
24 KV Nr. 88 vom 1. Febr. 1919.

in der Nationalversammlung „keine parteimäßige Mehrheit den Volkswillen der Rheinländer mehr umstoßen kann". Obwohl spektakuläre Ergebnisse der Versammlung ausblieben, hatte sich die „KV" dennoch mit dem Resultat der langen Beratungen einverstanden erklärt und die Hoffnung ausgedrückt, daß der neue Ausschuß „die weiteren, für die Länder am Rhein hochwichtigen Lebensfragen ihrer baldigsten Lösung entgegenführen würde".[25]

Worauf stützte sich dieser Optimismus? Auf die Rede Adenauers? Sicher nicht. Seine Ausführungen waren ohne Zweifel bemerkenswert, hielt er doch die erste außenpolitische, sehr sorgfältig ausgearbeitete Rede seines Lebens.[26] Darüber hinaus muß sie als erstaunliche Ausnahme insofern gelten, als hier ein kommunaler Spitzenpolitiker auftrat, der in der Lage war, den Horizont seiner Alltagsarbeit hinter sich zu lassen und in außenpolitischen Dimensionen zu denken, dies aber nicht in der schlechten deutschen Tradition, daß man bloß lautstark Forderungen anmeldete oder Gefühle zum Ausdruck brachte, sondern in dem Bemühen, sich in die Position der Gegenseite hineinzuversetzen.

Es ist ebenfalls erstaunlich, wie realistisch der skeptische Adenauer die künftige politische Entwicklung einschätzte. Er teilte keineswegs die Illusionen, die weit verbreitet waren, weil die Menschen entweder daran glaubten oder sich in den Glauben flüchteten, daß das von ihnen Erhoffte auch Wirklichkeit werden würde. Von Völkerbund und Abrüstung erwartete er nicht viel, denn „auch unter den Ententeländern ist keines, das davon überzeugt ist, daß der Abrüstungsgedanke auf die Dauer und in allen Ländern siegreich bleiben wird". Ebenso war er skeptisch gegenüber der offiziellen deutschen Leseart, wonach der Waffenstillstand durch seine Berufung auf die 14 Punkte Wilsons auch den künftigen Friedensvertrag präjudiziere, daß die Alliierten daran gebunden seien, sie also einen „Rechtsfrieden" schließen müßten. Nichts von alledem bei Adenauer: „Die Friedensverhandlungen finden unter den Verbandsmächten in Paris statt, und sie werden damit ausgehen, daß der fertige Friedensvertrag dem Deutschen Reich diktiert wird."

Daß Adenauer die außenpolitische Seite des Problems so stark betonte, hatte jedoch auch einen taktischen Vorteil: Da die Teilnehmer verschiedenen Parteien angehörten und weit auseinandergehende Ansichten über Sinn und Notwendigkeit einer rheinischen Republik hatten, konnte er eine distanzierende, über den Parteien stehende Haltung bewahren.

Wie war seine Argumentation aufgebaut? Zuerst ging er auf die Haltung Frankreichs ein, des eigentlichen Gegners. Mit der ihm eigenen holzschnittartigen Deutlichkeit stellte er als Ausgangsposition fest: „Deutschland und Frankreich sind Erbfeinde." Er stand voll auf dem überkommenen, nichtsdestoweniger aber falschen Geschichtsbild, daß „der Streit und der Kampf zwischen Deutschland und Frankreich schon viele hundert Jahre hin und her" getobt habe und die Unterlegenen des Krieges jeweils Revanche gefordert hätten. Dies sei nun auch nach dem Weltkrieg zu erwarten; jedoch befinde sich Frankreich in einer schlechteren Situation, da der Sieg nur mit Hilfe machtvoller Verbündeter

---

25 KV Nr. 91 vom 2. Febr. 1919.
26 Abgedruckt bei Karl Dietrich Erdmann, a.a.O., S. 212—234 (Dok. Nr. 1).

errungen werden konnte, Frankreich aber nun wieder dem stärkeren Deutschland allein gegenüberstehe. Da es mit dem Streben Deutschlands nach einem Revanchekrieg sicher rechnen müsse, werde es entsprechende Garantien fordern, um dies zu verhindern. Worin konnte nun die Sicherheit für Frankreich bestehen? Hier sah Adenauer in Frankreich zwei Strömungen; die eine, „die chauvinistische Richtung möchte den Rhein dadurch zur strategischen Grenze machen, daß sie ihn auch zur politischen macht". Damit meinte er offensichtlich die Annexion des linken Rheinufers durch Frankreich. Dieser Position stellte er die gemäßigte Richtung gegenüber, die der Erreichung dieses Zieles eher skeptisch gegenüberstehe. Die Gemäßigten wollten deswegen aus dem linken Rheinufer einen Pufferstaat bilden.

Das waren also die beiden französischen Möglichkeiten, die Adenauer in Frankreich sah: Annexion oder Pufferstaat. Dabei ist anzumerken, daß er sich in der Skizzierung der Alternative sehr verschwommen ausdrückte. Denn zwischen der angeblich chauvinistischen und der gemäßigten Richtung gab es im Grunde keinen großen Gegensatz, weil die Bildung des Pufferstaates ebenfalls voraussetzte, daß die militärische und politische Grenze Deutschlands am Rhein verliefe, daß das linke Rheinufer abgetrennt und dort ein von Frankreich abhängiges Staatswesen errichtet würde. Die Forderung nach der vollen Annexion des linken Rheinufers hatte in Frankreich wenig einflußreiche Befürworter, da selbst eingeschworenen Nationalisten diese Lösung suspekt erschien und zu sehr nach einem Elsaß-Lothringen unter umgekehrten Vorzeichen aussah. Denn wie sollte man die rein deutsche millionenstarke Bevölkerung in den französischen Staatsverband integrieren?

Von Frankreich drohte also die Hauptgefahr, aber nicht nur für Deutschland, sondern auch für Frankreich selbst! Wenn es den Franzosen gelänge, so Adenauers Überzeugung, ihre politischen Vorstellungen am Rhein zu verwirklichen, hätte dies verhängnisvolle Folgen. Denn die Deutschen würden diesen Zustand nicht hinnehmen, der „nächste europäische Krieg würde in absehbarer Zeit, sobald es Deutschland irgendwie wieder möglich wäre, so sicher kommen, wie morgen die Sonne aufgeht." Das war etwas dick aufgetragen, weil es gut in Adenauers Argumentation paßte, aber die Überlegung bleibt dennoch bemerkenswert und war zweifellos zutreffend. Der umstrittene Kompromiß des Versailler Vertrages, der das Rheinland bei Deutschland ließ, dafür aber die militärische Besatzung erlaubte, schützte die Franzosen im Grunde vor sich selbst. Indem ihre angelsächsischen Verbündeten die Franzosen daran hinderten, ihre Forderungen nach der Rheingrenze durchzusetzen, gaben sie dem Friedensvertrag eine Chance. Denn hätte Deutschland einen derartigen Verlust wie das linke Rheinufer erleiden müssen, so wäre tatsächlich ein gewaltiger Aufschwung des Nationalismus und des Revanchegedankens die logische Konsequenz gewesen, der fortan die deutsche Politik beherrscht hätte. Statt dessen führte in Deutschland die endgültige Fassung des Friedensvertrages zwar auch zur scharfen und empörten Verurteilung des „Diktates von Versailles", nicht aber zur „Nationalen Sammlung". Diese trat erst nach der Überwindung der turbulenten Nachkriegszeit mit dem Hereinbrechen der Weltwirtschaftskrise in der spezifischen

Mischung von Enttäuschung und Nationalismus in Erscheinung. Der Friedensvertrag geriet immer stärker zum innenpolitischen Streitpunkt, denn es wurde in erster Linie der innenpolitische Gegner für den Kriegsverlust und damit für den sich daraus ergebenden Frieden verantwortlich gemacht. Oder man nahm den Vertrag zum Anlaß, um dem politischen Gegner Schaden zuzufügen, indem man beispielsweise Verstöße gegen die alliierten Entwaffnungsbestimmungen bei der Polizei denunzierte, da der Friedensvertrag als deutsches Recht übernommen werden mußte und deshalb entsprechend schutzwürdig war.

Nachdem Adenauer Frankreichs Zielsetzungen, aber auch die Grenzen französischer Macht beleuchtet und klar betont hatte, daß Frankreich das Recht habe, Sicherheiten gegen einen neuen deutschen Angriff zu fordern, behandelte er die Möglichkeiten, wie die Verwirklichung der französischen Ziele verhindert werden könnte. Nur England kam seiner Meinung nach als Helfer dafür in Frage, denn aus außenpolitischen Gründen, wegen eigener Probleme mit seinem Empire sowie seiner traditionellen balance-of-power-Politik würde England daran interessiert sein, Frankreich nicht zu stark werden zu lassen.

Das außenpolitische Interesse Englands am Frieden in Europa, der weder durch die Vormachtstellung Frankreichs noch durch ein zerstückeltes Deutschland gefährdet sein sollte, verband Adenauer nun mit dem innenpolitischen Problem der Auflösung Preußens, die auf der Grundlage des am 20. Januar veröffentlichten Verfassungsentwurfes von Hugo Preuß durchaus möglich zu sein schien.

Die Rolle Preußens schildert Adenauer bewußt negativ. Um dies ohne Protest zu bewerkstelligen, betonte er eigens, daß er sich bewußt dazu der Perspektive der Gegner bediene, also nicht seine eigene Meinung darstelle. So erschien Preußen als „böser Geist" Europas, als „Hort des kulturfeindlichen, angriffslustigen Militarismus", als der eigentlich Schuldige am Kriege. Wenn nun Preußen aufgelöst und im Westen eine Westdeutsche Republik gegründet würde, so sei das eine grundlegende Änderung der Situation, denn eine solche Republik „würde wegen ihrer Größe und wirtschaftlichen Bedeutung in dem neuen Deutschen Reich eine bedeutungsvolle Rolle spielen und demgemäß auch die außenpolitische Haltung Deutschlands in ihrem friedensfreundlichen Geist beeinflussen können." Eine solche Neugründung müßte insbesondere für England als „die sicherste Grundlage für den europäischen Frieden" von hohem Interesse sein, zumal die Tatsache der Existenz eines solchen Staates die Gewähr böte, daß eine preußische, monarchistische Restauration nicht stattfände.

Nur in der Möglichkeit, daß die Engländer den Vorteil dieser Lösung erkennen und dementsprechend auf Frankreich einwirken würden, sah er eine Chance für die Rettung der Rheinländer. Sollte das nicht der Fall sein, war seine Prognose düster: „Wenn England den Ausweg nicht für gangbar hält, sind nach meiner festen Überzeugung wir Rheinländer verloren." Man sieht hier deutlich, welche Bedeutung Adenauer den Engländern beimaß; sie hatten für ihn — folgt man dem Text der Rede — die Schlüsselrolle inne. Nicht um den deutsch-französischen Ausgleich ging es Adenauer — davon konnte in der damaligen Situation auch nicht die Rede sein —, sondern um die Abwehr der von

Frankreich drohenden Gefahren mit Hilfe Englands. Die Angst vor der „Verwelschung" kam auch noch an anderer Stelle zum Ausdruck, als er die besondere Notwendigkeit betonte, die Westdeutsche Republik möglichst großräumig zu planen, denn ein kleiner „Westdeutscher Bundesstaat (würde) eine direkte Gefahr für das Deutschtum bilden; er würde der Gefahr der Verwelschung unbedingt ausgeliefert sein."

Adenauers Argumentation hatte jedoch einen entscheidenden Schwachpunkt. Warum sollte ein Westdeutscher Staat, so etwas wie ein vorweggenommenes Nordrhein-Westfalen, durch seine bloße Existenz die Wirkung haben, daß dadurch ein grundlegender Wandel in der deutschen Politik herbeigeführt werden konnte? Seine Charakterisierung Preußens als ein durch und durch verwerfliches, moralisch aggressives Staatswesen gab sicherlich den realistischen Eindruck wieder, wie das Preußenbild auf der Gegenseite, bei der Entente, aussah, aber dies war doch eine Vorstellung, die zu einem beträchtlichen Teil von der Kriegspropaganda gegen Deutschland geprägt war. Daher mußte sich nach dem Krieg nun die Frage stellen, ob denn mit der Aufteilung Preußens der eigentliche Schurke aus der Geschichte beseitigt worden war. Jedenfalls war seine Schlußfolgerung keineswegs überzeugend: „Entweder wir kommen direkt oder als Pufferstaat zu Frankreich, oder wir werden eine Westdeutsche Republik; ein Drittes gibt es nicht." Dieser Schluß erscheint eher typisch für das unscharfe Denken Adenauers. Denn Annexion und Pufferstaat hatten höchst unterschiedliche Folgen, wenn man allein an die Nachteile des französischen Zentralismus dachte. Noch viel problematischer wurde es jedoch, wenn man nach dem Unterschied zwischen einem Pufferstaat und einer friedenssichernden westdeutschen Republik fragte, die so unabhängig gegenüber Berlin sein sollte, daß sie tatsächlich eine aktive Politik des Ausgleichs zu treiben imstande war. War dann nicht die Möglichkeit oder die Gefahr gegeben, daß dieses Staatswesen in der Mitte zwischen zwei „Erbfeinden" nicht zum Bindeglied einer dauerhaften Versöhnung, sondern gleichsam zwangsläufig zum Puffer wurde?

Wie man nun aber praktisch vorgehen sollte, blieb unklar und widersprüchlich. Denn Adenauer sprach sich nicht nur für eine feierliche Erklärung durch die Volksvertretung, d. h. die Nationalversammlung, also die gewählten Vertreter, gegen jegliche Annexionsbestrebungen aus, sondern auch für eine Initiative von unten zur Errichtung der Westdeutschen Republik, die „vom Volk selbst ergriffen" werde müßte. „Die Initiative darf nicht etwa von der deutschen oder preußischen Nationalversammlung oder der Regierung ausgehen, sondern sie muß vom Westen ausgehen ...", vor allem aus dem Grunde, um dem Prinzip des Selbstbestimmungsrechtes der Völker, in diesem Falle des rheinischen Volkes, Rechnung zu tragen. Zudem tue Eile not, so daß man nicht warten könne, bis die Regierung zu konkreten Schritten auf diesem Gebiet in der Lage sei. Diese Ausführungen mußten Musik in den Ohren all derer sein, die schnelle Aktionen forderten und die hofften oder erwarteten, daß im Zusammenhang mit der Versammlung „proklamiert" würde. Die weitgehende Formulierung von der Initiative von unten wurde von Adenauer jedoch im nächsten Absatz wieder zurückgenommen. Denn anschließend sagte er, daß die Westdeutsche Republik „unbedingt auf dem gesetzmäßigen Wege geschaffen werden muß"; das konnte nur heißen, man müsse warten, bis die Nationalversammlung darüber beschließen würde. Dem wurde gleich wieder hinzugefügt, daß Abweichungen ebenfalls möglich wären, „wenn wir nicht durch außenpolitische, bis jetzt nicht zu übersehende Verhältnisse anders gezwungen werden".

Es ist müßig, darüber zu spekulieren, was Adenauer selbst plante, welche unmittelbaren Wirkungen er sich von seiner Rede versprach und mit welchen Ergebnissen der Versammlung er rechnete. Hält man sich an seine Rede — und das ist schließlich die zuverlässigste Darlegung seiner Gedanken —, so wird zweierlei deutlich: Zum einen tritt der „außenpolitische" Faktor, die Reaktion auf die Annexionsgefahr durch die Franzosen und die Hoffnung, mit Hilfe der Briten diesem Schicksal zu entgehen, klar in den Vordergrund; andererseits plädierte er für eine unmittelbare, vom Rheinland ausgehende Initiative. Er liefert also nicht nur eine Analyse der außenpolitischen Konstellation, sondern sprach sich auch — obwohl etwas gewunden — für konkrete Schritte aus. Er scheint vor allem bestrebt gewesen zu sein, eine mittlere Linie nicht zu verlassen, aber dabei die Aktivisten, deren Erwartungen man in der „KV" studieren konnte, nicht zu enttäuschen.[27]

Dieses Ergebnis der Interpretation hat nichts mit der These Erdmanns zu tun, der am 1. Februar auch nur den „durchgehenden Zug" in der Politik Adenauers bestätigt sieht, „die Entwicklung der rheinischen Dinge im Zusammenhang zu halten mit den Bestrebungen der Reichsregierung mit der Verfassungsentwicklung und dafür Sorge zu tragen, daß die politischen Parteien sich über dieser Frage nicht entzweien".[28] Kontakte mit der Reichsregierung, d. h. mit dem Rat der Volksbeauftragten, sind nicht nachweisbar und hatten sicherlich nicht stattgefunden; nicht einmal eine Koordination mit Westfalen, dem unbesetzten Teil der zukünftigen Westdeutschen Republik, war begonnen worden. Von den verfassungsrechtlichen Möglichkeiten, d. h. dem gesetzlichen Verfahren, das der erste Entwurf von Preuß vorsah, hatte sich Adenauer in seiner Rede ausdrücklich distanziert, weil ihm die Prozeduren zu lange dauerten. Als Friedensengel zwischen den Parteien ist er ebenfalls nur mühsam vorstellbar. Es ist richtig, daß er nicht als engagierter Zentrumspolitiker agierte; vielmehr war er bestrebt, eine über den Parteien stehende Stellung einzunehmen, die aber doch die klare Aufgabe hatte, Kompromisse zu finden und die Zentrumsaktivisten nicht allzusehr bloßzustellen.

Es kann gar keine Rede davon sein, daß er verhüten wollte, daß die Parteien sich nicht „entzweien". Denn das war längst geschehen. Sozialdemokraten und Liberale waren strikt gegen die Pläne eines rheinischen Staates, während einzel-

---

27 Daß er dabei einen gewissen Optimismus an den Tag legte, geht aus einem Brief an seinen Mainzer Amtskollegen hervor, dem er am 2. Februar schrieb: „Da die Entwicklung in dem Ihnen bekannten Sinne unablässlich weitergehen wird, würde ich es sehr begrüßen, wenn Sie die weiteren Vorbereitungen mit den dortigen Herren in die Hand nehmen würden, damit wir von der Entwicklung nicht überrascht werden." HAStK 902/253/1, S. 562.
28 Karl Dietrich Erdmann, a.a.O., S. 47.

ne Gruppen im Zentrum sehr stark für die Errichtung eines solchen Staates engagiert waren, andere wiederum, wenn nicht dagegen, so doch aus Kompromißbereitschaft und aus Gründen der Parteisolidarität eine eher vermittelnde Stellung einnahmen. Die taktische Situation wird noch komplizierter, wenn man an die Stärkeverhältnisse der Parteien im Rheinland und der auf dem Kölner Rathaus erschienenen Volksvertreter denkt, hatte doch das Zentrum im besetzten Gebiet eine überwältigende Mehrheit der Sitze gewonnen, ohne diese Stärke jedoch in den Verhandlungen auf dem Rathaus, die der Rede Adenauers folgten, nutzen zu können.

Dabei ging es hauptsächlich um die Beschlußfassung über eine Resolution. Nachdem Adenauer mit seinem politischen Ausschuß eine Kompromißformel bereits zu der Sitzung mitgebracht hatte, wurde diese in den zähen und langandauernden Beratungen am 1. Februar noch weiter abgeschwächt. Ursprünglich hieß es: „Für den Fall, daß die Reichsverfassung einer Aufteilung Preußens die gesetzliche Grundlage schafft, ist unter Beobachtung der gesetzlichen Bestimmungen die Vereinigung der Länder am Rhein zu einem Freistaat im Verbande des Deutschen Reiches herbeizuführen." Diese Formulierung erschien wohl den anderen Parteien nicht klar genug, weil nicht gesagt wurde, wer denn die „Vereinigung der Länder am Rhein" vornehmen sollte. Als Ergebnis der zähen Verhandlungen, dem zuzustimmen der Mehrheit, d. h. dem Zentrum, außerordentlich schwerfiel, wurde dieser Passus fallengelassen und statt dessen eine Konkretisierung vorgenommen: „Da die Teilung Preußens ernstlich erwogen wird, übertragen wir dem von uns gewählten Ausschuß die weitere Bearbeitung der Pläne auf Errichtung einer Westdeutschen Republik im Verbande des Deutschen Reiches und auf dem Boden der von der deutschen Nationalversammlung zu schaffenden Reichsverfassung."

Die Zusammensetzung des Ausschusses entsprach nicht linksrheinischen Mehrheitsverhältnissen. Das Zentrum erhielt vier Sitze, die Sozialdemokraten zwei und DDP und DVP je einen Sitz, so daß der Vertreter der Oberbürgermeister, wer anders als Adenauer, dem Zentrum die Mehrheit verschaffen konnte. Doch das sind theoretische Erwägungen, die keine praktische Bedeutung erhielten. Interessant ist lediglich, daß hier nicht die parlamentarische Stärke wichtig war, sondern daß die Arbeit des Ausschusses auf Einstimmigkeit angelegt war. Mit 5:4 Stimmen konnte schließlich die Gründung eines rheinischen Staatswesens nicht beschlossen werden. Ob aus diesem Grund oder aus der Erwägung heraus, daß Adenauer die Weiterverfolgung dieses Planes in den nächsten Monaten nicht opportun erschien — jedenfalls wurde der Ausschuß nur ein einziges Mal, Ende Mai 1919, zusammengerufen. In den Wochen unmittelbar nach der Versammlung hatte er ihn nicht einberufen; ja er mußte sich den Vorwurf gefallen lassen, daß er den Ausschuß bewußt ausgeschaltet hatte.

Die Distanzierung von den Rheinstaat-Aktivisten

Es wäre falsch anzunehmen, daß das, was im Rathaus am 1. Februar 1919 geschah oder auch nicht geschah, alles gewesen wäre und daß nebenher nichts anderes geplant oder unternommen wurde. Der unruhig in einem Zimmer des Rathauses auf die Proklamation der Republik wartende Dorten ist nur ein Beispiel dafür, welche Erwartungen im Schwange waren. Das soll nicht heißen, daß man aus der Tatsache der Anwesenheit Dortens auf die Pläne Adenauers schließen könnte, indem man die These aufstellt, daß er Dorten warten ließ, weil er selbst mit der Proklamation rechnete. Wahrscheinlicher ist, daß Adenauer sich offen gab, selbst einen Mann wie Dorten einlud, von dem er inzwischen schon genug Negatives gehört hatte, um sich auf diese Weise nicht dem Verdacht auszusetzen, daß er die Erörterungen in eine bestimmte Richtung lenken wollte.

Obwohl das Treffen auf dem Rathaus aus der Sicht der Aktivisten wie das Hornberger Schießen ausgegangen war, war die „KV" guter Dinge und zeigte einen Optimismus, der durch das Verhandlungsergebnis vom 1. Februar keineswegs begründet war. Am 3. Februar schwärmte das Blatt, daß der „Beginn einer neuen Zeitrechnung" zu registrieren sei, und erging sich in geheimnisvollen Andeutungen: „Die Beratungen auf dem Kölner Rathause über die Zukunft der Länder am Rhein haben welthistorische Bedeutung, denn weit über Deutschlands Grenzen hinaus hat man ihrem Ergebnis mit großer Spannung entgegengesehen, sie bilden ein wichtiges Glied in der Kette zum Zustandekommen eines dauerhaften Völkerfriedens. Es gehen gegenwärtig Dinge vor, über die der Beobachter der Zeitgeschichte noch nicht mit der nötigen Deutlichkeit sprechen kann, weil sie zumeist im Stadium der Verhandlungen stehen, aber das eine darf jetzt schon gesagt werden, daß in der Entscheidung über das endgültige Schicksal der Länder am Rhein die sichersten Möglichkeiten für einen dauerhaften Völkerfrieden und eine wahre Völkerversöhnung umschlossen sind."[1]

Derartige Andeutungen konnten nichts mit der Versammlung am 1. Februar zu tun haben und waren auch beim besten Willen nicht als besonders phantasievolle Interpretation der Ausführungen Adenauers zu erklären. Die Ursache für den Überschwang in der „KV" ist wohl in anderer Richtung zu suchen. Am 2. Februar hatte Paul Tirard, Contrôleur Général der besetzten Gebiete – nach Inkrafttreten des Friedensvertrages wurde er dann der Präsident der Interalliierten Rheinlandkommission –, von einer „wichtigen englischen Persönlichkeit" einen vertraulichen Bericht erhalten.[2] Es handelte sich um einen französischen Text mit der Überschrift: „Projekt einer Rheinisch-Westfälischen Republik". Die englische Persönlichkeit war sicher General Clive, der ebenso wie der Chef

---

1 KV Nr. 95 vom 3. Febr. 1919: Ein historischer Tag.
2 MAE Rive gauche du Rhin 1, Bl. 2–5.

der politischen Abteilung der englischen Besatzungsarmee, Colonel Ryan, 1919 einen durchaus frankophilen Eindruck machte.[3] Das Dokument, das für die Engländer bestimmt, aber doch umgehend den französischen Bundesgenossen mitgeteilt wurde, da die Auseinandersetzungen in Versailles über das Rheinland noch nicht begonnen hatten und an der „Front", d. h. im besetzten Gebiet, die Gegensätze nicht notwendigerweise in der gleichen Schärfe aufbrechen mußten, war äußerst bemerkenswert. Sein Inhalt war in der Tendenz eindeutig; es handelte sich um den Vorschlag eines klaren Separatismus, des Bestrebens, sich aus dem bisherigen Staatsverband zu lösen, wobei bewußt an die Hilfe der Alliierten appelliert wurde. Mit der Wahrheit ging der unbekannte Autor nicht gerade sorgsam um; so wurde der alle Schichten der Bevölkerung umfassende Preußenhaß als die konstituierende Kraft für einen unabhängigen Staat ohne Rücksicht auf irgendwelche Differenzierungen ebenso deutlich herausgestellt wie die Haltung des Zentrums, das angeblich als die stärkste Partei geschlossen hinter dem Plan stände. Ebenso fragwürdig war die Behauptung, daß auch die Einstellung der Industrie absolut positiv sei. Drei Formen kämen für den neuen Staat in Betracht: Als integrierender Bestandteil des Deutschen Reiches, als unabhängige Republik, eventuell unter der Kontrolle des Völkerbundes, oder als dritte Möglichkeit eine Dépendance Frankreichs. Besonders interessant ist die Argumentation, wie man es anfangen sollte, um zu der gewünschten staatlichen Unabhängigkeit zu gelangen. Das Zentrum wäre nämlich in seiner Mehrheit für die erste Lösung, d. h. für die Republik im Verband des Deutschen Reiches. Bevor aber diese Republik nicht gegründet sei, dürfe man über die weitergehende Möglichkeit nicht sprechen, weil das manche Teile der Bewegung abspenstig machen könnte. Dies sei um so mehr zu vermeiden, weil die Geschäftsleute und die Fabrikbesitzer klar für die Unabhängigkeit seien, was hauptsächlich mit dem Zugang zu den Märkten Westeuropas und der leichteren Rohstoffbeschaffung zu erklären sei.

Es muß offenbleiben, ob das den Engländern zugespielte Papier als eine flankierende Maßnahme zu der Rede Adenauers in dem Sinne zu betrachten sei, daß Adenauer in der Beletage nur absolut „Keimfreies" darbot und eine Rede hielt, die lediglich eine vorsichtige Option enthielt, auf die man bei dramatischer Verschlechterung der Situation zurückkommen könnte. Daher konnte die Rede auch einem weiteren Kreis von Persönlichkeiten, einschließlich der Spitzen der englischen Besatzung in Köln, zugesandt werden,[4] ohne deshalb von seriösen

3 Die frankophile Einstellung der britischen Besatzungsspitzen in Köln wurde im Mai 1919 von dem französischen Delegierten, dem Marquis de Lillers, ausdrücklich anerkannt, was bei dem sonst zu findenden Mißtrauen der Franzosen gegenüber den Engländern besonders hervorgehoben zu werden verdient. Als Ryan Köln 1920 verließ, bezeichnete das de Lillers ausdrücklich als schweren Verlust: „Depuis 21 mois que je travaille avec le Lieutenant-Colonel Ryan, je n'ai jamais eu avec lui la moindre difficulté et j'ai trouvé auprès de lui l'aide la plus complète et la plus loyale." AN AJ^9/4283.
4 Die Verteilerliste befindet sich in HAStK 902/253/1 S. 367; dabei ist die Rangfolge interessant. Obenan standen für Adenauer die Männer der Finanz und Industrie; Nr. 1 war der Baron S. A. von Oppenheim, Nr. 2 der Industrielle Beuckenberg, Nr. 3 Louis Hagen, dann folgen weitere Leute aus der Wirtschaft, Nr. 6 war der Zentrumsfunktionär Dr. Jörg, Nr. 9 General Clive, Froberger kam aber erst auf Platz 52!

Leuten ernsthafte Vorwürfe fürchten zu müssen. Es ist kein Indiz vorhanden, das darauf hinweist, daß Adenauer etwas mit dem Separatistenpapier zu tun gehabt hat. Es ist nur bezeichnend für die Doppelbödigkeit der Kölner Bestrebungen, daß zur gleichen Zeit mit ganz anderen Argumenten bei der Besatzungsmacht vorgefühlt wurde.

Weder auf der englischen noch auf der französischen Seite stand man den Verhandlungen gleichgültig gegenüber. Am selben Tag hatte General Clive Tirard in Koblenz besucht. Dort wird man sicherlich über die politischen Aussichten des Unternehmens gesprochen haben, denn am 2. Februar richtete Clive ein Handschreiben[5] in tadellosem Französisch an Tirard, in dem er sich nicht nur für den herzlichen Empfang in Koblenz bedankte, sondern vor allem mitteilte, was er über die Versammlung auf dem Kölner Rathaus gehört hatte. Das war allerdings überraschend, liefen doch seine Informationen darauf hinaus, „daß die Versammlung ... die Ergebnisse erbracht hätte, die die Parteigänger einer unabhängigen[6] Republik erhofft hätten". Allerdings war er noch nicht im Besitz der Resolution; von daher ist wohl die optimistische Beurteilung erklärlich. Seine Agenten oder Informanten hatten ihm nur das berichtet, was an Gerüchten oder gezielten Informationen im Umlauf war. Diese hatten offensichtlich betont zuversichtlich geklungen. Vielleicht hoffte man noch auf eine günstige Wirkung des Papiers, das man den Engländern zugespielt hatte. Angesichts des persönlichen Kontaktes zu Tirard wird man davon ausgehen können, daß die „hohe englische Persönlichkeit", die das Papier den Franzosen gab, General Clive selbst gewesen ist.

Festzuhalten bleibt vor allem, wenn man den geheimnisvoll andeutenden Artikel der „KV" vom 3. Februar heranzieht, daß hier Berührungspunkte bestehen. Nur wenn man die Hintergrundaktivitäten voll berücksichtigt, wird verständlich, warum plötzlich die Zeitung so optimistische Töne anschlug. Während der Artikel von der „wahren Völkerversöhnung" sprach, die der neue Staat schaffen werde, war in dem Geheimpapier vom Völkerbund die Rede, der eine entscheidende Funktion der Garantie und Kontrolle haben sollte. Das war keineswegs ein Gegensatz, denn wo der Völkerbund waltete, so die damalige optimistische Annahme, konnte der Völkerfriede nicht in Frage gestellt sein.

Für die Einschätzung des engeren Kreises der Aktivisten, daß mit dem 1. Februar noch nicht alles vorbei war und es mit der Versammlung allein sein Bewenden nicht haben sollte, spricht auch die lange Anwesenheit Dortens in Köln. Denn, so könnte man denken, es wäre ja durchaus naheliegend gewesen, sich nach dem vergeblichen Warten am 1. Februar enttäuscht zurückzuziehen. Erst am 5. Februar verabschiedete sich Dorten brieflich von Adenauer, nicht ohne eine Erklärung zu hinterlassen, wie er die Situation beurteilte.

Diese Erklärung[7] ist eigenartig. Zuerst wird darin ausdrücklich die am 1. Februar gefaßte Erklärung begrüßt, dann jedoch das gefordert, was auf der

---

5 AN AJ[9]/3759.
6 Das Wort „indépendante" ist von Clive eigens unterstrichen worden.
7 Die Erklärung ist abgedruckt bei Karl Dietrich Erdmann, a.a.O., S. 235 f., (Dok. Nr. 2), nicht jedoch das Anschreiben, das ein interessantes Licht auf die gegenseitigen Beziehungen wirft.

Versammlung gerade ausgeschlossen wurde, nämlich die sofortige Bildung einer Westdeutschen Republik ohne Rücksicht auf die Nationalversammlung oder die preußische Regierung. Ein solcher Standpunkt war von der von Adenauer vertretenen Taktik des Abwartens grundverschieden. Dorten verstand seine Erklärung, die Adenauer dem neuen Ausschuß zur Beratung vorlegen sollte, aber nicht als Kampfansage. Denn sein Anschreiben hatte einen verbindlichen und eigenartig resignativen Ton, schrieb er doch in seinem gestelzten Stil: „Sollte demnächst meine Anwesenheit hier notwendig sein, so würde ich bitten müssen, mir eine Einreiseerlaubnis erwirken lassen zu wollen, da ich wohl kaum noch in der Lage sein werde, eine solche in Wiesbaden zu erlangen."[8] Das konnte doch nur heißen, daß er mit einem französischen Visum nach Köln gekommen war, das er nicht noch einmal erhalten würde, so seine Befürchtung, da er mit leeren Händen aus Köln nach Wiesbaden zurückgekehrt war. Deshalb sollte ihm Adenauer bei den Engländern eine Genehmigung besorgen, zumal die Engländer mehrfach mit der ganzen Angelegenheit, der Versammlung auf dem Rathaus, befaßt waren. Sie hatten die Zusammenkunft zu genehmigen, so dann erhielten sie die Rede Adenauers — die sie übrigens gleich an die Franzosen weitergaben — und schließlich wurde ihnen die anonyme Ausarbeitung überreicht, die ihnen klarmachen sollte, wie leicht ein unabhängiger Staat am Rhein zu bilden wäre. Jedenfalls erhielt Dorten von Adenauer eine Art Ehrenerklärung, indem dieser zur Entlastung Dortens ein Schreiben an seinen Amtskollegen in Wiesbaden richtete, das den negativen Eindruck verwischen sollte, der durch den heftigen Zusammenstoß Dortens mit Eckert in Gegenwart des Wiesbadener Oberbürgermeisters entstanden war. Nun schrieb Adenauer: „Die beiden Herren haben sich in meiner Gegenwart ausgesprochen, und es ist eine Reihe von offenbaren Mißverständnissen, die zwischen den Herren bestanden haben, dadurch erledigt worden. Auf Wunsch von Herrn Dr. Dorten gestatte ich mir, Ihnen hiervon Kenntnis zu geben."[9]

Für den Kontakt zu den Engländern haben wir noch ein weiteres Zeugnis. Am 12. Februar richtete Froberger ein Schreiben an Adenauer und übersandte einen Vermerk über ein Gespräch mit Colonel Ryan, das sehr aufschlußreich ist.[10] Erdmann hat dieses Schreiben nicht einmal einer Anmerkung für wert befunden. Schreiben und Anlage haben einen eigenartigen Charakter. So fällt der etwas geheimnisvolle Ton auf, den Froberger anschlägt, der zugleich eine gewisse Vertraulichkeit mit Adenauer zeigt. Wovon ist die Rede? Natürlich nur von der „schwebenden Sache"; Froberger erklärte, daß er in dem Bericht keinen Namen erwähnt habe, um ihn auch in Weimar, d. h. bei dafür ansprechbaren Zentrumsabgeordneten, zu verwenden. „Bei der Nennung der Namen müssen wir besondere Vorsicht beobachten, weil es sonst die allergrößten Schwierigkeiten geben könnte." Froberger gab sich hinsichtlich der Chancen der westdeutschen Republik skeptisch, weil das — auch von Adenauer — so oft verwandte Argument,

---

8 Der in HAStK 902/253/1, S. 629 vorhandene Brief ist als Faksimile bei Walther Ilges, a.a.O., S. 51, abgedruckt.
9 Ebenda, S. 631, abgedruckt bei Ilges, a.a.O., S. 53.
10 HAStK 902/253/1, S. 735—741.

man müsse dieses Staatswesen ins Leben rufen, um der französischen Annexion zu entgehen, bei den Franzosen eine entsprechend negative Reaktion ausgelöst habe. Wegen des zu erwartenden Widerstandes seien auch die Engländer inzwischen skeptischer geworden. Daher hoffte er, daß sein Bericht die Abgeordneten zur Eile treiben würde.

Was hatte Froberger an seinem Gespräch mit Ryan so bemerkenswert gefunden? Gemäß der Aufzeichnung sollte der Oberst — wobei man nie weiß, was Ryan tatsächlich gesagt und was Froberger ihm in den Mund gelegt hat — erklärt haben, daß die französischen Absichten auf eine volle militärische Kontrolle „der Rheinlinie ohne Einschränkung" aufrechterhalten blieben und daß die Engländer und Amerikaner dies im Grunde auch akzeptierten, „weil Frankreich in hundert Jahren eine viermalige Invasion von Deutschland aus erlebt habe und jetzt ein Recht besitze, sich mit allen Mitteln vor einer neuen Invasion zu schützen". Dieses Argument, in Frankreich häufig und mit vielen Varianten benutzt, wie oft Deutschland angegriffen habe, klingt im Munde eines britischen Offiziers seltsam, selbst wenn man ihm eine beträchtliche Frankophilie unterstellt. Schließlich waren die Engländer in den napoleonischen Kriegen auch als „Aggressoren" anzusehen gewesen, ganz zu schweigen davon, daß bis zum Abschluß der Entente Cordiale aus der englischen Sicht Frankreich häufiger als Deutschland als Konkurrent, Feind und Friedensbrecher erschienen ist. Es klingt daher sehr unwahrscheinlich, daß ein Engländer diese spezifisch französische Arithmetik, wie oft Frankreich von Deutschland überfallen worden sei, angewendet haben würde.

Der entscheidende Punkt dieser Aufzeichnung ist jedoch die Einstellung Ryans zur Frage der Westdeutschen Republik. Eine solche Westdeutsche Republik im Verbande des Deutschen Reiches sei nichts anderes für ihn als Bayern und Württemberg und würde sich bei einem neuen Krieg genauso verhalten. Aber er zeigte dennoch etwas Interesse an den Ausführungen Frobergers, denn „immerhin ließ er (Ryan) noch deutlich genug merken, daß auch jetzt noch England alles versuchen werde, um den Franzosen begreiflich zu machen, daß eine Westdeutsche Republik für sie genügend Garantien böte, insbesondere deswegen, weil in diesem Falle Preußen nicht mehr bis an den Rhein reiche und die Interessen dieser Republik sich wirtschaftlich nach dem Westen neigen würden. Mit größter Aufmerksamkeit hörte er die Gründe an, die zu Gunsten der europäischen Lösung durch eine Westdeutsche Republik geltend gemacht werden konnten; er gestand, daß diese Gründe auf ihn tiefen Eindruck machen und wohl auch bei der englischen Regierung ins Gewicht fallen würden. Insbesondere begrüßt er sehr den Gedanken, daß die Westdeutsche Republik zur Friedensrepublik werden sollte, weil sie eine Garantie für den Frieden Europas bilden würde." Hier kommt so etwas wie die Spitze des Eisberges zum Vorschein. Von der bloßen Vorwegnahme des Landes Nordrhein-Westfalens, wovon in der Öffentlichkeit damals gesprochen wurde und was Erdmann und Morsey weitergetragen haben, konnte hier keine Rede mehr sein. Ob die angeblich so positive Reaktion Ryans bloße Erfindung Frobergers war oder nicht, kann hier offenbleiben. Interessanter ist sein Argument, daß „die Interessen dieser Republik sich wirtschaftlich nach dem Westen neigen würden" und daß es eine „Friedensrepublik" wäre, die den Frieden Europas zu garantieren imstande sein sollte. Um dem neuen Staat solches Gewicht zu verleihen, mußte er aber etwas anderes als ein normales Land wie Bayern oder Sachsen sein.

In seiner Rede am 1. Februar hatte Adenauer einen ähnlichen, jedoch unverfänglicher klingenden Ton angeschlagen, als er sagte: „Diese westdeutsche Republik würde wegen ihrer Größe und wirtschaftlichen Bedeutung in dem neuen Deutschen Reiche eine bedeutungsvolle Rolle spielen und demgemäß auch die außenpolitische Haltung Deutschlands in ihrem friedensfreundlichen Geiste beeinflussen können." Für sich genommen könnte man den Satz so interpretieren, als ob hier ein besonders gläubiger Adept die Rathenauschen Vorstellungen von der „Wirtschaft als unserem Schicksal" auch als bestimmend für die Außenpolitik angesehen hätte. Auf jeden Fall ist die Parallelität zwischen den Ausführungen Frobergers und Adenauers im Februar 1919 bemerkenswert, da beide dem zu gründenden Staatswesen eine neue Qualität, eine besondere Struktur zugedacht hatten, die es von den übrigen Einzelstaaten, die das Deutsche Reich bildeten, ganz klar unterscheiden würde.

In dieser Zeit hektischer Aktivitäten, der kursierenden Papiere und verwirrenden Hintergrundinformationen ist noch auf eine Nachricht einzugehen, die auf das Verhalten Adenauers ein ganz anderes Licht wirft. Daher empfiehlt sich einige Vorsicht, wenn man seinen Standpunkt auf einen einfachen Nenner bringen will. Obwohl seine Rede wie ein Appell an die Engländer klingt, darf nicht außer acht bleiben, daß Adenauer zu dieser Zeit, wahrscheinlich schon seit Dezember 1918, Kontakt zu Franzosen in Köln unterhielt. Denn mit den alliierten Truppen war auch eine „Commission Interalliée de Navigation de Campagne" unter dem französischen Oberst Meynial nach Köln gelangt und hatte sich dort niedergelassen. Dieser Oberst beschränkte sich keineswegs auf Fragen der Rheinschiffahrt, sondern spielte im Hintergrund eine wichtige politische Rolle. Das bezog sich vor allem auf Kontakte und Beeinflussungsversuche in den führenden Wirtschaftskreisen der Stadt, was ihm schon dadurch leichtgemacht wurde, daß er in dem Haus des Großindustriellen Charlier einquartiert war. Dadurch ergab sich die bequeme Möglichkeit, in gesicherter Diskretion Kontakte zu knüpfen oder vertrauliche Einzelgespräche zu führen; dabei blieb es aber nicht. Am 21. Januar 1919 empfing er beispielsweise Kölner Industrielle, die sich besorgt über ihre Zukunft äußerten und besonders über Rohstoffmangel klagten. In dem Bericht darüber vergaß er auch nicht darauf hinzuweisen, daß die Idee der rheinischen Republik bei den Katholiken an Boden gewinne.[11]

11 AN AJ[9]/4290, Bericht vom 21. Jan. 1919. Am 15. Febr. wies Geheimrat Trautmann vom AA, der in Köln als Angehöriger der deutschen Waffenstillstandsdelegation ein wachsames Auge auf die dortigen Aktivitäten warf, auf die Umtriebe Meynials hin. Er berichtete, daß seit dem 1. Februar die Bestrebungen zur Bildung einer westdeutschen Republik keine Fortschritte gemacht hätten. Der Widerstand sei insbesondere auf einer Sitzung der Handelskammern des Reviers in Duisburg am 5. Februar deutlich geworden, zu der Adenauer eingeladen, aber nicht erschienen sei. Angesichts dieser negativen Tendenz habe Meynial laut Trautmann erklärt: „Jetzt ist das Rheinland verloren. Ihr wollt

Auch Adenauer nahm zu Meynial und etwas später zu de Lillers, dem französischen Delegierten in Köln, Beziehungen auf. Dazu bediente er sich eines hochkarätigen Mittelsmannes, des Industriellen Scheibler, Chef der bedeutenden Chemischen Fabrik Kalk. Daß Adenauer im Februar 1919 engen Kontakt auch zu anderen Mitgliedern der Kommission von Meynial hatte, geht aus einer zeitlich späteren, aber absolut sicheren Quelle hervor. In einem Vermerk von Max Hermant, dem Generalsekretär der Rheinlandkommission, für Tirard aus dem Jahre 1923 geht es um die Wiederverwendung eines Elsässers namens Steinbach-Thierry, der während der Waffenstillstandszeit zu der Kommission Meynials in Köln gehört hatte. Damals war er auch mit Adenauer bekannt geworden und hatte im Februar 1919 einen Bericht geschrieben, der sich mit dem „Separatismus des rheinischen Zentrums und insbesondere Adenauers" befaßt hatte. Weiter heißt es von Adenauer, daß „er gebeten hätte, ... in Paris empfangen zu werden, um die Frage der rheinischen Republik zu erörtern".[12] Leider ist der Bericht noch nicht gefunden worden, von dem der Vermerk spricht; am Sachverhalt aber ist nicht zu zweifeln. Hermant schrieb diese Einzelheiten in der Form, daß er sicher war, daß Tirard sich der Dinge gleich erinnern würde, es also um Dinge ging, die seitdem zwischen ihnen wiederholt zur Sprache gekommen waren.

Wenn also der Wunsch Adenauers, im Februar nach Paris zu kommen, um in Verhandlungen mit der französischen Regierung die Bildung des Rheinstaates voranzutreiben, Tirard bekannt war, so erklärt dies vielleicht zu einem guten Teil die spätere Enttäuschung der Franzosen, als der Oberbürgermeister diesem vielversprechenden Angebot keine weiteren Taten folgen ließ. Als er sich dann im März von den anderen Aktivisten zu distanzieren begann, trat ein gewisses Befremden zutage. In einem Bericht vom 25. März 1919 wird seine Passivität kritisch vermerkt und demgegenüber die Haltung des Klerus rühmend hervorgehoben. Von Adenauer heißt es, er halte sich in „Reserve, handele aber gewiß im Sinne seines eigenen Interesses und seines Ehrgeizes, die beide ihm nahelegten, einen völligen Separatismus anzustreben und zu unterstützen."[13] Man unterstellte ihm also im März noch dasselbe Ziel, war jedoch mit seiner Zurückhaltung nicht einverstanden.

In seinem Tätigkeitsbericht schrieb Adenauer einige Monate später, daß Froberger ihm im Januar einen belgischen Professor Sarolea vorgestellt habe, der ein Vertrauensmann des englischen Außenministers Balfour gewesen sein soll. Dieser Mittelsmann habe Adenauer auf die zu erwartende Härte der Friedensbedingungen hingewiesen und ihm erklärt: „Wenn eine Westdeutsche Republik

Fortsetzung Fußnote 11
    also nicht. Wir werden nunmehr das linke Rheinufer annektieren." (Pol. Archiv AA, Deutschland 182, Bd. 1, Ber. Nr. 68 v. 15. Febr. 1919).
12 AN AJ^9/3826; Compte-Rendu pour Monsieur Tirard, No. 9764/s A.T.R.P. vom 29. Jan. 1923.
13 Dieses bemerkenswerte Urteil stammt aus einem Lagebericht Tirards vom 25. März 1919, der in dem vertraulichen Tätigkeitsbericht enthalten ist, den er für den Zeitraum des Waffenstillstandes verfaßt hat. Von diesem Bericht ist ein Exemplar im BA ZSg. 105, Nr. 16, Bl. 40.

gegründet würde, die eine selbständige auswärtige Vertretung und ein eigenes Heer habe, im übrigen aber kulturell und wirtschaftlich dem Deutschen Reiche angehöre, so würde dadurch Frankreich die nötigen Sicherungen gegen einen Revanchekrieg Deutschlands haben, und es würde dadurch möglich sein, die Rheinprovinz Deutschland zu erhalten und für Deutschland weniger drückende Bedingungen zu bekommen." Adenauer habe daraufhin – so sein eigener Bericht – den „Vorschlag Saroleas für indiskutabel erklärt, weil dann das Rheinland nicht mehr dem Deutschen Reiche angehören würde."[14] Wir werden sehen, in welchem Maße er sich noch mit der Friedensrepublik Frobergers und den Vorstellungen, die der Belgier geäußert hatte, identifizieren wird.

Eine Reaktion Adenauers auf die Darlegungen Frobergers zum 12. Februar ist nicht bekannt. Ebensowenig wissen wir, ob er die Aufzeichnung nach Weimar weitergesandt hat. Überhaupt hat er im Februar nichts getan, um die vielfältigen Hoffnungen und Erwartungen der Aktivisten zu erfüllen, die mit der Gründung des Westdeutschen Politischen Ausschusses erst einmal abgeblockt waren, die sich aber nach einigen Wochen wieder bemerkbar machten, als keine weiteren Schritte erfolgten.

Die Auseinandersetzungen, in die Adenauer nun geriet, hat Erdmann unter der Überschrift: „Die Wege trennen sich" abgehandelt. Die grundsätzliche Differenz sieht er dabei im Verhältnis zur Legalität. Adenauers Passivität erklärte er aus der Tatsache, daß der am 20. Februar veröffentlichte Verfassungs-Entwurf die „Initiative von unten" nicht mehr vorsah. Daher unternahm er nichts, weil für ihn der legale Weg das entscheidende Kriterium war. „Andere gingen bewußt den nicht legalen Weg"[15] – damit meint Erdmann in erster Linie Dorten.

Solche Unterscheidung ist jedoch irreführend. Denn von einem „legalen Weg" oder dem Gegenteil davon zu sprechen, ist wenig hilfreich, da alle Debatten und Aktivitäten im politischen Raum stattfanden, der durch gesetzliche, also legale Maßnahmen noch nicht näher bestimmt oder eingeengt war. So nahm Adenauer in seiner Rede am 1. Februar Bezug auf den Verfassungsentwurf von Hugo Preuß, was als Argument zur Verteidigung seiner Politik durchaus legitim war, aber doch nur eine instrumentale Funktion hatte, da er in der gleichen Rede von der Notwendigkeit sprach, aktiv zu werden, ohne sich um die geplanten gesetzlichen Prozeduren zu kümmern.

Viel wichtiger sind andere Gesichtspunkte: Wollte man mit den Besatzungsmächten gegen Berlin diesen Staat gründen, wollte man dem Reich weiter angehören, oder war man an der staatlichen Unabhängigkeit des Rheinlandes so stark interessiert, daß die Beziehungen zu dem übrigen Deutschland nur sekundäre Bedeutung hatten? Vor allem aber war es entscheidend, ob man sich zur Erreichung des Zieles demokratischer Methoden bedienen wollte, also eine Mehrheit zu gewinnen bereit war, oder durch Manipulationen mit direkter oder indirekter Hilfe der Besatzung sein Ziel erreichen wollte.

Wer legal oder illegal handelte, ist also nicht entscheidend. Das ist im Grunde ein falscher Maßstab. Es wird so ein Gegensatz suggeriert, der in dieser

---

14 Abgedruckt bei Karl Dietrich Erdmann, a.a.O., S. 241 f.
15 Karl Dietrich Erdmann, a.a.O., S. 51.

Form nicht bestanden hat, demzufolge wir auf der einen Seite den „legalen" Adenauer haben und auf der anderen Seite den „illegalen" Dorten, von dem sich Adenauer abwandte, so daß sich die Wege „trennten". Die Personalisierung ist ebenso wie die Alternative falsch. Denn auch wenn man Dorten als Extremfall des späteren Kollaborateurs mit den Franzosen ansehen kann, darf man andere Gruppierungen nicht aus dem Auge verlieren, die bis weit in das Frühjahr 1919 hinein mit Dorten zusammenarbeiteten. Das war sowohl der harte Kern um die „KV", die Kölner Clique, aber auch Zentrumspolitiker wie Kastert und Mönnig und insbesondere auch Kaas und sein Trierer Anhang. Darüber hinaus muß man ganz allgemein im rheinischen Zentrum mit einer zumindest starken Minderheit rechnen, die aus unterschiedlichen Motiven für eine rheinische Republik eintrat. Wie etwa die Einstellung der Dorfgeistlichen zeigte, deren Verwirrung Dorten bei der Sammlung von Zustimmungserklärungen geschickt ausnutzen konnte, war man sich häufig nicht über die Tragweite der Angelegenheit im klaren. Dennoch hatte die Tatsache dieser Grundströmung für die Partei zur Folge, daß diese Aktivitäten von „unten", die nicht von der Parteispitze kontrolliert und gesteuert werden konnten, die Handlungsfähigkeit der Partei in der ersten Hälfte des Jahres 1919 erheblich beeinträchtigt haben. Nicht am Grenzpfahl der Legalität trennten sich Adenauer und Dorten, sondern Adenauer distanzierte sich von der gesamten Gruppe der „Aktivisten". Was sich im März 1919 in Köln um die „Casino-Versammlung" abspielte, ist ebenso wie Adenauers spätere Reaktion auf die Friedensbedingungen nur dann richtig zu verstehen und einzuordnen, wenn man Adenauer als Einzelgänger sieht, der aus verschiedenen Gründen die Kontakte zu dieser Gruppierung reduziert und dann abgebrochen hatte. Dabei ging es weder um die Legalität noch um die Radikalität der Ziele, wenn wir an die spätere Identifizierung Adenauers mit der Friedensrepublik Frobergers denken, sondern vielmehr um personelle Zerwürfnisse und um die Erkenntnis, daß man mit bestimmten Leuten keine Politik machen konnte.

Bei Erdmann wird die Distanzierung Adenauers und die abfällige Behandlung, die er im März erfuhr, nur sehr oberflächlich und kurz abgehandelt, da die Fakten mit dem harmonischen Bild von der koordinierenden Führerfigur Adenauers, wie es Erdmann zeichnet, nicht in Übereinstimmung gebracht werden können.

Am 3. März kam Dorten zu Adenauer, nachdem er mit einem Schreiben vom 28. Februar eine Erklärung übersandt hatte, mit der ultimativ der Westdeutsche Politische Ausschuß zum Handeln aufgefordert werden sollte.[16] Da Adenauer darauf nicht reagiert hatte, kam es zu einer scharfen Auseinandersetzung zwischen Dorten und Adenauer, über die ein zufällig anwesender Offizier später berichtet hat.[17] Wichtig bei dieser Konfrontation zwischen dem zur Aktion drängenden Dorten und dem zurückhaltenden Adenauer, der vom Weitertreiben der Bewegung in der augenblicklichen Situation nichts wissen wollte,

---

16 Diese Erklärung ist in Adenauers Tätigkeitsbericht enthalten, abgedruckt bei Karl Dietrich Erdmann, a.a.O., S. 247 f.
17 Ebenda, S. 236 f.

war vor allem die von Dorten beschworene Gemeinsamkeit in der zurückliegenden Zeit und die Feststellung der unbestrittenen Führerstellung, die Adenauer auch in den Augen Dortens innegehabt hatte: „Wir haben auf Ihre Fahne geschworen. Sie sollten unser Führer sein, Sie aber haben die Fahne und uns im Stich gelassen."

Dorten kam mit einer klaren Marschroute nach Köln. Auch im Rheinland war den informierten Zeitgenossen klar, daß die Entscheidung der Friedenskonferenz über das Rheinland bevorstehe. Deswegen sollte ein wichtiger Schritt in Richtung auf die Staatsbildung noch so schnell wie möglich unternommen werden. Hinzu kam, daß in Berlin der Bürgerkrieg wieder losbrach; die Kämpfe stellten in Umfang und Grausamkeit den sog. „Spartakus-Aufstand" weit in den Schatten und lösten wieder die vagen Angstgefühle vor dem „Bolschewismus" aus, die stets einen günstigen Nährboden für separatistische Aktivitäten abgegeben hatten.

Nachdem mit Adenauer nicht mehr zu rechnen war, zog man sich in die Hochburg der Bewegung, das Haus der „KV", zurück. Dort fand am 6. März im „Windthorstsaal" der „KV" eine Sitzung statt, bei der der harte Kölner Kern mit Dorten zusammenkam. Dabei wurde der ehemalige Staatsanwalt Dorten zum „Ersten Bevollmächtigten des Arbeitsausschusses zur Errichtung einer Westdeutschen Republik" gewählt und zugleich eine Resolution von sechs Punkten verfaßt.[18]

Darin wurde zuerst das Recht auf Selbstbestimmung gefordert. Dann betonte man natürlich für das zu bildende Staatswesen die Zugehörigkeit zum Deutschen Reich und legte Verwahrung gegen jegliche Abtretung deutschen Gebietes ein. Welche Territorien sollten zu der neuen Republik gehören? Rheinland, Nassau und Rheinhessen „müssen ein einheitliches Staatsgebilde darstellen". Das bedeutete faktisch, daß es sich vor allem um linksrheinisches und besetztes Gebiet handelte. Der „Anschluß" der Rheinpfalz, Westfalens und Oldenburgs war lediglich „dringend erwünscht", tatsächlich jedoch war nichts geschehen, um die Verankerung im nichtbesetzten Gebiet zu erreichen, was Adenauer stets als besonders notwendig herausgestellt hatte. Punkt vier enthielt Vorstellungen, die in Adenauers Rede am 1. Februar angeklungen waren, in Frobergers Gesprächsnotiz vom 12. Februar deutlicher in Erscheinung traten und die so etwas wie eine ideologische Basis der Rheinstaatbestrebungen darstellten. Man wird die Formulierung dieses Punktes getrost Froberger zuweisen können. Hier war die Rede davon, „daß wir mit unserem Verlangen dem Völkerfrieden eine Brücke bauen"; aber es war nicht die Brückenfunktion allein, die zählte, sollte doch der zu gründende Staat eine „Friedensrepublik" sein: „Sie bietet die nötige Gewähr für den Frieden Europas, bildet einen Damm gegen bolschewistische Überflutungen und sichert die friedlichen Beziehungen zwischen Westen und Osten." Um diesen Staat möglichst rasch ins Leben zu rufen, war geplant, „unverzüglich" eine Volksabstimmung in den betreffenden Gebieten durchzuführen.

---

18 Vgl. dazu F. Walther Ilges, a.a.O., S. 56 ff.; Erwin Bischof, Rheinischer Separatismus 1918–1924, Bern 1969, S. 59 ff. Die fünf Punkte der Erklärung sind zuerst abgedruckt in der KV Nr. 196 v. 11. März 1919.

Als sechster Punkt, der allerdings in der veröffentlichten Fassung nicht mehr erschien, wurde festgestellt, daß der am 1. Februar unter dem Vorsitz Adenauers eingesetzte Westdeutsche Politische Ausschuß als abgesetzt zu betrachten sei.

Was aber dieser im Hause der „KV" entstandenen Entschließung die pikante Note verlieh, war die Tatsache, daß Dorten in seiner neuen Würde als „Erster Bevollmächtigter" den Text unverzüglich den alliierten Befehlshabern mit der Bitte um Weiterleitung an ihre Regierungen übersandte. Denn angeblich sollte am 8. März in Paris über das Rheinland entschieden werden. Es ist zu vermuten, daß Dorten dabei zuerst an die französische Seite dachte, der man signalisieren wollte, daß man bereits dabei war, einen Staat zu gründen, der auch den ureigensten französischen Interessen entspräche. Wahrscheinlich hatte Dorten aus Wiesbaden und damit aus der französischen Zone diese Information nach Köln mitgebracht und sich zugleich als der Mann mit den Beziehungen zu den Franzosen dargestellt. Denn nur so erklärt sich sein Erfolg in Köln, daß er, nachdem er bei Adenauer abgeblitzt war, die übrigen Aktivisten auf seine Seite bringen konnte und von ihnen als Führer anerkannt wurde. Das ist um so erstaunlicher, als dies unter bewußter Brüskierung Adenauers geschah. Gewiß hatte dessen Passivität nach dem 1. Februar Verstimmung ausgelöst; dennoch bleibt es erstaunlich, wie schnell man sich einem Außenseiter wie Dorten anschloß und Adenauer mit auffallender Geringschätzung behandelte.

Adenauer wurde auf das, was im Windthorstsaal sich zusammengebraut hatte, zuerst durch Ludwig Kaas, damals Zentrumsabgeordneter der Nationalversammlung und eifriger Befürworter rheinischer Selbständigkeit, aufmerksam gemacht.[19] Kaas hatte auf Zureden von Kastert die Resolution unterzeichnet; aber nachträglich kamen ihm doch Bedenken, ob die Zusicherung Kasterts, daß Adenauer mit der Ausschaltung „seines", d. h. des Westdeutschen Ausschusses, einverstanden sei, überhaupt stimmte. Um sicherzugehen, suchte er deshalb Adenauer auf und berichtete ihm, was Kastert ihm erzählt hatte. Daraufhin stellte Adenauer diesen empört zur Rede. Nun schob es einer auf den anderen: Kastert verteidigte sich; nicht er, sondern Zeitungsverleger Ahn und Bankier von Stein hätten derlei behauptet; sie wären die eigentlichen „Triebfedern" gewesen! Als Adenauer beide Herren zu sich aufs Rathaus lud, erfuhr er alles, was inzwischen vorgefallen war. Diese Neuigkeiten konnte Adenauer nur „mit größtem Befremden" entgegennehmen. Was aber den ihn am meisten betreffenden Punkt betraf, daß nämlich er, Adenauer, selbst den Westdeutschen Ausschuß als aufgelöst bezeichnet habe, gab es eine Überraschung. Denn Ahn und von Stein beriefen sich beide auf Froberger, der wiederholt erklärt habe, daß auch Adenauer „den am 1. Februar gewählten Parlamentarier-Ausschuß als aufgelöst" erklärt habe. Daraufhin lud Adenauer für den 9. März alle Kölner, die an der „Verschwörersitzung" im Windthorstsaal teilgenommen hatten, zu einem klärenden Gespräch ein. Bezeichnenderweise nahm nur Froberger daran nicht teil. Damit war zugleich die Möglichkeit verbaut, in der Gegenüberstellung

---

19 Wir folgen hier der Darstellung, die Adenauer in seinem Tätigkeitsbericht gegeben hat, abgedruckt bei Karl Dietrich Erdmann, a.a.O., S. 249 f.

zwischen Adenauer und Froberger herauszufinden, was Adenauer zu Froberger tatsächlich gesagt hatte.

Adenauer legte diesem Kreis seine Auffassung von der ganzen Angelegenheit dar und betonte, daß er als Ausschußvorsitzender die von den Aktivisten geplante Volksabstimmung — Adenauer bezeichnete diese etwas umständlich als Listensammlung — nicht mitmachen könne und kündigte an, daß er an der für den 10. März in das Zivilkasino einberufenen Versammlung nur als Privatperson teilnehmen könne.

Die Versammlung sollte die am 6. März beschlossene Resolution, jedoch ohne den sechsten Punkt, der den Adenauerschen Ausschuß als aufgelöst erklärte, in der Öffentlichkeit bekanntmachen und zugleich für die Durchführung einer Volksabstimmung im Rheinland werben, wofür sich insbesondere „KV"-Verleger F. X. Bachem einsetzte, der dafür schon entsprechende Karten drucken ließ. So war es das Ziel der Veranstalter, eine „machtvolle Kundgebung westdeutscher Freiheit" ins Leben zu rufen. Von Rücksicht auf die Beschlüsse der Nationalversammlung ließ man sich nicht mehr leiten. Die „KV" kommentierte: „Dem westdeutschen Volke ist nunmehr die Entscheidung anheim gegeben und wir sind fest davon überzeugt, daß es sich bei einer demnächst vorzunehmenden Abstimmung mit einer überwältigenden Mehrheit für die Errichtung einer Westdeutschen Republik aussprechen wird. Und der Wille dieser Mehrheit wird allein den Ausschlag geben!"[20] Ähnlich wie nach dem 4. Dezember fand aber die Versammlung ein überwiegend negatives Echo. Ministerpräsident Scheidemann gab als Reaktion daraufhin am 13. März in der Nationalversammlung eine Erklärung ab. Diese verurteilte scharf alle separatistischen Tendenzen, differenzierte klar zwischen der unzweifelhaften Loyalität der rheinischen Bevölkerung und den „eigennützigen Bestrebungen einzelner interessierter Personen" und erklärte, daß „erst nach Friedensschluß und nur auf verfassungsmäßigem Wege" der Frage eines rheinischen Gliedstaates nähergetreten werden könne. Die Erklärung wurde von der Nationalversammlung einstimmig gebilligt.[21]

Adenauer führte das von ihm angekündigte Vorhaben, nur als Privatperson an der Kasinoversammlung teilzunehmen, auch durch; er war lediglich am Anfang anwesend, da er später angeblich wegen der Teilnahme an einer Sitzung der Handelskammer verhindert war. Seine Abwesenheit nutzte Kastert, der bei der ganzen Angelegenheit die größte Unverfrorenheit an den Tag legte,[22] zu der Erklärung, daß der Oberbürgermeister die Tätigkeit der neuen, im Hause der „KV" entstandenen Gruppe als „höchst erwünschte Vorarbeit" für den Westdeutschen Ausschuß bezeichnet habe. Am 12. März behauptete die „KV", Adenauer habe in der Besprechung am 9. März, als er auf dem Rathaus die klärende Aussprache herbeizuführen suchte, von dem neuen Ausschuß, der nun als „Aus-

---

20 KV Nr. 196 vom 11. März 1919.
21 Verh. d. verfassunggeb. Dt. Nationalvers., Sten. Berichte Bd. 327, S. 776.
22 Es darf allerdings nicht vergessen werden, daß Kastert im Kölner Zentrum eine wichtige Rolle spielte; er führte die Zentrumsliste des Wahlkreises Köln-Aachen für die preußische Landesversammlung an.

schuß zur Herbeiführung einer Volksabstimmung" bezeichnet wurde, gesagt, daß er „gute Vorarbeit" leisten würde.[23]

Diese wiederholten Unterstellungen brachten Adenauer in Rage. Umgehend schrieb er an die Redaktion der „KV" und des „Kölner Tageblattes" geharnischte Briefe. Kopien erhielt die Konkurrenz, die liberale „Kölnische Zeitung" und die sozialdemokratische „Rheinische Zeitung". Sein Dementi fiel denkbar deutlich aus, denn er schrieb, nachdem er die inkriminierte Passage hinsichtlich der „guten Vorarbeit" wiederholt hatte: „Hierdurch könnte die Meinung entstehen, als ob ich die Gründung des Ausschusses gebilligt hätte. Dies ist nicht der Fall. Ich bin über die Gründung des Ausschusses absichtlich in Unkenntnis gehalten worden. Drei Tage nach der Gründung, am 9. d. Mts. hat eine längere Auseinandersetzung zwischen Gründern des Ausschusses und mir stattgefunden. Äußerungen meinerseits aus dieser Auseinandersetzung, die sich zur öffentlichen Wiedergabe nicht eignen, können in keiner Weise zum Beweise dafür herangezogen werden, daß ich die Gründung des neuen Ausschusses gebilligt hätte oder billigte. Ich habe vielmehr den Veranstaltern in ganz unmißverständlicher Weise erklärt, daß ich die Gründung dieses Ausschusses für durchaus unangebracht halte."[24]

Beide Blätter weigerten sich jedoch, die Erklärung des Oberbürgermeisters zu veröffentlichen. Statt dessen erschien Verleger Ahn vom „Kölner Tageblatt" bei Adenauer, um zu sondieren, „ob nicht irgendeine Vermittlung möglich sei". Um seinem Wunsch mehr Nachdruck zu verleihen, deutete er an, was anderenfalls geschehen würde, wenn Adenauer auf der Veröffentlichung seiner Zuschrift beharrte: „Die ‚Kölnische Volkszeitung' würde sonst an meine Zuschrift einen langen Artikel knüpfen, der der Sache des Deutschtums doch außerordentlich schaden würde."[25]

Wie ist diese deutliche Drohung zu interpretieren? Adenauer hatte in der Zuschrift nur nüchtern festgestellt, daß er mit dem neuen Ausschuß nichts zu tun habe; daß er ihn weder gebilligt noch von dieser Planung überhaupt etwas erfahren habe. Außerdem hatte er niemand persönlich angegriffen oder irgendetwas Negatives über die Motive der Veranstalter gesagt. Dennoch folgte die massive Androhung der „KV", daß man, wenn Adenauer auf der Veröffentlichung seines Briefes bestünde, nicht nur eine scharfe Attacke gegen ihn starten würde, sondern Dinge sagen müßte, die „der Sache des Deutschtums doch außerordentlich schaden würden". Das konnte nur heißen, daß man Adenauer in einer Weise bloßstellen würde, die sich nicht nur für ihn persönlich, sondern darüber hinaus für das bedrohte Rheinland insgesamt negativ auswirken könnte. Bei dieser Hartnäckigkeit, Adenauer einzuschüchtern und zum Verzicht zu zwingen, darf man nicht vergessen, daß inzwischen die einstimmig gebilligte Erklärung Scheidemanns vorlag, die ausdrücklich die „eigennützigen Bestrebungen einzelner interessierter Personen" im Rheinland verurteilt hatte. Daher

---

23 KV Nr. 201 vom 12. März 1919.
24 Das Schreiben ist auch in Adenauers Tätigkeitsbericht enthalten, abgedruckt bei Karl Dietrich Erdmann, a.a.O., S. 251.
25 Ebenda, S. 252.

waren die so Apostrophierten dringend darauf angewiesen, zu ihrer Entlastung so etwas wie eine Ehrenerklärung vorzuweisen.

Es war nichts anderes als eine subtile Form der Erpressung, mit der man Adenauer zu Leibe rückte. Von der unabhängigen Stellung des rheinischen Oberbürgermeisters oder von der koordinierenden Führerfigur war nichts übriggeblieben. Man hat vielmehr den Eindruck, daß die Aktivisten, die ja zumeist dem Kölner Establishment angehörten, dieses geringschätzig-herablassende Verhalten Adenauer gegenüber an den Tag legten in dem Bewußtsein, es mit einem Aufsteiger zutun zu haben, mit einem Mann, der in eine Stellung gelangt war, die ihm eigentlich von ihrem „gesellschaftlichen" Standpunkt aus gar nicht zukam.

Wie die Reaktion Adenauers zeigte, täuschten sie sich nicht, denn Adenauer gab klein bei. Das zeigt sein Schreiben vom 17. März, das eine völlige Kapitulation signalisiert. Nun bedauerte er, daß aus seinem Schreiben „unliebsame Schlüsse gegen die Persönlichkeiten der Veranstalter" — welch geschraubte Wendung — gezogen worden seien. Er machte einen vollen Rückzieher und stellte den Veranstaltern der Versammlung und damit dem harten Kern der Kölner Rheinstaatbewegung eine Ehrenerklärung aus: „Der Satz meines Schreibens: ‚Ich bin über die Gründung dieses Ausschusses absichtlich in Unkenntnis gehalten worden', bezieht sich nicht auf die Veranstalter der Kasino-Versammlung vom 10. ds. Mts. Ich war und bin ferner der Überzeugung, daß die Veranstalter aus ihnen durchaus triftig erscheinenden Gründen sich im vaterländischen Interesse für verpflichtet gehalten hatten, möglichst rasch zu handeln und die von ihnen geplante Volksabstimmung in die Wege zu leiten."[26]

Er bezog also nicht den Standpunkt, den Veranstaltern persönliche Ehrenhaftigkeit zu bescheinigen, sich aber von deren politischen Plänen mehr oder weniger deutlich zu distanzieren, sondern er brachte seine „Überzeugung" zum Ausdruck, daß die geplante Volksabstimmung, die tatsächlich klar den Verfassungsberatungen der Nationalversammlung vorgreifen oder diese präjudizieren sollte — die Listensammlungsaktion wurde übrigens einige Zeit später von den Engländern verboten —, von den Veranstaltern „im vaterländischen Interesse" betrieben worden sei. Davon konnte nicht im geringsten die Rede sein, aber er hat sich offenbar dem Druck beugen und diese Erklärung zur Entlastung der Veranstalter geben müssen. Wie schwer er sich dabei tat, verraten die verschiedenen handschriftlichen Entwürfe, die sich in seinen Akten befinden.[27]

Wenige Tage später, am 21. März, schrieb er in einem Brief an den Zentrumsführer Trimborn von den „Treibereien, die in der Zwischenzeit in Köln stattgefunden haben". Man kann es Adenauer durchaus nachempfinden, wenn er Trimborn gegenüber erklärte: „Es waren höchst unerquickliche Verhältnisse."[28]

Um das überraschende Einlenken gegen seine eigene Überzeugung verständlich zu machen und zugleich zu rechtfertigen, hat Adenauer geschrieben, er

26 Ebenda, S. 253.
27 HAStK 902/253/2, S. 239—241.
28 Ebenda, S. 323.

habe dies getan, „um im Augenblick des Bekanntwerdens der Friedensbedingungen die uns notwendige Einigkeit und Geschlossenheit der Parteien herbeiführen zu können". Das klingt zweifellos gut, und Erdmann hat diese Aussage Adenauers, die primär der Selbstverteidigung diente und daher entsprechend interpretationsbedürftig ist, völlig unkritisch übernommen, denn sie paßt gut in das von ihm behauptete Konzept, wonach es Adenauer primär auf die Koordinierung der politischen Kräfte des Rheinlandes und der Kooperation mit Berlin angekommen sei. Aber man muß doch fragen, ob diese Absichtserklärung auch tatsächlich einen Bezug zur Realität aufweist. Von Geschlossenheit oder einer übereinstimmenden Haltung der Parteien konnte doch keine Rede sein! Alle Parteien außer dem Zentrum waren gegen die politischen Bestrebungen zur Errichtung eines rheinischen Staates, und auch in dieser Partei war die Frage lebhaft umstritten; sie wurde deshalb nach Kräften ausgeklammert. Durch die Erklärung von Scheidemann und deren einstimmige Annahme waren in der Nationalversammlung die Verhältnisse ohnehin geklärt. Es war von der Reaktion auf die Friedensbedingungen her gesehen belanglos, wie man sich zu dem Kreis der Rheinstaat-Aktivisten verhielt. Ob man diese Bestrebungen offen bekämpfte oder eine Harmonie vortäuschte, die keinen ernsthaften Beobachter über die tatsächliche Interessenlage im Unklaren ließ, war letztlich gleichgültig. Daher wird man der Erklärung Adenauers keine besondere Bedeutung beimessen können und sie für das nehmen müssen, was sie wirklich war, nämlich das Ergebnis einer Nötigung, der er nicht offen Widerstand entgegenzusetzen wagte, sondern einlenkte.

Mußte er den Veranstaltern der Kasino-Versammlung und damit einem wirtschaftlich wie innerhalb der rheinischen Zentrumspartei politisch einflußreichem Kreis nachgeben und seine eigene Überzeugung verleugnen, so glaubte er in Bezug auf Froberger weniger Rücksicht nehmen zu müssen.[29] Dieser war ein Einzelgänger, hatte vor dem Krieg viel Ärger mit vatikanischen Behörden gehabt und kam erst mit seinen Rheinstaatplänen seit den Novembertagen ins Rampenlicht der rheinischen Öffentlichkeit. Damit wurde er zwar in Köln ein bekannter Mann, aber er verfügte über keine Hausmacht. Außerdem hatte Froberger in den Auseinandersetzungen im März eine Schlüsselrolle insofern eingenommen, als die anderen sich immer auf ihn bezogen, um sich Adenauer gegenüber herauszureden. In der Sitzung, die endlich Klarheit bringen sollte, hatte er aber durch Abwesenheit geglänzt. Offenbar muß Adenauer in den Tagen nach der Kasino-Versammlung Dritten gegenüber Kritik an dem Verhalten Frobergers geübt haben. Doch auch hier war die Reaktion des Paters erstaunlich. Denn er packte den Stier bei den Hörnern und wartete nicht auf mögliche Attacken Adenauers, sondern wurde selbst aktiv. Am 24. März[30] schrieb er ihm: „Von verschiedener Seite höre ich, daß Sie sich über meine angebliche Mitwirkung am Ausschuß vom 10. März sehr kritisch und abfällig geäußert haben sollen. Falls dies zutrifft, was ich übrigens kaum glauben kann, so kann es nur auf Mißver-

---

29 Auf die Auseinandersetzung Adenauer-Froberger ist Erdmann nicht mit einem Wort eingegangen.
30 Ebenda, S. 343.

ständnissen beruhen." Seine Argumentation, wie er Adenauer nun zu besänftigen suchte, ist nicht ohne Reiz. Eine Ursache dafür, daß Adenauer mit ihm nicht zufrieden sein könnte, sah er lediglich in dessen irrtümlichen Vorstellung, daß er ihn nicht gut informiert habe. Hier wird deutlich, daß Frobergers „normale" Rolle für Adenauer die eines Informanten gewesen sein muß. Denn er kann sich die kritischen Äußerungen Adenauers nur so erklären, daß dieser angenommen hatte, daß er — Froberger — über Informationen verfügt habe, die der Adenauer nicht mitgeteilt hatte. Nun bemühte er sich in dem Brief festzustellen, daß dies ein Mißverständnis sei. Von dem entscheidenden Punkt, daß Froberger, wie die anderen Aktivisten immer behauptet hatten, von Adenauer berichtet habe, auch er betrachte den Westdeutschen Ausschuß als aufgelöst, war bezeichnenderweise nicht die Rede. Statt dessen ging es in Frobergers Brief nur immer um seine Beziehungen zu dem Ausschuß. So erklärte er, daß er an den Sitzungen des Ausschusses „nie" teilgenommen habe, abgesehen von der Sitzung am 6. März „mit den Herren aus Hessen" im „KV"-Gebäude. Aus der Nichtteilnahme an den Ausschußsitzungen leitete er dann die Unmöglichkeit ab, daß er Adenauer über die Sitzungen entsprechend hätte informieren können; „Über die Verhandlungen des Ausschusses bin ich nur von dritter Seite orientiert. Wenn Sie deswegen die Auffassung geäußert haben sollen, ich habe Sie nicht genügend orientiert, so genügt es dagegen zu bemerken, daß ich dazu wegen mangelnder Teilnahme an den Sitzungen nicht in der Lage war." Nach diesem Rechtfertigungsversuch kam Froberger dann auf die alte Geschäftsgrundlage zurück und schlug vor, gemeinsam wieder politisch aktiv zu werden. Interessant ist dabei die Rollenverteilung. Während Adenauer offenbar im Hintergrund bleiben sollte, wollte Froberger für ihn als eine Art Kundschafter tätig werden. So schien es ihm an der Zeit, „allmählich wieder eine Einigung der Parteien im Rheinland ... vorzubereiten. Ich werde mich in dieser Richtung umhören und Ihnen dann Bericht erstatten".

Doch Adenauer ließ sich von diesem etwas gewundenen Dementi und dem erneuten Angebot zur Kooperation nicht besänftigen. Die Hoffnung, die Froberger am Schluß seines Briefes ausgesprochen hatte, „daß alle Mißverständnisse sich beseitigen lassen", trog. Denn es ging nicht nur um bloße Mißverständnisse. Der Groll saß tiefer, wie aus dem Antwortbrief Adenauers hervorgeht, der — durch Krankheit verzögert — erst vom 7. April datiert.[31] Schon die äußere Form des Schreibens ist bezeichnend für die Einstellung gegenüber dem Empfänger, denn die Anrede fehlt und als Schlußformel wurde anstelle des schon wenig sagenden „hochachtungsvoll" nur die Abschwächung „hochachtend" verwendet. In dem Brief zeigte sich der Oberbürgermeister nicht nur „dadurch verletzt, daß Sie mich über die Vorgänge, die sich zwischen den Herren aus Wiesbaden und den hiesigen Stellen in Ihrem Beisein abgespielt haben, nicht unterrichtet haben, ich bin weiter dadurch sehr verletzt, daß Sie bei diesen Besprechungen erklärt haben, ich hätte Ihnen wiederholt in Privatgesprächen erklärt, ich betrachtete den Ausschuß vom 1. Februar als erledigt. Wie Sie zu einer solchen Erklärung haben kommen können, ist mir vollständig unerklärlich." Aber

---

31 Ebenda, S. 455.

Adenauer zeigte sich nicht nur verletzt, sondern ersparte Froberger nicht den Vorwurf der bewußten Unwahrheit: „Sie mußten wissen, daß diese Erklärung absolut unzutreffend ist." Schließlich tauchte auch hier das Argument auf, daß nur die unbedingte Einigkeit, die im Rheinland bei Bekanntwerden der Friedensbedingungen herrschen müsse, ihn bewogen habe, „aus Ihrem und dem Vorgehen des Herrn Kastert nicht die schärfsten Konsequenzen zu ziehen. Ich habe leider meine persönlichen Interessen hinter diesen allgemeinen Interessen zurückstellen müssen."

Auf diesen massiven Brief erfolgte nicht die zerknirschte Antwort eines reuigen Sünders. Ganz im Gegenteil! Frobergers Brief vom 10. April[32] gliederte sich in zwei Teile. Erstens ging es ihm um die Widerlegung der Anschuldigungen Adenauers. Hier zeigte er sich im Grunde als Verteidiger des Oberbürgermeisters, so daß es nur „Mißverständnisse" gewesen sein konnten, die Adenauer zu so schweren Vorwürfen bewogen hatten. Aus Frobergers Sicht stellte sich die Sachlage durchaus anders dar: „Es ist nicht richtig, daß ich gesagt habe, Sie hielten den politischen Ausschuß für erledigt, der Sachverhalt liegt ganz anders. Ich habe Sie nämlich entschieden gegen die Anklage, es geschehe nichts usw. in Schutz genommen und bemerkt, daß Sie bei der damaligen Haltung der Demokraten und Sozialdemokraten in Weimar nichts weiteres in der Sache unternehmen können und der Politische Ausschuß bei dieser Haltung seiner demokratischen und sozialdemokratischen Mitglieder kaum vom Fleck kommen könne. Ich fügte hinzu, daß Sie dies selber sehr bedauern. Im Anschluß daran forderte ich sehr entschieden dazu auf, Angriffe gegen Sie und den Ausschuß in der Öffentlichkeit zu unterlassen. Das geschah in der ersten und einzigen Besprechung, der ich beiwohnte, den übrigen Konferenzen blieb ich fern. Die ganze Tendenz meiner Haltung ging also weit eher in die Verteidigung Ihrer Person als in anderer Richtung." Das ist eine interessante Entgegnung; denn Froberger stellte fest, daß er Adenauer mit dem Argument gegenüber den Aktivisten verteidigt habe, daß er schon wolle, aber nicht könne, da die Zusammensetzung des Ausschusses vom 1. Februar dies verhinderte. Von da bis zu der Behauptung, auch Adenauer betrachte den Ausschuß als nicht mehr existent, da er im Grunde nicht handlungsfähig war, war es nur noch ein kleiner Schritt.

Nach diesen Widerlegungen im einzelnen ging Froberger im zweiten Teil seines Briefes auf den allgemeinen Charakter der Beziehungen zwischen sich und dem Oberbürgermeister ein und schrieb: „Nachdem ich von Anfang November 1918 bis Februar 1919 unter Aufwendung vieler Arbeit und großem Zeitverlust auf Ihren Wunsch und nach Ihren Weisungen mich in dieser Sache in Ihrem Dienste ganz unpersönlich bemüht hatte, berührt mich die in Ihrem letzten Schreiben erfahrene Behandlung sehr unangenehm. Aber ich muß es Ihnen überlassen, sich Ihr Urteil in dieser Sache, die mir schon genügend Unannehmlichkeiten zugetragen hat, selbst zu bilden. – In allen diesen Dingen war ich eine ganz unpersönliche Arbeitskraft und werde es auch bleiben."

Zweifellos haben wir es hier mit einer wichtigen Quellenaussage zu tun, die interessante Aufschlüsse über das Verhältnis Adenauers zu Froberger ver-

---

32 Ebenda, S. 459.

mittelt. Wenn Froberger erklärte – und Adenauer hat das später nicht in Abrede gestellt, sondern darauf nur mit Schweigen reagiert –, in Adenauers Diensten gleichsam als sein persönlicher Beauftragter tätig gewesen zu sein, dann ist das nicht so zu verstehen, als wäre er ein Gehilfe des Oberbürgermeisters gewesen, der nach dessen Direktiven gearbeitet hat. Eher wird man sich das Verhältnis so vorzustellen haben, daß sie seit dem November eine enge Kooperation unterhielten. Froberger agierte nach eigenem Ermessen und trat als der Motor der Bewegung in Erscheinung, während er Adenauer auf dem Laufenden hielt, so daß dieser in der Öffentlichkeit sich bedeckt halten konnte. Diese Zusammenarbeit war nun zu Ende gegangen. Wenn auch später noch Kontakte vorhanden waren und freundliche Briefe gewechselt wurden, kam es doch nie wieder zu der engen Kooperation wie im Winter 1918/19.

In welch starkem Maße Adenauers und Frobergers Grundeinstellung über die Notwendigkeit und die Bedeutung eines rheinischen Staatswesens übereinstimmte, zeigt sich bei den Aktivitäten im Mai nach Bekanntwerden der Friedensbedingungen. Ohne jeden Kontakt miteinander versuchten beide, in Verhandlungen mit Vertretern Frankreichs für die Verwirklichung derselben Ziele einzutreten. Bei dieser Parallelaktion wurde deutlich, daß der Bruch nur auf persönlichen Ursachen, nicht aber auf sachlichen Differenzen beruhte.

Adenauers Reaktion auf die Friedensbedingungen: Ein verwirrendes Doppelspiel

Als am 7. Mai 1919 der deutschen Delegation in Versailles die Friedensbedingungen überreicht wurden, war eines deutlich geworden: Die Gegenseite wollte mit dem Deutschen Reich den Frieden schließen und nicht mit den Regierungen der Einzelstaaten, wie dies beispielsweise Poincaré befürwortet hatte. Zu diesem Reich, das nun für die Wiedergutmachung der Kriegsschäden haftbar gemacht wurde, gehörte auch das Rheinland. Zwar hatte es für einen längeren Zeitraum eine alliierte Besatzung hinzunehmen, deren Abzug zudem von der Erfüllung der Reparationsverpflichtungen abhängig gemacht, also auf unabsehbare Zeiten hinausgezögert werden konnte. Auch die Kontrolle der deutschen Verwaltung im besetzten Gebiet durch die Interalliierte Rheinlandkommission unter ihrem französischen Präsidenten Tirard bedeutete eine Souveränitätseinbuße; es war natürlich, daß dieses Regime der Kontrolle und Bevormundung oft als drückend empfunden wurde.

Diejenigen aber, die eine Förderung der rheinischen Selbständigkeitsbestrebungen durch den Friedensvertrag im allgemeinen oder durch entsprechende französische Aktionen im besonderen erwartet hatten, sahen sich getäuscht, da der Rhein nicht als deutsche Grenze festgelegt worden war. Damit entfiel die Möglichkeit, unter Hinweis auf die Unausweichlichkeit der alliierten Entscheidung einen eigenen Staat zu organisieren. Auf der anderen Seite trieb die Härte der Friedensbedingungen die Rheinstaat-Befürworter zur Aktion. Dabei ließen sie sich von folgender Überlegung leiten: Wenn es gelänge, fühlbare Erleichterungen des Friedensvertrages als Ausgleich dafür zu erreichen, daß man nun doch noch die rheinische Republik gründete und so dem Sicherheitsbedürfnis Frankreichs Rechnung zu tragen meinte, dann würde das übrige Deutschland, dankbar für die Entlastungen, die Schaffung des besonderen Staatswesens am Rhein letztlich doch akzeptieren.

Die französischen Besatzungsmilitärs hatten eine andere Perspektive. In den ersten beiden Monaten des Jahres 1919 traten sie eher zurückhaltend auf, stellten sie doch fest, daß sich im Rheinland eine separatistische Bewegung organisiert hatte, die ohne ihr Zutun entstanden war und deren Zentrum in Köln, also in der britischen Zone, fern ihrem unmittelbaren Einflußgebiet lag. Die Zurückhaltung hing wohl auch mit der Erwartung zusammen, daß das linke Rheinufer von Deutschland getrennt, Frankreich sich also auf der Friedenskonferenz durchsetzen würde. Um die Erreichung dieses Zieles nicht zu erschweren, empfahl es sich daher, im Rheinland eine reservierte Haltung einzunehmen, denn nur so konnte man dem Verdacht entgehen, daß die französische Besatzung von sich aus tätig wurde und eine „Volksbewegung" organisierte, die den englischen und amerikanischen Verbündeten suspekt erscheinen mußte.

Als Clemenceau im März 1919 den von Wilson und Lloyd George vorgeschlagenen Garantie- und Beistandspakt akzeptierte, weil er realistisch genug war einzusehen, daß es Frankreich nicht schaffen würde, gegen den Willen der amerikanischen und britischen Regierung das französische Kriegsziel[1] — die Rheingrenze — durchzusetzen, ergab sich der Konflikt mit Marschall Foch, der sich weiterhin energisch, ohne aber bei den angelsächsischen Alliierten eine positive Wirkung hervorzurufen, für die französische Hauptforderung eingesetzt hatte.

Nachdem der Verzicht auf die Rheingrenze mit den Anfang Mai überreichten Friedensbedingungen feststand, gab es aus der Sicht der französischen Militärs nur noch eine Möglichkeit: Auf eigene Faust, unabhängig von der Regierung in Paris, im Rheinland vollendete Tatsachen zu schaffen, also die vorhandenen Separatisten zum Handeln zu ermuntern, damit sie einen oder mehrere Staaten gründeten, die dann von der Friedenskonferenz nicht nur zur Kenntnis genommen werden konnten, sondern mit denen man gesondert zu verhandeln hätte.

Nun darf man sich jedoch den angloamerikanisch-französischen Gegensatz nicht als dramatische Zuspitzung denken. Wenn auch die Friedenskonferenz in Versailles verschiedene, durchaus tiefgehende Krisen durchmachte, so beruhte dies in erster Linie auf dem Gegensatz zwischen Wilson und seinen westeuropäischen Kollegen. Die Briten wollten, was das Rheinland betrifft, im Grunde die Franzosen vor sich selbst schützen. Deshalb bemühten sie sich um Kompromißlösungen, um die Franzosen davon abzubringen, sich auf den Rhein als deutsche Grenze festzulegen. Das geschah natürlich nicht aus dem Grunde, um die Deutschen zu schonen; vielmehr sahen die Engländer klarer als die Franzosen, denen ihre Rheinideologie mitsamt den optimistischen Anschauungen von der grundsätzlichen, weil rassisch und historisch bedingten Frankophilie der Bevölkerung des linken Rheinufers, das Urteil trübte, daß auf die Dauer der Rhein als Grenze nur einen permanenten Unruheherd schaffen würde, da die Deutschen sicher nicht bereit wären, sich mit einer solchen Lösung abzufinden. Aus dieser realistischen Einschätzung der Situation heraus waren sie der Meinung, daß derartige Satellitenstaaten, die nur durch die Macht der Besatzung gegen den Willen der Bevölkerung hätten existieren können, nicht im alliierten Interesse lagen.

Das bedeutete aber keineswegs, daß die Engländer der Frage der politischen Umstrukturierung des Rheinlandes gleichgültig gegenübergestanden hätten. Sie operierten nur wesentlich geschickter und hielten sich mehr im Hintergrund. Auch wenn die politischen Akten der Besatzungsarmee nicht mehr vorhanden sind und daher die konkreten Aktivitäten nicht mehr nachgewiesen werden können, bietet doch die umsichtige Auswertung der Akten des Foreign Office genügend Anhaltspunkte, um über die englische Haltung ausreichend Klarheit zu gewinnen.[2] Als gesichert kann gelten, daß London der Gründung einer west-

---

1 Zur Entwicklung und Kontinuität dieses Kriegsziels vgl. Georges Soutou, La France et les Marches de l'Est, in: Revue historique 260 (1978), S. 341—388.
2 Marie-Luise Recker, Adenauer und die englische Besatzungsmacht (1918—1926), in: Hugo Stehkämper (Hrsg.), Konrad Adenauer. Oberbürgermeister von Köln, Köln 1976, S. 99—121 u. 669—682.

deutschen Republik auf Kosten Preußens durchaus positiv gegenüberstand, was für die britisch-traditionalistische Optik noch den Vorteil hatte, daß im Anschluß daran die Wiedererrichtung Hannovers zu erwarten war.[3] Die Auflösung Preußens durch Bildung verschiedener Nachfolgestaaten als innerdeutsche Strukturreform bedeutete jedoch nicht, daß man auch eine faktisch selbständige „Friedensrepublik" am Rhein genauso positiv beurteilt hätte, da auf diese Weise wieder die Gefahr der Anlehnung an Frankreich wie des dagegen sich richtenden deutschen Widerstands auftauchte. Damit wäre eine ähnliche Situation wie bei einer Festsetzung der Rheingrenze entstanden, die man gerade vermeiden wollte.[4]

Darüber hinaus scheint in London ein gewisses Mißtrauen gegenüber den Aktivitäten von Clive und insbesondere Ryan vorhanden gewesen sein. Man versuchte, sie am kurzen Zügel zu halten; sie konnten keineswegs als Sprachrohr der britischen Regierung gelten, nicht einmal als Orakel.[5]

Froberger hatte die Beziehungen zu den Engländern auch nach dem Februar 1919 nicht abreißen lassen. Geheimrat Trautmann, der als Diplomat zur Waffenstillstandkommission gehörte, oft in Köln war, die kölnischen Aktivitäten scharf ablehnte[6] und vor allem Adenauer zutiefst mißtraute, glaubte im April Beweise zu haben, „daß die Fäden der englischen Propaganda zur Abtrennung von Rheinland und Westfalen in der Hand des Herrn Froberger in Bonn zusammenlaufen". Deshalb empfahl er, Froberger — „unter irgendeinem Vorwand" — nach Berlin zu locken und ihn dort „in Schutzhaft nehmen zu lassen".[7] Obwohl unbekannt ist, was das Drängen Trautmanns, in dieser scharfen Weise aktiv zu werden, ausgelöst hatte, wird dadurch das Bestehen enger Beziehungen Frobergers zu den Engländern dramatisch unterstrichen.[8]

Unmittelbar nach Bekanntwerden der Friedensbedingungen war angesichts der lauten Empörung, die überall in Deutschland aufflammte, an eine Intensivierung der separatistischen Bestrebungen nicht mehr zu denken. Die Kölner Aktivisten um Kastert hatten ihre Tätigkeit schon vorher stärker nach Aachen,

---

3 Das betonte z. B. Sir Eyre Crowe sehr nachdrücklich am 4. Juni 1919; Minute Crowe, PRO FO 608/136/11622, zit. bei Marie-Luise Recker, a.a.O., S. 671.
4 So schrieb der „Historical Adviser" im FO, Headlam-Morley, am 11. Juni 1919: „We cannot be too cautions as to allowing ourselves to be implicated in artificial schemes engineered by the French which, while they may at first have apparently the object of separation from Prussia, will be ultimately used to bring about the establishment of a republic independent of Germany." Zit. bei Marie-Luise Recker, a.a.O., S. 672.
5 So erhielt Clive wegen seiner Berichterstattung über den 1. Februar 1919 vom britischen Außenminister eine deutliche Mahnung zur Zurückhaltung: „No step should be taken which would in the slightest degree tend to expose us to the risk of being considered to have officially favoured either proposal." Zit. bei Marie-Luise Recker, a.a.O., S. 671.
6 In seinem Bericht vom 28. Februar 1919 charakterisiert er die Bewegung als „willige Werkzeuge, die aus Dummheit, Parteifanatismus und Eitelkeit" den Franzosen in die Hände arbeiten. (BA R 43 I, Bd. 1837, Bl. 55).
7 Pol. Archiv AA Deutschland Nr. 182, Bd. 2.
8 Noch im Oktober 1919 meldete ein französischer Agent, daß Froberger „sehr gute Beziehungen" zu dem englischen Offizier in Bonn unterhielt, dem die politische Abteilung dort unterstand. (AN AJ^9/3759).

in die belgische Zone, verlagert, in der sie sich weniger behindert fühlten als unter der Kontrolle der Engländer in Köln.

Der harte Kern stellte sich jedoch rasch auf die neue Lage ein. Die Verwirrung über die Friedensbedingungen und die Enttäuschung darüber, daß die Rheinlinie, auf die sie fest gesetzt hatten, nicht im Friedensvertrag verwirklicht worden war, hielt nur wenige Tage an. Bereits am 15. Mai meldete Tirard, daß diese Kreise, — in denen besonders der Postbeamte Dahlen aus Aachen in Erscheinung trat —, zur Tat entschlossen seien.[9] Um den 10. Mai herum hätten sie den Aktionsplan entworfen: Es sollte eine unabhängige Republik, wohlgemerkt kein Staat im Rahmen des Reiches, ausgerufen werden. Als Galionsfigur war an Wallraf gedacht, Adenauers Vorgänger als Oberbürgermeister von Köln, der 1917 Staatssekretär im Reichsamt des Innern in Berlin geworden war. Mit Adenauer rechnete man nicht mehr und wollte ihn auch an der Regierung nicht beteiligen, denn er wurde verdächtigt, „doppeltes Spiel" getrieben zu haben.[10] Auf die Einzelheiten, wie die Gruppen in Köln um Kastert, in Aachen um Dahlen und Mönikes sowie in Wiesbaden aktiv wurden, welche Diskussionen geführt und wann und unter welchen Bedingungen man „proklamieren", die Republik ausrufen wollte, braucht hier nicht eingegangen zu werden. Lediglich Dorten wagte am 1. Juni in Wiesbaden den Coup; er rief die Republik aus, versuchte unter wohlwollender Duldung der Franzosen die öffentlichen Gebäude besetzen zu lassen und schickte ein Telegramm an die Friedenskonferenz, das die „Gründung" des Staates notifizierte. Doch das alles half nichts: total isoliert, konnte er angesichts des geschlossenen Widerstandes der Bevölkerung nichts ausrichten. Seine Politik scheiterte kläglich.

Isoliert betrachtet, drängt sich das Operettenhafte und Dilettantische von Dortens Putschversuch in den Vordergrund. Doch darf dieser Eindruck nicht darüber hinwegtäuschen, daß dem eine weit umfassendere Planung mit dem Ziel der Abtrennung des Rheinlandes und Rheinhessens vom Reich zugrunde gelegen hatte. Auch darf der schließliche Mißerfolg nicht darüber hinwegtäuschen, daß selbst einflußreiche Zentrumspolitiker, z. B. Kaas, Dorten noch unmittelbar vor seinem Scheitern durchaus ernst genommen und ihn in Wiesbaden aufgesucht hatten.

Die Ursache dafür, daß der Putsch so kläglich scheiterte, die entscheidende Wende stellte die Begegnung führender Rheinstaataktivisten mit General Mangin am 17. Mai 1919 und das nachträgliche Bekanntwerden des Treffens in der Öffentlichkeit dar. Dem Besuch bei dem General, der die 10. französische Armee kommandierte und in Mainz sein Hauptquartier hatte, sollen zuvor Kontakte mit dem französischen Zensuroffizier in Aachen vorausgegangen sein. Die „rheinische Delegation" war heterogen zusammengesetzt. Während als Vertreter aus Aachen eine Persönlichkeit von so geringem Kaliber wie Dahlen, ein kleiner

---

9 AN AJ[9]/2899; „Note relative à la répercussion de la publication des préliminaires de paix sur la population des territoires occupés" vom 15. Mai 1919. Vgl. ebenfalls den Brief de Lillers an Tirard vom selben Datum (An AJ[9]/3759).
10 In der Note vom 15. Mai heißt es: „Il n'est plus question d'Adenauer soupçonné de jouer un double jeu."

Postbeamter, fungierte, hatte die Kölner Vertretung mehr Gewicht. Sie bestand aus Oberpfarrer Kastert und Studienrat Kuckhoff, beide Zentrumsabgeordnete der Preußischen Verfassunggebenden Landesversammlung, sowie Froberger. Dieser war nicht als Vertreter der „KV"-Gruppe dabei, im Gegenteil, die Verleger hatten ihm ausdrücklich von der Reise abgeraten.[11] Das konnte ihn zwar nicht dazu bringen, auf die Teilnahme überhaupt zu verzichten, aber es hat wohl sein Verhalten besonders geprägt.

Normalerweise würde man meinen, daß eine solche Erkundungstour, wenn jemand ohne offizielle Funktion die Gegenseite, den „Feind" aufsucht, in strikter Geheimhaltung stattfindet. Erfährt man im Zuge der Sondierungen dann erfolgversprechende Anhaltspunkte, kann man nach der Rückkehr das Geheimnis lüften und in die Diskussion über das Ergebnis des Treffens eintreten. Waren die Gespräche erfolglos, so war man in der Lage, weiter Stillschweigen zu bewahren und so nachträglich jede Kritik zu vermeiden. Froberger — es muß offenbleiben, ob die beiden anderen Kölner sein Vorgehen billigten — verhielt sich jedoch anders. Er wollte diese Erkundung nicht allein auf eigene Verantwortung durchführen, sondern sich durch den Trick absichern, daß er den Eindruck erweckte, die Reise nach Mainz habe mit Wissen — und das hieß letzten Endes mit Billigung — der Reichsregierung in Berlin stattgefunden. Aus diesem Grunde nahm er am 15. Mai mit dem Verbindungsoffizier der OHL in Köln, Hauptmann Schwink, Kontakte auf.[12] Er erklärte, von französischer Seite erfahren zu haben, daß die Franzosen eine rheinische Republik zu gründen wünschten, zu der auch das Saarland und Eupen-Malmedy gehören sollten, Gebiete also, die eigentlich nach dem Friedensvertrag von Deutschland losgelöst werden sollten. Im Weigerungsfalle würden die Franzosen einfach das besetzte Gebiet abtrennen. Foch und Mangin seien aber zu Abmilderungen des Friedensvertrages bereit; deshalb sei Froberger nach Mainz eingeladen worden, um dort den General über die Stimmung der Bevölkerung zu unterrichten. Am Nachmittag desselben Tages überbrachte er Hauptmann Schwink noch eine Ausarbeitung. Dazu erklärte er, Schwink solle nicht nur Spa, Berlin und Versailles, sondern auch den Regierungspräsidenten und den Oberbürgermeister in Köln unterrichten. Am Vormittag hatte er noch ausdrücklich gebeten, nicht den Kölner Regierungspräsidenten zu informieren.

Der Grund für die Änderung war klar: Froberger war am Nachmittag im Begriff abzureisen, daher konnten nun auch die Kölner Stellen informiert werden, was aber tatsächlich erst geschah, als Froberger und seine Gefährten schon abgefahren waren. Sie konnten also nicht mehr zurückgerufen werden, während

---

11 Carl Bachem, der mit der Politik seiner Brüder nicht einverstanden war, insbesondere nicht mit deren enger Zusammenarbeit mit Froberger und seit Oktober 1918 aus der Redaktion ausgeschieden war, schrieb in einem Brief am 2. Juni: „Die Reise nach Mainz hat er gemacht, nachdem mein Bruder Franz ihm seine Zustimmung ausdrücklich verweigert hatte, nachdem mein Bruder Robert auf meine Veranlassung ihm auf das Dringendste vorgestellt hatte, daß er unter keinen Umständen die Reise machen dürfe. Aber er tat es doch!" (HAStK, Nachl. Bachem 464).
12 Die verschiedenen Berichte Schwinks sind zusammen mit den verschiedenen Anlagen abgedruckt bei Karl Dietrich Erdmann, a.a.O., S. 279—289, (Dok. Nr. 5a—5f).

Froberger fortan immer wieder die Behauptung aufstellte – mit einiger Penetranz gegenüber verschiedenen Regierungsstellen –, daß er die Regierung vorher informiert habe, ihm also nichts vorzuwerfen sei.

Am 16. Mai traf man sich bei Dorten in Wiesbaden und legte den Kurs für die Begegnung am Folgetag fest. Als Gesprächsunterlage diente ein Papier, das von Froberger entworfen und von Dorten noch redigiert worden war.[13] Es ist als eine Fixierung der Vorstellungen, wie sie sich im Laufe des Frühjahrs 1919 entwickelt hatten, von hohem Interesse. Was in der Februar-Rede Adenauers angeklungen war und dann Froberger gegenüber dem Oberstleutnant Ryan erklärt hatte und in der Entschließung der Versammlung im Zivilkasino schon deutlicher geworden war, tritt hier in voller Klarheit ans Licht.

In den „Vorbedingungen zur Errichtung einer Rheinischen Republik"[14] – so war das Papier überschrieben – wird zwar beteuert, daß dieser Staat, der im wesentlichen aus der Rheinprovinz, Rheinhessen und der Rheinpfalz bestehen sollte, ein „einheitlicher Bundesstaat im Rahmen des Deutschen Reiches" werden sollte, doch blieb dies eine leere Formel, denn es ging hier nicht um die vorweggenommene Gründung eines Landes Nordrhein-Westfalen, sondern um ein substanziell anderes Staatswesen. Die Zugehörigkeit zum Reich spielte im Grunde keine Rolle; tatsächlich handelte es sich um einen selbständigen Staat, der nicht als Gliedstaat des Reiches verstanden werden konnte, wurden doch für ihn Rechte gefordert, die auch mit den Reservatrechten nach der Bismarckschen Reichsverfassung, wie sie Bayern erhalten hatte, nicht das Geringste zu tun hatten: „In Fragen der auswärtigen Politik, namentlich in Angelegenheiten von Krieg und Frieden, muß diese neue Republik besondere Rechte erhalten, Gesandtschaften einrichten können und befugt sein, ihre politischen und wirtschaftlichen Interessen selbständig zu vertreten ...". Ein Staat, der seine eigene Außenpolitik betreibt und auch bei der Wirtschafts- und Innenpolitik Selbständigkeit beansprucht, paßte selbst in weitgefaßte bundesstaatliche Vorstellungen nicht mehr hinein!

Wer sollte diesen neuen Staat leiten? Natürlich die Aktivisten der ersten Stunde. Es war vorgesehen, die „vorläufige" Regierung „durch die von den Arbeitsausschüssen" – deren Vertreter bekanntlich Dorten in der Sitzung im Windthorstsaal der „KV" zum „ersten Bevollmächtigten" gewählt hatten – „dazu bestimmten Personen" zu bilden, die dann sogleich Neuwahlen auszuschreiben hätten. Angesichts der Isolierung in der Bevölkerung bedarf es nicht viel Phantasie, um sich vorzustellen, wie die Besatzungsmacht den Wählerwillen zu „lenken" hatte, um diese Aktivisten nicht bloßzustellen.

Als Gegengabe für den faktisch vom Reich unabhängigen Staat erwartete Froberger Milderungen des Friedensvertrages, was er schon dem Hauptmann Schwink gegenüber erklärt hatte, also keine Abtrennung des Saarlandes und der Kreise Eupen-Malmedy, ferner Reduktionen bei den Gebietsabtretungen im Osten sowie Erleichterungen auf wirtschaftlichem Gebiet. Diese Verzichtlei-

---

13 Bei F. Walther Ilges, a.a.O., S. 75, ist ein Faksimile des Entwurfes abgedruckt, das dies deutlich macht.
14 Abgedruckt bei Karl Dietrich Erdmann, a.a.O., S. 288 f. (Dok. Nr. 5 f).

stungen der Sieger hielt Froberger durchaus für angemessen in Anbetracht der Vorteile, die für Frankreich durch die Bildung der rheinischen Republik entstünden, „da hierdurch die stärkste Garantie gegen eine Wiederkehr des Krieges auf ewige Zeiten geschaffen wird, am Rhein eine den Frieden Westeuropas verbürgende Friedensrepublik entsteht, ferner eine kulturelle Brücke zwischen Westen und Osten geschlagen wird ...". Ganz folgerichtig wird diese „Friedensrepublik" unter die Garantie des Völkerbundes gestellt.

Das von Froberger ausgearbeitete Schriftstück macht hinlänglich klar, wie sich die Rheinstaat-Aktivisten die Zukunft vorstellten. Leute seines Schlages verstanden sich nicht als Separatisten in dem von der zeitgenössischen Propaganda geprägten pejorativen Sinne, daß sie den Franzosen in die Hände arbeiteten und sich gegen entsprechende Bezahlung bemühten, ihnen das Rheinland auszuliefern. Natürlich waren viele von ihnen frankophil, aber in ihrer subjektiven Sicht hatten sie nichts mit bloßen Handlangerdiensten für die Besatzungsmacht im Sinn, sondern verstanden sich viel eher als Mittler, als „Brückenbauer", die eine völlig neue politische Idee verwirklichen wollten, welche mit dem häßlichen Wort Separatismus nichts zu tun hatte. Die von ihnen erstrebte Friedensrepublik war zwar mit dem übrigen Deutschland nur noch sehr lose verbunden, aber der Nachteil der faktischen Separierung vom Reich sollte durch die alles überhöhende Perspektive der dauerhaften Sicherung des Friedens mehr als ausgeglichen werden, zumal gleichzeitig die Friedensbedingungen mit dem übrigen Deutschland noch verbessert werden sollten.

So interessant und aufschlußreich dieses Dokument für die Verdeutlichung der Auffassungen des harten Kerns der Rheinstaat-Aktivisten ist, so gering war die Wirkung, die es bei den Verhandlungen mit Mangin erzielte, die am 17. Mai in Mainz stattfanden. Für die rheinischen Subtilitäten — faktische Selbständigkeit und Möglichkeiten der Einflußnahme Frankreichs bei Betonung des Verbleibs im Rahmen des Reichs und bei gleichzeitiger Milderung des Friedensvertrages — hatte der französische General wenig Verständnis. Denn ihm mußte es darauf ankommen, tatsächlich die Maximallösung zu erreichen, nämlich die Proklamation einer völlig unabhängigen Republik. Jede andere Lösung war nicht geeignet, den Verhandlungen auf der Friedenskonferenz noch eine Wendung zu geben. Angesichts dieser Unbeweglichkeit Mangins konnten seine rheinischen Gesprächspartner auch dann keine positive Wirkung erzielen, als sie sogar noch deutlicher wurden, als es Frobergers Papier zum Ausdruck bringt. Wie das französische Protokoll vermerkt, erklärten sie, eine unabhängige Außenpolitik führen und gleichzeitig die innenpolitische Situation in Deutschland in der Weise beeinflussen zu wollen, daß kein „preußisch-sozialistischer Block" entstünde. Darüber hinaus äußerten sie, „ihr Projekt interessiere in erster Linie Frankreich. Es ist das einzige Mittel, Deutschland im sicheren Griff zu haben."[15] Trotz dieser bemerkenswerten Eröffnungen — der Vergleich der rheinischen[16]

---

15 AN AJ[9]/2899; Compte-Rendu d'audience du 17 mai 1919 au sujet de la République Rhénane.
16 Vgl. den Bericht Schwinks über das, was ihm Froberger erzählt hatte, abgedruckt bei Karl Dietrich Erdmann, a.a.O., S. 284 ff. (Dok. Nr. 5 c). Dort ist auch von Drohungen

mit den französischen Quellen zeigt bezeichnende Varianten – blieb Mangin bei seinem Standpunkt und erklärte, daß territoriale Änderungen nicht in Frage kämen und er sich nicht in innere deutsche Angelegenheiten mische: „Wenn die Rheinländer wünschen, auf der Friedenskonferenz gehört zu werden, müssen sie zuerst einmal existieren." So war der „Schwarze Peter" wieder bei den Rheinländern angelangt.

Froberger hat nach seiner Rückkehr verschiedene Berichte über die ganze Angelegenheit verfaßt. Sie sollten der Rechtfertigung dienen und vor allem beweisen, daß er in dem Bewußtsein gehandelt habe, die Reichsregierung rechtzeitig informiert und, da keine Gegenreaktion erfolgt sei, auch mit deren Einverständnis zu den Franzosen nach Mainz gefahren zu sein. Auf diese Vernebelungsaktionen braucht hier nicht eigens eingegangen zu werden. Daß er bei seiner Verteidigung in bezug auf die Verhandlungen mit Mangin wesentlich verschwommener formulierte, als es sein Verhandlungspapier für das Gespräch bei Mangin, die „Vorbedingungen", zum Ausdruck brachte, bedarf bei der hochgradig entwickelten Doppelzüngigkeit dieses Priesters keiner weiteren Begründung.

Adenauer, der zu dieser Zeit in Berlin war und auch mit Scheidemann zusammen gekommen war, telegraphierte ihm am 18. Mai: „Höre von Ihrem Besuch bei Schwink. (Für bekannte Frage hier kein Verständnis. Anregung muß von Frankreich über Versailles kommen.) Bin Dienstag zurück Adenauer."[17] Adenauer selbst hatte in Berlin Scheidemann über das angeblich vorhandene englische Interesse an der Rheinischen Republik informiert und ihn zu einer Initiative im Sinne Frobergers zu bewegen versucht, war aber abgeblitzt.

Wenn auch zur Reichsregierung Informationen gedrungen waren, daß ein Treffen mit Mangin stattfinden sollte oder stattgefunden hatte, war darüber noch nichts in der Öffentlichkeit bekanntgeworden. Das änderte sich schlagartig, als Wilhelm Sollmann in der „Rheinischen Zeitung" die Angelegenheit publik machte.[18] Die ungeheure Empörung, die durch die Nachricht ausgelöst wurde, erklärt sich vor allem aus der allgemeinen politischen Situation. Der Schock über die Härte der Friedensbedingungen war noch nicht überwunden; der Haß auf die Franzosen saß tief, und im Vordergrund stand die Forderung nach Ablehnung der Friedensbedingungen. Im allgemeinen Bewußtsein befand man sich – nach den Illusionen über einen „Wilson-Frieden" in den Monaten zuvor – wieder im psychologischen Kriegszustand.

In dieser von ohnmächtiger Wut gekennzeichneten Atmosphäre schlug die Meldung, deutsche Politiker – Kastert und Kuckhoff waren schließlich promi-

Fortsetzung Fußnote 16
    und Einschüchterungen die Rede, zu denen Mangin gegriffen habe; so sollte im Falle der Nichtunterzeichnung des Friedensvertrages bei Wiederaufnahme der Feindseligkeiten „alle wehrfähigen Männer in Konzentrationslager" verbracht werden. (Ebenda, S. 292).
17 HAStK 902/253/2, S. 479; es handelt sich um den Entwurf des Telegramms, den Adenauer zu seinen Akten genommen hat. Der in Klammern gestellte Satz ist im Original durchgestrichen.
18 Rheinische Zeitung, Nr. 117 v. 24. Mai 1919; am 30. Mai brachte die Rheinische Zeitung die Schlagzeile: „Treu zur deutschen Republik. Die entlarvten ‚Geheimdiplomaten'. – Als Hochverräter gezeichnet!"

nente Mitglieder der Zentrumsfraktion in der Preußischen Verfassunggebenden Landesversammlung — hätten sich auf Verhandlungen mit dem General Mangin eingelassen, dem Kommandeur einer der französischen Angriffsarmeen, die im Falle der Wiederaufnahme der Feindseligkeiten in das Innere Deutschlands vorstoßen würde, wie eine Bombe ein! Den Grad der Empörung und den Druck der öffentlichen Meinung kann man am besten daran ablesen, daß Kastert und Kuckhoff gezwungen waren, ihre Mandate niederzulegen.[19] Die Aufgabe ihrer Parlamentssitze ist angesichts der starken Stellung Kasterts im rheinischen Zentrum primär als eine Konzession der Partei an die öffentliche Meinung anzusehen. Denn es mag dahingestellt bleiben, ob man mit der gleichen Entschiedenheit vorgegangen wäre, wenn es sich etwa nur um ein parteiinternes Problem gehandelt hätte.

Froberger versuchte in immer neuen Schreiben an Regierungsstellen, seine „Unschuld" zu beweisen und den Nachweis zu führen, daß er die Reichsregierung vorher informiert habe und deshalb in der Zuversicht nach Mainz gefahren sei, Berlin sei mit der Reise einverstanden.[20] Auch das Zentrum und Adenauer beriefen sich auf die angebliche Vorabinformation der Regierung, während umgekehrt Sollmann in einem Schreiben an Scheidemann auf diese Entlastungsmanöver hinwies, mit denen man den Eindruck erwecken wolle, „als sei die Mission in Mainz mit Wissen und dem stillen Einverständnis der Regierung erfolgt".[21] Sollmann verfolgte dabei natürlich die Absicht, gerade diese Argumentation zu widerlegen. Bemerkenswert dabei ist, daß Adenauer von ihm als Helfer dargestellt wurde, der bei seinem Besuch in Berlin sich bemüht habe, im Sinne von Frobergers Alibibehauptungen zu wirken.

Darüber hinaus hatte die Kampagne gegen die Teilnehmer noch eine andere konkrete Aufgabe eher präventiver Art. Ende des Monats, am 29. Mai, sollte die Proklamation der Republik in Aachen erfolgen. Daß die dortigen Aktivisten schließlich davon Abstand nahmen und so nur Dorten übrigblieb, der am 1. Juni „seine" Republik in Wiesbaden ausrief, wird nicht zuletzt auf die scharfen Reaktionen zurückzuführen sein, die das Bekanntwerden des Treffens mit Mangin ausgelöst hatte. Hinzu kam, daß die Reichsregierung am 28. Mai zu dem groben Knüppel gegriffen und angekündigt hatte, alle derartigen Bestrebungen als Hochverrat verfolgen zu wollen — eine martialische Strafandrohung,[22] die

---

19   Rudolf Morsey, Die Deutsche Zentrumspartei 1917—1923, Düsseldorf 1966, S. 256.
20   In BA R 431, Bd. 1837, Bl. 405 f., ist eine Aufstellung der verschiedenen Schreiben Frobergers enthalten. Daß er sich sehr offensiv verteidigte, zeigt sein Schreiben an Erzberger vom 29. Mai 1919, in dem es heißt: „Insbesondere muß ich mich darüber ernstlich beschweren, daß die Nachrichten, die ich der Reichsregierung zur Information zugehen ließ, zur sozialdemokratischen Parteiagitation durch deren teilweise Überlassung an die sozialdemokratische Parteipresse verwendet wurden. Gegenüber den Verunglimpfungen, denen ich dadurch ausgesetzt wurde, habe ich das Recht, den Schutz der Regierung zu verlangen und erwarte eine diesbezügliche Ehrenerklärung."
21   Ebenda, Bl. 261 f. Schreiben Sollmanns vom 30. Mai 1919.
22   Das bedeutete nach der damaligen Fassung von § 81 StGB eine lebenslängliche Zuchthausstrafe oder Festungshaft, bei mildernden Umständen Festung nicht unter fünf Jahren.

sicherlich ihre dämpfende Wirkung nicht verfehlt hat. Am selben Tag zeigte ein machtvoller Proteststreik in Köln, daß selbst dort eine Massenbasis fehlte.

Auch die „KV" vollzog nun endlich die Distanzierung von der Bewegung. War Froberger schon gegen den Rat der Verleger nach Mainz gefahren, so erfolgte eine spektakuläre Wendung, als die „KV" die Hochverratsdrohung der Reichsregierung mit zustimmender Kommentierung publizierte, ohne die Zustimmung der britischen Militärzensur einzuholen.[23]

Schließlich kommt die Erregung auch dadurch zum Ausdruck, daß der Westdeutsche Politische Ausschuß zum ersten und einzigen Mal einberufen wurde. Am 30. Mai fand die Sitzung in Köln statt.[24] Im Mittelpunkt der Sitzung stand natürlich der Besuch bei Mangin. Aber in seinem einleitenden Überblick berichtete Adenauer auch Erstaunliches, was er von dem Stabschef der britischen Besatzungsarmee General Clive gehörte hatte. Clive wurde mit der bemerkenswerten Charakterisierung vorgestellt, daß er „ein sehr achtenswerter Mann" sei, von dem Adenauer überzeugt war, „daß er bewußt die Unwahrheit nicht sagt".[25] Eine solche Haltung muß ihm offensichtlich als etwas Außergewöhnliches erschienen sein. Clive nun, dieser Ehrenmann, habe dem Oberbürgermeister folgendes eröffnet: Seine Rede sei den englischen Behörden „in die Hände gekommen" — tatsächlich hatte Adenauer den Text an Clive und Ryan übersandt — und habe eine außerordentliche Reaktion bei den Briten ausgelöst. England sei nämlich bereit, „wenn eine westdeutsche Republik im Rahmen des Deutschen Reiches errichtet würde, wesentliche Konzessionen für das übrige Deutschland im Friedensvertrag zu machen". Es war eine mehr als erstaunliche Eröffnung, daß London über den Militärbefehlshaber der britischen Zone eine Nachricht von solcher Tragweite an das Kölner Stadtoberhaupt übermittelt haben sollte, damit dieser den Vorschlag der Reichsregierung weiterzugeben imstande war. Das hatte Adenauer auch getan, bei Scheidemann aber keinen Erfolg gehabt. Adenauer war also, um mit der Reichsregierung über diese angebliche Londoner Initiative zu sprechen, zur gleichen Zeit in Berlin, als Froberger, Kastert, Kuckhoff bei Mangin in Mainz waren.

Wir wissen bereits, daß der englischen Seite im Februar Pläne zugespielt wurden, die weit aussagekräftiger als Adenauers Rede am 1. Februar gewesen sind. Es sei nur an das Geheimpapier erinnert, das Clive am 2. Februar Tirard übergeben hatte oder an das Gespräch, daß Froberger mit Ryan zehn Tage später geführt und in dem ebenfalls ein Papier den Besitzer gewechselt hatte.[26]

---

23 AN AJ^9/3759. In dem Bericht des Capitaine de Lillers vom 31. Mai 1919 wird gerade auf die Umgehung der Zensur hingewiesen: „Ce texte était effectivement publié le 29 par la ‚Kölnische Volkszeitung' sans l'assentiment des autorités britanniques; chose plus surprenante, encore, ce journal faisait suivre la publication de ce document de commentaires très sévères sur ce qui se préparait à AIX-LA-CHAPELLE. En somme, il procédait à une volte-face complète."
24 Das Protokoll der Sitzung ist abgedruckt bei Karl Dietrich Erdmann, a.a.O., S. 253–280 (Dok. Nr. 5).
25 Ebenda, S. 255.
26 Siehe oben, S. 62 ff.

Man muß also davon ausgehen, daß die Engländer unter dem Stichwort „Westdeutsche Republik" ein faktisch weitgehend unabhängiges Staatswesen verstanden — jedenfalls etwas anderes, als zu erwarten wäre, wollte man sich nur an dem orientieren, was Adenauer damals in seiner Rede vorgetragen hatte.

Es ist mehr als zweifelhaft, daß Clive so weitgehende Erklärungen gegenüber Adenauer abgegeben hat. Da die englischen Akten der Rheinlandbesatzung von 1919 nicht mehr vorhanden sind, ist es müßig, darüber zu spekulieren, ob oder was der General wirklich gesagt hat. Wenn Adenauer behauptet hatte, daß als Reaktion der englischen Regierung auf die Übersendung seiner Februar-Rede eine so erstaunlich positive und erfolgversprechende Antwort aus London gekommen sei, so war dies mit Sicherheit falsch. Clive hatte zwar die Rede — wahrscheinlich auch das Separatistenpapier — nach London gesandt, aber die Antwort war alles andere als ermutigend, vielmehr wurde er energisch gebremst. Der Außenminister gab ihm die strikte Weisung, jeden Anschein zu vermeiden, daß die britische Regierung irgendeinen Vorschlag zur Gründung eines westdeutschen Staates begünstigen würde.[27] Clive sollte sich also so verhalten, daß niemand auf die Idee käme, es bestünde ein englisches Interesse. Wenn der Außenminister so entschieden auf Zurückhaltung drängte, ist es ausgeschlossen, daß Adenauer das genaue Gegenteil gehört haben kann, zumal in den Londoner Akten darüber nichts enthalten ist.

Die Annahme, daß Adenauer mit leeren Behauptungen operierte, wird auch durch französische Quellen gestützt. Der Capitaine de Lillers, der als Delegierter Marschall Fochs in der britischen Zone fungierte, betonte in seinem Bericht vom 31. Mai 1919, wie gut und vertrauensvoll sich das Verhältnis zu den britischen Dienststellen, insbesondere zu Ryan gestalte, der mit seinem französischen Kollegen völlig offen spreche. Ihm hatte Ryan erklärt, daß der Stab des britischen Militärbefehlshabers „über keine Instruktion von Seiten seiner Regierung verfüge, welche Haltung gegenüber der rheinischen Bewegung einzunehmen sei. Deshalb beschränke er sich auf eine vollständige Neutralität".[28] Adenauer selbst erklärte Hauptmann de Lillers, er habe seine rheinlandpolitischen Vorstellungen auch dem General Clive vorgetragen. „Dieser schien die Schlüssigkeit der vorgetragenen Ideen zu erkennen und hat versprochen, sie seiner Regierung zu übermitteln."[29] Eine solche Erklärung mag Clive abgegeben haben; daß aber eine Antwort gekommen sei, davon ist nichts zu hören, und nach Lage der Dinge war sie auch nicht zu erwarten.

Wichtig ist etwas anderes. Hier tritt zum ersten Mal in Erscheinung, was dann 1923/24 immer wiederkehren wird: Eine besondere Form von „Diplomatie". Adenauer operiert mit der Aussage eines Vertreters der Gegenseite, die nicht überprüfbar ist. So kann er werbend für Positionen eintreten, die vielleicht mehr den eigenen Anschauungen entsprechen als desjenigen, dem sie von ihm

---

27 „No step should be taken which would in the slightest degree tend to expose us to the risk of being considered to have offically favoured either proposal." Zit. bei Marie-Luise Recker, a.a.O., S. 671.
28 AN AJ^9/3759, Bericht vom 31. Mai 1919.
29 Ebenda.

unterstellt werden. Dabei vermeidet er kritische Reaktionen bei denen, die diese Ansichten anhören, da er ja nur referiert, was ein anderer geäußert oder vorgeschlagen haben sollte.

Von ähnlicher Qualität war eine Äußerung von französischer Seite, die Froberger am 26. Mai mitgeteilt hatte. Danach habe General Mangin ausgerechnet dem kleinen Postbeamten Dahlen „im Einverständnis mit der französischen Regierung" erklärt, daß die französische Seite im Grunde die Vorbedingungen Frobergers für eine Friedensrepublik akzeptierte, d. h. daß Frankreich auf die Saar, Belgien auf Eupen/Malmedy verzichten, andererseits aber die Republik im Verband des Deutschen Reiches verbleiben würde.[30] Diese „Erklärung" Mangins ist mit Sicherheit als Erfindung Frobergers anzusehen, da der General weder befugt noch willens war, Mitteilungen von derartiger Tragweite abzugeben.[31] Hier ist wohl eher an eine konzertierte Aktion von Adenauer und Froberger zu denken, die positive Äußerungen als von englischer und französischer Seite stammend produzierten, um den Vertretern der deutschen Friedensdelegation, die zu der Sitzung des Ausschusses von Versailles nach Köln gekommen waren, ihre eigenen Vorstellungen und Pläne zur Gründung einer rheinischen Republik als Angebote der Alliierten zu suggerieren. Die Diplomaten durchschauten jedoch dieses Manöver, fühlten sich in ihrem Mißtrauen gegenüber Adenauer bestärkt und bemühten sich, diese Kölner Aktivitäten durch Empfang einer Delegation von rheinischen Politikern in Versailles zu konterkarieren.[32]

Viel Zeit verbrachte der Ausschuß mit der Frage, wie das Verhalten von Kastert und Kuckhoff zu bewerten sei und was man von den Behauptungen zu halten habe, daß Adenauer mit der ganzen Sache einverstanden gewesen sei. Dieser selbst war relativ milde gegenüber den beiden „Sündern"; er hielt es lediglich für unklug und äußerst kompromittierend, sich mit „offenen Vaterlandsverrätern" wie Dorten an einen Tisch gesetzt zu haben, aber machte doch einen klaren Unterschied zwischen ihnen und den anderen Aktivisten aus Aachen und Wiesbaden. In bezug auf Froberger war er sehr zurückhaltend: „Über Froberger habe ich kein Urteil; ich weiß nicht, was er für ein Mann ist." Eine solche nichtssagende Feststellung schien ihm das Unverfänglichste zu sein, denn man muß davon ausgehen, daß noch im Mai wiederholte Kontakte zu Froberger bestanden haben. Für die Franzosen schließlich galt Froberger noch im Juni als „graue Eminenz" Adenauers. Insbesondere beweist das Telegramm aus Berlin, daß man sich gegenseitig informierte, wobei die Übereinstimmung in der Sache, die Errichtung einer „Friedensrepublik", ohnehin zwischen ihnen nicht strittig war.

30 Abgedruckt bei Karl Dietrich Erdmann, a.a.O., S. 286 f. (Dok. Nr. 5 d). Wie Mangins Verhältnis selbst zu den wahren Aktivisten war, geht aus seinem Besuch in Aachen am 3. Mai hervor: „Au cours de cette visite, il vit quelques-uns de ces messieurs, les gourmanda sur leur inaction et sur leur mollesse, leur disant que c'était à eux d'agir maintenant ou jamais et leur laissant entendre qu'ils ne seraient pas abandonnés. Il avait dit textuellement: „Il est des choses que je ne puis écrire mais que je dis." AN AJ^9/3759, Bericht de Lillers vom 15. Mai 1919.
31 Siehe unten S. 95.
32 Karl Dietrich Erdmann, a.a.O., S. 264.

Überhaupt scheint Adenauer mit der Einberufung der Sitzung und der dort von ihm vertretenen taktischen Linie die Absicht verfolgt zu haben, ähnlich wie bei seinem Verhalten nach der Versammlung am 4. Dezember 1918, die Betroffenen aus der Schußlinie zu ziehen. Man diskutierte stundenlang, jammerte und kritisierte, aber niemand — auch nicht die die rheinische Republik ablehnenden Sozialdemokraten und Liberalen — war im Ausschuß bereit, das Dunkel der verschiedenen verwirrenden Aktivitäten aufzuhellen.

Immer wieder klang in der Diskussion des Ausschusses an, daß Adenauer über alles informiert gewesen sei oder daß Kastert dies wenigstens behauptet habe. Besonders Kaas wies darauf hin, daß ihm derartiges erzählt worden sei: „Ich bekam von der Darstellung den Eindruck, als ob Sie fürchteten, den Anschluß zu verpassen; da die Sache in siegreichem Vorgehen begriffen sei, so möchten Sie um Gottes Willen dabei sein".[33] Adenauer wies jedes Einverständnis weit von sich. Er tat es sehr wirkungsvoll, indem er ein Klagelied anstimmte, was man ihm schon alles unterstellt habe. Er werde „heruntergerissen bei der Regierung und in der Zentrumsfraktion"; dann habe er gehört, „daß ich z. B. bei den deutschen Ministern wieder in dem Verdacht stehe, ich hätte die ganze Sache Kastert/Kuckhoff angerührt, während ich erst nachträglich davon Kenntnis bekommen habe. Dann ist auch gerade in Berlin erzählt worden, daß ich in der März-Geschichte ebenfalls das Karnickel gewesen sei, daß ich die Kasinoversammlung gemacht hätte, obwohl auch das nicht zutrifft. Sie glauben nicht, in welche schwierigen Situationen ich schon gekommen bin."[34]

Wiederholt wurde in der Sitzung, vor allem von Adenauer, auf zwei unterschiedliche Aussagen aufmerksam gemacht: Die eine bezog sich auf das, was Froberger über das Treffen berichtet hatte; die andere betraf ein Papier, das Kastert und Kuckhoff dem Oberbürgermeister mitgebracht hatten, als sie nach ihrer Rückkehr aus Mainz Adenauer auf dem Rathaus aufsuchten. Von diesen Vorschlägen sagte Adenauer, „daß, was sie mir angegeben hätten, mir vom deutschen Standpunkt aus viel annehmbarer sei, als was Herr Froberger angegeben hätte". Dabei handelte es sich jedoch bei dem, was Kastert und Kuckhoff übergeben hatten, um nichts anderes als um die „Vorbedingungen zur Errichtung einer Rheinischen Republik" von der Hand Frobergers, die Adenauer positiv bewertet hatte, weil diese Vorbedingungen, die „Friedensrepublik", ganz auf der Linie lagen, die Adenauer seit dem Februar 1919 in Kooperation mit Froberger entwickelt hatte.

---

33 Ebenda, S. 261. Kaas, der sogar nach dem Treffen mit Mangin Dorten in Wiesbaden besuchte und von diesem keineswegs einen ungünstigen Eindruck empfangen hatte, kehrte auf der Sitzung stark den von der Regierung vernachlässigten Rheinländer heraus, als ob in Berlin nur ostpreußische Junker am Ruder säßen und die Zentrumspartei nicht an der Regierung beteiligt wäre. Auch er wies beredt die Möglichkeit weit von sich, mit dem General Mangin zu verhandeln — „das werden Sie nie erleben". Die Drohung mit dem Hochverrat lehnte er jedoch indigniert ab, da ein Kontakt mit Franzosen „nicht eine Frage des Hochverrats oder Landesverrats ist, sondern rein eine Frage nationaler Delikatesse". (Ebenda, S. 268).
34 Ebenda, S. 271.

Adenauer brachte auf der Sitzung immer wieder seine abgrundtiefe Besorgnis über die Zukunft des Rheinlandes zum Ausdruck. Seiner festen Überzeugung nach wäre das Rheinland verloren, wenn der Friedensvertrag in seiner bestehenden Form in Kraft träte, da der Charakter der Rheinländer schwach und die Bevölkerung unfähig sei, die lange Besatzungszeit ohne Schäden an der nationalen Substanz durchzustehen. Natürlich war dabei Zweckpessimismus im Spiel, denn je düsterer er die Lage zeichnete, desto eher war die Möglichkeit gegeben, daß die Regierung in Berlin sich die Adenauerschen Vorstellungen zu eigen machte. Doch hier ist ausnahmsweise einmal Erdmann zuzustimmen, der die „Unheilsprognose"[35] nicht nur als Ausdruck des Zweckpessimismus verstanden wissen will. Angesichts der Friedensbedingungen, die Adenauer für verhängnisvoll hielt, war für ihn schon damals tatsächlich „die Lage noch nie so ernst" gewesen. Daraus erklären sich auch die verschiedenen, mitunter etwas wirr anmutenden Aktivitäten, die er in der Zeit zwischen dem Bekanntwerden der Friedensbedingungen Anfang Mai und der Unterzeichnung des Vertrages Ende Juni entwickelt hat.

Für diesen Zeitraum gilt erst recht nicht das, was Erdmann als Konstante von Adenauers politischem Verhalten für diesen Zeitraum bezeichnet hat, nämlich die Koordination der politischen Kräfte des Rheinlandes und die Zusammenarbeit mit den Berliner Regierungsstellen. Alle Parteien außer dem Zentrum standen einer Konstruktion, wie sie in der „Friedensrepublik" deutlich wurde, strikt ablehnend gegenüber, und man kann getrost davon ausgehen, daß nicht nur der Außenminister der Meinung war, daß „Plan Adenauer und Genossen verhängnisvoll und mit allen Mitteln verhindert werden muß ...". Diese Aussage wird man durchaus als Tenor der in Berlin vorherrschenden Einschätzung innerhalb der Regierungskreise annehmen können.

Die negativen und Adenauer gegenüber besonders kritischen Stimmen, die vor allem aus Kreisen des Auswärtigen Amtes stammten, werden zwar auch von Erdmann zitiert,[36] jedoch ohne daß er daraus den naheliegenden Schluß zieht, daß dies im klaren Widerspruch zu seiner Hauptthese steht. Die in seinem Buch ausführlich abgedruckten Dokumente werden von ihm ebenfalls nur sehr zurückhaltend interpretiert. So kommt die positive Einstellung, die Adenauer zu dem Projekt der „Friedensrepublik" Frobergers hatte, überhaupt nicht zum Ausdruck. Dafür wird an anderer Stelle eine Betrachtung über die Frage eingeschoben, worin denn eigentlich der Unterschied zwischen Adenauer und Dorten bestanden habe, denn Dorten hatte schließlich das Papier über die „Friedensrepublik" noch mitredigiert. Ganz überraschend heißt es einmal, der Gegensatz zwischen Adenauer und Dorten sei nicht darauf zurückzuführen, „daß der neue Freistaat neutral sei und unter dem Schutz des Völkerbundes stehen, also einen vom übrigen Reich verschiedenen völkerrechtlichen Status haben sollte. Zwischen voller Reichszugehörigkeit und Abtrennung vom Reich gibt es eine ganze Stufenfolge gleitender Übergänge, die sich gerade in der zweiten Phase des

---

[35] Ebenda, S. 58.
[36] Ebenda, S. 60 ff.

Rheinstaatproblems im Jahre 1923 zeigen sollte."[37] Hier wird überraschend eine Position bezogen, die völlig von der sonst von Erdmann entwickelten Linie abweicht, heißt es doch immer durchgehend, daß Adenauer einen Bundesstaat im Rahmen des Reiches und nichts anderes im Auge gehabt habe. Um den Widerspruch zwischen der ansonsten vorherrschenden simplen Darstellung des keimfreien Bundesstaates und der hier deutlich werdenden Vielschichtigkeit des Problems und von Adenauers Verhalten verständlich zu machen, nimmt Erdmann zu einer überraschenden Erklärung Zuflucht: Er sieht die Differenz plötzlich weniger in der Sachfrage, sondern mehr in der geistigen Einstellung: „Der Unterschied liegt vielmehr in folgenden beiden Punkten: Adenauer wollte die Rheinstaatbildung nur in Übereinstimmung mit den verschiedenen politischen Kräften des Rheinlandes selber, sowie im Zusammenwirken mit dem Reich und den deutschen Ländern, aus deren Gebieten der neue Staat entstehen würde".[38] Diese Differenzierung ist irreführend und entspricht nicht den Tatsachen. Denn es kam Adenauer keineswegs auf den breiten Konsens an. Das zeigte sich schon im März, wurde aber noch deutlicher im Mai 1919. Ein Projekt wie die „Friedensrepublik" wäre im Rheinland wie in Berlin auf erbitterten Widerstand gestoßen. Wenn man also wie Adenauer diesen Plan verfolgte, konnte einem an der breiten Zustimmung nicht gelegen sein, wußte man doch von vornherein, welche Opposition das auslösen würde.

37 Ebenda, S. 65.
38 Ebenda.

Adenauers Geheimdiplomatie mit Capitaine Marquis de Lillers

In welchem Maße Adenauer aber bereit war, bewußt als Einzelgänger gegen breite Mehrheitsüberzeugungen zu handeln, zeigt eine Episode, die sich bereits drei Tage vor der Ausschußsitzung ereignet hatte. Sie macht zugleich deutlich, wie doppelbödig Adenauers Vorgehen gewesen ist und wie falsch es wäre, ihn als koordinierende Führerfigur, die sich stets um Konsens bemühte, darzustellen.

In der Ausschußsitzung am 30. Mai hatte in einem Punkt volle Einigkeit geherrscht, und gerade Adenauer hatte es mehrmals betont, daß man als rheinischer Politiker sich nicht einfach mit den Franzosen einlassen konnte; erst recht war es ihm unstatthaft erschienen, „derartige detaillierte Vorschläge" zu unterbreiten, wie es die Gruppe in Mainz bei Mangin getan hatte. Adenauer hielt ein solches Vorgehen „für einen Deutschen für unwürdig und gemein".[1]

Tatsächlich aber hatte er selbst genau dies wenige Tage zuvor, am 28. Mai in Köln, getan. Seine Empörung ist wohl eher so zu interpretieren, daß es die falschen Leute waren, die in Kontakt mit französischen Militärs getreten waren. Wenn er hingegen dies täte – so offenbar seine Überzeugung –, dann war das etwas ganz anderes und keineswegs mit dem kritisierten Verhalten von Kastert und Genossen zu vergleichen!

Am 26. Mai 1919 hatte Froberger die abenteuerliche Nachricht in die Welt gesetzt, daß General Mangin dem Aachener Postbeamten Dahlen gegenüber die sensationelle Erklärung abgegeben habe, die französische Regierung sei im Grunde bereit, auf die „Vorbedingungen" Frobergers für eine „Friedensrepublik" einzugehen.[2] Am selben Tag hatte Adenauer in Köln bei Oberst Meynial um eine Unterredung nachgesucht.

Die Audienz wurde Adenauer am folgenden Tag gewährt. Sein Mittelsmann, der das Treffen vereinbart hatte, trug einen der besten Namen Kölns; es war der Großindustrielle Scheibler. Man traf sich in dessen Haus in Köln am Sachsenring 79. Seiner einflußreichen Stellung war es wohl auch zuzuschreiben, daß das Treffen so kurzfristig verwirklicht werden konnte. 1923 sollte es Adenauer viel schwerer fallen, Zugang zu Tirard zu erhalten.

Der Delegierte des alliierten Oberkommandierenden für die britische Zone, Capitaine de Lillers aus dem Stabe Fochs, der noch eine wichtige und einflußreiche Rolle in den folgenden Jahren als Kontrolleur des Regierungsbezirks Wiesbaden unter dem Präsidenten der Rheinlandkommission spielen sollte, war

---

1 Zitiert bei Karl Dietrich Erdmann, a. a. O., S. 256.
2 Abgedruckt bei Karl Dietrich Erdmann, a. a. O., S. 286 f. (Dok. Nr. 5 d).

ebenfalls anwesend und erstattete Tirard am 31. Mai einen umfassenden Bericht.³

Was hatte Adenauer vorzutragen? Einleitend erklärte er, daß er nur für sich persönlich sprechen könne als ein Mann, dem seine Position einen klaren und umfassenden Einblick in die bestehende Situation verschaffe. Er fragte, ob es ihm gestattet sei, seinen Freunden oder Mitgliedern der Regierung Mitteilung von dem Meinungsaustausch zu machen. Das lehnten die französischen Offiziere rundweg ab und erklärten, sie seien nur gekommen, um seine Vorstellungen dem Marschall Foch zu übermitteln, bei dem allein es liege, eine Antwort zu erteilen. Das waren also die von Adenauer akzeptierten Rahmenbedingungen.

Was Adenauer nun vortrug, erinnerte in manchem an Früheres, oder anders ausgedrückt: schon Bekanntes begegnete mit charakteristischen Abwandlungen. Er begann mit dem Argument, daß es nicht in Frankreichs Interesse liegen könne, Deutschland zu „vernichten". Damit meinte er nicht die faktische Zerstörung, sondern eine so starke Schwächung und Demütigung, daß dadurch der Wille zum Revanchekrieg unausweichlich würde. Frankreich würde so den gleichen Fehler wie Preußen 1871 begehen. Ob dieses Argument den Franzosen einleuchtete, darf bezweifelt werden; denn in der französischen Führung – bei Clemenceau wie bei Foch – und ebenso in der öffentlichen Meinung herrschte die Überzeugung, daß der nächste Krieg mit Deutschland unvermeidlich sei, daß Deutschland wieder angreifen werde, sobald es dazu in der Lage sei. Daher liefen alle französischen Bemühungen darauf hinaus, Bedingungen am Rhein zu schaffen, die eine erneute Attacke entweder verhindern oder sie soweit wie möglich herausschieben konnten. Daraus erklärte sich das Hauptziel, den Rhein als Militärgrenze festzulegen, d. h. Deutschland vom linken Rheinufer zu vertreiben. Wenn nun jemand kam, dazu noch ein Deutscher, und klarmachen wollte, daß er ein Rezept wisse, um den Revanchekrieg zu verhindern, dabei aber Deutschland eine schonendere Behandlung zuteil werden zu lassen, so mußte das Skepsis auslösen.

Als Alternative zur völligen Niederwerfung Deutschlands schlug Adenauer die Auflösung Preußens vor. Als er am 1. Februar von Preußen als dem „bösen Geist Europas" sprach, hatte er besonderen Wert auf die Betonung gelegt, daß er dies nur „aus dem Gedankengut unserer Gegner heraus" sage, also keineswegs seine eigene Überzeugung darstelle. Nun klang es jedoch ganz anders: Preußen habe Deutschland beherrscht und ihm seine besondere Geisteshaltung aufgezwungen. In dem Papier, das er den Offizieren am nächsten Tag überreicht hat, hieß es: „Bis jetzt ist Preußen durchaus maßgebend für die deutsche Politik. In Preußen selbst sind seine westlichen Landesteile ziemlich einflußlos.

---

3 An AJ⁹/3759; dem umfangreichen Bericht sind eine Reihe von Beilagen hinzugefügt: eine Note über das Treffen mit Adenauer, dann eine Erklärung Adenauers, auf deutsch geschrieben, die er am folgenden Tag nachreichte, sodann die Aufzeichnungen des Hauptmanns Schwink vom 27. Mai (Dok. Nr. 5 d bei Erdmann) und die „Vorbedingungen" Frobergers (Dok. 5 f bei Erdmann). Die Zitate im folgenden beziehen sich auf den Bericht und die Beilagen.

Maßgebend ist seine östliche Gebietshälfte und namentlich Berlin; dieser östlichen Gebietshälfte Preußens ist die Mentalität westlicher Demokratien fremd und unbekannt. Die Revolution hat an diesen Verhältnissen wenig geändert."

Von der Auflösung Preußens versprach sich Adenauer Entscheidendes: „Ein bei dieser Zerlegung entstehender westdeutscher Bundesstaat würde, falls er genügend Größe besitzt, einen entscheidenden Einfluß auf die Innen- und Außenpolitik Deutschlands ausüben können. Nach der z. Zt. von der Nationalversammlung beratenen Verfassung würde er im deutschen Staatenhaus sowohl mit den Süddeutschen wie mit den z. Zt. mit der Zerlegung Preußens entstehenden norddeutschen Bundesstaaten eine Mehrheit bilden können. Dieser westdeutsche Bundesstaat hat Verständnis für die westlichen Demokratien und das Bedürfnis, mit diesen in Frieden zu leben. Er würde im Sinne eines friedlichen Nebeneinanderlebens mit diesen sein ganzes Schwergewicht in die Waagschale der deutschen Politik werfen. Frankreich würde dadurch eine viel bessere und dauerhaftere Sicherheit bekommen, als es sie durch Gewaltmaßregeln jemals erreichen kann." Damit dieser Plan jedoch erfolgreich realisiert werden konnte, sah er gewisse Voraussetzungen, die zu erfüllen waren. Diese waren die Zugehörigkeit des westdeutschen Staates zum Reich und die Milderung der Friedensbedingungen.

Natürlich bedeutete die Gründung eines solchen Staates in seinen Augen einen gewichtigen Beitrag zur deutsch-französischen Verständigung. Daß er sich dafür schon vor Kriegsende eingesetzt habe, belegte er mit einer überraschenden Aussage. Denn nur aus diesem Grunde habe er seit 1917 die Gründung der Kölner Universität betrieben, die eine geistige Verbindung zwischen dem Rheinland und den westlichen Demokratien schaffen sollte. Das war eine höchst erstaunliche Feststellung, die, wenn sie auf Wahrheit beruht, es zuließe, die Kölner Rheinstaataktivitäten schon früher als bisher anzusetzen.[4]

In der Öffentlichkeit sagte er ganau das Gegenteil. Bei den Gründungsfeiern erklärte er im Januar 1919: „Als die Waffenstillstandsbedingungen bekannt wurden, erhielt der Plan der Errichtung einer Kölner Universität für mich ein neues Gesicht. War der Plan bisher mehr aus lokalpatriotischen Gründen zu fördern gewesen, so wurde es jetzt infolge des Waffenstillstandes und der sich daran anknüpfenden Vorkommnisse bald klar, daß das Deutschtum am Rhein in den nächsten Jahrzehnten gegenüber dem im Anschluß an den Waffenerfolg Frankreichs zu befürchtenden Vorstoß westlicher Kultur schwer zu ringen haben würde."[5]

---

[4] Von dieser Aussage unterscheidet sich diametral die These von der „kulturpolitischen Abwehraufgabe", vor allem gegen die französische Propaganda, die die Universität auch nach dem Willen Adenauers erfüllen sollte; vgl. Kurt Düwell, Universität, Schulen und Museen. Adenauers wissenschafts- und bildungspolitische Bestrebungen für Köln und das Rheinland (1917–1932), in: Konrad Adenauer. Oberbürgermeister von Köln, Köln 1976, S. 167 ff.

[5] Zit. nach Kurt Düwell, a. a. O., S. 172. Am 20. März 1919 sprach er sich wiederum für die Universität als Bindeglied zwischen deutscher und westeuropäischer Kultur aus.

Wie sollte man aber verfahren, um das angestrebte hohe Ziel, die Gründung eines solchen Staates auch wirklich zu erreichen? Darüber hatte Adenauer sich seine besonderen Gedanken gemacht. Ein Deutscher wie er könnte mit einem solchen Plan nicht an die Öffentlichkeit treten. Dazu war nur die Entente imstande; sie müßte erklären, daß sie das Projekt akzeptieren würde und daß bei Gründung des westdeutschen Staates die Bedingungen des Friedensvertrages gemildert werden würden. Eine derartige Mitteilung sollte dann Gegenstand von Verhandlungen auf Regierungsebene sein, wobei Adenauer keine Bedenken hatte, selbst als Vermittler zu dienen. Dieses Angebot von seiten der Entente sollte aber zugleich der Öffentlichkeit im Rheinland bekanntgemacht werden. Insofern war es mißverständlich, von Regierungsverhandlungen zu sprechen.[6] Von der Veröffentlichung versprach sich Adenauer nämlich eine solche Unterstützung des Planes, daß selbst die preußische Regierung sich dem nicht entziehen könnte, da der Druck von unten, vom rheinischen Volk wie von den rheinischen Abgeordneten unwiderstehlich wäre.

Aber das ganze Unternehmen hätte nur dann eine Erfolgchance, wenn sich die Franzosen nicht auf die falschen Leute stützten. Hier wurde Adenauer sehr entschieden. Mit Leuten wie Dorten würden sie sich kompromittieren und das Gegenteil dessen, was sie eigentlich erstrebten, erreichen. Adenauer erlaubte es sich sogar, an die Franzosen zu appellieren, mehr Selbstvertrauen zu entwickkeln. „Frankreich kann es sich leisten auf seinem eigenen Standpunkt zu beharren, es ist in der Lage, warten zu können und nicht die französischen Interessen von Leuten wie Dorten vertreten zu lassen." Würde aber die französische Regierung im Sinne von Adenauer agieren, dann liefen die Dinge ganz anders: „Wenn die preußische Regierung einer Erklärung der Entente Widerstand entgegensetzen würde, dann würden die Reichsregierung, die rheinischen Abgeordneten, das rheinische Volk, das die Aussicht auf eine zeitlich unbegrenzte Besatzung hätte und das bei einer solchen Erklärung eine geschlossene Einheit bilden würde, einen unwiderstehlichen Druck auf die preußische Regierung ausüben ...".

Zum Schluß sprach Adenauer noch einen anderen wichtigen Punkt an: Er behauptete zu wissen, daß die Alliierten im Falle der Verweigerung der deutschen Unterschrift unter den Friedensvertrag nicht nur ihre Truppen wieder den Vormarsch aufnehmen ließen, sondern auch provisorische Regierungen im besetzten Gebiet einzurichten beabsichtigten. Für diesen Fall, mit dem er offenbar fest rechnete, denn er hatte dasselbe schon zu Clive gesagt, täte das alliierte Oberkommando auch im eigenen Interesse gut daran, für diese Aufgabe die

---

6 Laut Protokoll de Lillers' sagte Adenauer: „Cette communication devrait faire l'objet d'une négociation de gouvernement à gouvernement pour laquelle Monsier Adenauer n'a pas d'objection à servir d'intermédiaire. Ces propositions de l'entente devraient être portées à la connaissance du Pays Rhénan." In seinem Positionspapier, das er am folgenden Tag übergab, war er zurückhaltender; geschraubt hieß es hier nun: „Ich glaube, daß, wenn die Entente der deutschen Regierung eine unmißverständliche und offizielle Mitteilung zugehen ließe, daß sie, falls ein westdeutscher Bundesstaat geschaffen wird, in eine wesentliche Milderung der Friedensbedingungen in wichtigen Punkten einwilligen würde, eine Einigung zu erzielen sein würde."

rheinischen Abgeordneten heranzuziehen und nicht „Personen ohne Mandat". Das wäre das „einzige Mittel, Mißverständnisse und unzählige Schwierigkeiten zu vermeiden". Dachte er dabei an so kooperationswillige Abgeordnete wie Kaas oder wollte er seinen politischen Ausschuß vom 1. Februar, der ja aus Abgeordneten bestand, als „Regierung" mit sich als Oberhaupt empfehlen?

Die im Hause Scheibler entwickelten Vorstellungen verdienen besonderes Interesse, denn es ist das erste bisher bekanntgewordene genau datierbare und dazu quellenmäßig sehr gut belegte Treffen dieser Art. Hier konnte Adenauer in der abgeschirmten Atmosphäre des Patrizierhauses seine Vorstellungen ohne Rücksicht auf innenpolitische Gegner entwickeln und sich ungeachtet aller Bedenken, die deutsche Zuhörer entwickeln konnten, voll auf seine französischen Gesprächspartner konzentrieren, um ihnen seine Pläne so darzubieten, wie sie seiner Meinung nach am vorteilhaftesten auf die Franzosen wirken mußten. Schließlich ging diese ganze Aktion von der Erkenntnis aus, daß die rheinische Frage nur dann in Bewegung kommen könnte, wenn von Seiten der Entente, und da war Frankreich die wichtigste Macht, eine Ermutigung erfolgte.

Wie sind Adenauers Darlegungen zu interpretieren, insbesondere was er zu der Stellung Preußens sagte? Eine klare Antwort darauf zu geben ist nicht einfach. Es ist zwar nicht schwer nachzuweisen, daß das, was er über Preußen sagte, nicht den Tatsachen entsprach. Es war schlicht falsch, wenn er weiterhin von der tonangebenden Rolle Preußens in Deutschland sprach und behauptete, daß auch die Revolution daran nichts geändert habe. Obwohl die Weimarer Verfassung im Mai noch nicht fertig war und die ursprünglichen Planungen von Hugo Preuß, durch die Schaffung des „dezentralisierten Einheitsstaates" den preußischen Staat überhaupt auszulöschen, gescheitert waren, so konnte es zu diesem Zeitpunkt dennoch keinen Zweifel geben, daß das Reich — was schon mit der kriegsbedingten Zentralisierung einsetzte und verstärkt noch für die Nachkriegszeit galt — verfassungspolitisch der Gewinner war, weil viele Probleme nur auf Reichsebene bewältigt werden konnten. Die Behauptung Adenauers über die preußische Hegemonie erscheint noch fragwürdiger, wenn man an die Zusammensetzung der damaligen preußischen Regierung, an der auch das Zentrum beteiligt war, unter dem sozialdemokratischen Ministerpräsidenten Hirsch denkt. Das war nun wirklich nicht mehr die Zitadelle des alten Obrigkeitsstaates, die vor 1914 alle Reformversuche nach Möglichkeit abgeblockt hatte!

Falsch wäre es jedoch, Adenauer etwa Beschränktheit zu unterstellen, daß er also unfähig gewesen sei, den Wandel der Herrschaftsstruktur zu erkennen und deshalb die Rolle Preußens nach dem Umsturz so erkennbar deutlich verzeichnet hatte. Wenn er auf der Kontinuität der preußischen Vorherrschaft beharrte, so geschah dies nicht ohne bestimmte Absicht. Denn je mehr er die negative Wirkung Preußens herausstrich, desto wichtiger wurde der politische Gewinn, der sich aus der Aufteilung dieses Staates ziehen ließ! Und Adenauer ging noch einen Schritt weiter, indem er die Vision von zwei Staatengruppen in Deutschland entwickelte: die traditionelle süddeutsche Gruppe auf der einen und das Gros der preußischen Nachfolgestaaten auf der anderen

Seite. Angesichts dieser neuen politischen Konstellation sah er den entscheidenden Ansatzpunkt in dem neuen westdeutschen Staat, der nicht nur auf dem linken Rheinufer verankert sein, sondern auch das Ruhrgebiet umfassen sollte: Dieser Staat, ein wirtschaftlicher Kraftprotz, aber dem Frieden und der Verständigung mit dem Westen zugeneigt, würde zur bestimmenden Macht, zum „Schiedsrichter"[7] in Deutschland werden.

Adenauer hat mit seinem Vorschlag der Gründung des westdeutschen Staates, der den westlichen Demokratien offen sein und den Frieden garantieren sollte — sachlich also das gleiche, was Froberger die „Friedensrepublik" nannte — eine Umstrukturierung der inneren Verhältnisse Deutschlands im Auge gehabt, indem er diesen Staat zum ausschlaggebenden politischen Faktor der deutschen Politik machen wollte. Einen solchen tiefgreifenden Wandel der staatsrechtlichen Verhältnisse und damit der politischen Herrschaftsstruktur konnte er jedoch nur mit Hilfe der Entente verwirklichen. Man wird ihn nicht für so töricht halten dürfen, daß er ernsthaft geglaubt hat, den Franzosen etwas über die angeblich fortdauernde Schlüsselrolle Preußens vorflunkern zu können, um dadurch die Gründung eines Bundesstaates Nordrhein-Westfalen — verbunden mit einer Milderung des Friedensvertrages — zu erreichen. Wenn aber die „Friedenspolitik" mit eigener Außenpolitik und selbständiger Wirtschaftspolitik ins Leben gerufen würde, wäre die Zentralisierung auf Reichsebene praktisch wirkungslos. Deutschlands innere Gliederung würde notwendigerweise auf einen losen Staatenbund hinauslaufen.

Adenauer war überzeugt davon, daß solch ein Staat, der die Machtstrukturen Deutschlands nachhaltig veränderte, auch im Interesse Frankreichs sein mußte, da ein faktisch selbständiger Staat im Westen einen wirksameren Puffer darstellte als die französische Besatzung des linksrheinischen Gebietes.

Die Frage war nur: waren die Franzosen auch fähig, diesen Vorteil zu erkennen? Denn das war die entscheidende Voraussetzung; sie mußten ein klares Zeichen ihres Interesses geben, damit Adenauer dann im Rheinland dafür Stimmung machen und diese Lösung auch gegen Berlin durchsetzen konnte! Man darf nicht vergessen, daß das Adenauer-Frobergersche Kalkül immer darauf hinauslief, mit Konzessionen von seiten der Entente in Sachen Friedensvertrag die internen deutschen Widerstände in Berlin oder in der Nationalversammlung in Weimar zu überwinden.

Die französische Reaktion war jedoch negativ. Die Ursachen dafür sind einerseits in Zweifeln an dem Plan als solchem, andererseits aber vor allem in der Person Adenauers zu suchen. Sein Freund und Gesinnungsgenosse Benedikt Schmittmann hatte einige Monate zuvor von der den Rheinländern eigenen Sensibilität gesprochen; sie hätten die „besondere Gabe der zwischen verschiedenartigen Kulturzentren eingeschobenen Länder, in seelische Gemeinschaft mit fremden Kulturen zu treten, um dann aus verschiedenen Bildungselementen etwas gemeinsam Menschliches zu schaffen und über die engen Lan-

---

7 In dem Bericht de Lillers vom 31. Mai heißt es: „Il (i. e. der westdeutsche Bundesstaat, H. K.) devrait pouvoir être en un mot l'arbitre de l'Allemagne."

desgrenzen hinaus zu erheben".[8] Es ist übrigens bemerkenswert, daß für Schmittmann der weithin unumstrittene Begriff der Kulturnation nicht existent war. Wenn er dem Rheinland diese besondere Vermittlungsaufgabe zudachte, wollte er es damit bewußt in eine andere kulturelle Tradition stellen, die stärker auf einen europäischen Gesamtzusammenhang abheben sollte.[9] Obwohl an Adenauers rheinischem Blut — läßt man einmal den „hunnischen" Großvater aus dem Harz beiseite — kein Zweifel bestehen konnte, ging ihm die von Schmittmann den Rheinländern generell attestierte Fähigkeit zum Ausgleich „zwischen den so unendlich verschiedenen Kulturen von Preußen und Frankreich" ab. Ihm gelang es jedenfalls nicht, im persönlichen Gespräch mit Meynial und de Lillers diesen Brückenschlag zu vollziehen. Auf seine Gesprächspartner wirkte er vor allem „deutsch", und das hieß keineswegs „positiv". De Lillers blieb in vorsichtig-skeptischer Reserve. Er stellte sich offenbar unter einem „rapprochement" etwas anderes vor, als Adenauer im Sinn hatte. Wenn dieser vielleicht Bekenntnisse abgelegt hätte, daß auch er einen Vorfahren in der napoleonischen Armee gehabt habe und wie stolz er auf diese Tradition sei, hätte er vielleicht einen besseren Eindruck gemacht. Ebenso fehlte in seinen Ausführungen jeder Hinweis auf die großartige zivilisatorische Mission Frankreichs. F. W. Foerster, Muehlon oder Dorten hätten da ganz anders geglänzt! Er sprach zwar vom „rapprochement" zwischen Deutschland und Frankreich, aber das allein konnte einen mißtrauischen Franzosen noch nicht erwärmen.

Auch die Erklärung, daß er die Gründung der Kölner Universität unter dem Gesichtspunkt der Annäherung betrieben habe, war nicht geeignet, das Eis zu brechen. Diese Eröffnung, die seinen schon vor der Niederlage vorhandenen Verständigungswillen unter Beweis stellen sollte — man stelle sich einmal vor, dies wäre noch in der Weimarer Republik bekannt geworden —, war für die französische Optik keineswegs unproblematisch. Denn der deutschen Universität, dieser Pflanzstätte des deutschen Geistes, die deutsche „Kultur" und als jüngstes Produkt deutschen Forschergeistes Giftgas produziert hatte, stand man sehr reserviert gegenüber. Es gab wohl zu dieser Zeit kaum einen Franzosen, der in der Gründung einer Universität in Deutschland die Möglichkeit für ein „rapprochement" gesehen hätte — es sei denn, sie erfolgte unter französischer Ägide, wie es nach dem Zweiten Weltkrieg in Mainz geschehen sollte.

Adenauer fehlten also die den Rheinländern angeblich typischen Fähigkeiten zur Einfühlung in die Vorstellungswelt ihrer Nachbarn. Das ist kein Anlaß zur Kritik, sondern nur ein Beleg dafür, daß Wunschvorstellungen nicht immer mit der Realität übereinstimmen. So schlug er seinen Gesprächspartnern, ohne aber ein Gefühl zu haben, wie er ihnen schmeicheln konnte, ein Geschäft vor, das den skeptischen und vorsichtigen Franzosen unheimlich vorkommen

---

8 Benedikt Schmittmann, Die Kulturaufgabe der Länder am Rhein, in: KV Nr. 122 vom 13. Febr. 1919.
9 Im Schülerjargon hatte sich das katholische Sonderbewußtsein mit der Spitze gegen die vorwiegend protestantische Kultur damals in dem Vers niedergeschlagen: „Goethe, Wieland, Heine, die größten deutschen Schweine."

mußte. Denn er bot nicht wie Dorten oder die Stümper in Aachen an, ihnen einen Satellitenstaat zu organisieren, sondern strebte ein Staatswesen an, das weder von Paris noch von Berlin kontrolliert werden konnte, obwohl es in erster Linie den rheinischen und französischen Interessen diente. Hinzu kam, daß die taktische Rücksichtnahme, die Betonung der Zugehörigkeit zum Reich, die bei Adenauer argumentativ immer präsent war, in französischen Augen verdächtig wirken mußte.

Er schlug eine Lösung vor, die sowohl die französische wie die rheinische Seite befriedigen sollte, präsentierte sich jedoch nicht als ein Handlanger der Franzosen. Aber nur solche Kreaturen hatten bei der damaligen Unfähigkeit der Franzosen, ihre eigenen Ressentiments und Vorurteile zu überwinden und ein realistisches Bild von der Lage und von ihren Aussichten im Rheinland zu gewinnen, die Chance, akzeptiert zu werden. Adenauers Haltung dagegen erweckte eine zwiespältige Reaktion, die in dem Bericht von de Lillers deutlich zum Ausdruck kommt. Was er über Adenauer niederschrieb, findet sich in der Tendenz auch in anderen Berichten über den Kölner Oberbürgermeister; sein Urteil ist also nicht als singulär zu bezeichnen. Das von Adenauer vorgeschlagene Projekt lehnte er insgesamt ab; dabei kam die Haltung des Siegers zum Ausdruck, denn das vorgeschlagene Tauschgeschäft — Gründung des westdeutschen Staates gegen Kompensationen, d. h. Milderung des Friedensvertrages — mißachtete völlig die „gegenwärtige Lage", d. h. die bestehenden Machtverhältnisse. Dennoch schienen ihm einzelne Punkte interessant zu sein, und er schlug vor, die Unterhaltung fortzusetzen, natürlich nur unter Zurechtrücken gewisser Vorstellungen seines Gesprächspartners.

Wie wurde der Gesamteindruck geschildert, welche Charakterisierung fand Adenauer? Er machte auf den Hauptmann keinen guten Eindruck, wenn auch den eines „intelligenten Menschen"; aber er soll „eitel und ehrgeizig sein, mit einer gewissen Portion Heuchelei und Arglist. Sein deutscher Patriotismus scheint ehrlich; er macht alle Anstrengungen, ihn mit seinem rheinischen Sonderbewußtsein zu versöhnen. Er scheint ehrlich Preußen und das preußische System zu verabscheuen. Aber ich habe nicht das geringste Vertrauen zu ihm, und ich halte ihn für fähig, den Ratschlägen seines persönlichen Ehrgeizes in der einen wie der anderen Richtung zu folgen". Als der angebliche Preußenhasser zwei Jahre später Präsident des Preußischen Staatsrates wurde, wird sich de Lillers in seinem Mißtrauen mehr als bestätigt gefühlt haben!

Trotz des überaus kritischen Urteils wurde der Kontakt — wie geplant — nicht abgebrochen, denn de Lillers hatte der Satz Adenauers fasziniert: „Frankreich kann es sich leisten, auf seinem besonderen Standpunkt zu verharren." Vielleicht hat überhaupt nur dieser Ausspruch ihn veranlaßt, den Kontakt mit Adenauer aufrechtzuerhalten. Denn das war ein eigenständiger Ton, der wahrscheinlich seinen eigenen Vorstellungen entgegenkam, weil hier Frankreich zur Demonstration des Selbstvertrauens aufgefordert wurde, anstatt auf Avancen aus dem Rheinland zu warten und den falschen Leuten zu vertrauen. Die Frage war nur, ob man eine solche Politik mit Adenauer durchführen konnte: „Hat er das Zeug zum großen Parteiführer und besitzt er gegenwärtig den nötigen

Einfluß, um auf seine Person die Bestrebungen des Rheinlandes zu vereinigen?" Oberstleutnant Ryan war nicht dieser Meinung; er schätzte Adenauer nicht sehr hoch ein und glaubte, daß dieser sich seine Trümpfe noch für spätere Möglichkeiten aufheben und erst bei lohnender Gelegenheit ausspielen würde.

Der Marquis de Lillers hatte Adenauer gegenüber große Reserven an den Tag gelegt. Das glaubte er sich aus einem gewissen Gefühl der Stärke leisten zu können. Auch nach der Veröffentlichung der Nachricht über das Treffen bei Mangin und der Ankündigung staatlicher Repressionsmaßnahmen, die große Verwirrung verursachten und insbesondere in Zentrumskreisen die Neigung förderten, sich von diesen Aktivitäten nach Möglichkeit zu distanzieren, blieb de Lillers optimistisch. Er gab die Partie noch lange nicht verloren. Er rechnete damit, daß die Berliner Politik das Rheinland dem Reich weiter entfremden würde, habe ihm doch ein Kölner Geistlicher gerade erklärt: „Beeilen Sie sich nicht, lassen Sie die Berliner weiter auf dem Weg des Antiklerikalismus fortschreiten, und der Pufferstaat ist fertig." Ließ man sich von den Schalmeientönen, daß man den Friedensvertrag mildern müßte, um den westdeutschen Staat zu schaffen, nicht beeinflussen und verfolgte stattdessen ruhig weiterhin seinen Kurs, dann würde auch das rheinische Zentrum zur Kenntnis nehmen müssen, so seine Überlegung, daß Deutschland den Krieg verloren hatte und man sich im Rheinland mit den Franzosen entsprechend arrangieren müßte.

Schließlich gab es für de Lillers noch als Trumpf in der Hinterhand die Leute aus der Wirtschaft, die am geeignetsten waren, die Bewegung zu organisieren, nämlich „Industrielle und Bankiers, die von Guillaume oder von Stein". Diese „jammerten", so der Marquis, wegen der augenblicklichen Situation, wollten sich aber nicht „kompromittieren". Sie alle würden danach streben, sich mit den Franzosen zu einigen, wenn sie sähen, daß die Alliierten festblieben und keine Milderung der Friedensbedingungen akzeptierten, Preußen sie aber weiterhin als „Parias" behandelte. Hier sieht man, daß sich ihm die Dinge aus der gleichen Perspektive darstellten, wie sie immer wieder von Adenauer entwickelt worden war. Was schließlich diesen selbst betraf, schlug de Lillers vor, mit ihm in Kontakt zu bleiben, ihm aber zugleich klar zu machen, daß seine Ansprüche und Forderungen keinerlei Aussicht auf Erfolg hätten. Um ihn dennoch bei der Stange zu halten, ließ de Lillers ihm unter der Hand mitteilen, daß sein Exposé an Foch weitergeleitet worden sei[10] und daß er ihm weiterhin zur Verfügung stünde, wenn er weitere Mitteilungen zu machen hätte.

Adenauer betrieb Ende Mai 1919 ein doppeltes Spiel: Vor dem Westdeutschen Politischen Ausschuß erschien er klagend als ein Mann, dem man alles mögliche Schlechte nachgesagt hatte, und der die Möglichkeit, sich mit Vertretern der französischen Seite einzulassen, weit von sich wies. Aber gerade das hatte er nun selbst in Köln in aller Heimlichkeit getan! Sein Gegenüber, der Capitaine de Lillers, war weit wichtiger, als es der geringe militärische Rang zum Ausdruck brachte. Als Delegierter Fochs und als Repräsentant Tirards in

---

10 Eine Note des Stabes von Foch vom 5. Juni 1919 (AN/AJ[9] 3759) enthält eine französische Übersetzung von Adenauers Exposé: allerdings wird zum Inhalt nicht Stellung genommen.

der britischen Zone, denen er direkt unterstand, gingen seine Berichte unmittelbar zu den für das besetzte Gebiet ausschlaggebenden französischen Instanzen.

Die Zusammenkunft mit dem Marquis de Lillers am 28. Mai stellte keine isolierte Aktion Adenauers dar. Auch in der Folgezeit setzte er seine „Geheimpolitik" fort. Er hoffte noch immer, vor der endgültigen Unterzeichnung des Friedensvertrages die Dinge in seinem Sinne zu beeinflussen, indem er Kontakte mit Vertretern der Gegenseite suchte. Dies führte zu einer Art Doppelexistenz. In der Öffentlichkeit gehörte er zu den politischen Persönlichkeiten des Rheinlandes, die ihre Übereinstimmung mit der Reichsregierung zum Ausdruck brachten, während er nebenher nach Möglichkeiten Ausschau hielt und jede sich bietende Gelegenheit nutzte, um seine Pläne zu verwirklichen.

Das wurde im Juni noch deutlicher, als die Frage der Unterzeichnung des Friedensvertrages oder der Verweigerung der Unterschrift sich immer mehr zuspitzte. Adenauer gehörte zu der Delegation rheinischer Politiker, die von Außenminister Graf Brockdorff-Rantzau am 5. und 6. Juni 1919 nach Versailles eingeladen wurde. Dazu gehörte noch der Sozialdemokrat Sollmann, der Kölner Regierungspräsident von Starck und als Vertreter des Zentrums die Abgeordneten Loenartz und Kaas. Man erörterte dort den ganzen Fragenkomplex. Es wurden, sicherlich in erster Linie von Adenauer, die angeblichen Mitteilungen über Milderungen des Friedensvertrages bei Gründung der westdeutschen Republik vorgetragen, ohne daß damit bei den Mitgliedern der deutschen Friedensdelegation irgendeine Wirkung erzielt worden wäre. Diese erklärten vielmehr derartige Nachrichten als „Lockmittel der Entente" und bezeichneten das Ganze als „unglaubwürdig".[11] Die von seiten der Friedensdelegation vorgetragenen Argumente verfehlten offensichtlich nicht ihre Wirkung; nach der Aufzeichnung des Außenministers fielen sie sogar auf fruchtbaren Boden: „Die rheinischen Herren verschlossen sich diesen Argumenten auch nicht." Sollmann bestätigte dies, indem er einige Tage später in einem Brief als „Hauptergebnis unserer Reise nach Versailles (feststellte), daß jetzt zwischen allen politischen Parteien des Rheinlandes absolute Einigkeit darüber bestehe, die Angelegenheit einstweilen ruhen zu lassen. Wenn die Frage einer Rheinischen Republik wieder akut werden sollte, würde nach den Besprechungen in Versailles keinesfalls irgendeine Partei allein vorgehen."[12]

Obwohl selbst in den Kölner Akten einige Stücke in die andere Richtung weisen, ist Erdmann der Meinung, daß auch der Kölner Oberbürgermeister die gleiche Auffassung gewonnen hatte: „Nach der Versailler Episode ließ Adenauer den Plan einer Westdeutschen Republik fallen."[13] Das ist absolut falsch. Die französische Überlieferung beweist das Gegenteil, daß nämlich Adenauer auch in der Folgezeit seine alten Pläne unentwegt weiter verfolgte. Überhaupt wurde die Delegation rheinischer Politiker, als sie sich auf den Weg nach Versailles machte, scharf beobachtet. Verschiedene Nachrichten liegen über die Reise

---

11 Zitiert bei Karl Dietrich Erdmann, a. a. O., S. 62.
12 BA R 43 I, Bd. 1837, Bl. 481.
13 Karl Dietrich Erdmann, a. a. O., S. 63.

vor. So meldete am 6. Juni der Capitaine Dugout, der offensichtlich der Meinung war, die Rheinländer würden sich länger in Versailles aufhalten, daß er in der Lage sei, mit der Delegation „Kontakt zu halten und auf dem Laufenden hinsichtlich der Arbeiten dieser Delegation" zu sein.[14] Dugout war Geistlicher und hatte es erstaunlicherweise in der französischen Armee bis zum Hauptmann gebracht. Er hatte im Rheinland eine besondere, übrigens von Clemenceau selbst genehmigte Aufgabe, durch Einflußnahme auf kirchliche und Zentrumskreise die französischen Ziele zu fördern.[15] Im Zuge dieser Aktivitäten trat er auch zu Kaas — der als sein Kontaktmann zu vermuten ist — in Beziehungen, die 1923 einen freundschaftlich-vertrauensvollen Charakter annehmen sollten.

Der französische Nachrichtendienst aus Aachen meldete die Abreise Adenauers nach Versailles mit folgender Ankündigung: „Er soll die Absicht haben, dem Vierer-Rat vorzuschlagen, Dorten fallen zu lassen und ihn, Adenauer, mit der Affäre zu beauftragen, für deren erfolgreiche Durchführung er einstehe."[16] Dann kam wieder die Forderung nach Kompensation in Form der gemilderten Friedensbedingungen und schließlich die Vermutung, daß er von den Engländern und von Berlin unterstützt würde. Betrachtet man seine Bemühungen, Kontakt mit Franzosen aufzunehmen sowie seine ständige Rede, daß die Franzosen sich nicht mit Leuten wie Dorten einlassen dürften, so paßt diese Nachricht durchaus ins Bild, da sie so etwas wie eine Schlußfolgerung darstellt. Hinsichtlich seiner Absicht, in Versailles mit der anderen Seite in Verbindung zu treten, mag man allein schon im Hinblick auf die praktische Realisierbarkeit einige Skepsis hegen. Wie sollte er sich plötzlich von der Delegation unbemerkt entfernen? Ob ein solches Treffen mit alliierten Vertretern von Adenauer gewünscht wurde, ist allerdings eine andere Frage, wenn man sich vergegenwärtigt, daß er schon im Februar 1919 nach Paris fahren wollte, um über die Bildung der rheinischen Republik zu verhandeln.

Eine zeitlich etwas spätere Nachricht besagt, daß Clemenceau sich geweigert habe, die rheinische Delegation zu empfangen.[17] Das würde bedeuten, daß von Seiten der Delegation unter der Hand um eine Audienz nachgesucht worden sei, die aber der französische Ministerpräsident abgelehnt habe.

Am 9. Juni berichtete Tirard der Pariser Regierung über verschiedene Reaktionen auf den gescheiterten Putsch Dortens sowie relativ ausführlich über Adenauer.[18] Hier zeigt sich, daß Adenauers Doppelrolle als angeblich loyaler deutscher Politiker und zugleich als rheinischer Aktivist, der eine Einigung auf geheimem Wege mit den Franzosen suchte, ihm zum Nachteil ausschlug. Tirard unterschätzte offensichtlich die Wendigkeit des Kölners. Denn aus dem Besuch Adenauers in Versailles und der dort erzielten Einigung zwischen den Rheinlän-

---

14 AN AJ^9/2902.
15 MAE Allemagne 6, fol. 103; in einer Notiz des Chefs des Deuxième Bureau vom Mai 1919 heißt es, daß der Capitaine Dugout, der Tirard zur Verfügung stehe, „in seiner Eigenschaft als Geistlicher sich um die Verbindung mit dem Zentrum im besetzten Gebiet verdient gemacht hat".
16 SHA, Fonds Clemenceau Nr. 45.
17 AN AJ^9/3759, Bericht de Lillers vom 26. Juni 1919.
18 MAE Papiers Tardieu 46.

dern und der deutschen Friedensdelegation zog Tirard den Schluß, „daß die deutsche Regierung bestrebt ist, selbst ihre Reformen durchzuführen, um den Rheinländern Genugtuung zu verschaffen". Nach seiner Meinung spielte dabei Adenauer eine besondere Rolle. Man dürfe nämlich nicht aus den Augen verlieren, daß der Kölner Oberbürgermeister, der „in dieser zweiten Phase der Bewegung eine beherrschende Rolle spielte", in dauernder Verbindung mit den britischen Militärbehörden stehe. Daraus ergab sich für Tirard ein überraschender Schluß. Nachdem der Putschversuch Dortens in der französischen Zone „partiell" gescheitert war — man beachte die retuschierende Wortwahl, denn das Unternehmen war total fehlgeschlagen —, solle daran anschließend ein Unternehmen in Gang gesetzt werden, „das unter der Leitung der deutschen Regierung, wahrscheinlich mit britischer Zustimmung, verwirklicht würde". Adenauer hätte sich also in letzter Zeit nur deshalb in den Vordergrund gedrängt und stets entschieden gegen Dorten Stellung bezogen und diesen allein seinen Coup in Wiesbaden unter den wohlwollenden Augen der französischen Behörden starten lassen, um nach dessen Scheitern etwas ähnliches in der britischen Zone zu unternehmen, dies jedoch mit Berliner Unterstützung und Billigung. Unter solchen Voraussetzungen verloren die Vorschläge Adenauers natürlich jeden Wert, denn es ging den Franzosen ja nicht darum, einen gleichberechtigten Bundesstaat im Rahmen des Deutschen Reiches zu schaffen, so etwas wie ein vorweg genommenes Nordrhein-Westfalen, sondern einen Staat, in welchem die Franzosen selbst über entscheidenden Einfluß verfügten.

Die Überzeugung, daß Adenauer in Versailles von Brockdorff-Rantzau und damit von der Berliner Regierung ‚gekauft', auf ihre Seite gezogen worden sei, kommt in dem Bericht Tirards vom 14. Juni noch stärker zum Ausdruck — ein deutliches Beispiel dafür, wie stark ein Vorurteil wirksam sein kann![19] Adenauer hatte nach seiner Rückkehr den Kontakt zu de Lillers und Meynial wieder aufgenommen. Was ihn zu der erneuten Zusammenkunft am 10. Juni veranlaßt hat, beruhte auf den Erkenntnissen, die er in Versailles von der deutschen Friedensdelegation erhalten hatte. Dabei ging es weniger um das, was die Diplomaten und Politiker erklärt hatten, sondern er wollte seinen Gesprächspartnern mitteilen, welche Schlüsse er selbst aus seinem Besuch in Versailles gezogen hatte.

Seine Aussagen hielt er für so wichtig, daß er die Aufzeichnungen, die die Franzosen von dem Gespräch angefertigt hatten, selbst durchsah, um Mißverständnisse zu vermeiden. Seiner Überzeugung nach würde die deutsche Regierung den Vertrag zwar unterschreiben, aber die Unterschrift wäre nichts wert. Denn der Vertrag in seiner Gesamtheit sei nicht erfüllbar. Daher befände sich Frankreich einem „Bankrotteur gegenüber, der kein Interesse habe, seine Schulden abzutragen; er werde nur einen minimalen Betrag zahlen, und seine innere Lage wird ihn zum Zusammenbruch führen." Nun kam wieder die alte Platte, daß Deutschland nach einer Zeit des Niederganges doch wieder hochkommen und dann den Revanchekrieg führen würde. Um dieses Geschick zu vermeiden, appellierte er nicht ohne Pathos an seine Gesprächspartner: „Im Namen des

19 Ebenda.

Rheinlandes, das seine Heimat („sa petite patrie") sei und das den Schauplatz der zukünftigen Schlachten abgeben werde, suche er, Adenauer, nach einem Ausweg."

Natürlich bot er als einzige Lösung wieder den Rheinstaat und die Auflösung Preußens an. Bei der Begründung für die Notwendigkeit, als Ausgleich für die Gründung den Friedensvertrag abzumildern, führte er ein neues Argument ein: Die Herabsetzung der Forderungen würde es nämlich „den Förderern der Bewegung erlauben, die patriotischen Einwände zum Schweigen zu bringen, die in der rheinischen Bevölkerung stark wären, und das Widerstreben Berlins zu überwinden, dessen Sonderinteresse vor dem allgemeinen deutschen Interesse zurückstehen müßte". Er gab hier also zu, daß sein Plan selbst im Rheinland umstritten war, was durchaus zutraf. Eigenartig mußte jedoch das Argument wirken, daß ausgerechnet er gegenüber dem angeblichen Sonderinteresse von Berlin, das ja vor allem die Spitze eines demokratisch verfaßten Staates darstellte, das allgemeine Interesse im Auge habe.

Was die Mithilfe der Entente betraf, hatte er seine Erwartungen herabgeschraubt. Forderte er am 28. Mai noch ein klares Zeichen der Entente, offizielle Verhandlungen von Regierung zu Regierung zu führen, durch die der Rheinstaat ins Leben gerufen werden sollte, wobei er sich anbot, im Rheinland selbst für die nötige Stimmung zu sorgen, so war er nun schon mit einem geringeren Engagement einverstanden. Es reichte ihm aus, wenn die Entente „offiziös" verlauten ließ, daß sie es nicht ablehnen würde, die Frage auf der von ihm entwickelten Basis zu diskutieren. „Man könnte dann sehen, wie man sie stellen könnte, ohne Schwierigkeiten zu verursachen." Adenauer betonte wieder den rein persönlichen Charakter seiner Aktion; das, was er zu erklären habe, sei auf die in Versailles gewonnenen Eindrücke zurückzuführen. Um keine Mißverständnisse aufkommen zu lassen, betonte er in aller Klarheit: „Die Delegation wüßte nichts von seiner Unterhaltung vom heutigen Tag wie von der vom 28. Mai."

Trotz der Beteuerung seiner rein persönlichen Aktivität, die voll der Wahrheit entsprach, denn sicherlich hat kein deutscher Politiker davon Kenntnis erhalten, abgesehen vielleicht von seinen industriellen Mittelmännern in Köln, war es aber gerade dieser Punkt, der auf das unüberwindbare Mißtrauen Tirards stieß. Denn seit seiner Rückkehr aus Versailles war in verschiedenen deutschen Zeitungen die gleichsam amtliche Erklärung erschienen, die gemeinsam in Versailles abgegeben worden war und die die volle Übereinstimmung der rheinischen Besucher mit dem Standpunkt der deutschen Friedensdelegation zum Ausdruck gebracht hatte. In den Presseverlautbarungen war ausdrücklich darauf hingewiesen worden, daß auch Adenauer die gemeinsame Einstellung teile. Tirard war sogar in der Lage, die Übersetzung des betreffenden Artikels aus der „Kölnischen Zeitung" beizufügen.

Es war für Tirard schlechterdings undenkbar, daß diese verwirrenden Angaben tatsächlich der Wahrheit entsprachen. Für ihn war es unbegreiflich, daß der Kölner Oberbürgermeister, eine von seiner Amtsfunktion her gesehen herausragende Persönlichkeit des politischen Lebens, in aller Öffentlichkeit seine

Übereinstimmung mit dem deutschen Außenminister erklärte, in Wirklichkeit aber ganz anderer Meinung war und diese der französischen Seite über die beiden Offiziere in Köln mitteilen ließ. Ein solches Doppelspiel überstieg das Vorstellungsvermögen Tirards! Seine Erfahrungen mit Rheinländern waren wohl noch begrenzt; wahrscheinlich spukten in seinem Kopf noch zuviele Gemeinplätze über deutsche Disziplin, Unterordnung und Treue herum. Deswegen glaubte er, Adenauer nicht trauen und dessen Erklärungen nicht für das nehmen zu dürfen, was sie waren, nämlich als Ausdruck eines Alleinganges.

Da die naheliegende Lösung, daß es Adenauer nur um „sa petite patrie" ging — schließlich hatten französische Berichte mehrfach von den separatistischen Zielen Adenauers wie von seinem hohen Ehrgeiz gesprochen —, nicht die richtige sein konnte, mußte eine komplizierte Erklärung gesucht werden. Für Tirard sah sie so aus: Die Deutschen wollten der Gegenseite signalisieren, daß sie den Vertrag nicht unterzeichneten. Deshalb vermutete er, Brockdorff-Rantzau würde die von Adenauer am 28. Mai vorgetragenen Pläne sich zu eigen machen und versuchen, über die Gründung einer rheinischen Republik in Verhandlung mit den Alliierten einzutreten, die zugleich Milderungen des Vertrages zum Gegenstand haben müßten. Aber genau dies schien Tirard der Pferdefuß zu sein, daß der deutsche Außenminister diese Frage lediglich als Köder benutzen wollte, um zu erreichen, was die Gegenseite in Versailles immer abgelehnt hatte, nämlich in Verhandlungen mit den Alliierten einzutreten. Mit der rheinischen Republik wollten die Deutschen also bloß erreichen, doch noch an den Verhandlungstisch zu gelangen und durch eine geschickte Taktik die Alliierten auseinanderzudividieren!

Als Tirard noch hinzufügte, daß die britische Regierung und die britische Armee über alle diese Projekte auf dem Laufenden seien, war es für die französische Führung eindeutig, daß man auf die Pläne nicht weiter eingehen konnte. Tardieu, der französische Chefunterhändler neben Clemenceau, hatte diese Passage der Note mit Rotstift besonders gekennzeichnet.

Adenauers zwielichtige Einmann-Aktion, seine „Geheimpolitik" mit den Franzosen, ist im Juni 1919 gescheitert. Man wird aber das Mißtrauen gegen Adenauers doppelgleisige Aktivitäten nicht allein als Grund für die ablehnende Haltung Tirards annehmen können. Viel schwerer wog das Argument, daß unter keinen Umständen über die Friedensbedingungen neu verhandelt werden durfte. Das wäre jedoch notwendig gewesen, wenn das Tauschgeschäft, wie Adenauer es vorschlug, vollzogen werden sollte! Aus zweierlei Gründen mußte man das aber vermeiden: Einerseits wurde dadurch der unter den Alliierten mühsam erzielte Kompromiß, den der Friedensvertrag im Grunde darstellte, selbst infrage gestellt. Andererseits — und das war aus alliierter Sicht noch gefährlicher — wurde der psychologische Druck auf die Deutschen gemindert. Anstatt sie zunehmend zu drängen und ihnen klarzumachen, wie es auch im Laufe des Monats Juni geschah, daß es zu dem vorliegenden Vertrag keine Alternative gebe, daß er ohne Abstriche und Änderungen hingenommen werden mußte, wäre durch dieses Tauschgeschäft und die damit verbundenen Verhandlungen eine völlig neue Situation entstanden, die den Druck vorerst nahm und neue

Möglichkeiten am Horizont auftauchen ließ. Man hätte schon sehr viel Vertrauen in Adenauer und in die Wirksamkeit seines Konzeptes haben müssen, um das bisherige Ergebnis in Frage zu stellen.

Eine intransigente Haltung rechtfertigte sich auch insofern, als die verschiedenen separatistischen Aktivitäten im Rheinland den Franzosen zu zeigen schienen, daß auch nach Abschluß des Friedensvertrages noch immer Zeit genug sei, das Projekt der rheinischen Republik zu fördern und zum Erfolg zu bringen. Dies stellte sich Tirard keineswegs so vor, daß die Besatzungsbehörden selbst darauf hinarbeiten sollten, ein unabhängiges Staatswesen zu schaffen.

Am 22. Juni, dem Tag, an dem die Nationalversammlung in Weimar dem Friedensvertrag zustimmte, gab Tirard in einer Note seinen ungebrochenen Optimismus zu erkennen. Seiner Meinung nach wäre die Bildung eines rheinischen Staates unausweichlich. Zu diesem Urteil bewog ihn die Haltung der Bevölkerung, in erster Linie der besitzenden Klasse, die in einem solchen Staat vor allem die Sicherung ihrer wirtschaftlichen Interessen erwartete, während man die oppositionell eingestellte Arbeiterschaft schon in den Griff bekommen würde, wenn man die vom rechten Rheinufer kommenden Führer entfernte. „Das Ziel der rheinischen Aktion ist die Entfernung Preußens und die Bildung einer einzigen Autorität, die die Wünsche und Interessen der Rheinländer vertritt." Geschehe dies, so ergäben sich daraus für die Alliierten mehrere Vorteile: „Eine Zahlungsgarantie, denn eine reguläre rheinische Verwaltung wird loyal ihre Schulden begleichen; eine militärische Garantie, daß Preußen nicht mehr in der Lage ist, den Weltfrieden nach Westen hin zu gefährden. Darüber hinaus wird sich das Problem der Besatzung modifizieren, indem es schon in naher Zukunft möglich sein wird, den größten Teil der Armee abzuziehen."[20] Hier kommt ein geradezu ideologisch geprägtes Vorurteil zum Ausdruck, daß nämlich die Rheinländer im Gegensatz zu den Preußen ihren Anteil an den Reparationen freiwillig und ohne betrügerische Hintergedanken zahlen würden. Man sieht, wie stark die Vorstellung von guten und schlechten Deutschen – entsprechend der Vorstellung der Madame de Staël – gewesen ist. Daß die Rheinländer genau umgekehrt als Partner der Franzosen von den Reparationsleistungen verschont bleiben wollten, weil nicht sie, sondern die anderen Deutschen den verlorenen Krieg bezahlen müßten, da sie als Opfer der Preußen anzusehen seien, war den Franzosen sicherlich nicht bewußt, als sie sich mit soviel Verve für die Rheinländer einsetzten.

Wenn auch die zweite Intervention Adenauers ebenfalls zu keinem positiven Ergebnis geführt hatte, gab er die Sache noch immer nicht ganz verloren. Fast kann man sagen, er klammerte sich an den kleinsten Strohhalm. Das wird deutlich bei der letzten Aktivität dieser Art. Nach einem Besuch des pfälzischen Reichsrates von Buhl schickte er diesem am 16. Juni „zum persönlichen Gebrauch" eine Aufzeichnung, die seinen Ausführungen gegenüber den Franzosen vom 14. Juni ähnelte, dabei aber einige Varianten zeigte. Die Ursache für die Übersendung des Positionspapiers lag darin, daß Buhl sich in Köln aufgehalten

20 BA ZSg. 105, Nr. 16, Bl. 32 f.

hatte „mit Wissen und im stillen Auftrage von französischen höheren Persönlichkeiten"[21], um Informationen zu sammeln. Adenauer schickte also sein Papier offensichtlich in der Hoffnung, vielleicht noch über Buhl mit Vertretern der französischen Regierung in Kontakt zu kommen.

Das Positionspapier Adenauers verdient insofern einiges Intersse, weil es von Adenauer selbst stammt und seine Überlegungen unmittelbar zum Ausdruck bringt, während die meisten anderen Quellen über seine „Geheimpolitik" von den französischen Gesprächspartnern stammen und somit nicht die gleiche Unmittelbarkeit besitzen. Wieder findet sich hier die Gegenüberstellung von dem falschen Sicherheitsgedanken Frankreichs, das die „Vernichtung" Deutschlands bezweckt, es „zugrunde richtet" und „erdrosselt", das aber dennoch zum Revanchekrieg gegen Frankreich fähig sein wird. Bei dieser Diktion wird man an die elementare Regel erinnert, daß Diplomatie sehr viel mit Sprache zu tun hat, mit der Fähigkeit, Sachverhalte präzise zu beschreiben und Wünsche oder Forderungen adäquat auszudrücken.[22] In Adenauers schlichter Ausdrucksweise wird das Gegenteil deutlich; die bei ihm immer wieder auftauchenden begrifflichen Unschärfen und seine verwaschenen Formulierungen dürften zu einem beträchtlichen Teil zu dem Mißerfolg seiner „Gemeindiplomatie" beigetragen haben.

Das Beispiel des bankrotten Kaufmanns taucht in dem Papier ebenfalls auf; aber nicht in dem negativen Licht, wie bei Tirard, daß Deutschland in betrügerischer Absicht eine Pleite ‚schieben' wolle, indem es die eingegangenen Verpflichtungen nie erfüllen werde. Jetzt ist es ins Positive gewendet: „Die Lage Deutschlands ist ähnlich der eines Kaufmannes, der in Konkurs steht. Wenn die Gläuber (die Entente) ihm nicht die Aussicht lassen, daß er nach Abwicklung des Konkursverfahrens wieder ein menschenwürdiges Dasein führen kann, und wenn sie sich nicht auf diese Weise die Mitarbeit des Gemeinschuldners bei der Abwicklung des Verfahrens sichern, so haben sie selbst den größten Schaden, weil auf diese Weise aus der Konkursmasse nur wenige Prozent herauskommen werden." In dürren Worten stellte Adenauer seine für ihn allein richtige und für beide Seiten segensreiche Alternative zur französischen Sicherheitspolitik vor: „Eine Änderung der inneren Struktur Deutschlands muß Frankreich als Schutz für die Zukunft genügen und kann ihm auch genügen." Die Begründung für diese weitreichende Behauptung ist ebenso lakonisch, lautete sie doch nur, daß durch die Schaffung einer rheinischen Republik — hier ist nicht mehr die Rede von der westdeutschen oder der rheinisch-westfälischen Republik — eine „vollständige Änderung des politischen Charakters des Deutschen Reiches" erfolge. „In dem zukünftigen Staatenausschuß werden die Stimmen dieses rheinischen Bundesstaates stark

21 HAStK 902/253/3, S. 81 ff.
22 Das wird durch die Feststellung Gordon A. Craigs voll gedeckt, der über Verhandlungen und Unterhändler einmal geschrieben hat: „The qualities most valued in negotiators were — although not necessarily in this order — precision, objectivity, honesty, patience, proportion and restraint. Precision in communication with another government was essential to understanding." Gordon A. Craig, On the Diplomatic Revolution of our Times, Riverside/Ca. 1961, S. 9.

zur Geltung kommen, und es wird diesem rheinischen Bundesstaat auf diese Weise möglich sein, seinen vermittelnden Einfluß auch in der ausländischen Politik nach Westen hin geltend zu machen."

Um dem Empfänger des Papiers mögliche Skrupel zu nehmen, ob das von Adenauer vorgeschlagene Konzept nicht auf Schwierigkeiten stoße, die von deutscher Seite ausgehen könnten, gab er eine Erklärung ab, die man nur als bewußte Unwahrheit bezeichnen kann: „Die Friedensdelegation in Versailles steht aus inner- und außenpolitischen Gründen auf dem Standpunkte, daß eine solche Rheinische Republik geschaffen werden soll." Diese klare Aussage wurde durch den Hinweis auf ein in „Versailles verfaßtes Kommunikat" gestützt, das in der „Kölnischen Zeitung" erschienen sei. Es sollte das Ausland auf diese Frage und auf die Geneigtheit der Friedensdelegation bzw. der Regierung, diesen Boden zu betreten, aufmerksam machen.

Mit der Berufung auf die Veröffentlichung in der Presse hatte Adenauer offensichtlich beabsichtigt, die Harmlosigkeit der ganzen Angelegenheit zu betonen. Die „Kölnische Zeitung" war als seriöses Blatt, das keinerlei Neigungen hatte, die rheinischen Sonderstaatsbemühungen in irgendeiner Weise zu unterstützen, bestens dafür geeignet, etwaige Bedenken zu zerstreuen, und zugleich konnte man sicher sein, daß niemand in der Pfalz nachprüfte, was denn die „Kölnische Zeitung" tatsächlich veröffentlicht hatte. Von dem, was Adenauer behauptete, fand sich nämlich dort kein Wort! Es wurde lediglich das Treffen der rheinischen Politiker mit dem Außenminister gemeldet und eine abschätzende Bemerkung über die separatistischen Aktivitäten hinzugefügt, da verschiedene Teilnehmer erklärt hätten, „daß sie im allgemeinen der Bewegung der Sonderbündler keine große Bedeutung beimessen".[23]

Buhl antwortete drei Wochen später, daß er Kontakte mit Franzosen aufgenommen habe. Daraufhin wandte sich Adenauer an Erzberger. Dieser war in dem Kabinett Bauer, das am 21. Juni der über dem Friedensvertrag zerbrochenen Regierung Scheidemann gefolgt war, Finanzminister geworden. Er übte im Rahmen dieses Kabinetts einen starken Einfluß aus. Ihm schickte Adenauer eine Abschrift des Briefes von Buhl und berief sich in dem Anschreiben wieder auf die angebliche Übereinstimmung mit der deutschen Friedensdelegation in bezug auf die rheinische Republik, daß diese, „insbesondere Graf Brockdorff-Rantzau mir gesagt hatten, nach ihrer An-

---

23 Die aus Versailles stammende Meldung der „Kölnischen Zeitung" Nr. 468 v. 7. Juni hat insgesamt folgenden Wortlaut: „Heute morgen sind hier angekommen der Kölner Regierungspräsident v. Starck, der Kölner Oberbürgermeister Adenauer, der Geheimrat Louis Hagen, der Redakteur der Rheinischen Zeitung Sollmann und Dr. Klaas aus Koblenz. Graf Brockdorff-Rantzau hat die Herren einzeln empfangen, um sich über die Zustände in der Rheinprovinz zu unterrichten. Heute abend fahren die Herren mit dem Grafen Rantzau nach Köln zurück. Letzterer wird noch eine Besprechung mit Kardinal von Hartmann haben und dann sofort wieder die Rückreise nach Versailles antreten. Nach Rücksprache mit einigen der Herren läßt sich ihre Ansicht dahin zusammenfassen, daß sie im allgemeinen der Bewegung der Sonderbündler keine große Bedeutung beimessen."

sicht werde die Einrichtung einer rheinischen Republik im Rahmen des Deutschen Reiches wohl der einzige Weg sein, die Milderungen des Friedensvertrages zu erreichen".[24] Im ersten Entwurf des Anschreibens war noch eine andere Perspektive aufgetaucht. Dort hieß es, daß nach Unterzeichnung des Friedensvertrages die außenpolitische Seite der Frage an Bedeutung verloren habe. „Nunmehr sei die Frage innerpolitisch und die Entwicklung, die ich sehr begrüßen würde, würde wohl hoffentlich die sein, daß Deutschland ein unitarischer Staat mit starker Zentralgewalt und verhältnismäßig großen Reichsprovinzen würde."[25] Diese Aussage stellt eine Volte von erstaunlichem Ausmaß dar, denn bis dahin und vor allem in seiner seit Mai betriebenen „Geheimpolitik", bei der die „Friedensrepublik" Frobergers stets als Modell gedient hatte, war die Argumentation genau umgekehrt angelegt gewesen! Bisher war von ihm doch unermüdlich argumentiert worden, daß die rheinische Republik, oder wie immer der Staat am Rhein genannt wurde, ein solches Eigengewicht bekommen müßte, daß sie die Außenpolitik im friedensfreundlichen Geiste zu beeinflussen imstande wäre, daß also eine „vollständige Änderung des politischen Charakters des Deutschen Reiches" eintreten würde. Von der Gründung dieses Staates erwartete er stets eine so starke und grundlegende Föderalisierung des Reiches, daß das Ergebnis mehr ein Staatenbund als ein Bundesstaat sein würde.

Nun klangen hier ganz andere Töne an, und es stellt sich die Frage, wie denn plötzlich das Bekenntnis zum Einheitsstaat zu verstehen ist. Gewiß war schon in seiner Rede vom 1. Februar ähnliches angeklungen, und man wird sich wohl an die seltsame Vorstellung gewöhnen müssen, daß bei Adenauer diese beiden sich im Grunde ausschließenden staatsrechtlichen Anschauungen unverbunden nebeneinander vorhanden gewesen sind. Jedoch darf die konkrete Situation nicht außer acht gelassen werden, war doch mit der Unterzeichnung des Friedensvertrages erst einmal die Frage des Rheinstaates in den Hintergrund gedrängt worden. So ist es nicht überraschend, daß auch Adenauer dem Rechnung trug. Man wird nicht fehl gehen in der Annahme, daß Adenauers Brief an Erzberger ein Beleg dafür ist, daß er politisch zu neuen Ufern strebte. Er wollte mit dem Schreiben und dem Hinweis auf die Kontakte mit Buhl, also in einer eher nebensächlichen Angelegenheit, wenn man an seine früheren Erklärungen gegenüber de Lillers denkt, eine Art Versuchsballon starten. Um sich bei Erzberger einzuführen, wie es aus der Erstfassung des Schreibens hervorgeht, stellte er sich als überzeugter Anhänger des Einheitsstaates vor. Dann schien ihm diese plötzliche Wandlung von dem vielfach verdächtigten undurchsichtigen Politiker, der sich so lange für einen rheinischen Staat eingesetzt hatte, zum überzeugten Anhänger des Einheitsstaates selbst etwas zu stark aufgetragen zu sein; daher berichtete er nun in der endgültigen Fassung über die Kontakte mit Buhl als einem relativ unverfänglichen Anknüpfungspunkt, um über das von ihm bis dahin betriebene Tauschobjekt zu berichten,

---

24 HAStK 902/253/3, S. 91.
25 Über die verschiedenen Äußerungen Adenauers seit Juli 1919, die sich klar für das Fortbestehen des preußischen Staates sowie dessen Überführung in einen Einheitsstaat aussprechen, vgl. Karl Dietrich Erdmann, a. a. O., S. 66 ff.

durch Gründung des Rheinstaates Abmilderung des Friedensvertrages zu erhalten. Dabei gab er seiner Darstellung den entscheidenden Akzent dadurch, daß er wieder betonte, sich in voller Übereinstimmung mit Brockdorff-Rantzau befunden zu haben.

Erzberger und der frühere Außenminister waren erbitterte Gegner; Erzberger war unermüdlich und sehr effektiv für die Annahme des Friedensvertrages eingetreten und hatte dies auch schließlich durchgesetzt, während Brockdorff-Rantzau für die Ablehnung votierte, um durch die Verweigerung der Unterschrift die alliierte Seite in Schwierigkeiten zu bringen und so etwas wie eine Katastrophenpolitik in Gang zu setzen. Daher sah er in Erzberger seinen verhaßten Widersacher. Wenn Adenauer schrieb, daß er sich im Einverständnis mit dem Grafen befunden habe, konnte er sicher sein, daß Erzberger sich nicht bei diesem erkundigte, ob die Behauptung auch tatsächlich zutreffe.

Mit der Berufung auf das Einverständnis des früheren Außenministers schlug Adenauer eine Taktik ein, die 1923/24 für ihn noch besonders wichtig werden sollte. Auf diese Weise konnte er sein Verhalten „legitimieren" und beteuern, daß er sich stets im Einverständnis mit Mitgliedern der Reichsregierung befunden und sein Verhalten daher nichts mit „Sonderbündelei" zu tun habe. Daß er auf der Hut sein mußte und nachträgliche Kritik an seinem Verhalten fürchtete und sofort in seinem Sinne zu beeinflussen suchte, zeigen auch seine Akten; dort finden sich im Juni 1919 bereits erste Berichtigungsbegehren gegenüber einem Berliner Presseorgan, das sich mit der Entstehungsgeschichte der rheinischen Republik beschäftigt hatte.[26]

Mit Erzberger hatte Adenauer jedoch kein Glück; dieser ließ ihn abblitzen. Lediglich sein Sekretär teilte ihm ohne Anrede mit, daß die Haltung der Reichsregierung im Artikel 18 der Verfassung zum Ausdruck komme, der Minister also nichts mit der spezifischen Argumentation Adenauers zu tun haben wolle.

Das überraschende Bekenntnis zum Einheitsstaat, das in dem Briefentwurf an Erzberger angeklungen war, scheint klar einen Richtungswechsel anzudeuten. Die Annahme des Friedensvertrages und die damit verbundene Festschreibung des territorialen Status quo ließen Adenauer nach anderen politischen Perspektiven Ausschau halten. Und es mag wie eine Ironie erscheinen, daß er 1921 zum Präsidenten des Preußischen Staatsrates gewählt wurde und damit die führende repräsentative Stellung ausgerechnet in dem Staate einnahm, über den er in der ersten Hälfte des Jahres 1919 so viele kritische Worte gefunden hatte und dessen negative Kontinuität der Beherr-

---

26 Es handelte sich um die Zeitschrift „Der Sozialist", in der Breitscheid am 11. Juni geschrieben hatte, „daß bereits am 8. November 1918 in Köln eine Besprechung stattgefunden hat, bei der der Plan der Loslösung zunächst von Preußen ernstlich erwogen wurde. An ihr nahmen u. a. der jetzt viel genannte Redakteur der Kölnischen Volkszeitung und ehemalige Pater Froberger und der Kölner Oberbürgermeister Adenauer teil." Mit großer Hartnäckigkeit forderte Adenauer die Richtigstellung, daß erst am 9. November zu ihm einige „dem Zentrum angehörige Herren" gekommen seien. (HAStK 902/253/3, S. 117–121).

schung Deutschlands er nicht müde geworden war, seinen alliierten Gesprächspartnern zu schildern. Es bedarf keiner stark entwickelten Phantasie, um sich auszumalen, wie das insbesonders auf die Franzosen, die Offiziere, Administratoren und Politiker wirken mußte, die seit dem Abschluß des Waffenstillstandes immer wieder verheißungsvolle Nachrichten aus Köln und über den dortigen Oberbürgermeister gehört hatten.

Die Umorientierung nach der Annahme des Friedensvertrages

Im Zusammenhang mit dem Kontakt zu dem Reichsrat von Buhl, der sich vom Juni 1919 bis in die Mitte des nächsten Monats erstreckte, wurde bereits deutlich, daß Adenauer eine neue Position zu gewinnen trachtete. Die Tatsache der Annahme des Vertrages am 22. Juni in Weimar bedeutete, daß man sich nun längere Zeit mit den dadurch geschaffenen Realitäten abzufinden hatte. Das bewirkte bei Adenauer einen abrupten Meinungswandel. Dieser kommt in dem letzten Gespräch, das er am 26. Juni mit dem Marquis de Lillers führte, klar zum Ausdruck.

Der Marquis ließ ihn kommen, um ihm die noch ausstehende Antwort auf seine Ausführungen vom 10. Juni zu geben.[1] In der Zwischenzeit war er in Paris gewesen. Was er von dort mitbrachte, war nichts Neues. Er konnte Adenauer nur mitteilen, daß seine Vorschläge viel zu spät gekommen seien und daß es für die Alliierten unmöglich gewesen sei, sie noch in ihre Planungen einzubeziehen. Adenauer nahm diese Eröffnung gefaßt entgegen und erklärte, daß er von diesem Ausgang der Sache nicht überrascht sei.

Der Marquis wollte es aber dabei nicht bewenden lassen; er gab sich verbindlich und äußerte seine Überzeugung, daß „die Rheinlandbewegung sich schließlich doch durchsetzen werde". Auch in Paris glaube man das. Allerdings machte er sehr deutlich auf eine Bedingung aufmerksam: „Wenn sich die Bewegung außerhalb des französischen Einflußbereiches verwirklichen würde, müßte das Frankreich angesichts seiner beträchtlichen Interessen auf dem linken Rheinufer als unfreundlichen Akt betrachten." Adenauer nahm das als feststehende Tatsache ohne weiteren Kommentar hin und wollte seinerseits wissen, ob de Lillers glaube, daß Frankreich die Absicht habe, sich in die Bewegung einzuschalten, „den Daumen drauf zu setzen". Das verneinte der Marquis, wobei er jedoch gleichzeitig betonte, daß Frankreich ebensowenig wünsche, daß dies ein anderer täte. Vor Einmischung jeglicher Art warnte nun Adenauer entschieden, „denn dies würde die Massen wieder in die Arme Preußens werfen". Statt dessen riet er: „Nehmen Sie England als Vorbild, und lernen Sie abzuwarten!"

Nach dieser erstaunlich selbstbewußten Ermahnung, die wahrscheinlich so zu erklären ist, daß bei ihm das Gefühl im Vordergrund stand, nichts mehr verlieren zu können, begann er, Ansichten zu vertreten, die sich klar von seinem früheren Standpunkt unterschieden. Der Positionswechsel wird in erster Linie auf die Tatsache der Annahme des Friedensvertrages zurückzuführen sein. Jetzt traten für ihn Gesichtspunkte in den Vordergrund, von denen in den Unterredungen mit de Lillers bisher nicht die Rede gewesen war. Für Ade-

1 AN AJ^9/3759, Note confidentielle No. 18 v. 26. Juni 1918.

nauer konnte die Rheinlandbewegung jetzt nur noch auf legalem und verfassungsmäßigem Weg vorankommen. Das würde die Aufteilung Preußens bringen, aber er sprach sich klar für die Erhaltung des Deutschen Reiches aus, „die von der rheinischen Bevölkerung, die von Mentalität und Einstellung her deutsch sei, glühend gewünscht würde". Solche Töne waren in den vorangegangenen Gesprächen nie zu vernehmen gewesen; darin war es nur immer darum gegangen, wie man mit Hilfe der Entente eine rheinische Republik ins Leben rufen könnte, wobei er auf die Frage des verfassungsmäßigen Vorgehens nicht viel Zeit verschwendet hatte.

Im Verlauf des Gesprächs stellte dann Adenauer, brüsk das Thema wechselnd, eine überraschende Frage; er wollte nämlich wissen, ob denn der Hauptmann „an die Möglichkeit einer deutsch-französischen Annäherung glaube". Das war in der Tat eine nicht unwichtige Frage, wenn man die Gründung einer „Friedensrepublik" im Auge hatte! Erstaunlich war dabei nur, daß Adenauer sie so spät stellte und nicht zu Beginn der Gespräche mit de Lillers diesen Punkt angesprochen hatte. Nun bekam er auf die klare Frage eine ebenso klare Antwort. Sie fiel negativ aus. Was der Marquis als seine persönliche Einschätzung bezeichnete, konnte dennoch als durchaus repräsentativ gelten. Er sagte, „daß es müßig sei, die Zukunft erforschen zu wollen, aber gegenwärtig wäre aus einer Vielzahl von innen- und außenpolitischen Gründen heraus eine solche Umwälzung (renversement) nicht zu erwarten." „Um so schlimmer", erwiderte Adenauer, „dann bleibt Ihnen nichts anderes übrig, als wirtschaftliche Sklaven der Engländer zu werden." Denn der einzige Ausweg, daß Frankreich diesem Schicksal entgehen könnte, wäre die Zusammenarbeit mit Deutschland.

Nach dem Aufzeigen dieser holzschnittartigen Alternative, dem schlichten Entweder-Oder, einer Art des Denkens, die also schon früh bei Adenauer ausgebildet war und keineswegs erst als Alterserscheinung anzusehen ist, machte er aus seinem Herzen keine Mördergrube. Wohl in dem Bewußtsein, daß es keinen Zweck mehr habe, sich mit seinen Plänen zu beschäftigen, beendete er die Unterredung, indem er bewußt den konservativen Patrioten herauskehrte. Die Deutschen erschienen bei ihm nun plötzlich als Unschuldslämmer; sie hätten den Krieg nicht gewollt, weil sie für ihn noch nicht vorbereitet gewesen wären. Auch den Franzosen gegenüber nahm er eine dezidierte Haltung ein. Der Marquis notierte, „daß das deutsche Volk uns nicht haßte, sondern uns einfach für eine dekadente Nation hielt, unfähig jeder Kraftanstrengung und daß der Kaiser uns mit Entgegenkommen überhäuft hätte. Der einzige Fehler des Volkes bestände darin, seinen Kaiser im Stich gelassen zu haben, der keineswegs für das, was passiert ist, verantwortlich gewesen sei. Was die Niederlage betrifft, so ist sie die vom Himmel geschickte Züchtigung des deutschen Volkes, das dem schlimmsten Materialismus verfallen wäre."

Hier begegnet uns ein ganz anderer Adenauer! Es ist ein wilhelminischer Bürger, der mit Kaiser und Reich sich einig wußte und auch kein Unrechtsbewußtsein kannte, was die Auslösung und Führung des Krieges betraf. Am stärksten kommt diese Einstellung, ganz unreflektiert als Deutscher einem Franzosen mal die Meinung zu sagen und eingedenk dessen, daß man im Deutschen lügt, wenn man höflich ist, in der herablassend-abschätzigen Charakterisierung der Franzosen als einer dekadenten Nation, die überdies unfähig zu jeder Kraftanstrengung sei, zum Ausdruck. Daß gerade Letzteres nicht stimmte, vielmehr durch die besondere Leistung Frankreichs als desjenigen Kriegsgegners, der zur Niederlage Deutschlands in entscheidendem Maße beigetragen hatte, das Gegenteil bewiesen worden war, zeigt einmal mehr die Stärke des Ressentiments, das von der Realität nicht beeinflußt werden konnte.

Für de Lillers war es nun endgültig klar, daß Adenauer zu dem Kreis von rheinischen Opportunisten gehörte, die letzten Endes das Spiel Preußens betrieben. Bestärkt wurde er in seiner Ansicht dadurch, daß er auch von den Engländern Negatives über ihn gehört hatte. Diese schätzten Adenauer nicht sehr hoch ein; „angesichts seiner Winkelzüge und Verschlagenheit würde er nie eine bedeutende Rolle spielen". Seinen Bericht schloß de Lillers mit einem deutlich negativen Urteil über den Oberbürgermeister: „Wir müssen ihn viel mehr als Gegner denn als möglichen Verbündeten betrachten." Eine solche Einschätzung konnte nach den Aussagen der Quellen nicht überraschen. Als Adenauer sich Ende Mai um die Unterredung mit ihm im Hause Scheiblers bemühte, erregte er mit seinem Plan der Gründung einer rheinischen Republik bei gleichzeitiger Milderung der Friedensbedingungen erhebliches Mißtrauen. Andererseits hatte er die Franzosen beeindruckt, als er de Lillers sagte, daß Frankreich es sich leisten könnte, auf seinem Standpunkt zu beharren. Wenn es sich zu gedulden wüßte, würde es seine Ziele schon durchsetzen.

Bei den früheren Unterredungen verbreitete sich Adenauer wiederholt über die verhängnisvolle Rolle Preußens und darüber, welche Chancen einer grundlegenden Umstrukturierung Deutschlands in Richtung auf einen lockeren Staatenbund, in dem die rheinische Republik eine entscheidende Rolle spielen würde, möglich wäre, wenn Frankreich den Plänen Adenauers näher träte. Als aber die Entscheidung gefallen und sein Plan gescheitert war, äußerte er ganz andere Ansichten; nun verteidigte er lebhaft den Kaiser, dessen Stellung aber ganz wesentlich darauf beruhte, daß er zugleich König von Preußen war. Das waren zu viele Widersprüche auf einmal, als daß er dadurch bei den ohnehin mißtrauischen Franzosen Vertrauen gewinnen konnte.

Einige Monate später, im November 1919, beschäftigte sich de Lillers in einem Bericht rückblickend noch einmal mit Adenauer.[2] Die inzwischen vergangene Zeit hatte zu einer milderen Beurteilung beigetragen, und die Enttäuschung nach all den hoffnungsvollen Signalen, die man über Adenauer erhalten hatte, war inzwischen abgeklungen. Nun schrieb er als simple Feststellung nieder, was auch von seinen ehemaligen Weggefährten wie Dorten immer wieder behauptet worden war: „Am Ende des vorigen Jahres war er einer der Vorkämpfer der Idee der rheinischen Unabhängigkeit, in der er einen Schutz vor revolutionären Exzessen und eine Abwehr von Annexionsgelüsten der Entente sah." Auch von englischer Seite liegt übrigens eine ähnliche Feststellung vor.[3]

2   A. a. O., Note confidentielle vom 3. Nov. 1919.
3   1922 schrieb der britische Hochkommissar Lord Kilmarnock an das Foreign Office: „The past history of Dr. Adenauer shows that he is a man who, though of a cautious

Dann aber betonte der Marquis den von Adenauer vollzogenen Wechsel und die Entfremdung von seinen früheren Weggefährten. „Meiner Meinung nach ist er ein sehr loyaler Deutscher, ein großer Bewunderer des Kaisers. Er wünscht sich zutiefst den früheren Stand der Dinge zurück." Zwar sei er noch bestrebt, „für das Rheinland eine gewisse Autonomie" zu erlangen und den Schwerpunkt Deutschlands mehr nach Westen zu verlegen, aber das waren keine Pläne mehr, die in französischen Augen als separatistisch gelten konnten.

Man sieht, daß die Unterhaltung vom 26. Juni, die den Positionswechsel Adenauers besonders deutlich zum Ausdruck brachte, bei de Lillers einen tiefen Eindruck hinterlassen hatte. Sein Plädoyer für den Kaiser und die Unschuld Deutschlands — wohl weil diese Äußerungen so überraschend kamen und von einem Mann wie Adenauer nicht erwartet wurden — hatte im Rückblick eine so starke Wirkung, daß die gegenteiligen Aktivitäten Adenauers aus der davorliegenden Zeit demgegenüber in den Hintergrund traten. Klar war jedoch für die Franzosen, daß man auf keinen Fall mehr auf Adenauer als Partner oder Werkzeug rechnen konnte. Eine andere Frage war es jedoch, ob man in ihm einen Gegner sehen mußte. Das konnte erst die Zukunft zeigen.

Fortsetzung Fußnote 3

nature, does not shrink from drastic measures when he considers these to be necessary. It was he who, in fear of Bolshevism, sent a request to the British troops asking them to hasten their arrival in Cologne, and it was he, again, who, on the day after the revolution, summoned the leading men in the Rhineland to discuss the formation of a Rhenish Republic within the German Constitution because he believed that Germany was splitting up and he wished to save the province from chaos or annectation by France." PRO FO 371 / 7520, C 6206; zit. bei Marie Luise Recker, a.a.O., S. 675. Die überraschende Mitteilung, daß er um beschleunigten Einmarsch der Engländer gebeten habe, kann auch anders interpretiert werden. Natürlich konnte es auch aus Furcht vor der Anarchie geschehen sein, aber es erscheint nicht unmöglich, daß er damit die „Heißsporne", die die rheinische Republik zu proklamieren beabsichtigten, bremsen wollte. Die Versammlung hatte ja bewußt am 4. Dezember stattgefunden, nachdem die deutschen Truppen die Stadt verlassen und die ersten britischen Detachements am 5. Dezember erwartet wurden, tatsächlich aber erst mehrere Tage später einrückten.

Adenauers Politik 1918/19 – Eine Zwischenbilanz

Vom Ausbruch der Revolution in Köln bis zur Unterzeichnung des Friedensvertrages ist die Einstellung Adenauers zur Frage der Gründung einer rheinischen Republik nicht auf einen Nenner zu bringen. Es ist müßig zu spekulieren, ob all das, was seit dem 10. November in der „KV" zu lesen war oder was in der Versammlung am 4. Dezember in der Bürgergesellschaft geäußert wurde, schon eine längere Vorgeschichte gehabt hatte; ob es kleine Zirkel von Eingeweihten gegeben hatte, zu denen vielleicht auch Adenauer gehörte, die für den Tag X der deutschen Niederlage planten. Außer der Verbindung nach Holland, den Verhandlungen des „KV"-Mitarbeiters Domsdorf und denen der holländischen Geistlichen mit dem französischen Militärattaché und seinen Mitarbeitern ist kaum etwas bekannt.

So stellt sich auch die Frage, wie man Adenauers Erklärung gegenüber dem Marquis de Lillers, er habe seit 1917 die Gründung der Kölner Universität mit der Absicht eines deutsch-französischen Rapprochement betrieben, bewerten soll. Es muß unentschieden bleiben, ob das lediglich eine Behauptung war, um sich bei seinem französischen Gesprächspartner ins rechte Licht zu setzen oder ob er sich tatsächlich schon so früh auf die deutsche Niederlage eingerichtet und mit seinem Freund Benedikt Schmittmann, der dann prompt eine Professur dort erhielt, entsprechende Planungen begonnen hatte.

Als der Gedanke der Gründung der rheinischen Republik an den Oberbürgermeister zum ersten Mal am 9. November 1918 in konkreter Form herangetragen wurde, war es wohl weniger Frankophilie als pure Annexionsfurcht, die ihn der Frage der Selbständigkeit der Rheinlande nähertreten ließ. Was Froberger damals so suggestiv vortrug, zudem mit der Aura des international erfahrenen Experten, der angeblich genau wußte, was in Frankreich an Plänen für das Rheinland vorhanden war, konnte seine Wirkung schwerlich verfehlen. Zugleich bot er aber einen Ausweg, der in rheinischen Augen erhebliche Vorzüge hatte: deutsch bleiben, der Annexion entgehen könne man nur, wenn man sich selbständig machte; das war die Losung. Staatsrechtliche Überlegungen, welches Verhältnis zum übrigen Deutschland dieses neue Gemeinwesen der Länder am Rhein haben sollte, ob das im Bundesstaatsrahmen des Deutschen Reiches zu geschehen habe – all diese Formeln, die später große Bedeutung erhalten sollten, spielten in der ersten Phase im November 1918 keine Rolle, da man die Frage der Weiterexistenz des Deutschen Reiches ausklammerte und nicht zur Kenntnis nehmen wollte, daß es noch immer eine Zentralgewalt in Berlin gab.

Bei der Formel, daß man sich selbständig machen müsse, um der Annexion zu entgehen, ist jedoch stets zu bedenken, daß keine konkreten Anhaltungspunkte dafür vorlagen, wonach Frankreich tatsächlich dieses Ziel verfolgte. Alle verantwortlichen Führer in Paris waren sich darüber im klaren, daß die Annexion nur ein umgekehrtes Elsaß-Lothringen bedeuten würde. Die Rheinlinie zu erreichen, hieß aus französischer Sicht immer, daß Deutschland am Rhein enden sollte und daß auf dem linken Ufer Satellitenstaaten entstehen sollten.

Auch das Auswärtige Amt in Berlin wußte, daß vor allem von dieser Seite her Gefahr drohte. „Herr Seneca", ein italienischer Diplomat, der in Paris lebte und unter diesem Decknamen dem Auswärtigen Amt seine Berichte lieferte, schrieb im Dezember 1918: „Das Ideal Frankreichs wäre die Wiedererrichtung verschiedener unabhängiger Einzelstaaten auf dem Gebiet des ehemaligen Kaiserreichs. Man hat Unrecht, wenn man glaubt, daß sich Frankreich in dieser Hinsicht von annexionistischen Wünschen treiben ließe. Ich kann im Gegenteil bestätigen, daß sich auch Clemenceau jetzt davon überzeugt hat, daß es ein großer Fehler wäre, einen deutschen Irredentismus im Pariser Parlament schaffen zu wollen, nach dem Beispiel des elsässischen Irredentismus in Berlin."[1] Statt dessen laufe die Planung hinsichtlich des linken Rheinufers darauf hinaus, „daß man dort die Bildung einer neutralen Republik wünscht, von der man auch wirtschaftlichen Vorteil ziehen könnte". Köln sollte übrigens die Hauptstadt dieses Staates sein.

Die Situation war einigermaßen verwirrend: Aus Furcht vor der Annexion wurde im Rheinland für die rheinische Selbständigkeit geworben. Tatsächlich verhielt es sich genau umgekehrt, nämlich daß die Franzosen nicht die Annexion, sondern die Selbständigkeit des linken Rheinufers erstrebten, um dort Staaten zu organisieren, die unter französischem Einfluß standen. Ob diejenigen, die wie Froberger diese Formel entwickelt haben, damit bewußt den Franzosen in die Hände arbeiteten, muß offenbleiben. Wichtig erscheint in diesem Zusammenhang, daß es nicht notwendig ist, derartiges zu unterstellen, um der Sache einen Sinn zu geben. Denn das eigene Interesse ging durchaus in die gleiche Richtung; hier war das Hemd näher als der Rock. Wenn die Devise hieß, möglichst ungeschoren den zwei großen Gefahren zu entgehen, die aus der Niederlage sich ergaben, war eine solche Taktik das Naheliegende. Die beiden Gefahren bestanden in dem noch unabsehbaren Risiko der Annexion oder drückenden Besatzungs- oder Reparationslasten auf der einen und der revolutionären Bedrohung von innen auf der anderen Seite.

Adenauer hat im November 1918 voll hinter dieser Politik des kleineren Übels gestanden. Für ihn scheint die Annexion eine reale Gefahr gewesen zu sein. Erst der Besuch von Götz Briefs am 3. Dezember machte ihm deutlich, welche Konsequenzen die geplante Proklamation der rheinischen Republik am 4. Dezember haben könnte. Nun veränderte er abrupt seine Einstellung, wies die angebotene Führerrolle zurück und brachte die deutliche Distanz zu der Versammlung, die plangemäß am 4. Dezember stattfand, und den dort verfolgten Zielen dadurch zum Ausdruck, daß er durch Abwesenheit glänzte,

---

[1] Pol. Arch. AA Deutschland 182, Bd. 1, Bericht Nr. 676. Der Bericht wurde am 18. Dez. 1918 in den Geschäftsgang gegeben.

um hinterher behaupten zu können, daß er erst durch die Zeitung von dem Geschehen am Abend zuvor erfahren habe.

Bei der Versammlung der linksrheinischen Abgeordneten am 1. Februar auf dem Kölner Rathaus stand er im Mittelpunkt des Geschehens. Er reagierte aber nicht als Koordinator oder als die Führerfigur, die einen erfolgreichen Aufbruch in die Zukunft wies. Auch ist nichts darüber bekannt, daß er im Zusammenhang mit der von ihm organisierten Veranstaltung in Kontakt mit Berliner Regierungsstellen zur Information und Abstimmung seines Verhaltens getreten ist. Er hielt eine Rede, mit der sich alle politischen Kräfte des Rheinlandes einverstanden erklären konnten, da er die Gründung der westdeutschen Republik — schon diese neutrale Bezeichnung zeigt das Bemühen zum Abwiegeln — nur als ultima ratio verstanden wissen wollte: Wenn keine andere Möglichkeit der Selbstbehauptung bestünde, sollte man zu der Gründung dieses Staates schreiten. Obwohl er sich grundsätzlich für die Einhaltung der Legalität aussprach, ließ er jedoch auch die Eventualität des selbständigen Vorgehens auf dem linken Rheinufer offen. Seine Rede war also kompromißbereit nach beiden Seiten. Einmal trug sie den Bedenken und Befürchtungen der Sozialdemokraten und Liberalen Rechnung, andererseits signalisierte sie den Aktivisten, daß er auch für eigenmächtiges Vorgehen im Rheinland durchaus Verständnis hätte.

Die Prognose, die er am 1. Februar stellte, war falsch: „Entweder wir kommen direkt oder als Pufferstaat zu Frankreich, oder wir werden eine Westdeutsche Republik; ein Drittes gibt es nicht."[2] Diese Alternative ging von falschen Voraussetzungen aus. Von Annexion konnte keine Rede sein. Die Bildung eines Pufferstaates gegen den Willen der Bevölkerung, der lediglich durch die Macht der Besatzung am Leben zu erhalten wäre, konnte ebenfalls nicht im Interesse Frankreichs liegen und war außerdem angesichts der ablehnenden Haltung der Engländer nur schwer zu realisieren. Was allein erfolgversprechend schien, war eine rheinische Republik, die, von wichtigen sozialen und politischen Gruppen — Zentrum, Geistlichkeit, Industrie und wohlhabendes Bürgertum — getragen, nach Selbständigkeit strebte und zur Zusammenarbeit mit den Franzosen bereit oder sogar darauf angewiesen war.

Die verschiedenen Aktivitäten um die Versammlung am 1. Februar herum zeigen jedoch, daß tatsächlich verschiedene Bestrebungen in diese Richtung gingen. Adenauer selbst hielt sich zurück und präsentierte in seiner Rede eine Plattform, die auch von Sozialdemokraten und Liberalen akzeptiert werden konnte. Das bot sich schon allein aus taktischen Gründen an, da durch die Unterstützung der vorsichtig-zurückhaltenden Position Adenauers die stärker zur Autonomie hin tendierenden Zentrumskreise abgeblockt wurden, wie es auf der Sitzung am 1. Februar die Intervention des Aachener Oberbürgermeisters Farwick zeigte. Nimmt man aber die Stimmungsmache der „KV", das den Alliierten zugespielte Geheimpapier, das die Gründung einer rheinischen Republik im Rahmen des Reiches nur als ersten Schritt auf dem Wege zur völligen Unabhängigkeit vom Reich empfahl, und schließlich den im Rathaus auf sei-

2 Zit. bei Karl Dietrich Erdmann, a.a.O., S. 224.

nen Auftritt wartenden Dorten hinzu, so wird die Doppelbödigkeit der Situation deutlich.

Adenauer versuchte, die Engländer für seine Pläne zu interessieren. Das hatte jedoch keinen Erfolg. Im Gegenteil: General Clive wurde vom englischen Außenminister energisch zurückgepfiffen. Die Ursache für die entscheidende Ablehnung der Briten lag nicht in dem, was Adenauer vortrug, sondern zweifellos in den weitergehenden Plänen des Geheimpapiers.

Mit der französischen Seite trat Adenauer im Februar über in Köln anwesende Offiziere in Kontakt. Dabei soll er sogar seine Bereitschaft geäußert haben, selbst nach Paris zu kommen, um dort in Verhandlungen über die Gründung der rheinischen Republik einzutreten. Aber auch dieses weitgehende Angebot führte zu keiner positiven Reaktion. Bei den Aktivitäten in beide Richtungen, sowohl in die englische als auch die französische, ging es nicht um die Gründung eines neuen Staates innerhalb des Reiches; von einem Beitrag zur Reichsreform konnte nicht die Rede sein! Vielmehr lief die Argumentation stets darauf hinaus, daß die Gründung der Republik am Rhein der Beginn der Auflösung Preußens sei, was weitreichende Folgen für die zukünftige Entwicklung Deutschlands haben würde, weil Preußen als Staatsnation nicht nur der „böse Geist", sondern das militaristische Herrschaftsinstrument über Deutschland gewesen sei. Der neue rheinische Staat sollte dagegen eine andere politische Qualität haben. In seiner Rede wie im Kontakt mit Froberger wird Anfang Februar der besondere Charakter dieses Staates als einer „Friedensrepublik" deutlich, die über genügend Eigenständigkeit verfügen müßte, um gegenüber dem übrigen Deutschland ihre eigenen Interessen wahrnehmen zu können.

Während aber die Sondierungen bei den Engländern und Franzosen keine Ergebnisse brachten, drängten die Aktivisten in Köln, Aachen, Wiesbaden und Trier zur Eile. Diesen Gruppen gegenüber hielt Adenauer jedoch vorsichtig Distanz. Als Dorten Anfang März nach Köln kam, gelang es ihm, zum „Ersten Bevollmächtigten" der verschiedenen separatistischen Zirkel mit deutlicher Frontstellung gegen Adenauer gewählt zu werden. Im Zusammenhang mit der Versammlung im Zivilkasino am 10. März kam es zum Konflikt mit Adenauer. Bezeichnend ist, wie er ausgetragen wurde. Nach kurzem Aufbegehren zeigte sich Adenauer überraschend nachgiebig und erschien fast in der Rolle des Erpreßten, der seinem Kontrahenten nachträglich noch eine Ehrenerklärung ausstellen mußte, nachdem die Nationalversammlung einstimmig die Kölner Machenschaften verurteilt hatte.

Bei den äußerst unangenehmen Auseinandersetzungen im März kam es anschließend auch zu einem schweren Zusammenstoß Adenauers mit Froberger, durch den zugleich das enge Verhältnis, das zwischen beiden bis dahin bestanden hatte, klar beleuchtet wurde. Wichtig ist dabei die Feststellung, daß die Spannungen nicht auf abweichende Einschätzungen in politischen Fragen zurückzuführen waren. Daher wurden die Beziehungen auch bald wieder aufgenommen, erreichten wohl aber nicht mehr die Intensität wie im Winter 1918/19.

Daß die Übereinstimmung in der Sache erhaltenblieb, zeigte sich dann im Mai 1919 nach dem Bekanntwerden der Friedensbewegungen. Hier sehen wir Adenauer als Einzelgänger, der in verschiedenen Anläufen bei dem französischen Delegierten für die britische Zone versuchte, Interesse für seinen Plan der Milderung der Friedensbedingungen bei Gründung der rheinischen Republik zu gewinnen. Froberger war zur gleichen Zeit bestrebt, wie seine „Vorbedingungen" zur Errichtung der „Friedensrepublik" zeigen, dasselbe Ziel durch den Besuch bei Mangin zu erreichen.

Adenauer ging es bei dieser Aktion nicht darum, den Friedensvertrag für Deutschland erträglicher zu machen. Im Vordergrund stand nicht die Frage, ob der Friedensvertrag für Deutschland unerfüllbar war. Für ihn entscheidend war die Befürchtung, daß das Rheinland nach der Unterzeichnung verloren wäre. Die Konzessionen, die er anbot, waren weder für die Entente noch für die deutsche Seite attraktiv. Lediglich das Saargebiet und die Kreise Eupen-Malmedy sollten der neuen rheinischen Republik zugeschlagen werden. Denn es ging ihm in erster Linie darum, eine für das Rheinland positive Perspektive zu gewinnen, ohne jedoch dadurch in eine direkte Frontstellung gegen Berlin zu gelangen.

Der Fehler seiner Rechnung lag zweifellos darin, daß er auf die Initiative der Entente wartete, selbst aber wenig tat oder wenig Anlaß bot, daß man ihm entgegenkam. Insbesondere seine Geheimpolitik im Juni 1919 konnte bei der Gegenseite angesichts der Zwänge, möglichst rasch die deutsche Unterschrift unter den Friedensvertrag zu erhalten, kein positives Echo hervorrufen.

Adenauer hatte einen Plan entwickelt, für dessen Verwirklichung er sich – natürlich mit der gebotenen Vorsicht – einsetzte und von dem er überzeugt war, daß er für Frankreich wie für das Rheinland große Vorteile böte und deshalb von den Franzosen eigentlich mit großem Interesse aufgenommen werden müßte. Es ist sicher kein Zufall, daß er den Marquis de Lillers erst nach dem Scheitern seiner Aktion fragte, ob dieser überhaupt an eine deutsch-französische Annäherung glaube und – wie nicht anders zu erwarten – eine abschlägige Antwort erhielt. Denn es ging bei diesem politischen Versuch nicht darum, einem französischen Verständigungswillen im Rheinland den Boden zu ebnen und gegenüber einer nationalistischen Propaganda auf deutscher Seite den Gedanken der Versöhnung zu vertreten. Die Aussöhnung zwischen Deutschland und Frankreich stand aus der Sicht Frankreichs im Grunde nicht zur Debatte, das war eine für die damalige Zeit anachronistische Vorstellung, da die Frage der Machtpolitik eindeutig im Vordergrund stand. Diese Grundgegebenheit wollte Adenauer und sein außenpolitischer Vordenker Froberger nicht zur Kenntnis nehmen. Stattdessen entwickelten sie das Konzept der „Friedensrepublik", eines Staatswesens, das auf das übrige Deutschland pazifizierend wirken und so Frankreich das Gefühl der Bedrohung nehmen sollte. Damit waren zugleich handfeste Vorteile für das Rheinland verbunden, so daß sich das rheinische Eigeninteresse mit idealistischen Obertönen der Festigung des Völkerfriedens scheinbar auf das glücklichste miteinander verbanden.

Was unmittelbar nach Kriegsende primär Reaktion auf die angeblich drohende Annexion war — womit für Adenauer die Frage der rheinischen Republik aktuell wurde —, bekam im Frühjahr 1919 eine etwas andere Nuancierung, da die Gefahr der Annexion durch den Text des Friedensvertrages erledigt war, die Dauerexistenz unter den Bedingungen des Friedensvertrages aber so abschreckend wirkte, daß Adenauer im Alleingang ein faktisch selbständiges Staatswesen am Rhein der Realisierung näherzubringen suchte.

In dem Zeitraum von 1918/19 begegnen uns in Adenauer jedenfalls zwei verschiedene Persönlichkeiten. Da ist einmal der rheinische Politiker, der für sich und „sa petite patrie" spricht und deutliche Distanz zu Berlin zeigt. In dieser Haltung kann er ohne Widerspruch zur Kenntnis nehmen, wie der Industrielle Charlier sich bei den Franzosen anbiederte und auf Berlin schimpfte. Dem General Clive erklärte er, wie Scheidemann hinsichtlich der Frage der Vertragsunterzeichnung agieren würde, was für die Gegenseite von ungeheurem Interesse war, so daß Lloyd George nur konsequent handelte, als er dies im Viererat in Versailles umgehend mitteilte. Einem Agenten hätte man für diese Nachricht viel Geld bezahlt! Und er konnte sogar mit dem Marquis de Lillers so heikle Gespräche führen, daß er diesem gegenüber einmal bekannte, die Frage des Verrats sei für ihn schwierig und „bände ihm die Hände". Solche Vertraulichkeiten, ein so enger Meinungsaustausch, konnte nur von einem rheinischen Politiker betrieben werden, der im Kontakt mit den Siegern das Beste für seinen zu bildenden Staat herausholen wollte, der nur das eigene partielle Interesse im Auge hatte, nicht aber sich als Deutscher und Vertreter deutscher Belange fühlte.

Auf der anderen Seite, als die Hoffnungen auf die rheinische Republik wie eine Seifenblase geplatzt waren, trat plötzlich der kaisertreue Adenauer auf. Nun sprach er sich für den Zusammenhalt des Reiches aus und konnte voller Schadenfreude de Lillers die Selbstversenkung der deutschen Flotte in Scapa Flow mitteilen, ganz zu schweigen von seiner plötzlich wiederentdeckten Liebe zu dem angestammten Herrscher.

Sein Projekt der Friedensrepublik hätte nur dann realisiert werden können, wenn der Wille zur Verständigung auf französischer Seite vorhanden gewesen wäre. Adenauer stellte aber die Frage, wie es denn mit diesem Willen überhaupt bestellt war, erst zu einem Zeitpunkt, als das Unternehmen keine Realisierungschance mehr hatte — Grund genug für ihn, nun die Brücken abzubrechen und zu versuchen, sich eine einflußreiche Stellung im Nachkriegsdeutschland aufzubauen.

Jahre der Unentschiedenheit 1920–1922

Der Zeitraum zwischen den Jahren 1920 und 1922 ist durch Ungewißheit bestimmt. Das bezieht sich auf die innere Situation wie auf das Verhältnis Deutschlands zu den westlichen Siegermächten; dabei spielte die ungelöste Reparationsfrage zweifellos die Hauptrolle. Aber auch im Rheinland war eine Art Schwebezustand für die allgemeine Lage charakteristisch. Mit der Unterzeichnung im Juni 1919 und dem Inkrafttreten des Friedensvertrages am 10. Januar 1920 waren wichtige Entscheidungen gefallen. Charakteristisch war jedoch, daß auf beiden Seiten Tendenzen zur Revision vorhanden waren, diesen Vertrag nicht als endgültig anzusehen. Denn die Kritik an dem in Versailles zustandegekommenen Kompromiß war nicht nur auf die deutsche Seite beschränkt. Auch in Frankreich machte sich erheblicher Widerstand gegen den Vertrag bemerkbar, der vor allem die in französischen Augen nachteiligen Regelungen der Rheinlandfrage betraf. Auch jenseits des Rheins waren gewisse Kreise überzeugt – und die hauptsächlich von der Rechten stammende Opposition war einflußreich –, daß in der Rheinlandpolitik noch nicht das letzte Wort gesprochen sei.

Frankreich hatte zwar in der durch den Friedensvertrag geschaffenen Interalliierten Rheinlandkommission eine starke Stellung. Diese Hohe Kommission mit Sitz in Koblenz, das zuerst noch in der amerikanischen Zone lag, nach Abzug der Amerikaner aber im Januar 1923 der französischen Zone zugeschlagen wurde, stellte die oberste politische Instanz im besetzten Gebiet dar. Sie war sowohl die politisch-administrative Vertretung der Besatzungsmächte gegenüber den deutschen Behörden als auch in den entscheidenden Fragen die höchste Autorität im besetzten Gebiet, gegen deren Anordnungen von deutscher Seite nichts unternommen werden konnte.

Der französische Einfluß war in der Kommission vorherrschend. Präsident und zugleich Hoher Kommissar Frankreichs war Paul Tirard, der schon seit dem 12. November 1918 – allerdings damals unter einer anderen Rechtskonstruktion – das Amt des obersten „Kontrolleurs" im Rheinland ausgeübt hatte. Zusammen mit seinem belgischen Kollegen konnte er britische Einsprüche schnell überwinden. Wichtiger als die französisch-belgische Kooperation auf der Ebene der Hohen Kommissare, die in der Regel eine sichere Mehrheit garantierte, war das französische Übergewicht in der Verwaltung. Etwas zugespitzt kann man vielleicht sagen, daß es eine französische Verwaltung mit attachierten anderen alliierten Dienststellen gewesen ist. Der Unterschied mag schlaglichtartig in den Persönlichkeiten des französischen und englischen Hochkommissars aufgezeigt werden. Während Paul Tirard zu der Elite der hohen französischen Bürokratie gehörte und schon vor dem Ersten Weltkrieg die Verwaltung in Marokko aufgebaut hatte, war sein britischer Kollege, Lord Kilmarnock, eher passiv und nicht sonderlich politisch interessiert. Er pflegte seine literarischen Ambitionen und war stolz, daß in Köln ein Stück von ihm, die Dramatisierung eines englischen Romans, aufgeführt worden war.

Für Köln und die um die Stadt herumliegende britische Zone, die „Kölner Insel", die dann 1923 in den Wirren des Ruhrkampfes und der Separatistenaufstände auch die Kölner „Oase" genannt werden sollte, war die Machtverteilung innerhalb der Rheinlandkommission wie überhaupt das französische Übergewicht innerhalb des gesamten Besatzungsgebietes in den ersten Jahren nach Inkrafttreten des Friedensvertrages nicht von ausschlaggebender Bedeutung.

Nach den ereignisreichen Wochen und Monaten des Jahres 1919 war inzwischen eine gewisse Beruhigung eingetreten. Die „Rheinlandbewegung" machte Pause oder − anders gesagt − es trat eine Scheidung der Geister ein. Anfang 1919 war eine Fülle von politischen Vorstellungen in ihr zum Ausdruck gekommen, die oft unentwirrbare Verbindungen eingingen. Das reichte vom handfesten Separatismus über die Neigung zur opportunistischen Zusammenarbeit mit den Franzosen und naive Autonomiebestrebungen bis hin zu unverdächtigen Vorstellungen eines Föderalismus oder der bloßen Artikulation von − durchaus verständlichen − antipreußischen Ressentiments. Die Vielzahl dieser Motive ließ es auch sinnvoll erscheinen, von einer „Rheinlandbewegung" zu sprechen, da dies eine im Fluß befindliche Bewegung und nicht etwa bloß ein separatistisches Unternehmen war.

Mit der Verabschiedung der Reichsverfassung am 11. August 1919 war eine neue Situation eingetreten, denn nun bestand die Möglichkeit der Neuregelung des Reiches und damit der Neubildung von Ländern. Der Weg dazu führte über die Volksabstimmung. Dennoch bewirkte diese legale Möglichkeit keineswegs eine Aktivierung der Autonomiebestrebungen. Ganz im Gegenteil reagierte die rheinische Zentrumspartei auf ihrem Parteitag 1919 sehr zurückhaltend und nahm von derartigen Forderungen Abstand. Es erfolgte das „Zentrums-‚Halt' in der Rheinlandbewegung".[1] Das Abkommen von Königswinter vom Juni 1921, das von allen Parteien − von der DNVP bis zur SPD − getragen wurde, brachte die besondere politische Situation des Rheinlandes in Hinsicht auf die Nutzung des Artikels 18 zum Ausdruck. Denn in der Verabredung von Königswinter einigten sich die Parteien darauf, auf die Durchführung einer Volksabstimmung gemäß Artikel 18 der Verfassung zu verzichten, solange das Rheinland noch besetzt war. Hier wurde die Überzeugung klar zum Ausdruck gebracht, daß angesichts der französischen Interessen am Rhein eine Volksabstimmung ein zu großes Risiko darstellte und deshalb erst nach Abzug der Besatzungstruppen etwas derartiges ins Auge gefaßt werden konnte.

Aufgrund dieses Stillhalteabkommens, das vor allem bestimmte Kreise der Zentrumspartei einband und neutralisierte, blieben nur jene kleinen Gruppen übrig, die mit mehr oder weniger Unterstützung durch die Franzosen die Propaganda für die Verwirklichung der Rheinstaatpläne fortsetzten, ohne viel

---

1 Vgl. Rudolf Morsey, Die Deutsche Zentrumspartei 1917−1923, Düsseldorf 1966, S. 261ff.

Resonanz zu finden. Neben Dorten in Wiesbaden war es vor allem der ehemalige Kölner USP-Politiker Smeets, der von sich reden machte.[2]

Die Wirkung dieser separatistischen Splittergruppen mußte auch deshalb gering bleiben, weil mit der prekären Normalisierung nach 1919 die Lasten des Friedensvertrages deutlich wurden. Das bedeutete im Rheinland neben den materiellen Leistungen auf dem Reparationssektor die bis dahin gänzlich unbekannte Anwesenheit von Besatzungstruppen mit der damit verbundenen Fülle von Unbequemlichkeiten und Belastungen.

Das Ergebnis der ernüchternden Normalisierung bei gleichzeitig fühlbar werdenden Bedrückungen war die wachsende Abneigung vor allem gegen die Franzosen. Hatte man deren Einmarsch 1918 nicht unbedingt negativ gesehen, boten sie doch den wirksamsten Schutz gegen jede Art von Umsturz und Revolution, so änderte sich das nun erheblich. Zugleich versuchte man auf deutscher Seite, die französischen Aktivitäten hinsichtlich der Anknüpfung besonderer Wirtschaftsbeziehungen zu Frankreich und gezielter kulturpolitischer Maßnahmen, die frankophile Neigungen hervorrufen sollten, zu konterkarieren. Hinzu kam, daß die Bewirtschaftungs- und Zwangsmaßnahmen der Kriegswirtschaft keineswegs aufgehoben waren. Das bedeutete nach wie vor zentralistische Gängelung, Bewirtschaftung von Devisen, Reglementierung des Außenhandels, die naturgemäß viel böses Blut machten. Von einem so aufmerksamen Beobachter wie dem Marquis de Lillers wurde das als ein „Versuch Preußens zur Wiedergewinnung der Macht" gewertet.[3] Dabei verstand er unter Preußen weniger die preußische Regierung als die preußische Verwaltung, wie überhaupt in zunehmendem Maße bis zum Konflikt von 1923 die preußischen Beamten als die eigentlichen Gegner der Franzosen begriffen wurden.

Insbesondere glaubte er in seinem Bericht vom 20. Mai 1920 eine tiefe Unzufriedenheit in rheinischen Wirtschaftskreisen, nicht nur bei einem frankophilen Bankier wie von Stein, sondern „selbst bei Industriellen aus der Umgebung Adenauers" feststellen zu können. Zugleich zeigte er aber das Dilemma auf, daß die Franzosen trotz der rheinischen Kritik an der deutschen Wirtschaftspolitik wie überhaupt an den Verhältnissen der Nachkriegszeit daraus kein Kapital schlagen konnten. Hier zeigte sich die ebenso bemerkenswerte wie seltene Fähigkeit der Selbstkritik, denn de Lillers schrieb: „Es ist das Mißtrauen, das wir erwecken, die annexionistischen und imperialistischen Aktivitäten, die uns unterstellt werden; verschiedene Pressepublikationen und Erklärungen unserer Politiker werden von der Mehrheit der Rheinländer wie das Evangelium geglaubt. Diese rheinischen Kreise sind zwar aus Tradition und Interesse antipreußisch, aber im Augenblick tief und aufrichtig deutsch. Das Ergebnis ist, daß die Leute zwischen der Furcht vor Preußen und Frankreich

---

2 Zur Entwicklung der verschiedenen separatistischen Gruppierungen und ihren Verbindungen zu den Franzosen vgl. Walter A. McDougall, France's Rhineland Diplomacy 1914—1924, Princeton 1978, S. 122ff., und Klaus Reimer, Rheinlandfrage und Rheinlandbewegung (1918—1933), Frankfurt/Main 1979, S. 211—266.
3 AN AJ^9/3759; Bericht de Lillers' an Tirard vom 20. Mai 1920.

hin- und herschwanken."[4] Die Überzeugung, sich zwei Übeln gegenüberzusehen, den Franzosen wie dem, was aus Berlin kam, und das waren vor allem die Bestrebungen, durch eine effektive Steuerreform die drängenden Finanzprobleme in Angriff zu nehmen, konnte aber auch, wie de Lillers in einem Bericht vom Oktober 1920 notierte, zu einer eigenartigen Einstellung innerhalb der Wirtschaft führen, die er „Zweckseparatismus" nannte. Diese Haltung sei in den besitzenden Schichten des Rheinlandes vorherrschend und laufe darauf hinaus, aus Furcht vor der deutschen Finanzpolitik „Beziehungen nach Frankreich bei jeder sich bietenden Gelegenheit wieder anzuknüpfen".[5]

Das traf auf Adenauer in dieser Form nicht zu, denn er hatte eine andere politische Orientierung gewonnen. Das Urteil, das de Lillers jetzt über ihn fällte, war kritischer als Ende 1919. Dennoch wollte der Marquis den Oberbürgermeister noch immer nicht ganz abschreiben. Er sah in der Gründung einer französischen Handelskammer in Köln die Möglichkeit, Adenauer bei der Stange zu halten, da er und Louis Hagen sich für eine derartige Institution bereits eingesetzt hätten. Diese beiden „sind uns zwar feindlich gesonnen, aber sie kämpfen dafür, ihrer Stadt in wirtschaftlicher Hinsicht eine besondere Bedeutung zu verschaffen, und zwar zum Schaden anderer deutscher Gebiete. Diese Leute ... sind erbittert über die Maßnahmen, die im Augenblick von Preußen[6] ergriffen worden sind, aber die Furcht, die unsere Politik ihnen einflößt, läßt sie eine Hilfe einzig und allein bei der englischen Seite suchen."[7]

Anfang 1921 war de Lillers um die Hoffnung ärmer, Adenauer und seinen Anhang durch wirtschaftliche Anreize zur Kooperation bewegen zu können. Nun mußte er feststellen, daß der Oberbürgermeister massiv auf die britische Karte setzte. Denn ihm ging es vor allem darum, die Engländer in ihrer Zone wirtschaftlich zu engagieren. Dies geschah, wie Tirard am 16. Februar 1921 dem Außenminister Briand mitteilte, vor allem aus politischen Gründen. Falls Frankreich nämlich versuchen sollte, das linke Rheinufer zu „absorbieren", wollte Adenauer der Kölner Region durch dort angesiedelte wirtschaftliche Interessen der Briten, deren ökonomische Kraft er sehr hoch einschätzte, einen gewissen Schutz verschaffen. Englische Banken hätten sich mittlerweile in Köln niedergelassen, schrieb Tirard, und englische Schiffahrtsgesellschaften seien in Köln gegründet worden. Das wichtigste Projekt aber sei die Vergrößerung des Hafens mit Hilfe englischen Kapitals, was ja in sich schlüssig erschien, wenn man an das Bild der die Weltmeere beherrschenden Seefahrernation dachte, die

---

4 Ebenda.
5 AN AJ[9]/4283.
6 Tatsächlich gingen die verschiedenen wirtschafts- und finanzpolitischen Maßnahmen vom Reich aus, das die Kompetenz dafür hatte. Es ist ein Beleg mehr für die französischen Schwierigkeiten, die Kompetenzverteilung und die einschneidenden Veränderungen durch die Weimarer Reichsverfassung zu erfassen, oder soll man sagen, daß die Adenauerschen Erklärungen, die ja die Kontinuität der preußischen Vormachtstellung so stark betont hatten, auf fruchtbaren Boden gefallen waren?
7 AN AJ[9]/3759; Bericht vom 20. Mai 1920.

nun in Form der Rheinschiffahrt ihren Machtbereich bis nach Köln ausdehnen sollte.[8]

In einem langen Bericht vom 30. März 1921 schilderte de Lillers den wachsenden englischen Einfluß in Köln und das Verhalten Adenauers.[9] „Es stimmt, daß ... Dr. Adenauer weitgesteckte Hoffnungen nährt und daran denkt, eines Tages einen der größten Flußhäfen der Welt an den Toren seiner Stadt zu erbauen." Dann folgte eine sehr negative Charakterisierung des Stadtoberhauptes, das Bild des ehrgeizigen Opportunisten wurde wieder gezeichnet, der die rheinische Bewegung scheitern ließ, als er den Eindruck gewann, daß Preußen sich behaupten werde. Daraus ergab sich die Prophezeiung: „Wenn die Situation sich ändert, wird er nicht zögern, der Bewegung wieder zu folgen." Was aber schwerer wog als die Wendigkeit seiner politischen Taktik, war die Tatsache, „daß er seit der Unterzeichnung des Friedensvertrages eine klare und sogar heftige antifranzösische Haltung gezeigt hat". Deshalb habe er die Karte der britischen Opposition gegen die angeblich imperialistischen Ziele Frankreichs gespielt, und deshalb versuche er britisches Kapital für den Hafenausbau zu gewinnen. In einer „ultrageheimen" Pressebesprechung mit sorgfältig ausgesuchten Journalisten habe er erklärt, daß Frankreich wirtschaftlich ruiniert sei und zum Vasallen Englands herabsinken werde. Das war also die Variation der 1919 schon mitgeteilten Erkenntnis, daß die Franzosen zu Sklaven Englands würden. Aber dennoch, trotz der englischen Stärke ein totaler, aber für Adenauers Denken geradezu typischer Widerspruch, könnte es möglich sein, daß die Franzosen die Engländer zum Abzug vom Rhein veranlassen könnten. Dann hätte Köln nur noch eine Chance: „Wenn die Männer in Kaki abziehen müßten, wäre es notwendig, daß sie wenigstens Kapital und wirtschaftliche Interessen zurückließen ...". Welch Widersinn; als ob das Geld dabliebe, wenn der militärische Schutz fortgenommen ist!

Als Tirard im Juni 1921 über Adenauers Kanzlerkandidatur[10] berichtete, beschränkte er sich neben der Bemerkung, daß dessen Beziehungen zu den Briten „mehr als korrekt" seien, nur auf eine fast resignativ zu nennende Feststellung hinsichtlich Adenauers Persönlichkeit, die „Euer Exzellenz nur zu gut

---

8 AN AJ^9/3222; Tirard an Briand v. 16. Febr. 1921.
9 AN AJ^9/4289.
10 Übrigens ist die Kanzler-Kandidatur Adenauers im Mai 1921 nicht erstzunehmen. Sie muß als bloß taktisches Manöver verstanden werden. Am 6. Mai 1921 war er mit den Stimmen des Zentrums, der Sozialdemokraten und Demokraten zum Präsidenten des Preußischen Staatsrates gewählt worden. Am 10. Mai präsentierte er sich als Kanzlerkandidat in der Zentrumsfraktion mit Forderungen, die denen der DVP entsprachen und scharf gegen die Linken gerichtet waren. Er forderte u.a. die Einführung des Neunstundentages. Man wird sein Auftreten so verstehen müssen, daß er mit seinen weitgehenden rechten Forderungen tatsächlich die Koalition mit der DVP verhindern und so Wirth den Weg ins Kanzleramt erleichtern wollte, denn nachdem er sich in der Weise in der Zentrumsfraktion vorgestellt hatte, war die Frage des Zusammengehens mit der DVP praktisch erledigt.

bekannt ist, als daß ich mir erlauben könnte, die Einzelheiten in Erinnerung zu rufen".[11]

Es ist bezeichnend für die Kölner Situation, daß jede Seite über die andere gut informiert war. So, wie die streng vertraulichen Ausführungen Adenauers in der Pressebesprechung den Franzosen umgehend mitgeteilt wurden, erfuhr dieser wiederum bald, wie schlecht die Franzosen über ihn dachten. Die gegenseitige Zuträgerei — Froberger wird dabei sicherlich eine besonders aktive Rolle gespielt haben — hatte Hochkonjunktur. Adenauer war offensichtlich bestrebt, nicht alle Brücken zu den Franzosen abzubrechen oder bei ihnen in gar zu schlechtes Licht zu geraten. Im Juli 1921 meldete Tirard prompt dem Außenminister, daß der Oberbürgermeister in der letzten Zeit Beschwichtigungsversuche hinsichtlich seiner Einstellung zu Frankreich unternommen habe.[12] Zwar habe er es immer noch nicht für nötig befunden, dem französischen Hochkommissar, also ihm, Tirard, einen Besuch abzustatten. Aber durch einen Mittelsmann habe er mitteilen lassen, daß er durch französische Presseartikel, die die antifranzösische und probritische Tendenz dem Kölner Oberbürgermeister unterstellten, stark betroffen sei. Dies bezog sich vor allem auf einen Artikel aus dem „Temps", der offenbar genau nach den Anweisungen von de Lillers geschrieben und von der „Kölnischen Zeitung" referiert worden war.[13]

Um sich bei den Franzosen ins rechte Licht zu setzen, machte er eine interessante Unterscheidung. Er rechtfertigte seine Haltung, indem er auf seine verschiedenen Funktionen hinwies. Als Oberbürgermeister von Köln müsse er enge Beziehungen zu den britischen Behörden pflegen; als „Staatsmann" hingegen sehe er sich in der Lage, „gute Beziehungen zu Frankreich wie den übriigen alliierten Ländern zu unterhalten". Tirard blieb jedoch gegenüber der so plötzlich bezeugten Sorge Adenauers um sein Image bei den Franzosen skeptisch. Er empfahl abzuwarten, bis Taten es erlaubten, die Aufrichtigkeit der Erklärung richtig einzuschätzen.

Der Mittelsmann, der Kontakt zu Adenauer unterhielt, war ein französischer Offizier, Oberst de Gaïl, der in den Akten Adenauers auch als Baron de Gaïl bezeichnet wird. Er war elsässischer Abstammung, sprach fließend deutsch und hatte den Auftrag, als Agent von Tirard sich im Rheinland umzuhören und über seine Kontakte regelmäßig Bericht zu erstatten.[14] Eine Gesprächsnotiz Adenauers vom 29. März 1922 zeigt, daß de Gaïl Adenauer noch ein Jahr später die Frage stellte, warum er nicht wie alle anderen rheinischen Oberbürgermeister Tirard einen Besuch abgestattet habe, und daß es auch im deutschen Interesse sei, durch offene Aussprachen die bestehenden Schwierigkeiten, die „chinesische Mauer, die jetzt zwischen den Völkern besteht", abzubauen. Adenauer hatte darauf nur ganz ungerührt geantwortet, daß er keinen Grund sehe, Tirard zu besuchen. „Wenn Herr Tirard als Vorsitzender der Interalliierten

---

11 AN AJ^9/3322; Schreiben Tirards vom 8. Juli 1921.
12 Ebenda; Schreiben vom 5. Juli 1921.
13 Kölnische Zeitung Nr. 429 vom 16. Juni 1921.
14 Eine allerdings nicht lückenlose Sammlung der Berichte de Gaïls befindet sich im AN AJ^9/3299.

Rheinlandkommission mich zu sprechen wünsche, so möge er mir das mitteilen, ich würde dann dieser Besprechung nicht ausweichen."[15] Die reservierte, ja fast arrogante Einstellung — wenn Tirard etwas will, soll er es sagen — ist wahrscheinlich auf die Enttäuschung über seine ergebnislosen Versuche aus dem Jahre 1919, die rheinische Republik mit französischer Hilfe zu errichten, zurückzuführen. Alle diese Aktionen waren ja über Tirard als Zwischeninstanz gelaufen, der sie dann nach Paris weitergeleitet hatte. Die Entscheidung gegen Adenauers Pläne war durch die ablehnende Haltung Tirards zweifellos entscheidend beeinflußt worden. Vielleicht wollte Adenauer aber auch an dieses Intermezzo nicht mehr erinnert werden. Daher mied er den einflußreichen Präsidenten in Koblenz. Zugleich zeigte er eine gewisse Selbstsicherheit, auf Kontakte mit Tirard nicht angewiesen zu sein, da er sich ja auf die Engländer stützen konnte.

Der Gesprächspartner, mit dem de Gaïl am häufigsten zusammentraf und intensive Gespräche führte, war Froberger. Dieser wiederum zeigte mehr Weitsicht als Adenauer nicht nur darin, daß er in ständigem Kontakt auch mit anderen französischen Agenten blieb und die französischen Interessen nie aus dem Auge verlor. Darüber hinaus versuchte er sogar, den negativen Eindruck, den der Kölner Oberbürgermeister auf die Franzosen machte, nach Kräften abzuschwächen und seinem alten Mitstreiter für die rheinische Republik auf diese Weise zu helfen. „Sowie sich die Gelegenheit bietet, versucht Dr. Froberger zu Gunsten von Herrn Adenauer zu plädieren" schrieb de Gaïl in einem Bericht vom 18. Juli 1921.[16] Froberger betonte, daß der Oberbürgermeister „ernste Schwierigkeiten" mit den Engländern habe, die wegen ihrer Forderungen viel Boden in Köln verloren hätten. Im Januar 1922 berichtete Froberger, daß die „englische Intrige gegen Frankreich ein immer größeres Ausmaß annehme". Englische Makler würden zuerst in Köln Station machen, bevor sie sich über das übrige Deutschland ausbreiteten. Sie würden aber nicht Adenauer besuchen, sondern den stellvertretenden Regierungspräsidenten.

Sicher haben die gut gemeinten Entlastungsversuche Frobergers das negative Bild, das sich auf französischer Seite gebildet hatte, nicht positiv beeinflussen können. Daß Adenauer sich selbst so wenig Mühe gab, um sein Image zu verbessern, wird wohl mit der Verdrängung der Erfahrungen aus der Waffenstillstandszeit zu tun gehabt haben. Er zeigte aber wenig Weitsicht, und auch hier wird deutlich, daß er sich immer nur nach einer Seite hin engagierte.

Nach den Enttäuschungen mit den Franzosen 1919 wechselte er abrupt die Position und wurde ein „normaler" deutscher Politiker mit dem legitimen Ehrgeiz, die politische Karriere in Preußen und möglicherweise auch auf Reichsebene fortzusetzen. Die britische Präsenz in Köln bot ihm dafür die Voraussetzung, denn durch sie war das wirksame Gegengewicht gegen weiterreichende französische Ansprüche gegeben.

Als in der französischen Regierung unter Poincaré, der zugleich das Außenministerium übernahm, im Laufe des Jahres 1922 immer mehr die Überzeu-

---

15 HAStK 902/253/3, S. 265.
16 AN AJ[9]/3299.

gung die Oberhand gewann, daß man auf den bisherigen Bahnen der Reparationspolitik nicht weiterfahren durfte, wenn man nicht schwere Nachteile für Frankreich heraufbeschwören wollte, ergab sich eine neue Situation. Wenn nämlich nur eine Politik der Sicherung der „produktiven Pfänder", also der Einmarsch ins Ruhrgebiet die einzige Alternative zu sein schien, war mit dieser Politik zugleich wieder die Frage nach dem Rhein gestellt. Schließlich gehörte Poincaré, der 1919 als Präsident der Republik durch seine verfassungsmäßige Stellung zur Ohnmacht verurteilt war, zu den schärfsten Kritikern des Versailler Friedensvertrages, insbesondere auch was die Bestimmungen über das Rheinland anging.

Im Mai 1919 hatte Adenauer den Marquis de Lillers mit der Bemerkung beeindruckt, daß Frankreich es sich leisten könne abzuwarten, um seinen Standpunkt durchzusetzen. Während Adenauer selbst diesen Ausspruch vergaß, taten die Franzosen genau das: Sie warteten ab, bis sie glaubten, daß die Gelegenheit gekommen wäre, um erneut das zu erreichen, was ihnen 1919 mißlungen war, nämlich ihre Stellung am Rhein politisch durch die Gründung einer rheinischen Republik dauerhaft zu sichern. Die Frage war nur, wie sich Adenauer verhalten würde und wie die Franzosen ihm gegenübertreten würden.

Das Katastrophenjahr 1923. Ruhreinbruch und Rheinlandkrise

Um Adenauers Haltung im Herbst 1923 richtig beurteilen zu können, müssen zuvor einige Entwicklungslinien herausgearbeitet werden. Es kann hier nicht darum gehen, den Ruhrkampf darzustellen oder die politischen und wirtschaftlichen Folgen, die sich daraus ergaben. Was sich an Rhein und Ruhr abspielte, wirkte zugleich als auslösendes Moment oder als Katalysator für andere, den politischen Zusammenhalt der Weimarer Republik aufs höchste gefährdenden Aktivitäten. Da ist auf der einen Seite die unheilige Allianz von Konservativen und Nazis, die sich in München für den Marsch auf Berlin rüsten, und auf der anderen Seite sind die Kommunisten, die von einem „Roten Oktober" träumten und in Sachsen und Thüringen zunehmend politischen Einfluß gewannen. Schließlich wurde die Gesamtsituation auch dadurch beeinflußt, daß überall im Reich die ehemaligen Freikorpsmitglieder wieder Morgenluft witterten und sich auf einen Krieg mit Frankreich einstellten. Die Bestrebungen zur geheimen Aufrüstung, die in erster Linie gegen den äußeren Feind, zugleich aber auch und manchmal viel stärker gegen die Republik selbst und ihren Weiterbestand gerichtet waren, wurden selbst von der Reichswehr nicht mehr unter Kontrolle gehalten. Was sich da zusammenbraute, kam ansatzweise in dem, was man den „Küstriner Putsch" nennt, zum Ausdruck. Die Gesamtsituation Deutschlands war schließlich durch die rasante Geldentwertung bestimmt, die mit dem Absinken der Mark ins Bodenlose zwar vereinzelt zu Hungerkrawallen und Ladenplünderungen führte, insgesamt aber von der Bevölkerung als ein unentrinnbares Schicksal mit erstaunlicher Passivität hingenommen wurde.

Das ganze Jahr über, insbesondere aber im Herbst 1923, als die Krise ihrem Höhepunkt zustrebte, spielte der Konflikt mit Frankreich die zentrale Rolle. Als Reichskanzler Stresemann Ende September das Ende des passiven Widerstandes erklärte, bedeutete das nicht eine Wende hin zur Normalisierung; im Gegenteil, die französische Reaktion auf den ohne Bedingungen erklärten Abbruch zeigte, daß Paris an einer Normalisierung der Beziehungen nicht interessiert war. Man erkannte die Reichsregierung nicht mehr als Verhandlungspartner an und begann im besetzten Gebiet, an der Ruhr wie im Rheinland, mit Vertretern dieser Gebiete selbst, Industriellen, Bürgermeistern, Politikern, Geistlichen in direkten Kontakt zu treten. Als die Reichsregierung die Konfrontation abbauen wollte, verschärfte Poincaré den Druck auf das besetzte Gebiet. Nachdem die Franzosen so lange auf das Einlenken der Deutschen im Ruhrkonflikt hatten warten müssen, wollten sie nun, als die Deutschen endlich schwach wurden, nicht die Beute fahren lassen. Mit der Zuspitzung der Situation im Rheinland, die in der immer stärker werdenden Aktivität der Separatisten ihren Ausdruck fand, vor allem nach dem Beginn der verschiedenen Putschaktionen seit dem 20. Oktober 1923, erschien die Gefahr der Abtrennung, des Verlustes dieser Gebiete, immer drohender zu werden. Der Verlust des Rheinlandes wäre jedoch nur Signal für weitere Auflösungserscheinungen und Aufstandsversuche gewesen.

Den machtpolitischen Konflikt um den Rhein ergänzten und komplizierten zugleich die wirtschaftlichen Probleme. Der passive Widerstand hatte die Währung vollends ruiniert, denn die Unterstützung des besetzten Gebietes, die Bezahlung der sich der französischen Regierung verweigernden, also streikenden Arbeiter und die Zahlungen an die ausgewiesenen Beamten wurden nur durch die Notenpresse finanziert, während die Produktion immer mehr zurückging und das Wirtschaftsleben zunehmend auf Formen des primitiven Tauschhandels reduziert wurde.

Jeder wirtschaftspolitische Neuanfang mußte mit der Ausgabe einer neuen Währung beginnen. Aber eine Chance des Erfolgs war nur dann gegeben, wenn die allein politisch motivierten Zahlungen in das besetzte Gebiet eingestellt wurden. Man konnte nicht auf den Erfolg einer neuen Währung hoffen, und diese zugleich einer solchen Belastungsprobe aussetzen, die sie notwendigerweise zu neuer schneller Entwertung verurteilte.

Mit der Notwendigkeit, allein politisch motivierte Zahlungen, die wirtschaftlich gesehen unhaltbar waren, aufgeben zu müssen, öffnete sich eine zweite Dimension des Konfliktes. Es gab stets die eine Möglichkeit, daß Frankreich mit Hilfe der Separatisten und mehr oder weniger verhüllten Gewaltmaßnahmen die faktische Abtrennung des linken Rheinufers durchsetzte. Das waren klare Verhältnisse, von außen, vom Gegner aufgezwungen; man konnte zwar dagegen protestieren und ohnmächtig aufbegehren, aber im Grunde war das alles.

Ganz anders sah die Situation jedoch aus, wenn das Schicksal des Rheinlandes zum innenpolitischen Zankapfel wurde. Wenn das Reich außerstande war, weiter das besetzte Gebiet zu subventionieren, mußte das den Protest der Betroffenen auslösen. Das war eine ganz natürliche Reaktion, aber dahinter tauchte ein besonderes Problem auf. Denn hier begegnet wieder die für die politischen Verhältnisse im Rheinland nach dem Ersten Weltkrieg typische Ambivalenz. Daß einschneidende Maßnahmen, die weite Teile der Bevölkerung empfindlich treffen, Widerspruch auslösen müssen, ist einsichtig und in der Regel durchaus erfolgreich, da die Rücksicht auf die Bevölkerung und damit die Wähler in der Regel zu einer Reduzierung der ursprünglich geplanten Belastungen führt. Im Rheinland war jedoch die Situation so verzweifelt, daß der Druck auf Berlin allein nicht ausreichte oder, genauer, in der Tendenz wirkungslos bleiben mußte, da die von dort zu erwartende Hilfe nicht genügte, um das Überleben zu sichern. Auf dem Höhepunkt der Krise, Ende Oktober und Anfang November 1923, schien kein anderer Ausweg möglich, als sich in Verhandlungen mit Frankreich einzulassen. Da die Franzosen die Berliner Regierung in diesen Angelegenheiten aber nicht mehr als zuständig ansahen, mußten dies rheinische Vertreter tun.

Damit war wieder die zwiespältige Situation da: Es herrschte im Grunde Übereinstimmung, daß man versuchen mußte, mit den Franzosen eine Regelung zu finden, die eine Überlebenschance bot. Keinem Politiker konnte Verrat und erst recht nicht Separatismus vorgeworfen werden, der in Einsicht in das Unausweichliche sich dafür aussprach, den Dialog mit der Gegenseite zu suchen. Das war aber nur die eine Möglichkeit; es gab auch eine Alternative, bei der ganz andere Motive eine Rolle spielten. Denn man konnte die Krise und damit die Notwendigkeit, mit den Franzosen zu verhandeln, auch dazu benutzen, eigene Vorstellungen, wie sie schon 1918/19 aufgetaucht waren, wieder in die Debatte zu werfen. Es gab also zwei verschiedene Haltungen: Die eine, die sich widerstrebend und als letzten Ausweg auf Verhandlungen mit den Franzosen einließ, während die andere die Notlage in gewisser Weise als Alibi benutzte, um in Verhandlungen mit den Franzosen eigene politische Ziele, die die besondere politische Rolle des Rheinlandes betrafen, zu verwirklichen.

Die Ziele der französischen Rheinpolitik 1923

Als am 11. Januar 1923 Frankreich geringfügige Versäumnisse bei deutschen Reparationslieferungen zum Anlaß nahm, gemeinsam mit Belgien in das Ruhrgebiet einzumarschieren und es militärisch zu besetzen, galt diese Aktion primär der Sicherung „produktiver Pfänder". Man wollte sich der Kohle- und Stahlproduktion, damals die Grundlage des industriellen Reichtums Deutschlands, bemächtigen, um so die Reparationsleistungen, auf die Frankreich Anspruch zu haben glaubte, dauerhaft und zuverlässig zu sichern.

In Frankreich wird die Ruhraktion noch heute anders gesehen. Denise Artaud, die sich intensiv mit dem Problem beschäftigt hat, sieht die Motive der französischen Regierung, die zu diesem Unternehmen führten, in den französisch-britischen Auseinandersetzungen um die Reparationen und die interalliierte Schuldenregelung. Gleichsam als Akt der Notwehr gegenüber den Briten habe sich Poincaré das Pfand der Ruhr sichern müssen, „das in gewisser Weise gleichwertig war mit dem, das Großbritannien mit den Schuldforderungen gegenüber Frankreich besaß".[1]

Aber es ging nicht nur um die Inbesitznahme der Ruhr, um so Deutschland zu effektiven Reparationsleistungen zu zwingen. Mit dem französischen Einmarsch ins Ruhrgebiet sollte eine für Frankreich akzeptable Lösung der Reparationsfrage erreicht werden. Bevor dies nicht erreicht war, dachte man nicht daran, aus dem Industrierevier herauszugehen. Darüber konnte längere Zeit verstreichen. Inzwischen galt es aber, die Etappe zu sichern und die dortigen politischen Infrastrukturen auszubauen. Die Rheinfrage und damit die Errichtung eines rheinischen Staatswesens war so erneut gestellt. Frankreich ging es seit 1918 um Sicherheit und Reparationen. Waren die Reparationen in der Ruhr mit Beschlag zu belegen, so war die Sicherheit nur am Rhein zu erlangen. Sicherheit am Rhein bedeutete aber zuerst natürlich militärische Sicherheit, die Anwesenheit einer starken militärischen Besatzung. Deren Dauer schien noch unbegrenzt zu sein, hatte doch Poincaré 1923 selbst erklärt, daß die Räumungsfristen, die der Vertrag vorsah, noch gar nicht begonnen hätten zu laufen.

Aber selbst wenn die militärische Präsenz Frankreichs für lange Zeit gesichert schien, war es doch wichtig, durch geeignete Maßnahmen auch in der Bevölkerung ein Frankreich gegenüber günstiges Klima am Rhein zu schaffen. Wenn es gelang, ein politisches Gemeinwesen zu errichten, das sich französischem Einfluß bereitwillig öffnete, so war dies höchst willkommen, da auf diese Weise die Stärke der Besatzungstruppen vermindert werden konnte. So wie Bismarck der bloßen Existenz der „Kölnischen Zeitung" den Wert eines zusätz-

---

1 Denise Artaud, Die Hintergründe der Ruhrbesetzung 1923. Das Problem der interalliierten Schulden, in: VZG 27 (1979), S. 258.

lichen Armeekorps am Rhein zugesprochen hatte, würde eine nach Frankreich hin tendierende rheinische Republik für mehr Sicherheit Frankreichs gesorgt haben, als dies allein das Militär erreichen konnte.

Das nationale Frankreich blieb auf den Rhein fixiert. Eine französische Zeitung schrieb im April 1923: „Das Rheinland muß das vorgeschobene Glacis der französischen Verteidigung sein, wenn es nicht die vorderste Linie der preußischen Revanche sein soll."[2] Während die Besetzung des Ruhrgebietes durch die Länge und Entschiedenheit des passiven Widerstandes die Franzosen vor nicht erwartete Schwierigkeiten stellte, die noch vermehrt wurden durch den Kompetenzwirrwarr zwischen der Armee, der Micum sowie dem französischen Hochkommissar Tirard,[3] verhielt man sich im „altbesetzten" Rheinland zurückhaltend. Das bedeutete aber nicht, daß man die Hände in den Schoß legte und den Dingen ihren Lauf ließ. So wie Reparations- und Sicherheitspolitik zusammengehörten, wurde auch die Rheinpolitik nach dem Ruhreinmarsch aktiviert und eine Koordinierung mit der Ruhraktion ins Auge gefaßt.

So hatte in einem Bericht vom 2. März Tirard für den Fall, daß die französische Regierung einen autonomen rheinischen Staat zu gründen beabsichtigte, empfohlen abzuwarten.[4] Eine solche Haltung rechtfertigte sich vor allem im Hinblick auf das Echo im Ausland, bei den Alliierten wie den Neutralen. Statt dessen sollte man zuerst die eigene Situation im Rheinland konsolidieren und das System der Ausbeutung der Pfänder ausbauen und effektiver gestalten. Darin sah Tirard zu diesem Zeitpunkt den besten Ansatz, „unsere Situation und unsere Sicherheit am Rhein" zu festigen.

Jacques Bariéty ist in seinem umfangreichen Werk über die deutsch-französischen Beziehungen nach dem Ersten Weltkrieg, das in Frankreich den Rang eines Standardwerkes besitzt, in diesem Punkte sehr zurückhaltend. Abschwächend meint er, daß Degoutte, der Oberbefehlshaber im Ruhrgebiet, und Tirard — und das erst im September 1923 — gewisse Pläne zur Errichtung eines rheinischen Staates gehabt hätten, der jedoch keineswegs von Deutschland getrennt sein sollte. Sie hätten eher an eine „Umstrukturierung Deutschlands im föderalistischen Sinne" gedacht.[5] Demgegenüber meint Bariéty, daß im Gegensatz dazu selbst zu diesem späten Zeitpunkt Poincaré noch immer keinen festen Plan gehabt habe; Instruktionen des französischen Ministerpräsidenten an Tirard oder vergleichbar ähnliche klare Äußerungen seien jedenfalls von ihm noch nicht in den Akten gefunden worden. Erdmann folgend, der in der französischen Politik 1923 die Alternative „Separation oder Autonomie" sieht, kann Bariéty sogar nach dem 20. Oktober 1923, als die Separatisten aktiv geworden waren, noch immer nicht das „Endziel" der Politik Poincarés erkennen. Keinen Beleg, so

---

2 Le Matin vom 11. April 1923, Ausschnitt in: MAE Rive gauche 30, Bl. 121.
3 Vgl. dazu Ludwig Zimmermann, Frankreichs Ruhrpolitik von Versailles bis zum Dawesplan, hrsg. von Walther Peter Fuchs, Göttingen 1971, S. 96 ff.
4 MAE Rive gauche 29, Bl. 236.
5 Jacques Bariéty, Les relations franco-allemandes après la première guerre mondiale, Paril 1977, S. 232.

klagt er, gebe es über seine „wahren Gedanken", „sa pensée profonde".[6] Im Grunde habe er nicht mehr als den Sturz Stresemanns und „Strukturveränderungen" in Deutschland erwartet.

Was jedoch die Gesamtpolitik Poincarés betrifft, ist Bariéty ganz eindeutig: „Das französische Quellenmaterial läßt keinen Zweifel über die Sorge Poincarés, die Machtprobe der Ruhraktion schließlich nicht in einer Lösung enden zu sehen, die von Frankreich allein dem widerstrebenden Deutschland auferlegt wurde, sondern in einer multilateralen Lösung, in Übereinstimmung mit den Alliierten Frankreichs. Der Ministerpräsident hat niemals aufgehört, an England zu denken, selbst wenn er allein handelte."[7] Das ist der verschleiernden Apologie zuviel. Ein solches Urteil ist vom Ende her gefällt worden, von der Konferenz von London von 1924, auf der der Dawes-Plan beschlossen wurde. Weder den Intentionen noch der tatsächlichen Durchführung der Politik Poincarés im Jahre 1923 wird eine derartige Entscheidung gerecht. Man wird in diesem Urteil Bariétys vor allem den Ausdruck eines konservativ-nationalen Geschichtsverständnisses erblicken müssen, das die Politik Poincarés verharmlosend darstellt und dabei bestrebt ist, den deutsch-französischen Gegensatz von damals im Geiste der deutsch-französischen Freundschaft von heute kosmetisch zu tönen und nach Kräften abzuschwächen und zu verharmlosen.

Die auf Harmonie getrimmte These, daß die ganze Ruhraktion, die die deutsch-französischen Beziehungen für Jahrzehnte vergiftet hat, nur ein Druckmittel gewesen sei, um die widerstrebenden Angelsachsen an den Verhandlungstisch zu bringen, ist schlicht abwegig und verzeichnet grob die von Poincaré 1923 verfolgte Politik. Denn was dieser im Rheinland zu erreichen hoffte, konnte niemals die Billigung Londons finden. Es war die Wiederaufnahme einer Politik des nationalen Alleinganges, die 1918/19 von verschiedenen Seiten in Paris gefordert, von Clemenceau aber in Kenntnis der damit verbundenen Risiken nicht befolgt worden war.

Zudem erweckt Bariéty den Eindruck, als habe er tatsächlich einen genauen Überblick über die vorhandenen Quellen. Das ist jedoch keineswegs der Fall. Es ist kaum vorstellbar, aber Tatsache, daß er die für die Rheinpolitik zentral wichtige Aktengruppe „Rive gauche" im Quai d'Orsay nicht benutzt hat, sondern nur die wenigen „Beutestücke", die ins Deutsche übersetzt sind und sich im Bundesarchiv in Koblenz befinden.[8] Als französische Ersatzüberlieferung zieht er lediglich die Papiere des Staatspräsidenten Millerand heran, die aber nur das enthalten, was der Ministerpräsident dem Präsidenten der Republik zugänglich machen wollte oder was dieser von anderen Politikern hörte oder zugesendet bekam. Auf jeden Fall bietet diese Überlieferung keinen Ersatz für die speziellen Akten des Quai d'Orsay,[9] und es ist schwer einsehbar, daß Bariéty diesen wichtigen Bestand einfach links liegengelassen hat.

---

6 Ebenda, S. 249.
7 Ebenda.
8 Es handelt sich dabei um Abschriften, die ein Pfälzer Jurist, der eine umfassende Sammlung über den Separatismus angelegt hatte, während des Krieges in Paris angefertigt hatte.
9 Gemeint ist der Bestand „Rive gauche" in der „Série Europe 1918–1929"; „Rive gauche" ist in diesem Zusammenhang kein geographischer, sondern ein politischer Be-

Aus diesem Quellenbestand ergibt sich nämlich ein ganz anderer Sachverhalt. Im März 1923, als man sich auf eine längere Dauer des Konfliktes einrichtete, wurde von dem Conseil Supérieur für die nationale Verteidigung beim Amt des Ministerpräsidenten, also einem Stab, der Poincaré direkt zuarbeitete, eine umfassende Vorbereitungsaktion in Gang gesetzt. Am 24. März fand eine Konferenz statt. Deren Ergebnis faßte General Serrigny, der Chef dieses Stabes, in einem als „sehr geheim" gekennzeichneten Papier über die künftige Organisation des Rheinlandes zusammen.[10]

Als „allgemeine Organisationsgrundsätze" wurden festgelegt:

„a) Autonomer Staat im Rahmen des Reiches.
b) Ein Staat, der lebensfähig ist, ohne für seine Nachbarn eine wirtschaftliche Gefahr darzustellen.
c) Ein Staat, der die französischen und belgischen Grenzen wirksam gegen einen deutschen Angriff schützen kann.
d) Ein Staat, dessen Ingangsetzung schrittweise erfolgt."

Der Organisationsplan sah vor:

„a) Aufrechterhaltung der deutschen Organisation.
b) Möglichst klare Trennung vom Reich auf allen Gebieten (Währung, Schule, Zoll, Industrie-, Agrar- und Wirtschaftsverbände, Steuern usw.).
c) Kontrolle der Regierung und Verwaltung des Staates erst durch die Alliierten, dann durch den Völkerbund.
d) Aufhebung der Armee, der Wehrverbände, der Befestigungen, der strategischen gegen uns gerichteten Verkehrswege usw., Schaffung einer Polizei. Militärische Besetzung zuerst durch die Alliierten, dann durch den Völkerbund.
e) Die Grenzen des Staates werden durch die Notwendigkeit bestimmt, ihm ein eigenes Wirtschaftsleben zu geben, einen für Frankreich und Belgien genügend starken Puffer zu bilden und den ethnographischen, religiösen usw. Gegebenheiten Rechnung zu tragen.
f) Vorteile einer wirtschaftlich besonders günstigen Situation, die durch geringe Lasten und Dienstleistungen ermäßigt wird; von daher ergibt sich aber die Notwendigkeit, die Rheinländer zu einer gerechten Beteiligung an den Reparationen zu veranlassen, ebenso wie der rheinische Haushalt am Reichshaushalt teilhaben sollte.
g) Annäherung des Rheinlandes an Belgien und Frankreich, ohne daß dadurch eine Störung des Wirtschaftslebens dieser Länder erfolgt."

Auf der Basis dieser Grundsätze hatte Serrigny einen umfassenden Fragenkatalog ausgearbeitet, der von den verschiedenen Ministerien, der Armee, dem Hochkommissariat in Koblenz und anderen Stellen beantwortet werden sollte. Die Grundsätze und der darauf aufbauende Fragebogen waren „auf Anweisung des Ministerpräsidenten" entwickelt worden. Wie der General in dem Anschreiben am 26. März mitteilte, hatte Poincaré „von neuem meine Aufmerksamkeit

Fortsetzung Fußnote 9
    griff und umfaßt das Aktenmaterial, das mit dem Rheinstaat zusammenhängt, zu dessen Gründung es schließlich doch nicht gekommen ist.
10 MAE Rive gauche 29, Bl. 258 ff.

auf die schnelle Erledigung der Arbeit gelenkt". Das Unternehmen wurde also mit voller Kenntnis und Billigung des Ministerpräsidenten gestartet. Dennoch führte es zu keinem Ergebnis. Einige Tage später, am 5. April, bat Peretti de la Rocca, der Direktor der politischen Abteilung im Außenministerium und damit engster Mitarbeiter Poincarés, der auch das Amt des Außenministers übernommen hatte, den General, die Fragebogenaktion abzublasen und die 14 versandten Exemplare wieder einzusammeln.[11] Die Ursache dafür wird in der Furcht vor Indiskretionen zu suchen sein. Denn die Geheimhaltung war bei der Versendung an so viele verschiedene Instanzen nicht sichergestellt, da zur Beantwortung der Fragen ein großer Kreis von Experten heranzuziehen war, so daß mit undichten Stellen gerechnet werden mußte. Welch negative Wirkung war jedoch zu erwarten, wenn die Feinde Poincarés, die Linken in der Kammer, davon Wind erhielten und die Beteuerungen des Regierungschefs, es gehe nur um die Sicherung der Pfänder im Ruhrgebiet, Lügen strafen konnten.

Die im März 1923 in der Présidence du Conseil entwickelten Grundsätze können aber durchaus als Quintessenz der französischen Vorstellungen für den zu gründenden Rheinstaat angesehen werden. Sie machten vor allem eines klar: Ein neutraler, in völkerrechtlicher Hinsicht unabhängiger Staat lag nicht im Interesse Frankreichs, sondern es sollte ein formal dem Reich angehörender, aber faktisch selbständiger Staat gebildet werden.

Tirard war in einer Note vom 24. März, die ausführlich die verschiedenen Möglichkeiten der politischen Lösung für das Rheinland behandelte, zum gleichen Ergebnis gekommen und hatte sogar vor der Bildung eines neutralen und unabhängigen Staates gewarnt, da dieser in mancher Hinsicht schwerer zu kontrollieren wäre.[12] In einer weiteren Stellungnahme zu dem Fragenkatalog des Generals Serrigny ging Tirard dann noch mehr auf die Einzelheiten ein und machte konkrete Vorschläge, wie man etwa das Problem der parlamentarischen Vertretung lösen könnte, d. h. so lange wie möglich ohne allgemeine Wahlen auszukommen, da er sich über deren Ergebnisse offensichtlich keine Illusionen machte.[13] Außerdem wies Tirard ausdrücklich auf die Notwendigkeit hin, der rheinischen Bevölkerung die Permanenz der französischen Besatzung oder einer wie immer gearteten militärischen oder politischen Präsenz klar vor Augen zu führen, und sei es nur, daß man mit voller Entschiedenheit darauf hinwies, daß die Räumungsfristen des Friedensvertrages aufgrund der deutschen Vertragsverletzungen nie erfüllt würden. Eine solche Haltung wäre wichtig, um möglichen Anhängern im Rheinland die Furcht vor der Vergeltung zu nehmen, die die Deutschen nach dem Abzug der Franzosen sicher an deren Parteigängern üben würden.

Neben dem übereinstimmenden Votum für die „autonome" Lösung ist auch die Einbeziehung des Völkerbundes wie die Aufstellung lediglich einer

---

11 Ebenda, Bl. 257; handschr. Vermerke Perettis auf dem Anschreiben Serrignys vom 26. März 1923.
12 Abgedruckt bei Klaus Reimer, Rheinlandfrage und Rheinlandbewegung (1918–1933), Frankfurt 1979, S. 434–446.
13 MAE Rive gauche 29, Bl. 270–279.

Polizei wichtig, da diese Stichworte im November, auch von Adenauer, wieder ins Spiel gebracht werden. Auf der anderen Seite ist das Mißtrauen unübersehbar, das selbst dem eigenen Satellitenstaat entgegengebracht wurde. Wiederholt klingt die Besorgnis an, der Staat könnte in wirtschaftlicher Hinsicht zu einer unliebsamen Konkurrenz werden. Ebenso kleinkariert und wenig geeignet, werbend im Rheinland für die Gründung dieses Staates einzutreten, war der Gedanke, daß der neue Staat ebenfalls noch Reparationen zahlen müßte. So herrscht der Eindruck einer gewissen Kleinlichkeit vor, man wollte alle Vorteile für sich und verschwendete nicht viel Scharfsinn darauf, sich zu überlegen, ob denn die Objekte dieser Politik, die Rheinländer, auch mit der zugedachten Rolle einverstanden wären.

Besonderes Interesse verdient die Stellungnahme des Außenministeriums.[14] Die zentrale Bedeutung einer rheinischen Staatsgründung für die französische Sicherheit wurde darin durch den Rückgriff in die Geschichte, durch den Hinweis, daß man schon in Verhandlungen mit Österreich 1866 versucht habe, das linke Rheinufer zu erhalten, klar herausgehoben. Auch die bruchlose Kontinuität von den Kriegszielen des Weltkrieges zu den Planungen des Jahres 1923 kam voll zum Ausdruck. So stellte die Note fest, daß dasjenige Kriegsziel, das die alliierten Staatsmänner ohne jede Zurückhaltung stets im Munde geführt hätten, „die Zerstörung des preußischen Militarismus" gewesen sei. In der Tat hatte diese Forderung in der westlichen Kriegspropaganda eine wichtige Rolle gespielt. Interessant und in dieser Klarheit kaum einmal faßbar ist jedoch die Interpretation dieser Formel, die hier gegeben wurde: „Auf gut französisch kann das nur die Teilung der deutschen Einheit sein, die das Meisterwerk und das Werkzeug dieses Militarismus gewesen ist."[15] Hier wird klar der Verständnishorizont angesprochen, innerhalb dessen der Begriff Preußen in der Auseinandersetzung der Nachkriegszeit im Rheinland von den Franzosen und den mit ihnen konspirierenden Rheinländern, insbesondere auch von Adenauer, verwandt worden ist. Mit Preußen meinte man nicht den hypertrophen Einzelstaat, der einen gesunden Föderalismus in Deutschland unmöglich machte und deshalb zum Gegenstand von Bemühungen der Reichsreform gemacht wurde, sondern hier handelte es sich um den harten Kern, den man zerschlagen müsse, um diesen deutschen Gegner endgültig loszuwerden. Da dieses Kriegsziel, „wesentlich für die Ruhe Europas", nicht erreicht worden sei, da Deutschland nicht nur nach dem Krieg seine Einheit bewahrte, sondern Preußen angeblich sogar gestärkt aus der Niederlage hervorgegangen sei, was die Bevölkerungszahl

---

14 MAE Rive gauche 29, Bl. 266–269; „Note préparée par M. Brugère pour le Président du Conseil." Peretti, der Direktor der politischen Abteilung, brachte in Marginalien seine Skepsis zum Ausdruck: „Admirable projet si l'Angleterre n'existait pas et sans l'Angeleterre, comment faire équilibre à l'Allemagne!" Auch am Schluß der Note finden sich von ihm „observations", die eine gewisse Skepsis gegenüber der Rheinpolitik zeigen und vor allem vor französischer Einmischung in die „rheinische Bewegung" warnen, da diese den gegenteiligen Effekt hervorrufen könnte. Diese Einschätzung Perettis ist ein Beispiel mehr dafür, daß der beamtete Diplomat zwar mehr Einsicht als der verantwortliche Politiker hat, diese aber nicht durchsetzen kann.
15 Ebenda.

und den Anteil am Gesamtterritorium betreffe, müßte nun das nachgeholt werden, was im Friedensvertrag versäumt worden sei.[16]

In Übereinstimmung mit dem Papier des Generals Serrigny wurde in der Note des Außenministeriums der Autonomie anstelle der vollen Unabhängigkeit klar der Vorzug gegeben. Wichtig ist jedoch, wie die Autonomie definiert wurde. Die Vorstellung, daß es sich um die Gründung eines Landes im Rahmen der Reichsverfassung handelte gemäß dem Verfahren, das der Artikel 18 vorsah, wurde klar zurückgewiesen. Hier ging es um etwas ganz anderes. Im rechtlichen Sinne sei nämlich die Autonomie als ein Rechtsinstitut zu verstehen, auf das das Reich „zugunsten des neuen Staates oder eines internationalen Kontrollorgans" zu verzichten habe. Denn eine Autonomie im Rahmen der Weimarer Reichsverfassung „entspricht effektiv nicht dem politischen Ziel und den auf dem Spiel stehenden Sicherheitsproblemen". Ob das Reich einem solchen Verzicht zustimmen würde, war natürlich noch nicht abzusehen. Festzuhalten bleibt aber der Kernpunkt, daß die Autonomie „nicht im Rahmen der Verfassung von Weimar verstanden werden sollte".

Um das zu erreichen, hieß es abzuwarten. Die Planungen, die im März in Paris angestellt wurden, zeigten klar die grundsätzliche Perspektive der französischen Rheinlandpolitik auf, die in Richtung auf die politische Abtrennung des linken Rheinufers von Deutschland ging. Man war sich über das Ziel einig. Nun mußte man sich erst einmal in Geduld fassen, bis der politische und militärische Druck, der an Rhein und Ruhr mit zunehmender Stärke angewandt wurde, die erwartete Wirkung zeigte, um die Planungen auch verwirklichen zu können.

Man wird sich dabei immer zu vergegenwärtigen haben, wie vorsichtig Poincaré zu operieren gezwungen war. Er mußte mit einer wachsenden Opposition im eigenen Lande rechnen, aber es gab auch rechte Ultras, Nationalisten wie Maurice Barrès, die voll der Rhein-Mythologie huldigten und der Regierung Schwäche vorwarfen. Darüber hinaus galt es Rücksicht auf Großbritannien zu nehmen. Man mußte sich stets so verhalten, daß Vorwürfe von deutscher Seite wegen offensichtlicher oder behaupteter Verstöße Frankreichs gegen den Friedensvertrag nicht von den Briten aufgenommen und gegen die französische Regierung verwendet werden konnten. Daher ist aus der Tatsache, das Poincaré sich während der langen Monate des passiven Widerstandes in Schweigen hüllte, keineswegs, wie Bariéty es tut, auf Desinteresse oder Unkenntnis zu schließen. Vielmehr legte er, nachdem der grundsätzliche Kurs festgelegt war, eine vorsichtige Zurückhaltung an den Tag, während Tirard ihn minuziös über das vielfältige Geschehen im Rheinland informierte. Der Trend dieser Informationen schien die Reserviertheit durchaus zu rechtfertigen, da die Entwicklung im Laufe des Jahres 1923 sich immer mehr zugunsten Frankreichs veränderte.

Nur in einem Punkt ließ Poincaré wiederholt etwas verlauten; das bezog sich auf die Behandlung Dortens, worauf unten näher eingegangen wird. Als im

---

16 Vgl. zur Kontinuität dieser Einstellung, Deutschland nicht als Nationalstaat, sondern als von Preußen zusammengeschmiedeten Zwangsstaat zu sehen, so daß die Zerstörung Preußens eine Alibifunktion für die Teilung Deutschlands erhält, Henning Köhler, Das Ende Preußens in französischer Sicht, Berlin 1982.

Oktober 1923 die Dinge im Rheinland ganz allgemein in Fluß kamen, schaltete sich Poincaré aber zunehmend direkt ein und versuchte, Tirard unter Kontrolle zu bekommen. Zugleich war er bemüht, den immer mehr widerstrebenden Partner Belgien bei der Stange zu halten, was eine erhöhte diplomatische Aktivität erforderlich machte.

Im Mai 1923 haben wir als seltenes Zeugnis ein Telegramm Poincarés, in dem er sich zur Politik im Rheinland äußerte.[17] Dem waren zwei Depeschen Tirards vorausgegangen. Am 3. Mai hatte er eine Reihe von Bestimmungen vorgeschlagen, die unbeschadet der späteren politischen Lösung für das Rheinland von französischer Seite als Essentials verankert werden müßten.[18] Dabei handelte es sich um die unbegrenzte Dauer der Besatzung, die Beibehaltung der bestehenden Zollinie, die Ausbeutung der Pfänder (Zölle, Eisenbahn, Kohle, Forsten), die Schaffung einer Notenbank mit eigener Währung, die Ersetzung aller Beamten innerhalb von zehn Monaten, die nicht aus dem besetzten Gebiet stammten, die Trennung aller Verwaltungen von ihren rechtsrheinischen Regierungen in Berlin, München oder Darmstadt, die Aufstellung eigener Provinzialbudgets und die Bestellung neuer Leitungsgremien bei den öffentlichen Diensten im Rheinland bis hin zur Organisierung der Ortspolizei durch die Rheinlandkommission. Es handelte sich aber nur um einen Vorschlag, der die Rolle der Tirard unterstellten Behörden entscheidend verändern und aufwerten sollte, indem statt der Kontrolle der deutschen Verwaltung eine Hinwendung zur Organisation einer der Rheinlandkommission direkt unterstehenden Verwaltung mit starken eigenstaatlichen Bezügen vorgenommen werden sollte.

Auf diesen Vorschlag Tirards erfolgte allerdings keine Reaktion von seiten Poincarés. Fast drei Wochen später, am 21. Mai, telegraphierte Tirard einen optimistisch gestimmten Lagebericht.[19] Er meldete das Absinken der Widerstandskraft der Bevölkerung aufgrund der Verschlechterung der wirtschaftlichen Situation und als Konsequenz der von den Franzosen und Belgiern veranlaßten Massenausweisung von Beamten. Er wies auf die zunehmende Benutzung der unter französischer Regie fahrenden Eisenbahnen hin, die zuerst boykottiert worden waren. In dieser Situation der allgemeinen Unzufriedenheit beschäftige man sich erneut mit der „Möglichkeit einer rheinischen Republik". Das war natürlich positiv zu bewerten, aber er kam nicht umhin, auf ernste Gefahren in diesem Zusammenhang hinzuweisen. Denn in Köln seien unter Adenauer Bestrebungen im Gange, in Gesprächen mit Berlin zur Errichtung eines rheinischen Staates zu gelangen, der von Preußen getrennt, aber „im Schoß des Reiches" ruhen sollte. Doch es kam noch schlimmer. Er, Tirard, habe bei dem Colonel Ryan einen englischen Professor für Diplomatiegeschichte, C. Kingsley Webster, getroffen, der in engen Beziehungen zu Lord Robert Cecil, dem britischen Lordsiegelbewahrer, stehe. Dieser Professor habe ihm ebenfalls die Gründung eines „rheinischen Staates, getrennt von Preußen, aber im Rahmen des Reiches vorgeschlagen,

---

17 Kopie des Telegramms in AN AJ^9/5268.
18 AN AJ^9/3826; vgl. dazu Ludwig Zimmermann, Frankreichs Ruhrpolitik von Versailles bis zum Dawesplan, Göttingen 1971, S. 130.
19 Ebenda.

dessen Neutralität durch den Völkerbund gesichert werden könnte". Für die Gründung eines solchen Staates sollten die Franzosen entweder einer Senkung der Reparationen oder einer Verminderung der Besatzung zustimmen.

Nun könnte man annehmen, daß Tirard über soviel englisches Entgegenkommen geradezu entzückt gewesen sei. Davon konnte jedoch keine Rede sein. Ganz im Gegenteil wurde dem Professor das klare Desinteresse Tirards bedeutet, denn dieser verwies auf den offiziellen Standpunkt der französischen Regierung, daß die Frage der Reparationen nichts mit der Frage der Sicherheiten zu tun habe und daß Frankreich schließlich auf keines seiner aus dem Friedensvertrag herrührenden Rechte verzichten könne.

Tatsächlich stand nämlich für Tirard die Reichsregierung hinter dem Vorschlag, daß diese „eine Lösung der rheinischen Frage zu präsentieren versuchte, in der Furcht, hier im Rheinland überrascht zu werden, und in der Hoffnung, bessere Bedingungen zu erhalten". Angesichts dieses fragwürdigen Manövers, einer Art Dreiecksgeschäft zwischen Adenauer, den Engländern und Berlin, empfahl er, „eine Haltung der Vorsicht zu bewahren". Er sah jedoch auch einen politischen Aspekt: Wenn die Frage in aller Öffentlichkeit diskutiert würde aufgrund der aus Köln herrührenden Aktivitäten, hätte dies den Vorteil, daß auf diese Weise die Anhänger der „rheinischen Bewegung", also die von den Franzosen ausgehaltenen Separatisten, sich des Verratsvorwurfs entledigen könnten.

Schließlich empfahl Tirard noch, auf die französische Presse im gleichen Sinne der Zurückhaltung einzuwirken, dies allerdings in dem Bewußtsein, daß die „Frage der inneren Ordnung uns im Augenblick nicht davon entbinden sollte, unsere eigenen Sicherheiten am Rhein zu sichern". Er vertrat also den Standpunkt, daß aufgrund der Enttäuschung und Erschöpfung der rheinischen Bevölkerung die Frage der rheinischen Republik an Boden gewönne. Aus diesem Grunde sei Adenauer schon aktiv, um in Abstimmung mit der Reichsregierung der Frage näher zu treten und ein Ventil zu öffnen, aber nur in der Absicht, mit Hilfe der Engländer die Franzosen nicht zum Zuge kommen zu lassen. Davon sollte man sich, so Tirard, aber nicht beirren lassen, sondern sein Pulver trocken halten und die eigenen Parteigänger in Schutz nehmen, indem man nun darauf hinweisen könne, daß nicht nur sie, sondern auch ganz andere Leute sich mit diesem Plan beschäftigten. Wenn sogar die Berliner Regierung mit dem Projekt sich befasse, könne man wohl nicht von Verrat sprechen.

Auf diese optimistische Lagebeurteilung erfolgte umgehend eine Antwort Poincarés. Am 24. Mai teilte er Tirard mit, daß er dessen Standpunkt der Vorsicht und Zurückhaltung voll teile. Es wirkt jedoch einigermaßen seltsam, wie er dies näher umschrieb, bezog er doch den Standpunkt, daß „jedes Manöver von unserer Seite, jede Unterstützung, so indirekt sie auch immer sei, die Bewegung kompromittieren und die Bildung eines Zustandes verhindern (würde), von dem man annehmen könnte, daß er sich behaupten könne." Bei diesen Ausführungen hatte er entweder völlig vergessen, wieviel Geld die Franzosen regelmäßig an das „mouvement rhénan", also an Leute wie Dorten zahlten, oder aber – und das ist wahrscheinlicher – kommt hier seine Advokatenmentalität zum Ausdruck, nämlich die Dinge sich so zurechtzubiegen, daß der eigene

Standpunkt stets als korrekt und rechtmäßig erschien. Schon der nächste Satz seines Telegrammes klang ganz anders; hier schrieb er klar und deutlich: „Übrigens hängen das Reparationsproblem und selbst die Frage unserer Sicherheit viel weniger an der Form der Regierung oder der Verwaltung, die sich im Rheinland etablieren wird, als an den Bedingungen, die wir ihnen auferlegen werden." Das war eindeutig; zugleich unterstreicht es noch einmal, welch instrumentale Bedeutung der Begriff der Autonomie für die Franzosen hatte. Nicht die Rechtsform war wichtig, sondern allein, ob Frankreichs Einfluß genügend gesichert sei.

Der Schlußsatz des Telegramms war wieder von bezeichnender Verlogenheit, denn dies als Wunschdenken zu bezeichnen, hieße doch die Dinge zu verzerren. Angesichts der Isolierung der Separatisten und der Abneigung gegen die Franzosen, die ganz allgemein im Rheinland herrschte, wie es aus der ständigen Berichterstattung Tirards und anderer Quellen aus dem Rheinland mit genügend Klarheit hervorging, konnte nicht der geringste Zweifel bestehen, daß es schwieriger Manöver bedurfte, um die eigenen Ziele auch tatsächlich zu verwirklichen. Poincaré aber schrieb: „Wir haben auf jeden Fall alles Interesse, daß die Lösung, die kommen wird, spontan aus sich heraus und von der Gesamtheit der Bevölkerung getragen wird." Das war nur so zu verstehen, daß in seinen Augen die Gesamtheit sehr gering sein konnte, denn zog man alle verkappten Preußen ab sowie diejenigen, die aus Furcht vor deutschen Repressalien nicht ihre Gesinnung zu zeigen wagten und sich nicht auf die Straße trauten, dann blieben vielleicht im konkreten Einzelfall nur einige hundert, vielleicht tausend Parteigänger übrig, die für einen Politiker wie Poincaré dennoch die „Gesamtheit" darstellten und zudem ein Recht auf Schutz besaßen, da dieses rheinische Volk von den preußischen Beamten und insbesondere der brutalen Polizei unterdrückt wurde.

Festzuhalten bleibt, daß sehr wohl, schon in der frühen Phase der Ruhrbesetzung, ein Plan auch für das Rheinland bestanden hat. Schon zu diesem frühen Zeitpunkt wurde kein unabhängiger neutraler Staat, sondern die Autonomielösung angestrebt, die so beschaffen sein mußte, daß sie der französischen Forderung nach faktischer Selbständigkeit entsprach. Schließlich handelte es sich bei diesem Plan nicht um Schubladenentwürfe untergeordneter Beamter, sondern um Vorbereitungsarbeiten, die direkt unter der Aufsicht von Poincaré in Gang gesetzt und von ihm überwacht wurden. Angesichts des persönlichen Regierungsstils des französischen Regierungschefs, der zugleich sein eigener Außenminister war und durch seine ungeheure Arbeitskraft auch tatsächlich den Apparat kontrollierte, ist es ganz ausgeschlossen, daß er nicht ständig über die Entwicklung im Rheinland und die französischen Aktivitäten dort informiert gewesen ist.[20]

---

20 Für Bariéty, a.a.O., S. 227 f. sieht das ganz anders aus; er versteht das Telegramm so: „Ce texte, peu explicite et assez équivoque, montre que Poincaré n'exclut pas une solution rhénane (laquelle?), mais à condition qu'elle soit voulue par la population."

Die Separatisten

Nichts erklärt den französischen Mißerfolg im Rheinland besser als die Wirksamkeit derjenigen Gruppen, die den Separatismus zu einem Horrorbegriff im Rheinland gemacht haben. Es ist wahrscheinlich kein Zufall, daß die Franzosen sich als unfähig erwiesen, eine schlagkräftige, politisch leistungsfähige Organisation auf die Beine zu stellen. Industriegebiete, sowohl die Saar wie auch das Ruhrgebiet, waren für die französische Propaganda fast immun; andererseits war es charakteristisch, daß gerade Köln unmittelbar nach dem Krieg einen besonders fruchtbaren Boden abgegeben hatte. Hier spielte ein traditionsbewußtes Bürgertum noch die führende Rolle, das bereits in der vorindustriellen Zeit entstanden war und in dem vornationale Traditionen noch nicht untergegangen waren. Doch gerade Köln war seit 1919 für die „Bewegung" praktisch verloren, nachdem Adenauer und das Zentrum wieder auf die preußische wie die deutsche Karte setzten und das Zentrum sogar so etwas wie die Kanzlerpartei der Weimarer Republik geworden war.

Zugleich ist die Kümmerexistenz der Separatisten im Rheinland ein Beleg dafür, wie wenig Geld allein in der Politik bewirkt. Ohne genügend ideologischen Kitt und ohne überzeugende Führerpersönlichkeiten boten die verschiedenen Gruppen, die sich zudem noch gegenseitig bekämpften, ein trauriges Bild.

Eigentlich hätte mit dem Ruhreinbruch die Stunde des Handelns auch für die Separatisten kommen müssen. Als flankierende Maßnahme hätten sie im Rheinland durch gesteigerte Aktivität zur Entlastung der Franzosen beitragen können. Davon konnte jedoch keine Rede sein. Als die Truppen über den Rhein marschierten, war Dorten in Nizza und genoß das milde Klima. Das Naheliegende, sofort die Koffer zu packen und ins Rheinland zurückzukehren, geschah nicht. Er dachte gar nicht daran, seinen Urlaub abzubrechen. Erst auf direkten Druck von seiten Tirards kehrte er zurück. Joseph Smeets, der frühere Kölner USP-Politiker, der für die Franzosen als der andere „leader rhénan" galt, zeigte wenigstens mehr Eifer. Er stellte sich sofort den französischen und belgischen Behörden zur Verfügung, und trotz des erheblichen Risikos, das er und seine Leute eingingen, hatte er über „alldeutsche Agitatoren" Auskünfte geliefert; zugleich reichte er Listen von Arbeitswilligen ein, die bereit waren, bei der von den deutschen Eisenbahnern boykottierten Bahnen die Arbeit aufzunehmen. Tirard hatte ihn am 1. März in Koblenz empfangen; sein Bericht[1] zeigt einen gewissen Respekt, denn Smeets zeigte sich beflissen, war in bezug auf Subventionen von französischer Seite bescheiden und bemühte sich, den Absatz der von ihm herausgegebenen Zeitung zu erhöhen. Die Stunde des Han-

---

1 MAE Rive gauche 29, Bl. 231–236. Telegramm Nr. 179 vom 2. März 1923.

delns war für ihn aber erst dann gekommen, wenn „die gegenwärtige Krise auf eine Lösung zusteuere", wenn also die deutsche Seite zur Kapitulation gezwungen sei.

Dorten wurde von Tirard einen Tag später, am 2. März empfangen.[2] Mit ihm gab es mehr Schwierigkeiten. Was er berichtete, bot keinen Anlaß zum Optimismus. Als seine Anhänger bezeichnete er Sympathisanten des Zentrums, Kreise des Bürgertums und Industrielle. Diese würden jedoch aus Furcht vor Repressalien sich nicht hervorwagen. Aber auch hinsichtlich seiner publizistischen Aktivitäten mußte er Fehlanzeige melden. Seine Zeitung, der „Rheinische Herold", war durch einen Terroranschlag schon seit einem Monat außer Betrieb gesetzt. Demonstranten hatten die Druckerei zerstört; das geschah zu einem Zeitpunkt, als Koblenz, wie Tirard erklärend hinzufügte, noch eine amerikanische Besatzung hatte, die sich entsprechend lasch verhielt. Es war Dorten nicht möglich gewesen, für die Reparatur einen Elektriker zu finden, so daß Tirard erst intervenieren und ihm einen Militärhandwerker besorgen mußte. Aber auch dann konnte die Zeitung noch nicht erscheinen, weil Dorten nicht in der Lage war, einen Setzer zu finden. Wie Tirard in seinem Bericht am 3. März schrieb, habe er Dorten „von neuem den Schutz der französischen Behörden zugesichert". Es dauerte jedoch nicht lange, bis die Druckerei erneut und diesmal gründlicher zerstört wurde. Über den Verlauf der Aktion gibt es einen farbigen Bericht von einem der Anführer, der in der deutschen Zeitgeschichte kein Unbekannter ist. Es handelte sich um Richard Scheringer, jenen späteren Ulmer Reichswehrleutnant, der wegen NS-Kontakten 1930 vor das Reichsgericht kam und in der Untersuchungshaft zum Kommunismus bekehrt wurde. Als Gymnasiast hatte er damals mit der Zerstörung der Druckerei seinen ersten Coup gelandet.[3]

So kümmerlich, wie es um seine Zeitung stand, war auch Dortens Lagebeurteilung. Für Aktionen hielt er die Zeit noch nicht gekommen, und Tirard hatte von ihm den Eindruck gewonnen, daß er auch in Zukunft nichts tun wollte, sondern entweder auf eine von den Franzosen herbeigeführte politische Lösung wartete oder auf eine profranzösische Entwicklung in den rheinischen Parteien hoffte. In letzterem Falle sollte das katholische und industrielle Bürgertum die Führung übernehmen. Erstaunlich war dabei vor allem, an wen konkret er als Führer dachte: An keinen anderen als Adenauer! Das geschah natürlich nicht in einem freundlich-empfehlenden Sinne, ganz im Gegenteil äußerte er sich entsprechend negativ; aber „von neuen", also nicht zum ersten Mal,

---

2   Ebenda.
3   Richard Scheringer, Das große Los unter Soldaten, Bauern und Rebellen, Hamburg 1959, S. 102 ff. Tirard meldete am 11. März den zweiten Anschlag und seine Entscheidung, den verhafteten Täter vor ein Militärgericht zu stellen. Dazu kam es jedoch nicht, da Scheringer gewarnt wurde und nach Berlin retirierte. Dort hatte er jedoch nichts Eiligeres zu tun, als in den Sommerferien sich an den Übungen der Schwarzen Reichswehr zu beteiligen, die dann am 1. Oktober 1923 unter Buchrucker in Küstrin den sog. „Putsch" veranstaltete.

empfahl er Adenauer dem Hochkommissar, was diesen nicht wenig erstaunte.[4] Wir haben also einen mehr als überraschenden Sachverhalt vor uns: Dorten, die Galionsfigur der rheinischen Kollaborateure, zeigte so viel Einsicht, daß er schon zu diesem frühen Zeitpunkt nicht mehr damit rechnete, selbst die führende Rolle zu übernehmen. Wenn er Adenauer vorschlug, dann nicht, um diesem einen Gefallen zu tun, sondern weil dieser ihm nach Lage der Dinge als der einzige erschien, der fähig war, die französischen Interessen im Rheinland politisch durchzusetzen. Das zeigt zugleich, wie vertraut die beiden einmal miteinander gewesen sein müssen, denn um eine solche Empfehlung auszusprechen, mußte Dorten Adenauers Pläne wirklich gekannt haben. Dadurch wird auch der Vorwurf des Verrats, den Dorten seit 1919 immer wieder gegen Adenauer erhoben hat, plausibler. Es handelte sich dabei wohl nicht nur um eine beleidigende Invektive, sondern hier kam eine Frustration zum Ausdruck, eine Hoffnung, die sich in tiefe Enttäuschung gewandelt hatte.

Obwohl Dorten keinerlei Erfolge vorzuweisen hatte und statt dessen einen Führer für die künftige Bewegung empfahl, den Tirard keineswegs zu akzeptieren gewillt war, fiel dennoch dessen Urteil über Dorten milde aus. Er sei doch „ein nützlicher Informant und Ratgeber". Außerdem seien ihm „beträchtliche Summen" übergeben worden; daher sei es vorteilhafter, mit ihm in Kontakt zu bleiben.

Trotz dieses wenig optimistisch klingenden Berichtes hat Poincaré den Eingang des Telegramms sofort bestätigt[5] und ausdrücklich die Haltung Tirards gebilligt. Er wiederholte sogar fast wörtlich die Einschätzung Tirards, daß die Stunde des Handelns für diese beiden Rheinländer erst dann gekommen sei, wenn die Krise einer Lösung zugeführt würde. Er nahm sie also in gewisser Weise gegenüber der skeptischen Haltung Tirards in Schutz und betonte statt dessen die Notwendigkeit des Abwartens.

Die Zurückhaltung Tirards gegenüber Dorten, d. h. daß er ihn nicht schärfer kritisiert hatte, erklärt sich aus dessen einzigartiger Stellung. Während die anderen Separatisten-Anführer höchstens lokal oder regional bekannt – oder besser: berüchtigt – waren, erfreute sich Dorten einer wirksamen Unterstützung in Paris. Er war der Held des „Comité de la Rive gauche du Rhin" und der „Ligue Franco-Rhénane." Was Dorten und diese Gruppen vor allem verband, war die Abneigung gegen Tirard und seine Beamten und die Kritik an der Regierungspolitik. Diese Gruppierungen kennzeichnete ein utopischer Nationalismus, der ohne jedes Gespür für das politisch Mögliche die Rheingrenze forderte, und so war es nur natürlich, daß sie in Tirard, der sich an der Realität orientieren mußte, ihren natürlichen Feind sahen. Generalisierend kann man sagen, daß diese Gruppierungen auf deutscher Seite ihre Entsprechung etwa in den Alldeutschen im Kaiserreich fanden. Unterstützt von der Industrie, war es ein Betätigungsfeld für verabschiedete Offiziere und eine Einnahmequelle für

---

4 A.a.O., Bl. 234 schreibt Tirard: „Le Dr. Dorten m'a de nouveau cité le nom de M. Adenauer, Oberbourgmestre de Cologne, ce qui, bien qu'il lui ait appliqué un qualitatif sévère, n'a pas été sans provoquer mon étonnement."
5 MAE Rive gauche 29, Bl. 237.

Journalisten, die die nötige Propaganda besorgten, sowie für Parlamentarier der Rechten, die durch die Pflege derartiger Querverbindungen ihren Einfluß verstärkten.

Bei einem so einflußreichen und sprachgewaltigen Mitglied wie Maurice Barrès konnte das Ziel des französischen Rheins geradezu mystische Züge annehmen. Ferner gehörten zum Komitee der Abgeordnete Louis Marin und General Mangin. Insbesondere zu Mangin unterhielt Dorten enge Beziehungen,[6] und dieser hatte genügend publizistischen Einfluß, den er schon während des Krieges gepflegt hatte, um sich in der Öffentlichkeit bemerkbar zu machen. Mangin und Dorten erschienen in rechten Zirkeln als Opfer Clemenceaus. Mangin war bekanntlich 1919 wegen der Duldung von Dortens Putschversuch in Wiesbaden, direkt unter seinen Augen, nach Verstreichen einer Anstandsfrist verabschiedet worden. Nun erschien der General und sein Narr diesen verbohrten Nationalisten als Held und Märtyrer der einzig richtigen französischen Politik, die nur der Altersstarrsinn Clemenceaus und dessen Nachgiebigkeit gegenüber den Angelsachsen verhindert hatte. Diese Anschauung hatte 1919 auch Poincaré geteilt.[7]

Im April war Dorten schon wieder in Paris und gab dort Interviews. Das war das Milieu, das ihm zusagte. Als „Erster Präsident der Rheinischen Republik" bewundert zu werden[8] und auf Kosten von Tirards Reptilienfonds gut zu leben, war doch etwas ganz anderes, als sich mit den fragwürdigen Existenzen seiner „rheinischen Volksvereinigung" herumzuärgern und von den besseren Kreisen im Rheinland total geschnitten zu werden.

Der Marquis de Lillers, der inzwischen Oberdelegierter für den Regierungsbezirk Wiesbaden geworden war und genügend Erfahrungen mit dem in Wiesbaden lebenden Dorten gesammelt hatte, schrieb über ihn am 16. April 1923 einen vernichtenden Bericht.[9] In ihm begegnet Dorten als ein fast krankhafter Egozentriker — ungeheuer eitel, ohne jede Fähigkeit zum Kompromiß, aber äußerst empfindlich —, der jede Kritik an sich als Verrat auslegt. Es seien stets die anderen, die schuld seien, auch die Franzosen, die ihn um Ruf und Ansehen gebracht hätten und deshalb verpflichtet seien, ihn materiell angemessen zu unterstützen.[10]

6 Das bezog sich nicht nur auf das Gebiet der Rheinpolitik, sondern hatte auch finanzielle Aspekte. So wollten die beiden, wie Tirard am 1. Oktober 1923 meldete, mit südamerikanischen, italienischen und französischen Banken im Hintergrund eine Notenbank im Rheinland gründen, was den Plänen der französischen Regierung zuwiderlief (MAE Rive gauche 32, Bl. 182).
7 Dies spiegelt deutlich das erst kürzlich veröffentlichte Tagebuch des damaligen Präsidenten der Republik wider; Raymond Poincaré, A la recherche de la paix, Préface Pierre Renouvin, Notes de J. Bariéty et P. Miquel, Paris 1974.
8 So bezeichnete Klecker de Balazuc vom Comité de la rive gauche du Rhin Dorten in einem Bericht, der gegen die Politik Tirards gerichtet war (MAE Rive gauche 30, Bl. 132).
9 Ebenda, Bl. 178—202.
10 Die guten Verbindungen zu einigen britischen Offizieren, die de Lillers in seiner Kölner Zeit geknüpft hatte, sind möglicherweise benutzt worden, um den Bericht zwei Monate später im „Observer" zu veröffentlichen. Die französischen Bemühungen, die undichte

Am 12. Juli rechnete Tirard Poincaré vor, daß Dorten zwei Monate in Nizza und vier Monate in Paris sich aufgehalten hatte.[11] Er weigerte sich, weiterhin Zahlungen in unbegrenzter Höhe an Dorten zu leisten. Darauf reagierte Poincaré prompt,[12] bestrebt, es nicht zum Bruch mit Dorten kommen zu lassen. Er schien auch in bezug auf Dorten und mit Rücksicht auf dessen Pariser Anhang Illusionen zu hegen, die Tirard längst verloren hatte. Deshalb gab der Präsident der Hoffnung Ausdruck, daß die Aktivitäten Dortens „sich schließlich zu unserem Vorteil wenden könnten". Deshalb solle man ihn subventionieren, zwar mit Maßen und mit großer Vorsicht, damit keiner auf den Gedanken käme, daß er offiziell von französischen Behörden ausgehalten werde. Diesen Eindruck gelte es unbedingt zu vermeiden, weil das die „immer häufiger gegen uns erhobenen Anschuldigungen des Imperialismus" stützen könnte; denn Frankreich betreibe doch nur eine Politik, die „auf dem absoluten Respekt des Vertrages von Versailles" beruhe.[13] Hier begegnet wieder die typische Argumentationsweise Poincarés. Man hat den Eindruck, als lebe er in einer Scheinwelt und sei bestrebt, selbst im engsten Kreis der Eingeweihten ein Argumentationsgebäude aufzubauen, das mit der Wirklichkeit nichts zu tun hatte und von niemandem geglaubt wurde, denn es konnte, besonders nach der Publikation des Lillers'-Berichtes im „Oberserver", nicht der geringste Zweifel in der Öffentlichkeit hinsichtlich der Finanzierung Dortens durch die Franzosen bestehen.

Im Juli 1923 glaubte Tirard, endlich Fortschritte melden zu können; die Situation habe sich „verändert".[14] Auch die Separatisten spürten Aufwind und veranstalteten am 29. Juli eine Versammlung in Koblenz, zu der Anhänger aus Mainz, Trier, Aachen und Düsseldorf kamen. Die Anreise war kein Problem, da sie von der französischen Regiebahn kostenlos befördert wurden und das Ganze vom französischen Hochkommissariat organisiert war. Dennoch kann die Versammlung nicht allzu erfolgreich gewesen sein, da Tirards Bericht vom 2. August darüber recht skeptisch klingt.[15]

Fortsetzung Fußnote 10
    Stelle herauszufinden, blieben ohne Ergebnis.
11 MAE Rive gauche 31, Bl. 176; Telegr. Nr. 383 v. 12. Juli 1923. Auch Poincaré war über die wiederholten Aufenthalte Dortens in Paris nicht glücklich und schrieb Tirard: „En s'efforcant de recueillir ici appui et assistance, M. Dorten avoue son impuissance ou fait preuve d'une complète méconnaissance de la situation. Une semblable entreprise sera évidemment suspect aux Rhénans si elle leur apparaît comme dirigée par nous ..." Ebenda, Bl. 113. Als ob die französischen Akten nicht gerade diesen Sachverhalt besonders deutlich machen!
12 Ebenda, Bl. 183. Er war zwar gegen die unbegrenzte Subvention Dortens, wollte ihn aber auf der anderen Seite nach Möglichkeit schonen: „Il est absolument inexact que le Dr. Dorten ait recu à Paris l'assurance qu'une somme d'argent quelquonque serait tenue à sa disposition. J'estime d'ailleurs que nous ne devons ni décourager ni même paraître décourager ses efforts qui peúvent en définitive tourner à notre profit. Vous pouvez donc subventionner le Docteur Dorten; mais il conviendra de proportionner vos allocations aux services que vous le jugerez capable de rendre."
13 Ebenda, Bl. 187; Tel. Poincarés vom 18. Juli 1923.
14 Ebenda, Bl. 190; Tirard an Poincaré v. 20. Juli.
15 A.a.O., Rive gauche 32, Bl. 2–5.

Angesichts der Zerstrittenheit der Gruppen und Grüppchen der Separatisten versuchte man unermüdlich, die Gegensätze zu überwinden und zu gemeinsamen Aktionen zu finden.[16] Es hatten sich mittlerweile drei größere Organisationen entwickelt: die „Rheinische Volksvereinigung" Dortens im südlichen Bereich mit Wiesbaden und Koblenz als Zentren, Smeets mit der „Rheinisch-Republikanischen Volkspartei", die ihre geringe Anhängerzahl im Raum Köln-Bonn sammelte, und als dritte Gruppe, die sich als die schlagkräftigste erweisen sollte, kam der „Rheinische Unabhängigkeitsbund" in Düsseldorf unter Führung des ehemaligen Journalisten Matthes hinzu. Dieser soll während des Krieges nationalistische Propaganda auf deutscher Seite betrieben haben. Von englischer Seite verlautete, er soll früher Berufsboxer gewesen sein.[17] Daneben sind noch in der belgischen Zone Aktivitäten eines gewissen Deckers zu erwähnen.

Mit dem Sturz des Kabinetts Cuno am 12. August, dem die Parteien ihre Unterstützung entzogen, weil sie mittlerweile überzeugt waren, daß man die Politik des passiven Widerstandes nicht so unbeweglich fortsetzen konnte, wie es Cuno bis dahin getan hatte, wurde die Schwäche der deutschen Seite deutlich. Das neugebildete Kabinett der Großen Koalition unter dem Kanzler Gustav Stresemann suchte nach Wegen, den Konflikt beizulegen. Es ist bezeichnend für die Schwäche und Zerrissenheit der Separatisten, daß der Sturz Cunos keineswegs als Signal für verstärkte Aktivitäten wirkte. Ganz im Gegenteil zeigte Dorten bewußt Zeichen des Überdrusses. Er erklärte Tirard,[18] er wolle sich für einige Zeit zurückziehen, denn es hätte nur Sinn weiterzumachen, wenn die Franzosen die Souveränität im Rheinland an ein repräsentatives Gremium — einen Beirat oder einen „Rheinischen Rat" — übertragen würden. Die Fortsetzung der bisherigen Tätigkeit brächte keinen Erfolg; deshalb wolle er sich in Frankreich oder im Ausland betätigen. Tirard bekniete ihn, auf dem bisherigen Weg fortzufahren, Schritt für Schritt weiterzuarbeiten, Veranstaltungen zu organisieren usw., doch Dorten zeigte sich davon nicht sehr beeindruckt. Auch Poincaré sprach sich sehr entschieden gegen eine Reise Dortens nach Frankreich aus,[19] da dies fatale Wirkungen in der deutschen Öffentlichkeit hervorrufen würde und man auf die Idee kommen könnte, daß Dorten ein Agent der französischen Regierung wäre, was doch ganz abwegig sei.

Erst im September, im Zuge der Verschlechterung der politischen und wirtschaftlichen Situation durch die immer schnellere Marktentwertung und den sich verschärfenden Konflikt der Reichsregierung mit Bayern, drängten auch Dorten und Matthes zur Aktion. Smeets war durch ein Attentat, bei dem er schwer verletzt worden war, ausgeschaltet. Inzwischen hatte sich bei den Separatisten insofern eine neue Lage ergeben, als sie seit Ende August bewaffnete Einheiten, den „Rheinlandschutz", aufstellten. Es ist in diesem Zusam-

---

16 Vgl. dazu Klaus Reimer, Rheinlandfrage und Rheinlandbewegung (1918–1933), Frankfurt 1979, S. 282ff.
17 PRO FO 371/8684, C 17201/129/18.
18 MAE Rive gauche 32, Bl. 33f.; Tel. No. 409.
19 Ebenda, Bl. 54f.; Tel. Poincarés vom 18. August 1923.

menhang die phantastisch hohe Zahl von 37 000 Mann genannt worden, die Anfang Oktober diesen paramilitärischen Verbänden angehört haben sollen.[20] Auch wenn man in Rechnung stellt, daß die wachsende Not — weniger die rheinische Idee — den Eintritt in diese Truppe für manchen attraktiv erscheinen ließ, da Verpflegung und Getränke sicher in ausreichender Menge vorhanden waren, ist die Zahl als Täuschungsmanöver anzusehen, d. h. entweder frisierte man entsprechend die Löhnungslisten, oder aber man gab künftige Planungsziele schon als existierende Größe aus.

Am 18. September präsentierte sich Dorten wieder bei Tirard.[21] Seine Vorstellungen liefen jetzt darauf hinaus, die sich abzeichnenden Wirren im Reich, die Auseinandersetzungen der Reichsregierung mit Sachsen und Thüringen auf der einen und Bayern auf der anderen Seite, auszunutzen. Er behauptete kühn, zusammen mit der Organisation von Matthes bis zum 1. Oktober 120 000 Mann „Stoßtruppen" auf die Beine bringen zu können. Aber dann kamen wieder abenteuerliche Forderungen: Die Franzosen sollten den Belagerungszustand verhängen und die deutsche Polizei entwaffnen. Tirard versuchte, ihm dagegen klarzumachen, daß es derartiger Maßnahmen nicht bedurfte, da es bei den bisher stattgefundenen Versammlungen keine Gegendemonstrationen gegeben hatte „dank der diskreten, aber energischen Ordnungsmaßnahmen", die vom militärischen Oberkommando in Übereinstimmung mit ihm ergriffen worden seien. Waffen könnte er, Tirard, ohne Zustimmung der Regierung in Paris ohnehin nicht zur Verfügung stellen. Auf diese Verweigerung hatte es Dorten wohl abgestellt, denn das gab ihm den Vorwand für eine erneute Frankreichreise, um in Paris selbst mit Hilfe des Generals Mangin und Abgeordneter der Rechten seine Wünsche durchzusetzen. Sein Vorhaben scheiterte jedoch; selbst Poincaré konnte kein Verständnis für Dortens Sehnsucht, sich wieder in Paris zu tummeln, aufbringen und befahl strikt, ihm die Einreise nicht zu gestatten. Er solle „keinen Unsinn machen", ließ der Regierungschef telefonisch mitteilen.[22]

Tirard sah erhebliche Probleme in den Plänen Dortens wie auch bei anderen Verlautbarungen, die von separatistischer Seite zu hören waren. Da diese von der Bevölkerung geächtet waren und über keinerlei politischen Rückhalt im Rheinland und erst recht nicht im übrigen Reichsgebiet verfügten, wurde von ihnen immer lauter die Gründung eines unabhängigen Staates gefordert. Sie traten lautstark für den Bruch mit Deutschland ein. Aber gerade das schien Tirard ein erhebliches, kaum tragbares Risiko zu sein, so problematischen Figuren wie Dorten und seinem kümmerlichen Anhang den Weg zu ebnen, die Polizei zu entwaffnen und jeden Widerstand zu ersticken, damit jene dann einen unabhängigen Staat gründen konnten, der jedoch nicht mehr von der Rheinlandkommission in der gleichen Weise zu kontrollieren war, wie es der Friedensvertrag für das Rheinland vorsah, solange dieses noch zum Reich gehörte. Ein

---

20 Klaus Reimer, a.a.O., S. 299f.
21 MAE, Rive gauche 32, Bl. 123—125; Tel. Tirards vom 18. Sept. 1923.
22 Ebenda, Bl. 147. Note pour M. Hermant, den Generalsekretär Tirards, der sein Büro in Paris hatte, vom 24. Sept. 1923.

sich als unabhängig bezeichnendes Marionettenregime am Leben zu erhalten, das gegen eine riesige Opposition im Rheinland selbst zu kämpfen hätte und dessen Existenz von den Briten nie akzeptiert worden wäre, war für Tirard keine positive Lösung, sondern bedeutete letztlich eine Gefährdung der französischen Positionen im Rheinland.[23]

Matthes und sein Kompagnon von Metzen gaben sich in Düsseldorf am 27. September etwas gemäßigter.[24] Sie dementierten jegliche Putschabsichten in nächster Zukunft. Das bezog sich insbesondere auf die Meldung des „Kölner Tageblattes", das für den 30. September eine solche Aktion angekündigt hatte. Sie vertraten demgegenüber die Meinung, daß die Situation noch nicht reif sei. Auch sie betonten die Notwendigkeit des vollendeten Separatismus, der vollen Unabhängigkeit des gewaltsam zu gründenden Staates. Das traf auf die Skepsis des französischen Gesprächspartners, der diese in recht origineller Weise ausdrückte, indem er die sich am Rhein entwickelnden Ereignisse mit der überall in Europa sich bemerkbar machenden neuen politischen Entwicklungstendenz in Zusammenhang brachte, die er die „faschistische Ära" nannte. Sie komme in Persönlichkeiten wie Lenin, Mussolini, Kemal Pascha und Primo de Rivera zum Ausdruck. Der Erfolg dieser politischen Führer beruhe auf dem Geschick, die bestehenden Verwaltungsstrukturen für ihre Pläne auszunutzen und so den „Bestrebungen eines beunruhigenden Nationalismus zu entsprechen". Die Frage sei nur, ob die Energie von Matthes imstande wäre, „die friderizianische Maschine in Gang zu halten und zugleich die rheinischen Herzen von dem dunklen Drang nach nationaler Einheit abzulenken". Das war ein etwas hochgestochener Vergleich, wenn man sich die kümmerliche Realität der Separatisten vor Augen hält. Der Autor des Berichtes wollte wohl eher durch stilistische Brillanz glänzen als durch sachliche Information. Dennoch umschreibt er genau das Dilemma, vor dem die Franzosen standen, den Rheinländern eben diesen Wunsch nach nationaler Einheit abzugewöhnen. Es war deshalb naheliegend, dem Katholizismus als Alternative erhöhte Aufmerksamkeit zu schenken.

Matthes gab sich in der Frage des völligen Bruches mit dem Reich anderen Franzosen gegenüber konzilianter. René Massigli, ein Deutschlandexperte des Quai d'Orsay, der später noch eine glanzvolle diplomatische Karriere machte, hatte in der zweiten Septemberhälfte eine zwölftägige Erkundungsreise durch

---

23 Ebenda, Bl. 135; Tel. No. 446 von Tirard an Poincaré vom 22. September 1923, in dem er schreibt: „Mais il ne serait pas sans danger de laisser s'établir l'impression que la France renoncerait sur la Rive gauche du Rhin aux pouvoirs de contrôle civil et politique, déjà insuffisants, que lui confère le traité de Paix, et dont l'exercice sera dans l'avenir, essentiel, en présence d'un Etat indépendant et en cas de réduction éventuelle de nos effectifs sur le Rhin."
24 Ebenda, Bl. 222–224; Matthes und Metzen suchten in Düsseldorf Paul Valot auf, der als hoher Beamter (Sous-Préfet) dem Stab der in das Ruhrgebiet einmarschierten Truppen als „Chargé de Mission" beigegeben war; in Düsseldorf wurde eine „Mission de Presse et d'Information" eingerichtet, die François-Poncet leitete, der 1918/19 in einer ähnlichen Funktion unter Emile Haguenin gearbeitet hatte.

das Rheinland unternommen. In seinem Bericht vom 29. September[25] erklärte er, daß ihm Matthes hinsichtlich seiner politischen Ziele, ob Bruch mit dem Reich oder Autonomie, erklärt habe: „Wir verlangen mehr, um weniger zu erhalten; wir werden uns mit der Autonomie begnügen." Matthes, der in den französischen Quellen als ein ehrlicher Landsknechtstyp dargestellt wird — einmal hieß es sogar, wohl um ihn von seinen Kumpanen zu unterscheiden: „Er hat uns noch nie belogen"[26] —, wurde auch von Massigli als ein „ziemlich bemerkenswerter Typ eines Volkstribunen" charakterisiert, doch eine Führerfigur konnte er in ihm wie überhaupt unter den Separatisten nicht erblicken.

Ende September war also bei den führenden französischen Persönlichkeiten im Rheinland kein großes Vertrauen in die Separatisten festzustellen. Jene verfügten über genügend Erfahrungen und Einsicht, um sich über die Stärke und Fähigkeit der Separatisten keine Illusionen hinzugeben. Statt dessen kannten sie die politische Situation im Rheinland genügend, um zu wissen, was zur Realisierung ihrer politischen Ziele wirklich notwendig war.

Die Ereignisse am 30. September in Düsseldorf, bekannt geworden als Düsseldorfer „Blutsonntag", sorgten für eine unerwartet dramatische Zuspitzung. Geplant war dort für diesen Tag eine große Demonstration der Separatisten, die per Bahn herantransportiert wurden. Ihre Zahl soll 14 000 betragen haben. Sie formierten sich für ihren Demonstrationsmarsch in „Kompanien", als eine Schießerei begann und 17 Personen, darunter 5 Polizisten, getötet und mehr als 400 verwundet wurden. Daraufhin griffen französische Truppen zum Schutz der Separatisten ein, die am Hindenburgwall ihre Demonstration fortsetzten. Viel wichtiger aber war, daß das, was Dorten gefordert hatte, nun durchgeführt wurde: Die Polizei wurde entwaffnet. Das war der Präzedenzfall für spätere separatistische Aktionen, die in der Regel erst dann stattfanden, wenn die Polizei entwaffnet war oder französisches oder belgisches Militär in der Weise in Erscheinung trat, daß jeder Widerstand sich von selbst verbot.

Die deutsche Seite behauptete sofort, daß das Feuer von den Separatisten eröffnet worden sei, die Franzosen taten das Gegenteil; Tirard meldete, daß zuerst auf den Zug der Separatisten von unbekannter Seite am Breidenbacher Hof geschossen worden sei und dann die Polizei das Feuer auf die Demonstranten massiv eröffnet habe.[27] Eine neuere deutsche Arbeit suggeriert, die deutsche Polizei habe „widerrechtlich von der Schußwaffe Gebrauch" gemacht.[28] Die englischen Quellen,[29] die keineswegs deutschfreundlich sind, sondern nur das Bestreben zeigen, den genauen Hergang zu rekonstruieren, lassen keinen Zweifel daran, daß die Separatisten mit der Schießerei anfingen: zuerst wurde ein Polizist niedergeschossen. Die Demonstranten waren nämlich bewaffnet. Am Bahnhof wurden an die Vor- und Nachhut jeder „Kompanie" Pistolen und Munition verteilt. Ein englischer Zeuge bezeichnete diese Bewaffneten, mei-

---

25 Ebenda, Bl. 170—174.
26 MAE Rive gauche 33, Bl. 61.
27 MAE Rive gauche 32, Bl. 175.
28 Klaus Reimer, a.a.O., S. 303.
29 PRO FO 371/8684/6127.

stens Jugendliche, als „Abschaum". Wahrscheinlich hielten sich die Franzosen zurück, denn sie wußten, daß die Separatisten bewaffnet waren. Die zuerst getroffenen Polizisten waren Schupos, städtische Polizisten, die nur mit ihrem Säbel ausgerüstet waren. Als dann die Sicherheitspolizei (Sipo), die „Grünen", auftauchten, die die verletzten Kollegen sahen, während Schüsse aus den Reihen der Separatisten fielen, kam es zu der typischen, aber offensichtlich unausrottbaren Überreaktion der Polizei, die nun in die Menge schoß, so daß sich daraus die hohe Zahl der Toten und Verwundeten erklärt.

Die Ereignisse in Düsseldorf stellen eine wichtige Etappe in der Eskalation der Gewalt im Rheinland dar. Der Haß auf beiden Seiten nahm zu. Am wichtigsten muß wohl die psychologische Wirkung gewertet werden, die die Entwaffnung der Polizei auf die Bevölkerung hatte. Nun fühlte man sich einem politischen Banditentum hilflos ausgeliefert. Selbst wenn das noch gar nicht in der eigenen Stadt der Fall war und ganz abgesehen davon, daß derartiges in der britischen Zone überhaupt nicht vorkam, reichte doch die bloße Möglichkeit, der Gedanke, daß derartiges jederzeit auch in anderen Städten passieren konnte, aus, um die allgemeine Nervosität zu erhöhen und nach Auswegen zu suchen.

Tatsächlich erfolgten im unmittelbaren Anschluß an die Zwischenfälle in Düsseldorf keine weiteren spektakulären Konfrontationen. Erst drei Wochen später, als die politische Spannung im Reich in die entscheidende Phase trat, schritten auch die Separatisten zur Tat. Mitte Oktober hatte Matthes einem Mitarbeiter von François-Poncet anvertraut,[30] er werde am letzten Sonntag im Oktober, also am 28., in der belgischen Zone losschlagen. Die dortigen Separatisten erfreuten sich tatkräftiger Unterstützung von belgischen Nationalisten, die in Konkurrenz mit den Franzosen in ihrer eigenen Besatzungszone ähnliche Ziele wie ihre Verbündeten verfolgten, indem sie ihren politischen Einfluß dort dauerhaft verankern wollten.

Die Planung wurde jedoch über den Haufen geworfen, der Coup wurde bereits eine Woche früher, am 21. Oktober, in Aachen gelandet. Offizielle Begründung der Teilnehmer für den vorgezogenen Termin war das Argument, daß sie so plötzlich handeln mußten, um Adenauer zuvorzukommen, der in Köln dasselbe plante.[31] Das war aber nur vorgeschoben, denn es gibt keinerlei ernsthafte Anhaltspunkte dafür. Wahrscheinlicher ist, daß sie sich von der politischen Entwicklung im Reich leiten ließen. Zur gleichen Zeit marschierte die Reichswehr in Sachsen ein, und der Konflikt mit Bayern erreichte durch die Rebellion der dortigen Reichswehrdivision am 20. Oktober ihren ersten dramatischen Höhepunkt. General von Lossow ließ sich von der bayerischen Regierung „in Pflicht" nehmen, d.h. er unterstellte ihr die Division, was als Akt glatten Hochverrats zu werten war. Als auslösendes Moment für den Putsch, der die Separatistenführer in der französischen Zone völlig überraschte und sie zur hastigen Improvisation zwang, kam noch das Motiv der Konkurrenz hinzu. Die

---

30 MAE Rive gauche 33, Bl. 57.
31 Diese Begründung taucht mehrmals auf und wurde von der französischen Seite für bare Münze genommen; ebenda, Bl. 97, 111f., 122.

belgischen Nationalisten unter Nothomb, die die Aachener Separatisten aktiv unterstützten und ihnen sogar Waffen besorgten, ließen sich von dem Bestreben leiten, daß man den Franzosen zuvorkommen müsse, indem man in der eigenen Zone vollendete Tatsachen schaffte. Die Franzosen sollten so genötigt werden, in der nördlichen Hälfte der zu gründenden rheinischen Republik die Präponderanz des belgischen Einflusses zu akzeptieren.

In dieser politischen Situation, die alle Zeichen der Auflösung bot und in der der Autoritätsverfall der Reichsregierung immer deutlicher wurde, bedeuteten die putschistischen Aktionen der Separatisten eine weitere schwere Belastung.

Was in Aachen begann, setzte sich in anderen Städten fort. Das Verfahren ähnelte sich. Meist kamen die Separatisten mit dem Zug, besetzten öffentliche Gebäude, hißten ihre grün-weiß-rote Flagge[32] und versuchten, die Verwaltung zu übernehmen. Das war meist nicht sehr erfolgreich; sie drangen zwar in die Gebäude ein, aber die Beamten verweigerten in der Regel die Zusammenarbeit mit ihnen. Je nach der Zusammensetzung und dem Auftreten der Gruppen kam es zu Zusammenstößen, Plünderungen, aber auch zu Versuchen, sich populär zu machen, indem Lebensmittel an Arbeitslose verteilt wurden. Da hinter ihnen die belgischen und französischen Besatzungstruppen standen, gab es, wie etwa in Krefeld, nur vereinzelt offenen Widerstand. Andererseits trafen die Separatisten angesichts der ablehnenden Haltung der Bevölkerung wie auf eine Gummiwand. Es war eine Patt-Situation entstanden: Die Separatisten waren unfähig, die angemaßte Rolle der politischen Führung zu übernehmen; andererseits konnten die Bevölkerung und ihre gewählten Vertreter nichts anderes unternehmen, als ohnmächtig die Fäuste zu ballen.

Die französischen Behörden im Rheinland traf der Putsch in der belgischen Zone völlig unvorbereitet. Sie hatten vorher keinerlei entsprechende Informationen erhalten. Wie wenig vorbereitet man zu diesem Termin war, zeigt eine Episode aus Mainz. So kamen am selben Tag, am 21. Oktober, Separatisten zum französischen Kommandanten in Mainz, teilten ihre Absicht mit, daß sie sich der Polizei und Verwaltung Rheinhessens bemächtigen wollten, und fragten, ob sie „par surprise" die Republik in Mainz proklamieren könnten. Nach einer Unterhaltung mit dem Delegierten der Rheinlandkommission hätten sie sich aber überzeugen lassen, daß die Angelegenheit noch nicht so weit gediehen sei und hätten fürs erste darauf verzichtet.[33]

Voller Mißtrauen ließ Tirard daher erst einmal anfragen, ob das, was sich in Aachen, d. h. außerhalb ihrer eigenen Zone, abspielte, auch kein Täuschungsmanöver sei. Sie erhielten noch am gleichen Tage die beruhigende Antwort, daß es sich um kein Schwindelunternehmen handele. Der Generalsekretär der

---

32 Die von Paul Kleinewefers, Jahrgang 1905, Stuttgart 1977, S. 41, erhobene Behauptung, die heutige Flagge des Landes Nordrhein-Westfalen habe ihre Farben von der Separatistenflagge des Jahres 1923, entspricht nicht den Tatsachen. Vgl. dazu Düsseldorfer Jahrbuch 57/58 (1980), S. 498–510.
33 MAE Rive gauche 33, Bl. 88. Telegramm des Generalstabs der Rhein-Armee an das Kriegsministerium v. 21. Okt. 1923.

Rheinlandkommission, Hermant, ließ sich von den Belgiern noch eigens bestätigen, daß diese tatsächlich hinter dem Unternehmen stünden und die Aachener Putschisten anerkennen würden. Es seien waschechte Separatisten, „bon teint", und sie „gehören keineswegs zur Gruppe Adenauer", was offensichtlich die Franzosen befürchtet hatten.[34]

Bei diesem Sachverhalt konnte die französische Regierung sich voll hinter die Aktion stellen. Das Außenministerium brachte als Information und zugleich als Sprachregelung für die wichtigen Botschaften und für Tirard in Koblenz und Valot in Düsseldorf die stattgefundenen Ereignisse auf die folgende Formel: Die Belgier würden in Aachen Ordnung und Demonstrationsfreiheit aufrecht erhalten und die Bevölkerung „gegen jede brutale Aktion der deutschen Polizei" schützen. Die französischen Behörden nähmen die gleiche Haltung ein. Was unter Neutralität zu verstehen war, wurde so definiert: „Unsere Neutralität soll nicht dahin führen, die Rheinländer zu entmutigen noch ihnen irgendwie den Eindruck vermitteln, daß wir sie mißbilligen."[35]

Aber trotz der Tatsache, daß Tirard am 23. Oktober melden konnte, daß die wichtigen Städte des Rheinlandes in der französischen und belgischen Zone — für das Ruhrgebiet und den Raum Düsseldorf war allerdings Fehlanzeige zu erstatten — mit Ausnahme von Koblenz und Mainz in den Händen der Separatisten seien, blieb er dennoch skeptisch.[36] Denn die Separatisten waren seiner Meinung nach „offensichtlich unfähig, große Verwaltungen zu organisieren und zu leiten". Daß sie sich in den Städten überhaupt installieren konnten, hätten sie auch nur dem Geschick der Delegierten Tirards und den Militärbehörden zu verdanken, die immer wieder vermittelnd, d. h. die Separatisten begünstigend, eingegriffen hätten. Was sie unbedingt benötigten, seien neue und kompetente Führer. In diesem Zusammenhang lenkte er den Blick auf das rheinische Zentrum, in dessen Reihen ebenfalls Anhänger der rheinischen Republik vorhanden seien, die aber genau diese, den Separatisten fehlenden Qualitäten der politischen Führung besäßen.

Mit dem Hinweis auf die anti-preußischen Zentrumsvertreter, mit denen man durchaus zusammenarbeiten könnte, verband er zugleich die vorsichtige Empfehlung an Poincaré, sich von Dorten zu trennen.[37] Dieser hätte sich durch seinen Parisaufenthalt in den Augen rheinischer Patrioten zu sehr kompromittiert, die zwar gegen Preußen, aber im Grunde doch loyale Deutsche seien.

In einer persönlichen Note an Peretti untermauerte er diese Argumentation noch, indem er darauf hinwies, daß die Separatisten-Aktionen bisher von der Gruppe Matthes/von Metzen und der Gruppe Smeets, aber nicht von den Leuten Dortens durchgeführt worden seien, dessen Organisation offensichtlich zur Aktion noch nicht vorbereitet gewesen sei. Um das Funktionieren der Verwaltung zu sichern, schlug er Peretti vor, daß die Separatisten, wenn sie tatsächlich die Macht innehätten, dann sich mit den Zentrumskreisen verständi-

---

34 Ebenda, Bl. 97; Vermerk über Telefonat Hermants vom 22. Okt. 1923.
35 Ebenda, Bl. 95; Telegramm von Peretti v. 21. Okt. 1923.
36 Ebenda, Bl. 169 ff.; Tel. Nr. 502–505 v. 23. Okt. 1923.
37 Ebenda, Bl. 74; Tel. Nr. 506 v. 23. Okt. 1923.

gen, also als Inhaber der Macht von einer Position der Stärke aus sich fähige Verbündete beschaffen sollten.[38]

Festzuhalten bleibt, daß Tirard am 23. Oktober noch gewisse Hoffnungen in eine spätere Zusammenarbeit von Separatisten und Zentrumsleuten setzte. Ob es bloße Taktik war, um gegenüber dem Quai d'Orsay Kooperationsbereitschaft zu signalisieren, ist nicht eindeutig festzulegen.[39]

Einen Tag später, am 24. Oktober, machte Tirard einen neuen Anlauf, um Poincaré die Augen über die Separatisten zu öffnen. Er schickte ihm einen Bericht über die Stimmung des rheinischen Klerus. Wahrscheinlich versprach sich Tirard bei dem praktizierenden Katholiken Poincaré davon eine positive Wirkung. Denn nach Auskunft des ungenannt bleibenden Vertrauensmannes bestehe beim Klerus, wie überhaupt bei den Katholiken großes Interesse an der Gründung einer rheinischen Republik. Sie würden sich jedoch zurückhalten, weil sie nichts mit den gegenwärtigen Führern der Bewegung zu tun haben wollten, wie überhaupt die Separatisten der „Hefe des Volkes" entstammten und die ganze Idee in Mißkredit brächten. Wenn dagegen die Rheinländer sicher sein könnten, daß Frankreich ihre Unabhängigkeit achten und sich nicht in ihre inneren Angelegenheiten mischen würde, dann würden sie „fast einmütig dafür sein und von einem Tag zum anderen wird die Elite die Landstreicher ersetzen".[40]

Obwohl sich Tirard also alle Mühe gab, Poincaré wahrheitsgetreu und nüchtern zu informieren und ihm klarzumachen, daß man von den Separatisten nicht viel erwarten könne, fielen seine Bemühungen nicht auf fruchtbaren Boden. Der Ministerpräsident schien dennoch auf einen Erfolg der Separatisten zu hoffen. Man wird dabei eine gehörige Portion Wunschdenken in Rechnung zu stellen haben. Außerdem ist die Wirkung der Pariser Presse nicht zu unterschätzen, die überwiegend positiv bis enthusiastisch auf die verschiedenen Ausrufungen der rheinischen Republik reagierte. Im Rheinland hatten sich relativ viele französische Journalisten niedergelassen, die allerdings ihre Aufgabe weniger darin sahen, ein möglichst objektives Bild der dortigen Zustände zu zeichnen als vielmehr die Vorurteile ihrer Leser durch ihre Berichterstattung zu bestätigen und zu verstärken. Sie empfanden sich vor allem als Freunde und Helfer der Separatisten, mit denen sie engen Kontakt unterhielten, so daß sich ihre positiven Berichte über die Rheinländer, die endlich mit der Proklamation ihrer

---

38 Ebenda, Bl. 196; Note personelle pour M. Peretti. Dieser vermerkte seine Zweifel an dem Vorschlag Tirards mit der Marginalie „Très contestable".
39 MAE Rive gauche 34, Bl. 11; Telegramm Nr. 520 v. 25. Okt. 1923. Am 25. Oktober hatte er diesen Gedanken weiterverfolgt und mitgeteilt, daß die Separatisten ihn gebeten hätten, Verhandlungen mit Vertretern der übrigen Parteien in die Wege zu leiten.
40 MAE Rive gauche 33, Bl. 250–252. Erdmann ist dieser Sachverhalt nicht klar geworden, da ihm die französischen Akten nicht zugänglich waren. Deshalb schätzt er die Haltung der französischen Vertreter falsch ein, wenn er schreibt: „Die Berichte über Unterredungen rheinischer Persönlichkeiten mit Beamten der Rheinlandkommission lassen erkennen, daß sich die Franzosen in den ersten Tagen nach den Separatistenputschen der Täuschung hingegeben hatten, man könne die Rheinländer zur Anerkennung der vollendeten Tatsache veranlassen." K. D. Erdmann, a.a.O., S. 116.

Republik das furchtbare preußische Joch abzuschütteln begönnen, ganz wesentlich von der illusionslosen und realistischen Einschätzung der Separatisten unterschieden, wie sie bei Tirard zum Ausdruck kam. Von daher erklären sich auch die Presseangriffe auf Tirard, der mitunter als der Hauptfeind einer rheinischen Republik dargestellt wurde.[41]

Das euphorische Presse-Echo wird es wohl vor allem gewesen sein, das Poincaré am 24. Oktober bewog, sich direkt einzuschalten. Im klaren Bewußtsein der politischen Brisanz wie der fehlenden Rechtsbasis und mit der Gewandtheit des Juristen, der sich hütet, beim Beschreiten eines nicht legalen Weges sich festlegen zu lassen, beschloß er, an Tirard nur mündliche Weisungen zu erteilen. Hermant, dem in Paris tätigen Generalsekretär des Hochkommissariats, also dem Verbindungsmann Tirards zur französischen Regierung, ließ er durch Peretti mitteilen — um gegebenenfalls alles ableugnen zu können —, „daß man weder Telegramme noch Schriftliches benutzen sollte, daß man Tirard telefonisch informieren muß, daß wir, wenn die Bewegung in Gang gesetzt ist, ein erstrangiges Interesse an ihrem Erfolg haben, und daß das Außenministerium das nötige Geld (Millionen) Herrn Tirard zur Verfügung stellt".[42] Poincaré hatte also am 24. Oktober so viel Zutrauen zu der im Rheinland sich abzeichnenden Entwicklung gefaßt, daß er grünes Licht gab und die Weisung erteilte, daß die französischen Behörden in erster Linie bestrebt sein sollten, die Bewegung zum Erfolg zu führen. Das konnte sich nur auf die separatistischen Aktionen und deren globale Zielsetzungen des Bruchs mit dem übrigen Deutschland beziehen. Die warnenden Berichte Tirards hatte er wohl verdrängt, und er hoffte, die Maximallösung der völligen Trennung des Rheinlandes vom Reich realisieren zu können.

Einen Tag später, als eine auf den ersten Blick schwer einzuordnende Meldung aus der Pfalz eintraf, wurde deutlich, wie unsicher und nervös Poincaré reagierte. Es stellte sich nun heraus, daß er im Grunde überhaupt keinen Überblick hatte. Die Meldung aus der Pfalz besagte, daß man dort die Selbständigkeit proklamiert und zugleich mit Nachhilfe des dortigen Oberdelegierten, General de Metz, erste Maßnahmen zur Schaffung eigenen Pfälzer Geldes ergriffen habe. Darauf reagierte er hilflos mit allen Anzeichen der Panik. Seiner rechten Hand im Ministerium, dem Leiter der politischen Abteilung Peretti, schrieb er hastig auf einen Zettel,[43] was ihm an krausen Gedanken durch den Kopf ging: „Wie soll man in einer solchen Sache Anweisungen geben, wenn man uns darüber nicht informiert hat?" Was sich tatsächlich in der Pfalz abgespielt hatte, war der Versuch, sich vom rechtsrheinischen Bayern, mit dem die Pfälzer wenig zu tun und noch weniger im Sinn hatten, zu trennen. Da die Franzosen dabei ihre Finger mit im Spiel hatten und das Ganze zu ihrem Vorteil ausnutzen wollten, scheiterte das Unternehmen sehr rasch. Jedenfalls gab

41 So brachte der Petit Bleu einen Artikel: „M. Tirard n'est plus à sa place en Rhénanie", der mit dem Satz schloß: „Si la République rhénane existe aujourd'hui, ce n'est pas grâce à votre appui, mais malgré vous."
42 Zit. bei Jacques Bariéty, Les relations franco-allemandes après la première guerre mondiale, Paris 1977, S. 254.
43 MAE Rive gauche 34, Bl. 33 f.

es dort keinen Separatismus, der mit dem in der französischen und belgischen Zone vergleichbar gewesen wäre. Bei Poincaré ging jedoch alles durcheinander: „Die Absonderung im Rahmen des Reiches bedeutet nicht die wirkliche Autonomie; notfalls wäre es akzeptabel, wenn dadurch nicht eine Verstärkung der Bindungen an Berlin verbunden ist." Ein solcher Satz zeigt, daß er nicht begriffen hatte, um was es eigentlich ging. Die „autonomie réelle", die die französische Rheinpolitik seit dem Frühjahr 1923 als Ziel stets im Auge gehabt hatte, war nur zu erreichen, indem man den Gegensatz von totaler Trennung und bloßem Bundesstaat vermied. Die mißtrauische Frage, ob denn vielleicht nicht doch irgendwelche Bindungen bestünden, die die Autonomie als Täuschungsmanöver der deutschen Seite entlarvten, führten zu nichts. Statt dessen kam es darauf an, die Autonomie in geeigneter Weise auszustatten und mit materiellen Garantien zu versehen, damit das politische Ziel auch wirklich erreicht werden würde.

Die konfuse Reaktion Poincarés verdeutlicht zugleich den hohen Einsatz und die zunehmende Belastung, wenn er den von ihm eingeschlagenen politischen Kurs fortsetzte, um ihn schließlich doch noch zum erfolgreichen Ende zu führen. Denn man darf nicht vergessen, welchen Stellenwert die Auseinandersetzung um den Rhein für das nationale Frankreich hatte, welche Emotionen erregt wurden. Als die Reichsregierung am 26. September 1923 in Paris das Ende des passiven Widerstandes durch ihren Geschäftsträger von Hoesch mitteilen ließ, ein Ereignis, auf das man immerhin mehr als acht Monate hatte warten müssen, soll Marschall Foch ausgerufen haben: „Von Hoesch am Quai d'Orsay, das ist dasselbe wie Erzberger in meinem Eisenbahnwagen in Rethondes!"[44] Vor einem ähnlichen Erwartungshorizont muß man die Reaktionen von Poincaré sehen. Es ging hier nicht nur um eine Wiederholung des Abschlusses des Waffenstillstandes, nicht um die Pose des Siegers, der die Kapitulation des geschlagenen Gegners hinnimmt, sondern hier stand mehr auf dem Spiel. Der Gegner wurde zwar wieder schwach, aber es galt, besser als im November 1918 und dann beim Friedensvertrag auf der Hut zu sein, um nicht um die Früchte des Sieges geprellt zu werden und statt der Beute nur den Schatten davon in die Hand zu bekommen. Diese Gefahr wurde jedoch immer größer, je länger sich der Konflikt hinzog. Die eigenen Reserven gingen zur Neige; Frankreich konnte die finanziellen Belastungen des Ruhrabenteuers nicht mehr lange tragen und war nicht in der Lage, neue finanzielle Bürden und Risiken im besetzten Gebiet, wie etwa durch die Währungsreform, zu übernehmen. Zudem wurde es immer schwieriger, den belgischen Bundesgenossen, der durch britischen Druck „wackelte", bei der Stange zu halten.

Poincaré sah sich einer komplexen und vor allem, was die politische Entwicklung in Deutschland anging, höchst undurchsichtigen Situation gegenüber. Tirard trug dem Rechnung, indem er auf die wirren Fragen und Vorwür-

---

44 Zit. bei Bernard Auffray, Pierre de Margerie (1861–1942) et la vie diplomatique de son temps, Paris 1976, S. 434.

fe des Regierungschefs[45] ganz elastisch einging und sich bemühte, die unterschiedlichen Standpunkte zu glätten und den Eindruck zu erwecken, als ob überhaupt keine Mißverständnisse bestünden. Deshalb telegraphierte er umgehend, daß „die Instruktionen Ew. Exellenz sich in vollständiger Harmonie mit denen befinden, die ich gegeben habe".[46] Um aber sicher zu gehen und in Zukunft ähnliche Mißverständnisse zu vermeiden, wurde Tirard von Peretti gebeten, am 30. Oktober nach Paris zu kommen.[47]

Erdmann sieht die französische Politik primär unter der Alternative von „Separation und Autonomie".[48] Von dieser Ausgangsposition ergibt sich für ihn der Eindruck, als habe Poincaré Anfang November eine Schwenkung vollzogen. Dieser Eindruck des Kurswandels ist wohl vor allem darauf zurückzuführen, daß Erdmann noch keinen Zugang zu den französischen Archiven gehabt hatte und nur auf die in das Bundesarchiv gelangten Einzelstücke angewiesen war. Tatsächlich gibt es eine kontinuierliche Linie, die Erdmann auch richtig bei der Politik Tirards erkannte, die darauf hinausgelaufen sei, „das linke Rheinufer, ohne es zu annektieren, einer möglichst dauernden französischen Kontrolle zu unterwerfen."[49] In diese kontinuierliche politische Linie, die sowohl Tirard wie die Regierung verfolgte, hatte Poincaré lediglich am 25. Oktober durch sein Mißverständnis Verwirrung gebracht, die kurzfristig auf den ganzen diplomatischen Apparat ausstrahlte, wie es unmittelbar danach in verschiedenen Belegen ihren Niederschlag gefunden hat.

Tirard kam nicht zuletzt deshalb nach Paris, um die Situation schonungslos zu analysieren und Klarheit für sein künftiges Vorgehen zu gewinnen.[50] Er kritisierte die Separatisten in Grund und Boden, vor allem ihre totale Unfähigkeit in politischer und organisatorischer Hinsicht, ihre völlige Isolation in der Bevölkerung, ferner ihre kriminellen Übergriffe, und schließlich vergaß er nicht zu erwähnen, daß die Separatisten nur dank der militärischen Schutzmaßnahmen der Franzosen sich überhaupt hätten halten können. Ein weiterer Gesichtspunkt, der gegen die Separatisten spräche, wären die Kosten, die sie verursachten. Selbst nur für eine Übergangszeit müßte man 50 bis 100 Millionen Francs bereitstellen, denn die separatistische Regierung, die sich mittlerweile

---

45 Das geht auch aus der telefonischen Mitteilung von Hermant an Tirard vom 26. Oktober von 1 Uhr 55 hervor, wo es heißt: „Es war mir absolut unmöglich, persönlich die Person, von der Sie wissen, zu erreichen. Ich habe nur den Direktor (i.e. Peretti, H. K.) gesehen, dem ich eine Denkschrift übergeben habe, die ich mündlich kommentiert habe. Er hat diese Denkschrift seinem Chef gezeigt und hat mir Antworten zurückgebracht, die ich als widersprechend betrachte." BA ZSg. 105, Bd. 10, Bl. 41.
46 MAE Rive gauche 34, Bl. 11, Tel. Nr. 520 v. 25. Okt. 1923.
47 Ebenda, Bl. 59; hdschr. Aufzeichnung Perettis, die zeigt, das Poincaré bereits für die gemäßigte Lösung gewonnen war.
48 Karl Dietrich Erdmann, Adenauer in der Rheinlandpolitik nach dem Ersten Weltkrieg, Stuttgart 1966, S. 76.
49 Ebenda, S. 73.
50 Über dieses Treffen gibt es eine ausführliche Niederschrift, ein „Memento", in MAE Rive gauche 34, Bl. 188–198. Die Interpretation bei Ludwig Zimmermann, Frankreichs Ruhrpolitik von Versailles bis zum Dawesplan, Göttingen 1971, S. 236 ff., erscheint etwas überzogen.

in Koblenz niedergelassen hatte, „wird ohne unsere vollständige finanzielle Unterstützung unverzüglich von der Volkswut weggefegt werden".

Nach soviel Schatten konnte er jedoch auch Lichtpunkte aufzeigen, daß die „ungeheure Mehrheit im Rheinland eine autonomistische Lösung bejaht, aber im Rahmen des Reiches, unter einer noch zu bestimmenden Form, aber vor allem unter Ausschluß all der Separatistenführer, die als Verräter und Söldlinge des Auslandes betrachtet werden". Bei ihm meldeten sich immer mehr rheinische Persönlichkeiten, die um eine Audienz bäten und klar sagten, daß sie ihren Frieden mit Frankreich machen wollten und die nach den Bedingungen fragten, welche die Franzosen zu stellen beabsichtigten. Man habe also statt der unfähigen Separatisten in den rheinischen Honorationen eine echte und zudem erfolgversprechende Alternative.

Diesem massiven Plädoyer, das darauf hinauslief, die Separatisten zu opfern und statt dessen auf die politisch und wirtschaftlich führende Schicht im Rheinland zu setzen, konnte Poincaré nichts entgegensetzen und schwenkte voll auf die Linie Tirards ein; er erklärte: „Die vollständige Unabhängigkeit ... wäre das Maximum", aber ein „rattachement" mit dem Reich wäre möglich, wenn die folgenden Bedingungen erfüllt würden: „Das Rheinland müßte ein Parlament haben, eine eigene diplomatische Vertretung, eine selbständige Beamtenschaft, einen unabhängigen Haushalt, unabhängige Eisenbahnen, keine militärische Rekrutierung und unsere Reparationen und Sicherheiten entsprechend dem Vertrag von Versailles." Nachdem er diesen Katalog von Garantien aufgezählt hatte, setzte er noch hinzu, daß man schnell handeln müsse, aus außenpolitischen wie aus innenpolitischen Gründen. Daß diese Ausführungen klar den Vorstellungen Tirards entsprachen, bedarf keiner langen Beweisführung. Er selbst hatte nie etwas anderes als das in diesem Rahmen liegende vorgeschlagen. Er machte jedoch noch auf eine „veritable" Schwierigkeit aufmerksam, die in der künftigen Behandlung der Separatisten läge. Wenn deren Führer den Wunsch äußerten, daß die Franzosen sie mit den „Parteien der Ordnung", also den etablierten deutschen Parteien, zusammenbringen sollten, daß sozusagen die Separatisten als Koalitionspartner anerkannt werden müßten, während die rheinischen Politiker jede Verständigung mit ihnen strikt ablehnten, könnte eine schwierige Situation entstehen. Poincaré dagegen sah darin keine Komplikationen und wischte schnell darüber hinweg, indem er sagte: „Man wird ohne Zweifel sich anstrengen müssen, irgendwelche Entschädigungen und Kompromisse zu finden." Damit hatte er für Tirard grünes Licht gegeben, die Separatisten zu opfern. Dieser kam so für seine zukünftigen Verhandlungen mit den rheinischen Politikern in den Besitz eines wertvollen Verhandlungsobjektes. Er konnte sich nun nach langem Feilschen die Konzession abhandeln lassen, auf die weitere Unterstützung der Separatisten zu verzichten. Das war für die rheinischen Politiker jedoch die nächstliegendste und dringlichste Forderung; so konnte er in den kommenden Verhandlungen Großmut zeigen, nämlich auf diejenigen zu verzichten, die er ja ohnehin so schnell wie möglich vom Halse haben wollte. Abschließend erklärte Tirard, daß er damit rechne, „in der ihm am besten geeigneten Form die Verhandlungen mit verschiedenen rheinischen Persönlichkeiten wieder aufzunehmen, ohne in irgendeiner Weise die französische Regierung bloß zu stellen, und er wolle sich bemühen, die interessierten Persönlichkeiten dazu zu bringen, daß sie ihre Angebote wie ihren Standpunkt im Sinne der obengenannten Bedingungen präzisieren".

Darüber hinaus kündigte er an, „daß er damit rechnet, zu einer raschen Lösung hinsichtlich der Gründung einer besonderen rheinischen Notenbank auf Goldbasis zu gelangen". Das war die andere Seite des Geschäftes: Die Staatsgründung mit all den französischen Bedingungen wurde vor allem dann auch in den Augen mancher Widerstrebender attraktiv und akzeptabel, wenn gleichsam als Gegengabe eine stabile neue Währung eingeführt wurde. Die optimistischen Ankündigungen Tirards beruhten auf den Informationen, die er aus den Reihen des Zentrums wie der rheinischen Wirtschaft, insbesondere aus Kölner Bankkreisen, erhalten hatte. Vor allem nach der Versammlung in Hagen am 25. Oktober, in der der durch die Parteien laufende Gegensatz in der Konfrontation von Stresemann und Adenauer sichtbar geworden war, machten immer mehr rheinische Persönlichkeiten bei Tirard ihre Aufwartung. So war sein Optimismus durchaus berechtigt.

Nachdem so zwischen Poincaré und Tirard Einigung über das Fallenlassen der Separatisten erzielt worden war, ist von diesen nicht mehr viel zu berichten. Als Druckmittel übten sie während des Novembers weiter ihre Funktion aus, indem sie durch ihre oft terroristisch wirkenden Aktivitäten die Verhandlungsbereitschaft auf rheinischer Seite erhöhten. Der fatale Eindruck, den die separatistischen Übergriffe in der internationalen Öffentlichkeit hervorriefen, da sowohl die deutsche Propaganda als auch die englische und amerikanische Presse insbesondere durch die Bildberichterstattung[51] für ein breites Echo sorgten, war den französischen Behörden alles andere als angenehm. Nach dem Motto: „Haltet den Dieb" hatte sich François-Poncet eine entsprechende Ausrede zurechtgelegt. Er teilte sie umgehend Poincaré mit, zu dem er einen guten Kontakt hatte und dem er sicher den Posten als Chef seiner „Mission" in Düsseldorf verdankte. Er erklärte dem Regierungschef, daß es gar keine Separatisten seien, die so unangenehm in Erscheinung träten, sondern daß „gewisse deutsche Agenten sich als Separatisten verkleidet hätten". Und es seien gerade diese Typen, die sehr scharfe Berichte nach London schickten; „diese seien gegenüber unseren Beamten und Offizieren sehr gehässig und beschuldigten sie, die Separatisten anzustacheln und zu unterstützen".[52]

Die Stagnation der „Bewegung" wirkte sich primär so aus, daß die internen Streitigkeiten zunahmen. Dorten wollte schon am 10. November wieder nach Paris fahren, um mit Mangin und Francois Marsal zusammenzutreffen,

---

51 So trug ein amerikanisches Pressephoto, das als Anschauungsmaterial einer deutschen Protestnote beigefügt wurde, folgende Unterschrift: „This remarkable photo shows a green policeman who has been arrested and disarmed by French Cavalry being beaten to death by German rioters in the Rhine separatists disorders. The gentle murderers may be seen beating the man to death with iron pipes while the French look on."
52 MAE Rive gauche 36, Bl. 2; Poincaré hielt diese Nachricht für so wichtig, daß er sie umgehend Tirard mitteilte.

was Tirard jedoch zu verhindern bat.[53] Am 13. November meinte Tirard, die Separatisten würden durch die wachsenden Feindseligkeiten und Rivalitäten der Führer, die natürlich auch publik geworden waren, die „Bewegung" vollends diskreditieren.[54] Dorten hatte von der Besatzungsmacht verlangt, sie solle seinen Konkurrenten Matthes entfernen.

Zum Schluß tauchen die Separatisten in den Akten des französischen Außenministeriums nur noch als Bankräuber auf. Einmal, am 28. November, hatte ein Jüngling aus dem Anhang Dortens einen Geldtransport der Reichsbankstelle in Wiesbaden überfallen.[55] Dabei blieb es jedoch nicht; am 11. Dezember kam es wieder zu einem Überfall. Die Täter — einer von ihnen war Paul Hocquel, der Vorsitzende der „Ligue Franco-Rhénane", des Ablegers des Pariser „Comité de la Rive gauche" — wurden verfolgt und flüchteten sich in die Villa Dortens. Der konnte sie zwar vor der Verhaftung schützen; Tirard gegenüber beteuerte er, nichts mit der Sache zu tun zu haben, denn die ganze Angelegenheit sei „von seiner Frau und Herrn Hocquel" betrieben worden.[56]

Einige Tage später, am 22. Dezember, meldete sich Dorten bei Tirard ab. Er betrachtete seine Aufgabe als erfüllt und gedachte, sich für einige Zeit nach Italien zurückzuziehen.[57] So löste sich das Ganze auf. Tirard rechnete noch mit Ausgaben für zwei Monate in Höhe von je 100 000 Francs, um die Verwaltung der Separatisten — abgesehen von einigen kleinen Büros — zu liquidieren.

Das Fazit, das Tirard im Dezember zog, fiel entsprechend zurückhaltend aus. Die Separatisten hätten wenigstens „das Verdienst, die rheinische Frage vor die Öffentlichkeit und in die Presse zu bringen",[58] was nach all dem Aufwand und den von ihnen selbst gesteckten Zielen als ausgesprochen kümmerliches Ergebnis festzuhalten ist.

---

53 MAE Rive gauche 35, Bl. 379, hdschr. Vermerk Perettis vom 10. November 1923.
54 MAE Rive gauche 36, Bl. 49; Tel. Nr. 600 vom 13. Nov. 1923.
55 MAE Rive gauche 37, Bl. 60—62; Tel. Nr. 629 v. 28. Nov. 1923.
56 Ebenda, Bl. 242—246.
57 MAE Rive gauche 38, Bl. 54; Tel. Nr. 676 v. 22. Dez. 1923.
58 MAE Rive gauche 37, Bl. 337; Tel. Nr. 665 v. 15. Dez. 1923.

Die Haltung des rheinischen Zentrums

Der Einmarsch der französischen und belgischen Truppen in das Ruhrgebiet im Januar 1923 löste eine kaum für möglich gehaltene Solidarisierungswelle in Deutschland aus. Die nationale Geschlossenheit, insbesondere natürlich in dem betroffenen Gebiet selbst, aber auch im übrigen Reichsgebiet, erinnerte durchaus an den Kriegsausbruch von 1914. Das war um so überraschender, als bekanntlich nach dem Ende des Krieges der Bürgerkrieg begonnen hatte, durch dessen Bestialität tiefe Gräben aufgerissen waren. Dennoch wurde der von der Regierung verkündete passive Widerstand geschlossen befolgt. Gegenüber dem gemeinsamen äußeren Feind traten die inneren Gegensätze fürs erste zurück.

Aber je länger der Konflikt dauerte, die Fronten starr blieben, und der Widerstand sich immer mehr auf ein perspektivloses Durchhalten reduzierte, das von der Hoffnung genährt wurde, daß die andere Seite zuerst zum Einlenken genötigt sein würde, desto mehr begannen die Zweifel aufzukeimen.

Das war auch im Rheinland der Fall, was keineswegs überraschen konnte, da den Rheinländern schon 1919 von intimen Kennern wie Konrad Adenauer in Sachen nationaler Zuverlässigkeit ein schlechtes Zeugnis ausgestellt wurde.[1] Und es war ja ganz naheliegend, daß man sich besonders im Rheinland darüber Gedanken machte, wie denn das Ganze zu einem glimpflichen Ende geführt werden könnte, während die Regierung Cuno sich auf das sture Durchhalten beschränkte. Die Sorgen und Zweifel konnten jedoch nicht in aller Öffentlichkeit diskutiert werden. Das verbot sich gleichsam von selbst, da offiziell am passiven Widerstand festgehalten wurde, so daß es als Verrat gegolten hätte, wenn eine Partei oder bestimmte Parteikreise aus der Reihe getanzt wären und diese Probleme angesprochen hätten.

Das traf in besonderer Weise auf das rheinische Zentrum zu. Einerseits war es ja direkt betroffen, denn bei dem engen Zusammenhang von Reparations- und Sicherheitsfrage war mit der Frage nach dem künftigen Schicksal des Ruhrgebiets auch die Entwicklung im Rheinland miteingeschlossen. Andererseits aber war trotz der unmittelbaren Betroffenheit für das rheinische Zentrum deutliche Zurückhaltung und diszipliniertes Abwarten um so notwendiger,

---

1 Am 30. Mai 1919 erklärte Adenauer vor dem westdeutschen politischen Ausschuß, er habe gegenüber Scheidemann den Standpunkt eingenommen, „daß, wenn der Friedensvertrag so wie er vorgeschlagen sei, unterschrieben würde und die Entente dadurch das Recht bekäme, hier eine Zollgrenze zu errichten, und weiter das Recht bekäme, auf 15 Jahre oder darüber hinaus auf unbestimmte Zeit die Rheinlande besetzt zu halten mit der Befugnis, in die Verwaltung einzugreifen, daß dann nach meiner festen Überzeugung das Rheinland für Deutschland verloren sei". Abgedruckt bei Karl Dietrich Erdmann, a.a.O., S. 256.

als noch von 1918/19 so häßliche Vorwürfe wie Separatismus und klerikale Sonderinteressen im Raum standen.

Rudolf Morsey hat in seiner Geschichte der Zentrumspartei sehr entschieden die nationale Zuverlässigkeit des Zentrums betont: „In diesen Monaten blieb die Zentrumspartei unnachgiebig gegenüber französischen Annexions- oder Neutralisierungsplänen im Rheinland und gegenüber separatistischen Bewegungen, die unter dem Schutz der Besatzungsmacht ihre Aktivität zunehmend verstärkten. Für das Zentrum bestand die Rheinlandfrage in dem Satz: Das Rheinland bleibt bei Preußen und beim Reich."[2] Ein solches Urteil wird sich zu einem erheblichen Teil aus den in Deutschland überlieferten Quellen herleiten. Denn es ist naheliegend und verständlich, daß man eher belastende Aktenstücke nicht den Archiven übergeben hat.[3] Ebenso ist es wahrscheinlich, daß man über viele Unterredungen keine Aufzeichnungen angefertigt hat, während die französischen Dienststellen sorgfältig alles registrierten, was für sie von Interesse sein konnte. Hinzu kommt, daß Vertreter des Zentrums gegenüber den Franzosen viel deutlicher werden konnten, weil sie ihre Aussagen nicht tarnen mußten.

Wenn im folgenden vom rheinischen Zentrum die Rede ist, so ergibt sich die grundsätzliche Schwierigkeit der Verdeutlichung dieses Begriffes. Das Zentrum war im Grunde keine Mitgliederpartei, sondern eher eine politische Führungsorganisation, die sich im Benehmen mit dem Episkopat auf das breit entwickelte katholische Vereinsleben und auf die verschiedenen berufsständischen Beiräte stützte. Daher kam der regionalen Führung besondere Bedeutung zu; sie konnte weitgehend selbständig handeln. Das traf insbesondere auf die rheinische Zentrumsführung zu, die in der Person des Justizrats Mönnig eine eindrucksvolle Ämterhäufung und Machtkonzentration darstellte. Mönnig war zugleich stellvertretender Parteivorsitzender und Vorsitzender der einflußreichen „Kommunalpolitischen Vereinigung". Er verkörperte in besonderer Deutlichkeit den Typ des Zentrumspolitikers, den die gegnerische Polemik meinte, wenn vom „Zentrumsklüngel" die Rede war. Es rundet das Bild dieser zwielichtigen Existenz noch ab, daß er aus seinen politischen Beziehungen Kapital schlug, was für das damalige Zentrum eher eine Ausnahme war. Er wurde neben zwei skrupellosen Konjunkturrittern das dritte Vorstandsmitglied der „Goerreshaus AG", einem Presseunternehmen, das nach dem Weltkrieg die traditionsreiche „Kölnische Volkszeitung" herausbrachte, 1933 aber in einem betrügerischen Bankrott endete.[4]

2 Rudolf Morsey, Die Deutsche Zentrumspartei 1917–1923, Düsseldorf 1966, S. 511.
3 So ist es bezeichnend, daß der „politische" Teil des Aktenbestandes der Kommunalpolitischen Vereinigung, also die eigentlich politische Korrespondenz von Mönnig, nicht in das Kölner Stadtarchiv gelangt ist. Vgl. Rudolf Morsey, a.a.O., S. 598.
4 Adenauer soll selbst — wenigstens eine Zeit lang — Miteigentümer der „Kölnischen Volkszeitung" gewesen sein, wie Dr. Bachem, der Sohn des früheren „KV"-Verlegers Franz-Xaver Bachem, dem Autor brieflich mitgeteilt hat. Über den Prozeß und die Hintergründe des Bankrotts informieren ausführlich die großen rheinischen Zeitungen wie etwa die Kölnische Zeitung. Vgl. zu den Pressionen dieses Unternehmens, dessen Aufsichtsratsvorsitzender der Prälat Kaas war, auf die Reichsregierung und insbesondere auf Brüning dessen Erinnerungen: Heinrich Brüning, Memoiren 1918–1934, Stuttgart 1970, S. 445–447.

Was Morsey also generell dem Zentrum in der Rheinlandfrage bescheinigte, mag die Haltung des einfachen Zentrumsmitgliedes widerspiegeln; keineswegs trifft dieses Urteil auf die Politik von Mönnig zu, der in enger Zusammenarbeit mit Adenauer ganz andere Ziele im Auge hatte.

Es geschah schon relativ frühzeitig, daß von Zentrumsseite abweichende Positionen formuliert wurden. Die erste kritische Stimme gegenüber der Regierungspolitik und damit gegen die Minister der eigenen Partei stammte vom Prälaten Kaas. In einem – allerdings anonymen[5] – Artikel im „Trierischen Volksfreund" vom 18. April entwickelte er eine von der Politik der Reichsregierung klar abweichende außenpolitische Konzeption.[6] In dem Artikel wurde jede Annäherung an England entschieden zurückgewiesen und statt dessen eine dezidiert andere Sicht der außenpolitischen Situation dargelegt. Denn die meisten Hoffnungen in Deutschland, so illusionär sie auch immer waren, richteten sich auf eine Intervention Englands, die nur, so der Glaube, da die Deutschen sich im Recht fühlten, zu ihren Gunsten ausgehen könnte. Aber da die Briten nicht daran interessiert sein konnten, von dem besiegten Gegner gegen ihren Kriegsalliierten eingespannt zu werden, hielten sie sich in dem Konflikt bewußt zurück.

Kaas vertrat demgegenüber eine ganz andere außenpolitische Konzeption. Er machte scharf gegen England Front und beschuldigte es, für die Unruhen auf dem europäischen Kontinent verantwortlich zu sein und den Haß nur zu schüren, um die eigene Vorherrschaft zu sichern. Aus diesem Grunde bemühte sich England, Deutschland gegen Frankreich scharf zu machen. Dabei böte nur eine Annäherung zwischen Frankreich und Deutschland, die auf einer Politik der ehrlichen Vertragserfüllung beruhen müßte, die einzig wirkliche Aussicht auf eine dauerhafte Entspannung in Europa.

Am 26. April fand eine von Mönnig geleitete Sitzung des Provinzialausschusses des Zentrums statt, auf der der Prälat Lauscher, Parlamentarier und Theologieprofessor in Bonn, das Hauptreferat hielt. Aus seinen Ausführungen lasen die französischen Beobachter eine verschleierte Annäherung heraus, daß nämlich einer Zusammenarbeit mit Frankreich nichts im Wege stände, wenn man vor französischen Annexionsbestrebungen sicher sein könnte.[7]

Im Juni berichtete ein der Zentrumspartei angehörender Bonner Studienrat ausführlich über die in Parteikreisen diskutierten Pläne.[8] Danach habe der Gedanke der Gründung einer rheinischen Republik an Boden gewonnen, die jedoch nicht gegen Berlin gegründet werden sollte. Derartige Gedanken sind

---

5   Der französische Delegierte in Trier, der in engem Kontakt zu Kaas stand, schrieb hinsichtlich des Autors des Artikels: „Le nom du Dr. Kaas est sur les lèvres des gens éclairés." AN AJ[9]/4191.
6   Über den Artikel berichtete auch Tirard nach Paris; MAE Rive gauche 30, Bl. 204 f.; Tel. Nr. 264 v. 19. April 1923.
7   Ebenda, Bl. 222–224.
8   Es handelte sich um Gespräche, die zwischen dem Studienrat Dr. Irmer vom staatlichen Gymnasium in Bonn und einem Mitarbeiter des Bonner Oberdelegierten Gelin stattfanden. Die Berichte darüber datieren vom 1. und 8. Juni 1923; AN AJ[9]/3779.

vor allem als Ausdruck des Stimmungsabfalls zu bewerten, der sich seit Ende Mai nach dem Scheitern der deutschen diplomatischen Bemühungen und dem Sturz des Mark-Kurses nach Abbruch der Stützungsaktion breitgemacht hatte. Das böse Wort machte die Runde, „Berlin verteidige das Rheinland bis auf den letzten Rheinländer".[9]

Ebenfalls Anfang Juni ließ Kaas verlauten, er hätte Interesse, offiziöse Gespräche mit Vertretern der französischen Seite zu führen, und er würde es auch begrüßen, wenn solche Kontakte zwischen führenden Persönlichkeiten des Zentrums und einem Repräsentanten der französischen Regierung möglich wären.[10] Tirard hatte im Grunde gegen diesen Wunsch nichts einzuwenden, engagierte sich jedoch auch nicht sehr für seine Annahme bei Poincaré, so daß die Angelegenheit im Sande verlief.

Als Dorten aber im August bei Tirard die Forderung erhob, er solle Kaas aus dem besetzten Gebiet ausweisen, weigerte sich jener und teilte ausführlich Poincaré, der sich deshalb an den Hochkommissar gewandt hatte, seine Gründe dafür mit.[11] Kaas habe beträchtlichen Einfluß sowohl in Deutschland wie im Vatikan. Als Zentrumspolitiker von Gewicht habe er sich dem „mouvement rhénan" gegenüber wohlwollend gezeigt und eine das Zentrum befriedigende Lösung zu finden versucht, „indem er sich auf den rheinischen Klerus stützte, dessen beträchtlicher politischer Einfluß im besetzten Gebiet bekannt ist. In der letzten Zeit der Regierung Cuno scheint er sich von Berlin getrennt zu haben, das den Untergang des besetzten Gebietes beschleunige, dessen Interesse er zu schützen versuche." Daraus ergab sich für Tirard keineswegs, daß Kaas eine „französische Lösung des rheinischen Problems" suchte. Soweit war er noch nicht. Im September habe er sich zwar bemüht, im Kontakt mit den Berliner Stellen einen Kompromiß zu finden, der so beschaffen war, daß man ihn nicht des Hochverrats bezichtigen könne. Die Androhung von 1919 steckte ihm also noch in den Knochen. Tirard stand auf dem Standpunkt, Kaas gegenüber sehr vorsichtig sich verhalten zu müssen, da dieser für sein Land das „am wenigsten ungünstige Ergebnis" zu erzielen bestrebt sei. „Sicher vermeidet er gegenwärtig, sich mit den Franzosen zu kompromittieren, aber er ist ein ehrgeiziger Politiker und ein Priester von großem Einfluß, dessen man sich vielleicht bei Gelegenheit noch bedienen kann." Für diese Annahme sprach auch seine Vergangenheit, denn schon 1919 habe er „heftige antipreußische und klar separatistische Ansichten vertreten", weswegen es völlig verfehlt sei, Dortens Wunsch zu folgen und ihn auszuweisen, „da seine Ausweisung uns eines wichtigsten Flügels des rheinischen Zentrums völlig entfremden würde".

Kaas wurde bereits Ende August als ein potentieller Verbündeter eingeschätzt, und damit stand er in den Augen Tirards als ein typischer Vertreter des politischen Katholizismus im Rheinland fest, mit dem man durchaus zu-

---

9 Aufzeichnungen des Staatssekretärs Hamm zur Lage in den besetzten Gebieten, in: Das Kabinett Cuno, Boppard 1968, S. 535.
10 MAE Rive gauche 31, Bl. 1; Tel. Nr. 341 v. 2. Juni 1923.
11 Ebenda, Rive gauche 32, Bl. 79–81; Schreiben Tirards vom 31. August 1923.

sammenarbeiten könnte, wenn erst einmal Bewegung in die festgefahrenen Fronten käme.

Am 18. September, also wenige Tage vor dem offiziell verkündeten Ende des passiven Widerstandes, fand eine Zentrumsversammlung in Frankfurt, also außerhalb des besetzten Gebietes, statt, die einen interessanten Verlauf nahm.[12] Über die Zahl und Zusammensetzung der Teilnehmer ist nichts bekannt; es müssen jedoch hochrangige Vertreter und Abgeordnete dort sich getroffen haben. Erwähnt wurde in den französischen Quellen als anwesend der Parteivorsitzende Marx sowie führende Vertreter aus Köln. Zweck der Zusammenkunft war die Diskussion um den zukünftigen Kurs der Partei. Während Marx in einem Referat für das Ende des passiven Widerstandes plädierte und damit die Meinung der Mehrheit der Versammlung zum Ausdruck brachte, leisteten die Kölner Vertreter, vor allem Mönnig, dagegen heftigen Widerstand und sprachen sich für die Fortsetzung des passiven Widerstandes und gegen jede Veränderung des politischen Status des Rheinlandes aus. Die Kölner Zentrumsführung unter dem einflußreichen Mönnig, der sich sogar zu der Behauptung verstieg, der Abbruch des passiven Widerstandes sei Hochverrat, nahm also eine ultraradikale Haltung ein.[13] Ob Adenauer anwesend war, ist aus den Quellen nicht mit Sicherheit zu erschließen. Die intransigente Position der Kölner war in der Diskussion heftig umstritten und konnte sich nicht durchsetzen. Denn es wurde ein Beschluß gefaßt, der sich für das Ende des passiven Widerstandes, für die unverzügliche Aufnahme von Verhandlungen mit Frankreich und Maßnahmen zur Schaffung eines rheinischen Staates im Rahmen des Reiches aussprach. Natürlich wurde dieser Beschluß nicht bekanntgemacht; denn in der Öffentlichkeit nahm das Zentrum in Übereinstimmung mit den anderen Parteien eine intransigente Haltung ein. In einer gemeinsamen Sitzung hatte in Elberfeld ein Vertreter des rheinischen Zentrums diese Haltung zum Ausdruck gebracht, als er erklärte, „daß aus dem Kreise der Regierung an die politischen Führer des besetzten Gebietes herangetreten worden sei mit dem Ersuchen, daß der Wunsch zur Kapitulation aus dem besetzten Gebiet selbst kommen müsse, um dadurch dem Kabinett die innenpolitische Lage zu erleichtern. Sämtliche politischen Parteien hätten jedoch dieses Ansinnen rundweg abgelehnt."[14]

Daß die Kölner Zentrumsführung sogar innerhalb der eigenen Reihen sich als Durchhaltepolitiker um jeden Preis aufspielten, macht ihr Bestreben überdeutlich, sich für die Zukunft ein Alibi zu schaffen, um späteren Vorwürfen wegen mangelnder „nationaler Zuverlässigkeit" begegnen zu können.

Tirard hatte im Zusammenhang mit dieser Zentrumsversammlung auch Informationen über die künftige Marschrichtung des rheinischen Zentrums erhalten, die als Reaktion auf die zu erwartende Politik Stresemanns entwickelt wurde.[15] Danach erwartete man vom Kanzler, er würde den Abbruch des passi-

---

12 Ebenda, Bl. 133—135; Tel. Nr. 446 v. 22. Sept. 1923.
13 Dies geht aus dem Bericht der Wiesbadener Oberdelegierten de Lillers vom 21. Sept. 1923 hervor; AN AJ[9]/4293.
14 Die Kabinette Stresemann I u. II, Bd. 1, S. 317.
15 MAE Rive gauche 32, Bl. 134.

ven Widerstandes nur gegen bestimmte Bedingungen, wie Freilassung der Gefangenen und Rückkehr der Ausgewiesenen, akzeptieren. Mönnig selbst hatte in der Reichskanzlei bei einer Parteienbesprechung über den Abbruch des passiven Widerstandes am 24. September eine solche Haltung vorgeschlagen. „Bei der Notifizierung der Aufgabe des passiven Widerstandes an die Mächte müsse man sagen, daß die Regierung annehme, daß Gefangene befreit würden und die Ausgewiesenen zurückkehren dürften."[16] Der französischen Seite wurde zugleich mitgeteilt, welche entgegengesetzte Nutzanwendung man daraus ziehen würde. Würden diese Bedingungen von den Franzosen nicht erfüllt, so würde der Kanzler erklären, daß Frankreich und Belgien den Friedensvertrag gebrochen hätten und die Reichsregierung aus diesem Grunde genötigt sei, die Bevölkerung an Rhein und Ruhr ihrem Schicksal zu überlassen. Das ist im Kern die später so heftig umstrittene „Versackungspolitik", die erstaunlicherweise schon zu diesem frühen Zeitpunkt Stresemann unterstellt wurde. Aber Tirard wußte im September auch schon, wie die Führer des rheinischen Zentrums dann reagieren würden, denn in diesem Falle wären sie genötigt, „getrennt mit der französischen Regierung zu verhandeln, um zu verhindern, daß das Rheinland in die Hände gewisser Separatisten fällt". Es ist überraschend, wie früh — schon einen Monat vor den tatsächlichen Ereignissen — von den Zentrumsauguren die verschiedenen Möglichkeiten durchgespielt wurden und daß die Franzosen davon sofort Kenntnis erhielten. Der liberale Kölner Stadtverordnete Falk hatte durchaus recht, als er am 19. September die französische Politik so einschätzte, daß sie auf Partner im Rheinland angewiesen sei. Er meinte, die Franzosen „werden ihre Politik so einzurichten suchen, daß aus dem Rheinland selbst der Wunsch nach staatlicher Selbständigkeit an sie herangetragen wird."[17]

Gute zwei Wochen später war es vor allem die wachsende Aktivität der Separatisten, dieser immer wieder ängstlich beobachteten politischen Schmutzkonkurrenz, die im rheinischen Zentrum zunehmend Unruhe auslöste. Zugleich war dies der Anlaß, eine „rheinische Lösung" zu suchen, die mit der Regierung in Berlin, aber notfalls auch gegen sie durchgesetzt werden sollte. Am 10. Oktober fanden in Köln zwei Sitzungen des Zentrums statt;[18] dort sollen alle Abgeordneten des besetzten Gebietes anwesend gewesen sein. Dazu rechneten sich jedoch nicht die Vertreter des besetzten westfälischen Teils des Ruhrgebiets. Diese waren nicht gekommen, sondern trafen sich am gleichen Tage in Hamm, offensichtlich weil sie mit den Aktivitäten ihrer rheinischen Parteifreunde nichts zu tun haben wollten. Auch 1918/19, als von der rheinisch-westfälischen Republik die Rede war, hatte sich das westfälische Zentrum stets zurückgehalten. Die Sitzungen in Köln fanden unter dem Vorsitz von Mönnig statt. Adenauer war nicht anwesend, denn er war krank.[19] Kaas soll einer der Redner gewesen sein, die am meisten Gehör fanden. Daß zwei Sitzungen stattfanden, erklärte sich aus dem unterschiedlichen Teilnehmerkreis. Die erste Versammlung, mittags

---

16 Die Kabinette Stresemann I u. II, Bd. 1, S. 337.
17 Ebenda, S. 317.
18 MAE Rive gauche 32, Bl. 266–269; Tel. Nr. 474 vom 12. Okt. 1923.
19 Tirards Informant hatte gehört, daß Adenauer nicht eingeladen worden sei.

um 13.00 Uhr, war nicht öffentlich, die zweite um 20.00 Uhr abends war dagegen als öffentliche Versammlung für die Mitgliederschaft vorgesehen.

In der Sitzung des engeren Kreises, an der die Abgeordneten teilnahmen, wurde als die Linie für das künftige Vorgehen ein Entschluß gefaßt, der „die Notwendigkeit zum Ausdruck brachte, daß die Länder am Rhein ihr eigenes Schicksal regeln und zu diesem Zweck auch in Kontakt mit den französischen Behörden treten sollen." Wieder wurde klar zum Ausdruck gebracht, daß trotz möglicher Regierungsverhandlungen zwischen Berlin und Paris die Rheinländer ihre eigene Stimme erheben müßten, „daß die Frage durch die Betroffenen am Rhein und nicht in Berlin geregelt werden muß".

Diese Einstellung kam jedoch nur in der Mittagssitzung hinter verschlossenen Türen zum Ausdruck; in der öffentlichen Abendversammlung war davon nicht die Rede. Dort gebrauchte der Reichstagsabgeordnete Lauscher in seiner Rede „andere Worte, als die, die er am Mittag geäußert hatte".[20] Aber Tirard sah darin keinen Grund zum Mißtrauen, denn er durchschaute die Taktik. Was Lauscher öffentlich sagte, mußte so beschaffen sein, daß es nicht von den anderen Parteien kritisiert werden konnte. Daher lagen seine Ausführungen ganz auf der Linie, die er schon im April geäußert hatte. Er lehnte jede Form der Annexion oder der Losreißung des Rheinlandes von Deutschland ab, sprach nicht einmal davon, daß man das Rheinland von Preußen trennen könnte, sondern setzte sich wieder für die loyale Vertragserfüllung ein und erkannte an, daß Frankreich einen Anspruch auf Sicherheit besitze. Als Geistlichem fiel es ihm schließlich nicht schwer, sich über die Notwendigkeit der Versöhnung und Zusammenarbeit zwischen Deutschland und Frankreich zu verbreiten.

In der Berichterstattung Tirards kommt die Doppelbödigkeit der Zentrumspolitik klar zum Ausdruck. Tirard wurde genau informiert über das, was die Führungszirkel planten, so daß er sogar dafür Verständnis haben konnte, daß in der Öffentlichkeit die Partei eine ganz andere Sprache sprechen mußte. Da er die öffentlichen Verlautbarungen nicht ernst zu nehmen brauchte, zeigten ihm die seit Mitte Oktober sich häufenden Meldungen, daß im rheinischen Zentrum der Gedanke an eine autonome rheinische Republik immer mehr an Bedeutung gewann. Am 21. Oktober meldete er, „seit acht Tagen erhalten meine Dienststellen täglich Äußerungen von Bürgerlichen und aus Zentrumskreisen, die nicht verhehlen, daß die Berliner Regierung das Rheinland seinem Schicksal überlassen will".[21] Auch Monsignore Testa, der offizielle Beobachter des Vatikans im besetzten Gebiet, von dem noch später die Rede sein wird, habe dem Hochkommissar dies bestätigt.

Mönnig, der im September noch für den Widerstand um jeden Preis eingetreten war, wandte sich im Oktober noch an einen anderen „Sachverständigen", um mit ihm die Lage zu beraten. Dabei kommt seine wirkliche Einstellung deutlich zum Ausdruck. Bei diesem Experten handelte es sich um keinen anderen als Josef Froberger, der sich inzwischen von der Politik weitgehend zurückgezogen hatte und in Bonn als freier Mitarbeiter für verschiedene in- und aus-

---

20 Ebenda, Bl. 269.
21 MAE Rive gauche 33, Bl. 84; Tel. Nr. 493 v. 21. Okt. 1923.

ländische Zeitungen lebte. Mönnig und Froberger waren alte Bekannte. Wiederholt ist in den Berichten de Gaïls von Mönnig und Froberger die Rede gewesen. Danach sei Mönnig seit langem ein „großer Freund" Frobergers und teile dessen Ideen eines „self-government" für das Rheinland, die früher unter dem Stichpunkt der „Friedensrepublik" abgehandelt wurden. Froberger hatte übrigens de Gaïl gegenüber im Frühjahr 1923 auf seine alten Pläne hingewiesen.[22] Froberger besuchte am 24. Oktober den Nachrichtenoffizier des in Bonn stationierten 33. französischen Armeekorps. Dieser kannte ihn seit längerem, da Froberger ihm „verschiedene Dienste erwiesen und Mitteilungen" gemacht hatte.[23]

Den früheren Pater ließ das Geheimdienstmilieu offensichtlich noch immer nicht los, nachdem er schon für so viele Auftraggeber tätig geworden war: als „Kundschafter" der „Kölner Richtung" im Vatikan vor dem Krieg, als Agent des Nachrichtendienstes der OHL während des Krieges, als Vertrauensmann Adenauers seit dem November 1918 und dann als Informant von englischen und verschiedenen französischen Geheimdienstoffizieren.

Froberger berichtete, daß er am 19. Oktober in Berlin gewesen und dort von Mönnig eingeladen worden sei, ihn im Gebäude des Preußischen Staatsrates aufzusuchen. Dort sagte ihm Mönnig: „Sie haben nach dem Waffenstillstand die Dinge richtig gesehen. Wenn wir jetzt, 1923, aus der gegenwärtigen Situation mit einer Lösung herauskommen könnten, wie Sie sie 1919 präsentiert haben, würden wir zufrieden sein. Wir akzeptieren ein autonomes Rheinland in den Grenzen des Reiches; unglücklicherweise glauben wir nicht, daß Frankreich sich damit begnügt." Dann wurde Froberger eröffnet, daß angesichts der hoffnungslosen Lage man sich mit Frankreich arrangieren müßte, und Mönnig bat ihn „im Namen der Zentrumsvertreter" um seine guten Dienste als Vermittler und Kontaktmann zur französischen Seite. Dieses Angebot hat Froberger jedoch abgelehnt; er wollte wohl nicht noch einmal in die Schußlinie wie 1919 geraten. Gefragt über die französischen Absichten im Rheinland, gab er eine durchaus kenntnisreiche Einschätzung ab. Seiner Meinung nach stehe Frankreich nicht unter zeitlichem Druck und könne den Gang der Ereignisse abwarten; außerdem scheine es das Rheinland weder annektieren noch in einen Pufferstaat, d. h. einen unabhängigen neutralen Staat verwandeln zu wollen. Das entsprach der Haltung Tirards in erstaunlichem Maße.

Dem französischen Offizier, dem er die Begegnung mit Mönnig schilderte, teilte er abschließend mit, daß er am 25. Oktober nach Köln gehen und dort in Kontakt mit Mönnig treten werde. Weitere Berichte über das, was er in Köln gehört hatte, fehlen in der Folgezeit. Das ist nicht überraschend, denn nach den ersten Separatistenputschen seit dem 21. Oktober war eine neue Situation eingetreten. Am 25. Oktober fand in Hagen die Zusammenkunft der Vertreter des besetzten Gebietes mit dem Reichskanzler statt, nachdem am Vortag in Barmen, ebenfalls im unbesetzten Gebiet, eine Vorbesprechung stattgefunden hatte.

Die Führung des rheinischen Zentrums hatte aber nicht erst durch die Putsche, sondern schon vorher eine Haltung eingenommen, die man fast als ka-

22 AN AJ[9]/5299, Bericht vom 5. April 1923.
23 MAE Rive gauche 34, Bl. 111–115.

pitulationsreif bezeichnen kann. Das Ressentiment gegen Berlin, das angeblich das Rheinland im Stich lassen wollte, wurde schon im September zur Stereotype und nahm in der Folgezeit an Gewicht zu, ungeachtet der Tatsache, daß in der Reichs- wie in der preußischen Regierung das Zentrum vertreten war, man das Zentrum also als staatstragende Partei betrachten konnte.

Adenauers Haltung von Beginn des Ruhrkonflikts bis zum Abbruch des passiven Widerstandes

Bisher ist bei der Skizzierung des rheinischen Zentrumskurses und seiner immer stärkeren Abweichung von der allgemeinen Linie, bis hin zur offen signalisierten Verständigung mit den Franzosen fast um jeden Preis von Adenauer nicht die Rede gewesen. Das ist kein Zufall, denn Adenauer ist bei den verschiedenen Zentrumsversammlungen und Besprechungen, die den Meinungswandel der führenden rheinischen Vertreter zum Ausdruck brachten, entweder nicht dabei gewesen, oder er hat sich im Hintergrund gehalten.

Natürlich bedeutete die scheinbare Zurückhaltung keineswegs ein Desinteresse an den in Frage stehenden politischen Problemen. Eine gewisse Reserve lag für ihn insofern nahe, als er inmitten der britischen Zone nicht unmittelbar dem Konflikt ausgesetzt war. Seine politische Haltung zu Beginn des Ruhrkampfes schien vor allem durch zwei Faktoren bestimmt zu sein. Er kannte den Reichskanzler Cuno persönlich schon aus der Zeit vor dem Krieg, so daß er diesen persönlichen Draht nutzen konnte, um seine Vorstellungen in Berlin zur Geltung zu bringen. Darüber hinaus pflegte er den Kontakt zu dem britischen Delegierten der Rheinlandkommission, der seinen Sitz in Köln hatte. Das verstand sich fast von selbst, bot doch die Anwesenheit der britischen Truppen für Köln die entscheidende Sicherheitsgarantie. Die sorgfältigen Beziehungen zu den Briten, die in dieser Zeit von den Bewohnern ihrer Zone wohl weniger als Besatzung denn als Schutzmacht angesehen wurden, war durchaus naheliegend und basierte auf der vagen Hoffnung, daß England mäßigend auf Frankreich einwirken könnte.

Adenauer vernachlässigte aber auch die französische Seite nicht völlig und pflegte weiterhin seinen Kontakt zu dem französischen Agenten de Gaïl.[1]

Zu Beginn des Konfliktes zeigte er sich nach beiden Seiten hin aktiv. Am 9. Januar, unmittelbar vor dem französisch-belgischen Einmarsch in das Ruhrgebiet, warnte er aufgrund von Informationen des britischen Delegierten in Köln den Reichskanzler, im bevorstehenden Konflikt nicht den Versailler Vertrag als obsolet, also als nicht mehr bestehend zu betrachten, wenn es zur Besetzung käme. Ein solches Vorgehen würde „im gegenwärtigen Augenblick englische Sympathien für Deutschland gefährden."[2] Trotz dieser nichtssagenden Information, denn die Frage der formellen Aufkündigung des Friedensvertrages war von solcher Tragweite, daß es nebensächlich war, was dazu ein briti-

---

1 Hinweise darauf finden sich in HAStK 902/253/3. Am 29. Dez. 1922 teilte de Gaïl ihm mit, daß Tirard Adenauer — „aus Gründen worauf ich schriftlich nicht eingehen möchte" — nicht sehen will (S. 437); vgl. auch S. 441, 455 u. 457.
2 Zit. in: Das Kabinett Cuno, Nr. 37 Anm. 3, S. 124 f.

scher Vertreter im Hauptmannsrang sagte, bedankte sich Cuno umgehend bei dem Kölner Oberbürgermeister für „den freundlichen Wunsch, den Sie mir für diese Tage mitgeben", und erwiderte ihn „herzlich für Sie, die Stadt Köln und das ganze Rheinland."[3]

Am 27. Januar meldete Adenauer Cuno Bedrohliches. Er hatte sich wieder mit Piggott, dem Bezirksdelegierten, unterhalten.[4] Um das, was er dem Reichskanzler mitteilte, auch entsprechend gewichtig erscheinen zu lassen, wertete er seinen Gesprächspartner zunächst auf. Piggott sei „eine stärkere Persönlichkeit als der Vertreter in der Rheinlandkommission" — damit meinte er Lord Kilmarnock — „und sei außerdem noch mit dem britischen Handelsminister persönlich befreundet", mit dem er „eine eineinhalbstündige Aussprache gehabt" habe. Das machte Piggott, der im Foreign Office eher als Leichtgewicht eingeschätzt wurde, in den Augen Adenauers zur außenpolitischen Autorität. Piggott hatte ihm Furchterregendes erzählt.

Von London sei nämlich fürs erste keine Hilfe zu erwarten, statt dessen drohe vermehrte Gefahr von Frankreich. Man sei zwar in London gewillt, die eigene Zone zu halten, sei aber skeptisch, ob man dies auch auf Dauer verwirklichen könne. „Sobald in der britischen Zone ein Konflikt ausbreche, würden sie (die Briten H. K.) sofort abziehen". Aber es kam noch schlimmer. Piggott habe von Tirard gehört, den er „zufällig" getroffen hatte, „man werde das britisch besetzte Gebiet noch zwei bis drei Wochen in Ruhe lassen, bis man mit dem Übrigen fertig sei, dann werde man auch an das britisch besetzte Gebiet herangehen". Das war echt Adenauersche Panikmache. Was Piggott ihm erzählt und was Adenauer von sich aus dazugegeben hatte, ist in diesem Zusammenhang unwichtig. Das Ganze ist als Räuberpistole zu werten. Man muß sich einmal vorstellen, welch ungeheure Auswirkungen es für die politische Situation Europas gehabt hätte, wenn die Franzosen ihre ehemaligen Bündnispartner zum Abzug aus ihrer Zone gezwungen hätten. Das wäre der völlige Bruch zwischen den beiden Siegermächten gewesen mit unabsehbaren Konsequenzen für neue außenpolitische Konstellationen, die weder im Interesse Englands noch Frankreichs lagen. Daher wird man die Meldung in der Weise zu interpretieren haben, daß sie vor allem die ganz persönliche Besorgnis Adenauers zum Ausdruck brachte, die Briten könnten abziehen.

Deshalb bat er den Reichskanzler, umgehend einen besonderen Beauftragten der Reichsregierung zu ernennen, der gegebenenfalls zu entscheiden habe, wie man sich verhalten sollte. Inständig appellierte er an Cuno, den er offensichtlich noch als den politischen Führer akzeptierte, einen solchen Vertreter nach Elberfeld, an den Rand des besetzten Gebietes, zu entsenden: „Diese Bitte möchte ich Ihnen, sehr verehrter Herr Reichskanzler, noch besonders ans Herz legen, damit wir unser Verhalten immer entsprechend den Intentionen der Reichsregierung einrichten können."[5]

---

3 HAStK 902/253/3, S. 435.
4 Das Kabinett Cuno, Nr. 58, S. 200 f.
5 Ebenda, S. 201.

Zur gleichen Zeit entwickelte er in ganz anderer Richtung eine überraschende Aktivität. Er zeigte sich bestrebt, als Vermittler zwischen dem Reichskanzler und der französischen Regierung tätig zu werden. Diesen Vorschlag hatte er gegenüber de Gaïl, dem Agenten Tirards, gemacht, mit dem er seit mehreren Jahren in Verbindung stand. Diesem hatte er Ende Januar „spontan" angeboten, „alle Mitteilungen, die an ihn in Übereinstimmung mit der französischen Regierung gerichtet würden, direkt dem Kanzler zu übermitteln". Dabei wies er „nachhaltig" auf die Tatsache hin, „daß er persönlich mit dem Kanzler verbunden sei".[6]

Der Vorschlag Adenauers, der umgehend nach Paris gemeldet wurde, fand dort keine günstige Aufnahme, da schon ähnliche Angebote dort vorlägen. Poincaré selbst entschied, auf derartige Vermittler zu verzichten und nur auf offizielle Schritte der Reichsregierung einzugehen.[7]

Die Beziehungen zu Cuno und wohl auch die persönliche und politische Wertschätzung des Kanzlers ließen in der Folgezeit nach. Denn im März schon zeigte Adenauer, anders als Cuno, in der Frage der Fortsetzung des passiven Widerstandes Ermattungserscheinungen. Seine pessimistische Weltsicht ließ ihn Böses für Deutschland ahnen. Deshalb versuchte er, auf die englische Seite einzuwirken, damit diese vermittelnd tätig werden sollte. Zu diesem Zweck schlug er eine „Art von Waffenstillstand" vor, der beiden Parteien die Möglichkeit geben sollte, das Gesicht zu wahren und doch erste Schritte zur Beendigung des Konfliktes zu tun.[8] Dieser „Waffenstillstand" sollte so aussehen, daß Frankreich seine Truppen, nicht aber die Expertenkommission, die MICUM, die die Leistungsfähigkeit des Ruhrgebiets für die Aufbringung der Reparationen untersuchen sollte, aus dem Revier abzog, so daß die zivilen Sachverständigen unter den Schutz des Reiches gestellt würden. Das schien Adenauer eine ausreichende Basis zu sein, auf der dann Verhandlungen beginnen könnten. Dabei ließ er gegenüber seinem englischen Gesprächspartner durchblicken, daß sein Vorschlag den politischen Intentionen Cunos durchaus entspreche, und er vergaß nicht hinzuzufügen, daß er Cuno seit mehr als zehn Jahren persönlich ziemlich gut kenne. Mit Cuno selbst hatte er offensichtlich den Schritt nicht abgesprochen, sondern er wollte mit dem Hinweis auf die langjährigen Beziehungen suggerieren, er wisse, daß der Kanzler ganz ähnlich denke. Die Diplomaten im Foreign Office waren von Adenauers Plan nicht sehr beeindruckt. Man hielt ihn für „nebulos" und vertrat den Standpunkt, daß Lord Kilmarnock seinem Kollegen Tirard „privat" von Adenauers Vorschlag Kenntnis geben sollte.[9]

Am Ende des Jahres 1923 stellte Adenauer seine Haltung gegenüber Cuno und dessen Politik in einem ganz anderen Licht dar. Der Empfänger des Briefes, in dem er rückblickend Cuno vernichtend kritisierte, war allerdings ein Franzose, der für ihn als Mittelsmann zu Poincaré von Wichtigkeit war. Ihm

---

6 AN AJ⁹/3222; Note Tirards an Peretti vom 31. Jan. 1923, in der Tirard das Angebot mitteilte. Adenauer hatte das Angebot gegenüber de Gaïl am 23. Jan. gemacht.
7 AN AJ⁹/3322; Compte-rendu Hermants für Tirard vom 31. Jan. 1923.
8 PRO FO 371/8723, C 4987. Schreiben Lord Kilmarnocks vom 12. März 1923.
9 Ebenda.

schrieb er: „Es war keine betrügerische Absicht, die Deutschland und seine verschiedenen Regierungen geleitet hat. Ich habe die Politik Cunos vom ersten Tage an aufs Schärfste verurteilt, ihm das auch sofort gesagt, aber zu Ehren von Herrn Cuno muß ich sagen, daß er am allerwenigsten einen bewußten Betrug mit seinem Gewissen vereinbaren konnte. Er war unfähig, aber nicht schlecht."[10]

Als mit dem Abbruch der Mark-Stützung die Stimmung zu sinken und die nur vorübergehend verdeckten politischen Gegensätze in Deutschland wieder aufzubrechen begannen wagte Adenauer im Gespräch mit Piggott im Mai 1923 eine Prognose über die wahrscheinliche Dauer des Konfliktes.[11] Seiner Meinung nach konnte Deutschland noch höchstens zwei Monate aushalten. „Wenn in der Zwischenzeit nichts geschieht, werde das Land unter dem ständigen Druck Frankreichs in seine Bestandteile zerfallen." Das war eine Befürchtung, die Adenauer in der Folgezeit den Engländern noch wiederholt vor Augen führte. Er wollte sehr wahrscheinlich mit der Beschwörung dieser Gefahr und der unabsehbaren Risiken, die sich für Europa ergaben, wenn Deutschland auseinanderfallen würde, die Briten zum Handeln veranlassen und ihnen klarmachen, daß es letztlich auch in ihrem Interesse sei, stärker aktiv zu werden, um ein solches Ergebnis abzuwenden.

Zwar nicht in London, wohl aber bei den britischen Vertretern im Rheinland, genauer bei Colonel Ryan, dem Stellvertreter Lord Kilmarnocks, wurde man auf die Gefahren aufmerksam, und es war sicherlich kein Zufall, daß Ryan, der schon im Februar 1919 von Froberger und mittelbar über ihn von Adenauer mit dem Projekt der rheinischen Republik vertraut gemacht worden war, Anfang Juni 1923 sich wieder damit beschäftigte.[12] In zwei Unterhaltungen mit Tirard versuchte er herauszufinden, was dieser von einem Bundesstaat am Rhein hielte, der von Preußen getrennt und demilitarisiert, unter internationale Kontrolle gestellt und von einer interalliierten Gendarmerie besetzt werden sollte. Tirard zeigte sich diesem Vorschlag gegenüber aufgeschlossen und meinte, daß eine Lösung des Problems sicher in diesem Rahmen gesucht werden müßte. Allerdings glaubte er mit Rücksicht auf die öffentliche Meinung in Frankreich nicht an eine baldige Realisierung.

Etwas später trug Ryan seinen Plan auch Adenauer vor.[13] Dessen Antwort fiel sehr vorsichtig aus. Wieder beschwor er die Gefahr des Zerfalls Deutschlands, und betonte, wie schwierig es sei, einen solchen Plan, wie ihn Ryan skizzierte, zu realisieren. Käme der Vorschlag von Frankreich, so wäre er in deutschen Augen sofort erledigt; aber auch die deutsche Regierung würde es kaum überleben, wenn sie sich für dieses Projekt einsetzte. Listig schlug er daher vor,

---

10 Brief Adenauers an Arnaud vom 28. Dez. 1923 (HAStK 902/253/7) zitiert bei Rudolf Morsey, Die Deutsche Zentrumspartei 1917—1923. Düsseldorf 1966, S. 515.
11 PRO FO 371/8731; Lord Kilmarnock an den brit. Außenminister vom 16. Mai 1923. Piggott hatte am 10. Mai Kilmarnock geschrieben: „Dr. Adenauer speaking with the utmost emotion, tells me that two months is the outside limit of German endurance ..." (Ebenda).
12 PRO FO 371/8681 C 9961; Ryan an Lampson vom 5. Juni 1923.
13 Ebenda.

daß der Vorschlag von der englischen Regierung kommen und Deutschland vorgelegt werden sollte.

Weitere Aktivitäten von seiten der britischen Vertreter im Rheinland sind nicht bekanntgeworden; ebenso ist keine Reaktion auf die Sondierungen von Ryan in London festzustellen. Ein ähnlicher Vorschlag, der auf die Trennung von Preußen und die Internationalisierung des Rheinlandes hinauslief, wurde von dem britischen General Spears gemacht. Er fand ein breites Echo in der internationalen Öffentlichkeit.[14] In Deutschland traf er jedoch überwiegend auf Ablehnung. In Köln zeigte man sich sogar über diesen Vorschlag so besorgt, daß die Vertreter der Kölner Parteien unter Führung Mönnigs den britischen Delegierten Piggott am 8. Juni um eine Unterredung baten. Als Sprecher der Delegation verwahrte sich Mönnig gegen jede Form der Trennung des Rheinlandes von Preußen und zeigte nicht das geringste Entgegenkommen, wobei dahingestellt bleiben mag, ob gerade Mönnig wirklich hinter seinen Ausführungen stand.

Auf französischer Seite sah man hinter diesen Aktivitäten, vor allem der Initiative von Ryan, sehr viel mehr als nur die Aktivität eines einzelnen. Für Tirard und seine Beamten war ziemlich sicher, daß es sich um ein abgekartertes Spiel handelte; daß Adenauer mit englischer Hilfe und in Abstimmung mit Berlin seine rheinische Republik installieren wollte.[15] Es gibt jedoch in den Kabinettsakten keine Anhaltspunkte, daß Adenauer in Berlin das Projekt in irgendeiner Weise erörtert oder gar für dessen Inangriffnahme geworben hat. Das französische Mißtrauen nahm es jedoch als gegeben an. So konnte der Plan auch variiert werden, und man sprach davon, daß Adenauer Köln zur „Freien Stadt" machen wolle. Anfang Juni meldete der Bonner Studienrat Irmer französischen Kontaktleuten, daß Adenauer sich wieder mit der rheinischen Republik beschäftigte.[16] Das war ungefähr zur gleichen Zeit, als Adenauer das Gespräch mit Ryan hatte. Irmer, der sich als Verbindungsmann zu rheinischen Zentrumsabgeordneten ausgab, meldete, daß diese durch das Veto, das die Franzosen Adenauer gegenüber einlegten, sehr in Verlegenheit gebracht worden seien. Denn sie hätten niemanden, den sie an seine Stelle setzen könnten. „Sie sagen, daß Adenauer nicht so preußisch ist, wie man es glaubt, und daß er zu intelligent und zu vorsichtig ist, um sich franzosenfeindlich zu zeigen." Andererseits mußte auch Irmer zugeben, daß für gewisse Zentrumskreise Adenauer zu eng mit den Engländern zusammenarbeitete und zu enge Verbindungen nach Berlin hätte. Das war in französischen Augen aus lokalen Zentrumskreisen eine Art Bestätigung der Indizien, die man an anderer Stelle gewonnen hatte. Wie schnell sich die ganze Angelegenheit herumgesprochen hat, zeigt

---

14 Ebenda, C 10 662; Ryan vom 16. Juni an Kilmarnock mit beiliegender Notiz über das Gespräch mit den Kölner Parteiführern. Vgl. ferner Pol. Arch. AA Büro RM 15, Bd. 3, S. 11 ff. die ablehnende Haltung des Auswärtigen Amtes zu dem Plan von Spears.

15 AN AJ^9/3826 Telegramm Nr. 320 von Tirard vom 21. Mai 1923; vgl. ferner den Bericht de Gaïls vom 14. August 1923, ebenda Bd. 5299.

16 Das geht aus den Berichten des Bonner Oberdelegierten Gelin an Tirard vom 1., 8. und 9. Juni hervor; AN AJ^9/3779.

auch die Tatsache, daß wenig später auch Dorten Wind davon bekommen hatte.[17] Für die französische Seite erschienen diese Adenauer unterstellten Aktivitäten nur als ein weiterer Negativposten in seinem Sündenregister, denn es mußte als ausgesprochene Perfidie erscheinen, daß Adenauer mit Hilfe der Engländer das zu realisieren versuchte, was die Franzosen unter ihrer Federführung selbst zu etablieren beabsichtigten.

Seit der Mitte des Jahres 1923 scheint Adenauer mit englischen Vertretern keine politischen Gespräche mehr geführt zu haben. Wahrscheinlich hatte sich in ihm die Überzeugung gebildet, daß es zwecklos sei, auf das Eingreifen Großbritanniens noch weiter zu hoffen.

Am 6. September war Adenauer mit anderen rheinischen Politikern in der Reichskanzlei, um die Lage zu besprechen. Als „unstrittiges Ergebnis" vermerkte die Gesprächsaufzeichnung lediglich „allgemeine Überzeugung: Sofort Verhandlungen mit Frankreich — passiven Widerstand aufrechterhalten, damit Zeit zu Verhandlungen"[18] Am nächsten Tag meldete das „Berliner Tageblatt" in einem Artikel unter der Überschrift: „Unbedingte Aufrechterhaltung des passiven Widerstandes": „Die Herren Adenauer und Hagen verbürgten sich geradezu dafür, daß die rheinische Bevölkerung unter ihrer Führung alle Währungspläne und separatistischen Absichten der Franzosen zunichte machen würde." Daraufhin protestierten die beiden Angesprochenen postwendend und forderten eine amtliche Richtigstellung mit der Begründung, daß sie keine Führer des Rheinlandes seien und daß deshalb „lebhafte Unruhe unter der Bevölkerung" entstehen könnte.[19] Dabei ist es viel naheliegender zu vermuten, daß sie eine Distanzierung von der Feststellung wollten, sie seien unbedingte Verfechter des passiven Widerstandes, was man getrost von ihnen annehmen kann. Wahrscheinlich wollte man mit dem Artikel die beiden als unsichere Kantonisten bekannten rheinischen Politiker festnageln, was deren verständlichen Unmut auslöste. Sie konnten jedoch nicht die dem zugrunde liegende Unterstellung richtigstellen; daher suchten sie wenigstens, an einer Nebensache, ihrer ehrenvollen Apostrophierung als Führer des rheinischen Volkes, Anstoß zu nehmen, um auf diese Weise ihre Distanz zum Ausdruck zu bringen.

Der Positionswandel Adenauers kommt im September auch dadurch zum Ausdruck, daß er nun das tat, was er seit 1920 zu tun stets abgelehnt hatte. Er suchte Tirard auf. Am 14. September kam das Gespräch auf Vermittlung von Colonel Ryan zustande. Der Anlaß war die Frage der Versorgung der Besatzungstruppen mit deutschem Geld und, damit zusammenhängend, die Frage der Schaffung von Notgeld.[20] Am 7. September, als Adenauer und Hagen noch einmal bei Stresemann wegen des „BT"-Artikels vorsprachen, war diese Frage auch angeschnitten worden. Das war aber nur der Aufhänger. Da Adenauer von den Finanz- und Währungsfragen ohnehin nicht viel verstand, wäre es von der Sache her naheliegender gewesen, wenn Louis Hagen nach Koblenz ge-

17 MAE Rive gauche 31, Bl. 104 u. 140.
18 Die Kabinette Stresemann Nr. 43, S. 197.
19 Ebenda, Nr. 46, S. 203 f.
20 HAStK 902/253/3; Aufzeichnung Adenauers vom 17. Sept. 1923.

fahren wäre. Es stellte sich auch schnell heraus, daß Tirard kein großes Interesse an der Notgeldfrage hatte, sondern auf die politische Situation zu sprechen kam. Das Gespräch vermittelt in der Aufzeichnung Adenauers den Eindruck des Abtastens. Tirard erklärte, daß Frankreich an der Position, die es im Augenblick in Westdeutschland innehabe, festhalten wolle, jedoch nicht bestrebt sei, „mit Gewalt" die Verhältnisse zu ändern. Dann kommt ein Satz, der mehr nach Adenauer als nach Tirard klingt. Dieser solle nämlich gesagt haben: „Aber wenn die rheinische Bevölkerung aus sich heraus hier eine andere staatsrechtliche Regelung treffe, dann würde man das in Frankreich als eine Bürgschaft für den Frieden begrüßen." Das klingt eher wie Adenauer'sches Wunschdenken, denn Tirard kann man eine derartige Feststellung, nämlich daß er sogar von einer staatsrechtlichen Regelung sprach, von der in der Zukunft noch ständig auf rheinischer Seite die Rede sein sollte, kaum zutrauen. Tirard kam dann auf den schlechten Ruf Adenauers in der französischen Presse zu sprechen – als ob die französischen Akten eine andere Einstellung wiedergegeben hätten –, daß man ihm vorwerfe, daß er „das Zustandekommen der rheinischen Republik verhindert habe". Adenauer entgegnete darauf sehr diplomatisch, „das Verhalten gewisser französischer Stellen gegenüber den Bestrebungen gewisser deutscher Persönlichkeiten sei derart gewesen, daß es einem anständigen Deutschen unmöglich sei, überhaupt sich in Gedanken mit derartigen Dingen zu beschäftigen". Insgesamt schätzte Adenauer das Gespräch positiv ein: „Ich habe Herrn Tirard zum ersten Mal gesehen und hatte von ihm den Eindruck einer sehr ernst zu nehmenden, zielbewußten Persönlichkeit. Auch wenn ich in Rechnung stelle, daß er mir gegenüber die Forderungen Frankreichs wahrscheinlich stark betont, so bleibt doch immerhin ein sehr ernster Eindruck aus der Unterredung zurück."

Jedenfalls mag es in ihm die Hoffnung genährt haben, daß Tirard ihm gegenüber nicht von vornherein eine negative Haltung einnehmen werde. Wahrscheinlich auf Grund dieser Einschätzung hatte er nichts dagegen, daß die Reichsregierung auf die drängende Forderung des Zentrumsabgeordneten Esser Adenauer neben dem rheinischen Landeshauptmann Horion als Unterhändler akzeptierte. Essers Anfrage an die Regierung lag ganz auf der Zentrumslinie, denn er wollte wissen, falls die Reichsregierung nicht in der Lage wäre, die Verhandlungen zu führen ob sie damit einverstanden sei, „daß diese Verhandlungen von legitimierten Vertretern der Bevölkerung an Rhein und Ruhr ... in die Hand genommen werden?".[21] Da von seiten der Reichsregierung keine Einwendungen gemacht wurden, ließ Adenauer durch den Provinzialdelegierten des Roten Kreuzes, Prof. Witte, am 5. und 9. Oktober in Koblenz sondieren, ob er bei den Verhandlungen über die Normalisierung des Wirtschaftslebens nach dem Abbruch des passiven Widerstandes als Vertreter der Reichsregierung genehm sei.[22] Obwohl Witte von Beamten Tirards erst am 9. Oktober endgültig den negativen Bescheid erfuhr, während er bei seinem ersten

---

21 Die Kabinette Stresemann I u. II, Bd. 1, Nr. 119, S. 503 ff.
22 HAStK 902/253/3, S. 713 f.

Besuch noch hingehalten worden war, hatte Tirard selbst schon am 5. Oktober seine ablehnende Entscheidung getroffen und nach Paris mitgeteilt.

Da die französische Regierung überhaupt nicht mehr mit Berlin über die besetzten Gebiete verhandeln wollte, — das war zu diesem Zeitpunkt jedoch in Deutschland noch nicht bekannt —, hatte Adenauer durch seine Nominierung als Vertreter der Reichsregierung noch für einen zusätzlichen Ablehnungsgrund gesorgt, da die Vorbehalte gegen ihn unverändert weiterbestanden.

In einer Depesche vom 5. Oktober faßte Tirard gegenüber dem Außenministerium die Gründe für seine Ablehnung zusammen.[23] Grundsätzlich hielte er es zwar für wünschenswert, „daß Persönlichkeiten des rheinischen Zentrums zur Normalisierung der augenblicklichen Situation in Kontakt zu französischen Behörden treten". Aber von einem Reichskommissar, von einem offiziell Beauftragten der Regierung, der das übernehmen sollte, wolle man nichts wissen. „Wir müssen direkt mit den verschiedenen Gruppen im Rheinland verhandeln und dabei die Autorität wahren, die wir uns erworben haben und zugleich den moralischen Vorteil für uns nutzen, den wir bei den Maßnahmen gewinnen, die die Rückkehr zu einem normalen Wirtschaftsleben einleiten."

Daß die Regierung in Berlin Reichskommissare zu ernennen beabsichtigte, hatte für Tirard einen fadenscheinigen Grund. „Ich schätze, daß der Vorschlag der deutschen Regierung das ausschließliche Ziel hat, ihre Autorität und Popularität in den besetzten Gebieten wiederherzustellen..." So erschien also Adenauer als ein Helfer der Reichsregierung, der keine rheinischen Belange, sondern das Interesse der Zentrale im Auge hatte. Das war zweifellos ein fundamentaler Fehler, denn Adenauer ging es einzig und allein um die rheinischen Belange. Es war Tirard offensichtlich zu diesem Zeitpunkt noch nicht klargeworden, wie wichtig es für die rheinischen Zentrumspolitiker sein mußte, sich in Berlin rückzuversichern, um dem Vorwurf des Verrats und des Separatismus zu entgehen. Daß er diesen folgenschweren Irrtum beging, Adenauer als Berliner Erfüllungsgehilfen zu sehen, hing offenbar mit dem Sündenregister zusammen, das dieser in den Augen der Franzosen mittlerweile angesammelt hatte und das nun Tirard gegen ihn ins Feld führte: „Es erscheint mir nicht wünschenswert, die Aufgabe, die mit der Beendigung des passiven Widerstandes zusammenhängenden Fragen zu regeln, im Namen der Rheinländer ausgerechnet dem Bürgermeister von Köln anzuvertrauen, der es zugelassen hat, daß in der Hauptstadt der britischen Zone das Zentrum des Widerstandes gegen unsere Aktion eingerichtet wurde."

Der Oberdelegierte in Wiesbaden, Marquis de Lillers, hatte zuvor im September Adenauer noch schärfer abqualifiziert. Der Marquis hatte von einem seiner deutschen Vertrauten, einem zuverlässigen Anhänger der rheinischen Republik — der richtig konstruierten, wohl verstanden — dem hessischen Justizminister von Brentano, dem Vater des späteren Bundesaußenministers, gehört, wie bei einer Sitzung des Zentrums die Kölner Führungsgruppe, Adenauer, Hagen, Guérard, Mönnig, sich verhalten habe. Mit diesen Bemerkungen bezog

---

23 MAE Ruhr 30, Bl. 55 f.

er sich sehr wahrscheinlich auf die Frankfurter Zentrumsversammlung, die am 22. September stattgefunden hatte, auf der die Kölner Zentrumsführer sich als Verfechter der harten Linie aufgespielt und gegen den Abbruch des passiven Widerstandes Front gemacht hatten. Dem französischen Oberdelegierten stellte sich das, was von Brentano ihm von deren radikaler Taktik erzählt hatte, im Zusammenhang mit seinen eigenen Erfahrungen folgendermaßen dar: „Sie kennen die Rolle, die Adenauer seit dem Ende des Krieges gespielt hat, diesen bedenkenlosen Zentrumspolitiker, der wirklich den Typ der politischen Verschlagenheit in seiner verächtlichsten Form verkörpert." Angesichts dieser Einschätzung konnte ihn der aufgetragen wirkende Durchhalte-Nationalismus nicht beeindrucken: „Sie haben zwar im Namen eines überreizten Patriotismus gesprochen und wollen Katastrophenpolitik betreiben und sich in den Ruinen des Vaterlandes bestatten lassen. Ich glaube nichts davon: Ihre ganze Vergangenheit sagt aus, daß sie zu einer solchen Handlung, die nicht der Noblesse ermangeln würde, unfähig sind." Was die Kölner tatsächlich planten, lief in den Augen von de Lillers auf ein taktisches Manöver hinaus: „Sie sind sich der Stärke Frankreichs bewußt geworden; sie verstehen, daß es schwierig ist, wenn die Bewegung einmal ausgelöst ist, sie wieder anzuhalten, und daß Dorten der Mann der Stunde sein kann. Darum könnte es ihr jetziges Manöver ihnen erlauben, zu gegebener Stunde den Hals aus der Schlinge zu ziehen und mit Unterstützung Englands die Gründung eines Kölner Freistaates vorzuschlagen, der dem Einfluß der Franzosen und Belgier entzogen wäre."[24]

Immer wieder kam bei den Franzosen das tiefe Mißtrauen gegen Adenauer zum Ausdruck, das vor allem in der Annahme gründete, er arbeite mit den Engländern zusammen oder wäre in der Lage, in entscheidenden Situationen sich der britischen Hilfe zu versichern. Die Überlegung, daß er aus Enttäuschung über die englische Passivität dem Gedanken einer Umorientierung nähertreten könnte, um sich mit der Macht zu arrangieren, die im Oktober 1923 ganz allgemein als der Sieger im Rheinland erschien, dieser Gedanke ist den Franzosen nicht gekommen oder hätte, wäre er ihnen gekommen, wohl das bei ihnen versteinerte Mißtrauen auch dann nicht brechen und sie aus ihrer Reserve locken können.

Als Professor Witte in Koblenz für Adenauer sondierte, war dieser krank. Bis zum 7. Oktober lag er im Krankenhaus und war in der folgenden Woche weiterhin schonungsbedürftig. Um sich auszukurieren, zog er sich in ein Kloster zurück. Es war das Kloster Mariahilf in Bad Neuanahr. Nahm er in der klösterlichen Abgeschiedenheit Zuflucht, um in Ruhe die Situation zu durchdenken und sich einen Aktionsplan für die kommenden Wochen zurechtzulegen? Wir wissen es nicht. Ebensowenig ist überliefert, wer ihn dort besucht hat. Louis Hagen schrieb ihm am 12. Oktober dorthin und informierte ihn über die laufenden Geschäfte und brachte abschließend den Wunsch zum Ausdruck, daß der Aufenthalt so erfolgreich sein möge, „wie es im Interesse Ihrer Nerven und Ihrer zukünftigen Tätigkeit nötig wäre." Gute Nerven zu haben, war zweifel-

---

24 AN AJ[9]/3779; der Bericht stammt vom 22. Sept. 1923.

los eine notwendige Voraussetzung, um sich über Wasser zu halten, kennzeichnete doch Hagen selbst die Situation als eine „Vulkanatmosphäre". [25]

Wir haben keine Quellen, die uns berichten, was Adenauer zwischen dem 15. und 24. Oktober getan hat. Innerhalb dieses Zeitraums verschlechterte sich die politische Situation von Tag zu Tag. Obwohl er von Tirard eine doppelte Abfuhr erhalten hatte wegen seiner proenglischen Parteinahme und seiner Bereitschaft, im Auftrag der Reichsregierung im Rheinland bei den Verhandlungen über die Normalisierung des Wirtschaftslebens nach dem Ende des passiven Widerstandes mitzuwirken, muß er in dieser Zeitspanne seinen Entschluß gefaßt haben, sich von der Ablehnung Tirards nicht abschrecken zu lassen, sondern zu versuchen, sowohl in Berlin als auch von Tirard akzeptiert zu werden.

Schon im März hatte der stets zum Pessimismus neigende Adenauer gegenüber englischen Offizieren die düstere Prognose ausgesprochen, daß bei der Fortsetzung des passiven Widerstandes das Deutsche Reich sich in seine Bestandteile auflösen würde. Mitte Oktober schien alles darauf hinzuweisen, daß diese Befürchtung in nächster Zukunft sich bewahrheiten würde. Wenn das aber geschehen sollte, war eines klar: Es konnte nicht der geringste Zweifel daran bestehen, daß Adenauer in dieser Situation bereit wäre, für das Rheinland das Beste aus der Situation zu machen.

---

25 HAStK 902/253/3, S. 731 ff.

Die Konferenz von Hagen

Als Reichskanzler Stresemann am 25. Oktober nach Hagen zu der Besprechung mit den Vertretern des besetzten Gebietes fuhr, befand sich Deutschland am Rande des Chaos. Die mit dem Abbruch des passiven Widerstandes verbundenen Hoffnungen, daß nun mit Frankreich Verhandlungen über die Normalisierung des politischen und wirtschaftlichen Lebens beginnen könnten, hatten sich nicht erfüllt. Endgültig am 17. Oktober mußte die Reichsregierung einsehen, daß Poincaré keine Verhandlungen mit der Reichsregierung aufzunehmen gedachte[1]. Der französische Ministerpräsident erkannte für die Probleme an Rhein und Ruhr Berlin nicht mehr als Verhandlungspartner an. Die deutsche Regierung war in französischen Augen nicht mehr zuständig, im besetzten Gebiet die Rechte wahrzunehmen, die dem Reich verfassungsmäßig zustanden, seien es Fragen der Steuer- und Zollerhebung, der Hoheit über die Eisenbahn und über die Währung. Es war das Ziel der französischen Politik, statt mit den Vertretern der Regierung mit regionalen und lokalen Instanzen die Verhandlungen zu führen, wie es besonders deutlich in den Verhandlungen zwischen dem Ruhrbergbau und der MICUM der Fall war.

Angesichts dieser französischen Haltung ergab sich für die Reichsregierung das Dilemma, wie sie sich in Zukunft verhalten sollte. Wenn Steuern und Zölle erhoben, aber nicht an das Reich abgeführt wurden, wenn die wirtschaftlichen und finanziellen Leistungen des industriellen Herzstücks Deutschlands nicht mehr zur Verfügung standen, wie sollten dann einerseits die Verpflichtungen aus dem Friedensvertrag – Reparationen und Besatzungskosten –, andererseits die Leistungen für die Zivilbevölkerung – Arbeitslosenunterstützung, Rentenzahlungen und die Gehälter für den öffentlichen Dienst – erfüllt werden? Dabei bedeutete das Währungsproblem eine Komplikation von besonderer Art. Mit der Gründung der Rentenbank am 15. Oktober war der erste wichtige Schritt zur Schaffung einer neuen Währung getan worden. Einen Monat später sollte die Ausgabe der neuen Banknoten, die Rentenmark, erfolgen. Einen Erfolg konnte die neue Währung aber nur haben, wenn ein strikter Sparkurs eingeschlagen wurde und kein Rückfall in die Inflationswirtschaft erfolgte. War aber der Ruin dieser neuen Währung nicht schon vorprogrammiert, wenn man die Rentenmark auch im besetzten Gebiet in Um-

---

1 Vgl. Die Kabinette Stresemann, Nr. 144, Anm. 28. Schon am 9. Oktober hatte Peretti, der Leiter der politischen Abteilung des franz. Außenministeriums festgestellt, „es wäre die größte Unvorsichtigkeit, Gespräche mit Deutschland über die Modalitäten unserer Besatzung im Ruhrgebiet zu beginnen." In diesem Zusammenhang war die Kollaboration von Otto Wolff und sein Zugeständnis, die Kohlensteuer an die französische Seite abzuführen, als Präzedenzfall von großer Bedeutung.

lauf brachte, in dem deutsche Behörden nichts mehr zu sagen hatten und die Besatzungsmacht, der „Feind", das neue Geld durch gezielte Manöver entwerten oder überhaupt beschlagnahmen konnte?

Ebenso stellte sich die Frage, ob der Verfall der neuen Währung nicht schon als sicher vorauszusehen war, wenn die Regierung die sozialen Leistungen weiter finanzierte, ohne über entsprechende Einnahmen in der neuen Währung zu verfügen. Es konnte angesichts der weitreichenden Probleme, die sich aus der ungeklärten politischen Lage und der bevorstehenden Währungsreform ergaben, nicht verwundern, daß der Finanzminister Luther in der Kabinettssitzung am 20. Oktober rigoros die Zahlungseinstellung forderte, was jedoch auf den Widerstand des Innenministers, des Kölner Sozialdemokraten Sollmann, und des Ministers für die besetzten Gebiete, Fuchs (Zentrum), traf[2]. Die Ankündigung Luthers war aber eher als eine rigide und den Finanzminister stets ehrende Ausgangsposition für die kommenden Verteilungskämpfe anzusehen denn als sein erklärter Wille, diese Maximallösung auch tatsächlich zu verwirklichen. Bereits am 24. Oktober gab sich Luther im Kabinett konzilianter.

Inzwischen hatte sich aber auch die Situation im Rheinland dramatisch verschlechtert. Karl Dietrich Erdmann hat die Gefahr der Zahlungseinstellung stark in den Vordergrund gerückt und die Angst betont, von Berlin im Stich gelassen zu werden; das sei das Hauptmotiv für die rheinischen Reaktionen und Bemühungen gewesen, eigene Wege aus dem Dilemma zu finden. Dennoch stellt sich die Frage, ob die Drohung der Zahlungseinstellung, die für Erdmann wie ein „Damoklesschwert" längere Zeit über dem Rheinland schwebte, tatsächlich schon im Oktober – und dann auch im November – die beherrschende Rolle gespielt hat.

Im Vordergrund und als unmittelbarer Anlaß für den Entschluß des Reichskanzlers, sich mit den Vertretern des besetzten Gebietes zu treffen, stand die Nachricht von den sich ausbreitenden Separatistenputschen. Insbesondere zeigten die Nachrichten, die in die Reichskanzlei gelangten, die Notwendigkeit zum sofortigen Handeln. Das Treiben der Separatisten führte im Rheinland teilweise zu verheerenden Wirkungen. So sprachen sich bei einer Besprechung in Köln am 22. Oktober die Vertreter von Aachen und Düren für die „sofortige Trennung vom Reich ohne Verständigung mit der Reichsregierung" aus[3]. In Düren war das Hauptquartier der Truppen von Matthes, und in Aachen, dem Ausgangspunkt der Putsche, hatte es gewalttätige Auseinandersetzungen gegeben, so daß in beiden Städten die Bedrohung durch die Separatisten besonders stark empfunden wurde. Dennoch bleibt es erstaunlich, wie schnell die weitreichende Forderung der Trennung vom Reich erhoben wurde. Ebenso kamen Meldungen aus Wiesbaden, daß auch dort von den Parteien gefordert wurde, sofort „mit den Franzosen über die Errichtung einer rheinischen Republik im Rahmen des Reichs zu verhandeln", und sie verlangten deshalb, um den Separatisten zuvorzukommen, umgehend eine entsprechen-

---

2 Die Kabinette Stresemann, Nr. 156, S. 668–672.
3 Ebenda, Nr. 164, S. 693.

de „Ermächtigung" von seiten der Regierung⁴. Während man im Fall Aachen und Düren von der Präponderanz des Zentrums ausgehen kann, ist es unklar, von welchen Parteien in Wiesbaden die Forderung erhoben wurde.

Die Reichsregierung reagierte im Vorfeld des Treffens mit den Vertretern aus dem besetzten Gebiet auf diese Forderungen sehr elastisch. Keine barschen Töne wurden laut, um die Zumutung zurückzuweisen, lokalen Politikern gleichsam eine Blankovollmacht für die Verhandlungen mit den Franzosen zu geben. Ebenso vorsichtig reagierte man in finanzpolitischer Hinsicht. Am 24. Oktober erklärte der Reichsfinanzminister hinsichtlich der entscheidenden Frage der Unterstützungszahlungen: „Man müsse seines Erachtens die Gehälter und die Erwerbslosenfürsorge zahlen, solange die Rheinländer zu uns gehörten."⁵ Ministerialdirektor Bracht, der spätere Oberbürgermeister von Essen, also ein Mann, der seine politische Heimat im Westen hatte und dem Zentrum nahestand, erklärte den Parteienvertretern in Köln, „falls das Reich genötigt sei, Hilfe für das Rheinland einzustellen", dann werde es nicht wie ein „frauduloser Schuldner bei Nacht und Nebel verschwinden", sondern sich „in offener Aussprache" mit dem Rheinland verständigen.⁶

Am 24. Oktober trafen sich die Vertreter von Politik und Wirtschaft, insgesamt 52, aus dem „altbesetzten" Gebiet — dem Rheinland — wie aus dem „Einbruchgebiet" — dem rheinisch-westfälischen Industrierevier — auf dem Rathaus in Barmen. Barmen oder Elberfeld, zusammen das heutige Wuppertal, boten sich ebenso wie Hagen auf Grund ihrer geographischen Lage besonders für Treffen zwischen dem besetzten und dem unbesetzten Gebiet an. Sie lagen in der Nähe der Demarkationslinie und konnten am leichtesten von der britischen Zone aus erreicht werden, was einen erheblichen Vorzug darstellte. Obwohl Vertreter nicht nur des Rheinlandes anwesend waren, ging es bezeichnenderweise vor allem um das Rheinland, wobei hier wieder die Vertreter aus Köln tonangebend waren. Daß die Westfalen, die von der Frage der Zahlungen des Reiches für die besetzten Gebiete und den Verhandlungen mit den Franzosen in materieller Hinsicht stärker betroffen waren als die Rheinländer — zumal die aus der britischen Zone — dennoch einen anderen Standpunkt vertraten, brachte der einflußreiche Dortmunder Zentrumspolitiker und Zeitungsverleger Lambert Lensing klar zum Ausdruck, als er am folgenden Tag in Hagen den engen Zusammenhang zwischen den Separatistenputschen und dem Projekt der rheinischen Republik als politische Reaktion darauf ansprach. Die Distanz der Westfalen zu diesen Plänen machte er überaus deutlich: „Für uns in Westfalen ist die Situation ja wesentlich anders als für die Herren im Rheinland. Wir leiden nicht unter den separatistischen Bewegungen." Man habe andere Probleme, weil man sich in erster Linie mit den Kommunisten und den Syndikalisten herumärgern müsse. „Für uns liegt die Sache so, daß mit Rücksicht auf die ganzen Verhältnisse die Frage bei uns gar nicht in Betracht kommt, ob wir bei der Bildung einer neuen Republik aktiv mitwirken

---

4 Ebenda, Nr. 165, S. 695.
5 Ebenda, Nr. 174, S. 712.
6 Ebenda, Nr. 164, S. 694.

sollen. Das lehnen wir rundweg ab. Wir bleiben bei Preußen und dem Reich und denken nicht daran, irgendwie aktiv mitzuwirken, daß Teile von Westfalen und das Rheinland abgetrennt werden."[7]

Von den Besprechungen in Barmen ist kein Protokoll überliefert. Aber Karl Jarres, der ausgewiesene Oberbürgermeister von Duisburg, der am folgenden Tag in Hagen die Versammlungsleitung übernahm, gab einleitend einen knappen Überblick und skizzierte die in Barmen vertretenen Positionen.

Das waren im Grunde nur zwei; die eine stammte von dem DVP-Abgeordneten Moldenhauer, Professor für Versicherungswissenschaft in Köln, die andere von Adenauer. Moldenhauer schlug vor, der faktischen Abtrennung des Rheinlandes und dem weitgehenden Verlust der Souveränität des Reiches dadurch Rechnung zu tragen, daß man im besetzten Gebiet eine Art Selbstverwaltung einrichtete, ohne daß jedoch eine Trennung von Preußen oder dem Reich einträte. Er wollte also lediglich den faktischen Gegebenheiten Rechnung tragen, ohne in rechtlicher Hinsicht Veränderungen vorzunehmen.

Gerade in dieser Hinsicht trat der Unterschied zu Adenauer deutlich hervor. Denn dieser vertrat den Standpunkt, man müsse zu einem „Rechtsgebilde" kommen: „Dieses Rechtsgebilde könne verschiedene Formen annehmen. Die gelindeste Lösung würde natürlich die für uns liebste sein. Als solche käme in Frage eine Abtrennung von Preußen. Auf diesem Wege wäre man vielleicht vor einiger Zeit noch zu einer Lösung gekommen. Er bezweifle, daß das heute noch möglich sei. Deshalb müßte man sich auch mit dem Gedanken abfinden, daß äußersten Falles auch eine Loslösung vom Reiche im Wege der Verständigung erfolge. Diese Verständigung würde für das Reich einerseits und für das besetzte Gebiet andererseits folgendes Gute haben: Er hoffe, daß es auf dem Weg dieser Verständigung möglich sei, das Reich von dem Versailler Friedensvertrag loszumachen und die ganzen Lasten dieses Vertrages dem Reich auf diese Weise zu nehmen. Er hoffe weiter, daß bei einer derartigen staatsrechtlichen Formung auch das besetzte Gebiet vielleicht von der Besatzung ganz frei würde, zumindest aber eine Erleichterung der Besatzung erhalte, und daß es ferner möglich sei, von dem Druck der Rheinlandkommission abzukommen."[8]

Wenn man sich die Tragweite dieser Äußerungen vergegenwärtigt, wird einsichtig, warum Adenauer, der bis dahin weder in der Öffentlichkeit noch innerhalb der rheinischen Zentrumsführung besonders hervorgetreten war, plötzlich in Barmen und dann in Hagen als Wortführer des rheinischen Zentrums auftreten konnte. Er rechnete zwar mit einer Trennung vom Reich, einer „Loslösung ... auf dem Wege der Verständigung", — aber welche Vorteile glaubte er dafür in Rechnung stellen zu können! Das Reich müßte nicht mehr den Versailler Vertrag erfüllen, das Rheinland nähme die Lasten des Vertrages auf sich, indem es sich vom Reiche löst oder zumindest durch eine andere staatsrechtliche Stellung das gleiche Ergebnis erzielt würde. Aber nicht nur das; er rechnete weiter damit, daß die Besatzung aus dem Rheinland

7 Ebenda, Nr. 179, S. 795.
8 Ebenda, S. 767.

abziehen und daß möglicherweise auch die Rheinlandkommission wenn nicht verschwinden, so doch ihre kontrollierenden und schikanösen Befugnisse verlieren könnte.

Wie kam Adenauer dazu, in dieser trostlosen Situation eine solche Zukunftsvision zu entwickeln? Von den Franzosen konnte er keine Ermutigungen erhalten haben, im Gegenteil, er mußte eigentlich damit rechnen, daß gerade er keine Chance hatte, angesichts der ablehnenden Haltung Tirards überhaupt in die Lage versetzt zu werden, an der Verwirklichung einer solchen Lösung mitzuarbeiten. Außerdem bedurfte es keiner besonders intimen Kenntnisse der französischen Politik und der Haltung, die Frankreich seit dem Ende des Krieges Deutschland gegenüber eingenommen hatte, um zu wissen, daß Frankreich sich niemals auf eine solche Lösung, die ja die Aufgabe fast sämtlicher Siegerrechte bedeutet hätte, einlassen würde.

Adenauers Ausführungen in Barmen müssen in erster Linie als Ausdruck eines politischen Wunschdenkens verstanden werden, mit dem er seinen Führungsanspruch anmeldete, der vom rheinischen Zentrum und der rheinischen Wirtschaft voll akzeptiert wurde. Er entwickelte die Vision einer politischen Lösung, kein klares Programm, sondern nur Andeutungen, was alles geschehen könnte. Das traf bei den rheinischen Zentrumsvertretern, die wohl eher an die Realisierungsmöglichkeit einer solchen Lösung glauben wollten, als daß sie sich die nüchterne Frage der Realisierbarkeit vorgelegt hätten, auf eine so positive Resonanz, daß er in Hagen als ihr Sprecher auftrat. Selbstbewußt konnte er nun erklären: „Meine Partei hat mich gebeten, hier zu sprechen."[9]

Die Formulierung so weit gesteckter Erwartungen sind als der entschlossene Versuch Adenauers anzusehen, in der aufs äußerste zugespitzten politischen Situation entschlossen die Führung zu ergreifen. Lange hielt er sich zurück, dann hatte er unter der Hand bei Tirard sondieren lassen, was sich jedoch als Mißerfolg herausstellte. Das schreckte ihn jedoch nicht ab, im Gegenteil: jetzt erst recht, ist man versucht zu sagen, wollte er die Führung übernehmen.

Was mochte ihn zu diesem Engagement bewogen haben? Schon im Frühjahr 1923 hatte er mehrfach gegenüber britischen Offizieren die These vertreten, daß bei Fortdauern des passiven Widerstandes Deutschland zerfallen würde. Nun hatte der Widerstand länger gedauert, als Adenauer sich das im Frühjahr vorstellen konnte, aber seine Prognose schien sich zu erfüllen: Bayern war dabei, sich faktisch selbständig zu machen, möglicherweise kam es von dort zu einem Marsch auf Berlin, was den Bürgerkrieg auslösen mußte, wenn man an die in Sachsen und Thüringen vorherrschenden politischen Richtungen dachte. Am 23. Oktober war gerade ein bewaffneter kommunistischer Aufstand in Hamburg ausgebrochen — vieles sprach dafür, daß sich Deutschland auflösen oder in einem Chaos versinken würde. Letzteres kam für das besetzte Gebiet nicht in Betracht, wenn es gelang, so schnell wie möglich den Franzosen klarzumachen, daß sie die moralisch minderwertigen und politisch unqualifizierten Separatisten fallen lassen müßten, um statt dessen mit den legitimierten

9 Ebenda, S. 782.

Vertretern der rheinischen Bevölkerung zu einer dauerhaften Befriedung zu gelangen.

Die Pläne, die Adenauer in Barmen ohne deutlichen Widerspruch vertreten konnte, mußte er nun am folgenden Tag vor den aus Berlin angereisten Regierungsmitgliedern wiederholen.

Vor ihm sprach in Hagen jedoch als erster Stresemann. Der Kanzler hielt eine meisterhaft aufgebaute Rede, in der er die außenpolitische Gesamtsituation aufzeigte, zugleich aber auch zu den drängenden Fragen der finanziellen Leistungsfähigkeit sowie zu der zentralen Frage der Gründung einer rheinischen Republik Stellung nahm.

Gleichsam als Einleitung und im Anschluß an die von Jarres vorgetragenen Hypothesen rheinstaatlicher Selbständigkeit stand die Erklärung, ,,daß ich als Kanzler des Deutschen Reiches ganz selbstverständlich jede Diskussion über Trennung von Gliedern des Deutschen Reiches von dem heutigen Reich ablehne". Dann kam er auf den Abbruch des passiven Widerstandes, die deutsche Verhandlungsbereitschaft und die französische Verweigerung zu sprechen. Er versprach die Fortsetzung der Zahlungen, setzte aber zugleich ein Fragezeichen, wie lange man diese noch leisten könnte. Das war weniger für ihn eine Frage der innenpolitischen Entwicklung; deshalb verzichtete er auch darauf, die bevorstehende Währungsreform als positive Perspektive besonders herauszustreichen. Die Entscheidung über das zukünftige Geschick Deutschlands lag für ihn in der Außenpolitik, genauer in dem Druck, der von angelsächsischer Seite auf Frankreich ausgeübt werden konnte. Auch er sah den Bruch mit Frankreich als ,,unabweichlich" an, doch er zog daraus andere Lehren als Jarres, dessen Plan der Aufkündigung oder zumindest Suspendierung des Versailler Vertrages als große Geste, die den Bruch mit Frankreich dramatisch unterstreichen sollte, später, als man sich stritt, wer denn das Rheinland gerettet habe, als ,,Versackungspolitik" kritisiert worden ist.

Der Begriff selbst ist irreführend. Was Jarres im Auge hatte, ist eher als kalkulierte Katastrophenpolitik zu bezeichnen und liegt ganz auf der politischen Linie, die Brockdorff-Rantzau im Juni 1919 in Versailles vertreten hatte. Wie der damalige deutsche Außenminister damit rechnete, bei der Verweigerung der deutschen Unterschrift unter den Friedensvertrag das alliierte Lager in solche Schwierigkeiten zu bringen und die internen Gegensätze, die nur mühsam in dem Vertragswerk überdeckt worden waren, wieder aufreißen zu lassen und soviel Uneinigkeit und Verwirrung zu stiften, daß man sich doch noch zu mündlichen Verhandlungen herbeilassen würde, die ein für Deutschland günstigeres Ergebnis haben könnten, so wollte Jarres mit der großen Geste der Zerreißung des Versailler Vertrages Frankreich die alleinige Sorge für die Ernährung der Bevölkerung im besetzten Gebiet aufhalsen. Es ist irreführend, eine derartige Handlungsweise von vornherein als unrealistisch zu bezeichnen. Denn Frankreich — darauf beruhte wohl das Kalkül von Jarres — war weder in finanzieller, wirtschaftlicher noch in währungspolitischer Hinsicht stark genug, ein Gebiet von solcher Größe und wirtschaftlicher Bedeutung zu integrieren. Schon mit Elsaß-Lothringen war das den Franzosen bekanntlich nur sehr unbefriedigend gelungen. Die Verpflichtung zur Unterhaltung des Rheinlandes wäre für Frankreich eine tödliche Gefahr gewesen, von der es ganz sicher zurückgeschreckt wäre. Der Fehler an dem Plan von Jarres lag nur darin, daß man mit der betroffenen Bevölkerung nicht wie mit Bauern auf dem Schachbrett umspringen konnte. Man mußte als Politiker in Rechnung stellen, daß die Menschen sich nicht als Objekt einer Machtprobe hergeben wollten und daß der Erschöpfungsgrad der Bevölkerung überdies ein Ausmaß erreicht hatte, dem man einfach Rechnung tragen mußte, indem jede zusätzliche Belastung zu vermeiden war.

Stresemann wollte also im Rahmen des Vertrages handeln, aber zugleich die Unmöglichkeit vor Augen führen, die vertraglichen Leistungen zu erfüllen, da Frankreich dies bewußt in vertragswidriger Weise verhinderte. Der Kanzler hatte seine Strategie so angelegt, ,,daß diese ganzen Fragen noch einmal nicht nur zwischen uns und der französischen Regierung, sondern auch zwischen dem deutschen Volke, Frankreich und der öffentlichen Weltmeinung ausgefochten würden. Nicht weil ich mir gegenwärtig davon einen Erfolg verspreche, wohl aber für die Zukunft, die nicht immer die Züge der Gegenwart tragen wird und zu tragen braucht."

Zum Schluß kam er wieder auf die Erörterung vom Vortage zurück und zeigte in imponierender Weise die ungeheure Diskrepanz auf, die zwischen seiner realistischen Analyse des Konfliktes und seinen Bemühungen, für Deutschland eine Überlebenschance auszuspähen, sowie der Artikulation rheinischer Politik lag, wie sie von Jarres referiert worden war. Er hielt mit seiner Meinung, und das bezog sich in erster Linie auf die Ausführungen Adenauers, nicht hinter dem Berg zurück:[10] ,,Meine Herren, welche Utopie, wenn Sie glauben, – ich bitte mir das nicht übel zu nehmen – daß irgendeine Entschließung der Bildung eines Rheinstaates die Rheinfrage löst." ... ,,Wenn Sie glauben, daß man aus Freude darüber, daß sich hier ein Rheinstaat bilde, den Rheinstaat besonders gut behandeln würde, ich glaube, dann verkennen Sie auch die ganze Situation, die ja nach der Richtung geht, daß man Frankreich am Rheine verteidigen will gegen ein wieder erstehendes Deutschland und deshalb hier seine Haupttruppenmacht dauernd halten wird." ... ,,Die Frage ist also nicht so zu lösen, daß man glaubt, dann beginnen die Tage der großen politischen und wirtschaftlichen Freiheit. Nein, es werden für das besetzte und unbesetzte Gebiet Drangsale und alles andere weitergehen. Ich sehe auch noch nicht, daß der Rheinstaat nun mit einem Male keine Kohlensteuer, keine Reparationskohle liefern soll. Frankreich hat sich doch wirtschaftlich vollkommen auf diese Dinge eingestellt." Das war, zudem noch mit einem ironischen Unterton, eine klare Abfuhr an die Adresse Adenauers. Am Schluß seiner Ausführungen lehnte Stresemann es jedoch keineswegs ab, daß die Rheinländer ,,selber Gremien wählen, die diese Verhandlungen führen, daß ist eine Angelegenheit, die in Ihren Händen liegt". Wichtig sei dabei nur, daß die Parteien in dieser Frage zusammenarbeiten, ,,es nur ein einheitliches Vorgehen aller Parteien geben darf und keine Parteien gegeneinander".

10 Ebenda, S. 781 f.

Es war Adenauer, der Stresemann als Sprecher des Zentrums und damit der stärksten Partei des Rheinlandes als erster antwortete. Seine Ausführungen sind konfus, und man kann sie — bildlich gesprochen — am besten als Eiertanz charakterisieren. Eingangs stimmte er dem Kanzler beflissen zu, „daß wohl Jeder unter uns, und wohl Jeder, der am Rhein und an der Ruhr deutsch empfindet, das Wort, das der Herr Reichskanzler an die Spitze seiner Ausführungen gestellt hat, daß er als Kanzler des Deutschen Reiches jede Diskussion über die Frage einer Trennung der Rheinlande vom Reiche ablehnen müsse, bis zum letzten Buchstaben unterschreibt."[11] Dann betonte er, er wolle sich in seinen Ausführungen von den separatistischen Aktivitäten nicht beeinflussen lassen, doch im Anschluß an diese verbale Versicherung malte er die Gefahr breit aus, was entstehen würde, wenn die Putsche weitergingen, „in welcher Verfassung finden Sie die Bevölkerung?" Für ihn stand fest, „daß in längerer oder kürzerer Frist — aber von langen Fristen ist hier überhaupt nicht die Rede gewesen — ein großer Teil der Rheinprovinz tatsächlich in der Hand und unter der Herrschaft der Separatisten steht." Daraus ergab sich für ihn die Frage, die er rhetorisch dem Kanzler stellte: „Wir sehen diese Verhältnisse mit absoluter Sicherheit herankommen. Wir sind überzeugt, daß das Reich und die Länder uns trotz des besten Willens nicht helfen können. Wir stehen jetzt vor der Frage, sollen wir dieses Unheil, das wir bestimmt kommen sehen, über uns ergehen lassen, sollen wir die Franzosen oder die Werkzeuge der Franzosen über Rheinland und Ruhr herrschen lassen oder soll man wenigstens den Versuch machen, das abzuwehren?" Nun hatte Stresemann selbst erklärt, daß er gegen Verhandlungen rheinischer Politiker, gegen die Bildung eines Gremiums, das mit Verhandlungen zu beauftragen sei, nichts einzuwenden habe. Adenauer griff diesen Vorschlag, „daß die Parteien ein Gremium wählten, um Verhandlungen mit den Franzosen zu führen", keineswegs begeistert auf — ganz im Gegenteil. Das war für ihn ein Weg, der böse enden würde, „das ist der Anfang einer Tat, deren Ende man nicht sieht. Denn nach meiner Meinung werden solche Verhandlungen damit enden, daß Rhein und Ruhr nicht mehr zu Preußen, vielleicht nicht mehr zum Reich in absehbarer Zeit gehören werden." Für Adenauer war die Empfehlung Stresemanns ein „Mittelweg", den er „nur als etwas ungemein Gefährliches betrachten" konnte. Daß er so scharf gegen diese Form von Verhandlungen Stellung nahm, hing wohl damit zusammen, daß er den Vorschlag Stresemanns auf einer Linie mit dem Plan Moldenhauers sah, der ohne Änderung der staatsrechtlichen Verhältnisse nur Verhandlungen für einen Modus vivendi im Auge hatte. Adenauer nahm gegen diesen Vorschlag deswegen so entschieden Stellung und übertrieb die möglichen negativen Konsequenzen vor allem deshalb, weil dieser Plan eines Provisoriums seinem Plan der Gründung eines Staates, eines „Rechtsgebildes", entgegenstand. Von dem war aber in seinen Ausführungen nicht die Rede, da er nur ganz vage davon gesprochen hatte, daß man „wenigstens" etwas versuchen müsse. Man muß sich hier die Widersprüchlichkeit seiner Ausführungen vergegenwärtigen: Erst malte er das Unheil der Separatisten in den schwärzesten Farben, sagt

11   Ebenda, S. 782 ff.

dazu, man solle „wenigstens" den Versuch machen, dagegen etwas zu unternehmen, behauptet dann aber, daß der Weg, der als der nächstliegende und sinnvollste zu betrachten war, daß nämlich ein Gremium rheinischer Politiker in Verhandlungen den französischen Standpunkt herausfinden sollte, höchst gefährlich sei, da dies mit der Trennung vom Reich enden werde.

Im weiteren Teil seiner Rede versuchte Adenauer, den Bericht von Jarres über das, was er in Barmen erklärt hatte, abzuschwächen. Er betonte, daß auch ein Rheinstaat Reparationslasten zu tragen haben werde, und dann stellte er fest, er habe nicht gesagt, daß der Rheinstaat die Reparationsfrage lösen werde, sondern er habe nur gemeint, „man solle wenigstens versuchen, damit zugleich eine Lösung der gesamten Reparationsfrage herbeizuführen" — doch das waren alles Beteuerungen, die wirr und wenig überzeugend klangen.

Für Adenauer entscheidend war eines: Er wollte von der Reichsregierung und der preußischen Regierung eine Vollmacht zur sofortigen Verhandlung über die Gründung eines Staates erhalten, dessen Status nicht festgelegt war, der aber wahrscheinlich völlig von Deutschland getrennt sein würde. Das sagte er jedoch nicht. Statt dessen wurde er pathetisch. „Wir waren gestern alle der Überzeugung, daß wir durch so starke Gewissensbande, Gewissensverpflichtungen sowohl gegenüber Preußen wie dem Reich verhindern würden, uns in irgendwelche Verhandlungen irgendwelcher Art mit dem Feinde einzulassen, bis wir sowohl von der Spitze Preußens wie von der Spitze des Reiches Erklärungen gehört hätten, die uns von diesen Verpflichtungen im Gewissen befreien würden. Nun erkennen wir ohne weiteres an — ich habe das ja eingangs gesagt —, daß weder der preußische Ministerpräsident noch der Kanzler des Reiches erklären können: Ihr dürft tun, was ihr wollt. Aber es war gesagt worden, es möchte heute versucht werden, die Verhältnisse in gegenseitiger Aussprache möglichst klar zu stellen, damit, wenn die Verhältnisse an Rhein und Ruhr sich so katastrophal weiter entwickelten wie in den letzten Tagen, sowohl der preußische Ministerpräsident wie der deutsche Reichskanzler immer von uns glauben möchten, daß alles, was wir hier tun, nur getragen ist von der reinsten Liebe zu unserem Lande und zu unserem Reich, und daß wir, ganz gleichgültig wie alles kommen wird, versuchen müßten, eine Lösung zu finden, die uns die Wiedervereinigung mit unserem Mutterlande nicht unmöglich machen, sondern im Gegenteil eine Lösung, die diese Wiedervereinigung mit unserem Mutterlande, die unser heißestes und höchstes Ziel ist und bleiben wird, möglichst erleichtern wird."[12]

Was Adenauer mit diesen Ausführungen erreichen wollte und was ihm undeutlich vorschwebte, war wohl eine Vertrauenserklärung von seiten Stresemanns und des preußischen Ministerpräsidenten, eine Art Blankoscheck, daß diese von Adenauer stets annehmen würden, er hätte in den kommenden Verhandlungen und allem, was immer auch an Unvorhergesehenem dabei passieren würde, stets nur das Interesse des Ganzen im Auge gehabt. Deswegen kam er später noch einmal darauf zurück, „daß jede Verhandlung mit dem

---

12 Ebenda, S. 785 f.

Feind überhaupt zur Voraussetzung haben müsse, die Einverständniserklärung der Reichsregierung und der Landesregierung in der Form, in der das Reich und Land überhaupt eine solche Einverständniserklärung geben könnte." Wie das konkret aussehen sollte und in welchem Rahmen er sich die Verhandlungen vorstellte, sagte er allerdings nicht.

Nun zeichneten sich die Verhandlungen zwischen den Parteien schon 1919 vor allem dadurch aus, daß vieles nicht gesagt wurde und daß im Interesse des Rheinlandes Geschlossenheit nach außen gezeigt wurde, wo sie tatsächlich nicht vorhanden war. Eine ähnliche Reaktion riefen die Ausführungen Adenauers in Hagen hervor. Sie fanden keine polemische Erwiderung; die politischen Gegner Adenauers, sowohl die Sozialdemokraten als auch die Liberalen, reagierten mit Schweigen, sie blockten die Initiative Adenauers ab, indem sie sich mit ihr nicht weiter befaßten. Es muß Adenauer selbst sehr schnell bewußt geworden sein, daß er sich auf ein glattes Parkett begeben hatte – „eine ungeschützte Redeweise", wie sich Erdmann verwunderte;[13] daher versuchte er unter Hinweis auf seine Schwierigkeiten im Jahre 1919, sich gegen mögliche Fehldeutungen seiner Rede zu verwahren.

Verschiedene Teilnehmer äußerten rückblickend, daß in Hagen nicht mit offenen Karten gespielt wurde. Es war ein Tauziehen, bei dem sich nur Adenauer relativ stark exponieren mußte, aber dennoch, wie die übrigen Zentrumsvertreter, nicht klar sagte, was sie eigentlich zu tun beabsichtigten. Jarres stellte in einem Brief an Stresemann vom 31. Oktober fest, „daß man geflissentlich aneinander vorbeiredete, und die Kernfrage wie die Katze um den heißen Brei vermied."[14] Der rheinische Zentrumsvorsitzende Mönnig drückte sich in der Sitzung des Fünfzehner-Ausschusses am 9. November noch drastischer aus, als ein westfälisches Ausschußmitglied sein Befremden über die kontroverse Debatte in dem Ausschuß anklingen ließ und sagte, daß in Hagen die Stimmung „wesentlich anders" gewesen sei. Darauf rief Mönnig dazwischen: „Dort hat keiner die Wahrheit gesagt!"[15]

Wenn sich auch Adenauer in besonderer Weise exponierte, indem er zwar verschwommen, aber für empfindliche Ohren durchaus vernehmbar, sich für Verhandlungen mit der französischen Seite aussprach, die die Separatisten ausschalten und eine wie auch immer geartete politische Selbständigkeit des Rheinlandes erreichen sollten, so zielten auch die Diskussionsbeiträge der anderen Zentrumsvertreter in die gleiche Richtung. Louis Hagen, Esser, von Loë, aber auch Adenauer, der sich wieder in die Diskussion einschaltete, stellten bohrende Fragen, auf die sie befriedigende Antworten überhaupt nicht erhalten konnten. In fast ultimativer Form wollten sie von Stresemann wissen, wie die Versorgung mit der Rentenmark organisiert werden solle, ob dies überhaupt möglich sei, ob die Ernährung damit gesichert werden könnte und ob, worauf Louis Hagen immer wieder voller Skepsis zurückkam, die Währung

---

13 Karl Dietrich Erdmann, a.a.O., S. 102.
14 Die Kabinette Stresemann, Nr. 210, S. 920.
15 Ebenda, Nr. 234, S. 1010.

überhaupt lebensfähig sein werde.[16] Stresemann konnte darauf beim besten Willen keine Antwort geben, da die Vorarbeiten noch gar nicht so weit fortgeschritten waren. Die Beharrlichkeit, mit der man dem Kanzler zu Leibe rückte, machte aber überaus deutlich, daß auf diese Weise ebenfalls versucht wurde, Konzessionen und die Genehmigung für ein eigenständiges Vorgehen, vor allem bei dem Projekt der rheinischen Goldnotenbank, zu erhalten.

Das Ziel, das Adenauer als erster Sprecher des Zentrums anvisiert hatte, nämlich grünes Licht und Spielraum für sofort aufzunehmende Verhandlungen mit den Franzosen zu erhalten, ließ sich auf der Versammlung in Hagen nicht erreichen. War es das Auftreten des Reichskanzlers oder waren es die unterschiedlichen Standpunkte der Anwesenden – die Diskussionen uferten aus, und es erwies sich als unmöglich, weitreichende Beschlüsse zu fassen.

Jarres als Versammlungsleiter ließ sich aber die Gelegenheit nicht entgehen zu betonen, daß durch die „positiven Erklärungen der Reichsregierung" die Frage der Loslösung der besetzten Gebiete nicht weiter erörtert worden sei. Als Kaas bei dieser Bemerkung ein Mißverständnis markierte und so seine enttäuschten Hoffnungen zum Ausdruck brachte, verdeutlichte es Jarres mit der Feststellung: „Gestern ist der Gedanke in die Debatte geworfen worden, jetzt schon die Loslösung des Gebietes im Verhandlungswege mit den Franzosen in Lauf zu bringen. Dieser Gedanke wird nach dem Ergebnis der heutigen Verhandlungen nicht weiter verfolgt."[17]

So kam es nur zur Bildung eines Ausschusses, der aus 15 Mitgliedern bestehen sollte; fünf waren aus dem Rheinland, fünf aus dem Ruhrgebiet und fünf aus dem Süden – aus Rheinhessen und der Pfalz – zu nominieren. Für die Konstituierung dieses Ausschusses war der 31. Oktober vorgesehen. Es war also gelungen, vollendete Tatsachen zu vermeiden und den Ausschuß, der in Verhandlungen mit der französischen Seite treten sollte, so zusammenzusetzen, daß ein Übergewicht des rheinischen Zentrums nicht zu befürchten war.

Erdmanns Darstellung erschöpft sich in der Abschilderung der Ereignisse, ohne den Versuch zu machen, für die Haltung Adenauers in Hagen eine schlüssige Erklärung anzubieten. Anstelle einer kritischen Analyse verwundert er sich über die „ungeschützte Redeweise" Adenauers. Als Fazit der Bemühungen in Hagen sieht er die Übereinstimmung der „Koalitionsparteien". Dieser Ausdruck ist schief und trifft außerdem nicht den Sachverhalt, daß die Koalition in Berlin im Begriff war auseinanderzufallen. Außerdem waren die Deutschnationalen im Rheinland immer mit von der Partie. Von den angeblichen Koalitionsparteien glaubt Erdmann feststellen zu können, daß sie durch die Reichsregierung „sich ermächtigt fühlten, nun das Gespräch mit den Franzosen zu suchen". Hier begegnet wieder deutlich das Bild von den gemeinsam operierenden Parteien, die an einem Strang zogen. In diesem Zusammenhang darf die koordinierende Führerfigur nicht fehlen: „Der wichtigste Träger dieses Gesprächs wurde Adenauer."[18] Das ist mit Sicherheit falsch, denn der Unterhändler, der

---

16 Ebenda, Nr. 179, S. 793.
17 Ebenda, S. 815.
18 Karl Dietrich Erdmann, a.a.O., S. 106.

am häufigsten mit Tirard und seinen Beamten zusammenkam und die intensivsten Verhandlungen führte, war ohne Zweifel Louis Hagen.

Man muß bei den Gesprächen und Verhandlungen, die im November 1923 in Koblenz stattfanden, immer von der Doppelgleisigkeit dieser Aktivitäten ausgehen. Da gibt es einmal den Verhandlungsausschuß, mit den Vertretern der verschiedenen Parteien sowie mit Industriellen und Gewerkschaftsvertretern bestückt, der teilweise unter Führung Adenauers bei Tirard aufkreuzte und, wie vorher abgesprochen, die Vorstellungen und Wünsche der rheinischen Vertreter darlegte. Neben diesen offiziellen Treffen, über die jeweils eine Aktennotiz Verlauf und Ergebnisse oder, genauer gesagt, die Ergebnislosigkeit festgehalten hat, fanden die Finanzverhandlungen mit Louis Hagen statt und, nachdem die Hürden aus dem Weg geräumt waren, die Treffen mit Adenauer. Von diesen berichten nur die französischen Quellen, während auf deutscher Seite wenig oder nichts überliefert ist.

Die Kapitulation Adenauers vor Tirard

Der Abgeordnete Kaas hatte während der langwierigen Beratungen in Hagen, bei denen er sich stark zurückgehalten hatte, einmal das Wort ergriffen, als von dem zu gründenden Ausschuß die Rede war. Seiner Meinung nach sollte dieser die folgende Funktion haben: „Die Aufgabe des Ausschusses ist nur zum allerkleinsten Teil die Verhandlung mit der Reichsregierung, die wichtigste Aufgabe, die er in den allernächsten 24 bis 48 Stunden schon in Angriff nehmen muß, wird die Verhandlung mit dem Feinde sein."[1] Was der in Hagen gebildete Ausschuß aber noch gar nicht tun konnte, weil er sich erst am 31. Oktober konstituierte, und auch gar nicht tun sollte, weil der Verhandlungsauftrag in Hagen in dieser Weise nicht gestellt war, tat einer der in Hagen anwesenden Politiker, der jedoch nicht zu dem Ausschuß gehörte.

Am folgenden Tag ließ kein anderer als Adenauer telefonisch um eine Audienz bei Tirard nachfragen. Es war derselbe Oberbürgermeister, der in so pathetischen Tönen am Vortage seine Reichstreue beschworen und von sich behauptet hatte, daß „so starke Gewissensbande, Gewissensverpflichtungen" es unmöglich machten, sich „in irgendwelche Verhandlungen irgendwelcher Art mit dem Feinde einzulassen, bis wir sowohl von der Spitze Preußens wie von der Spitze des Reiches Erklärungen gehört hätten, die uns von diesen Verpflichtungen im Gewissen befreien würden".[2] Wieviel diese Beteuerungen wert waren, ist aus dem Vermerk zu ersehen, der in der Kanzlei Tirards in Koblenz am 26. Oktober angefertigt wurde.[3] Danach ging um 18.10 Uhr eine telefonische Meldung aus Köln von dem dortigen französischen Delegierten Arnaud ein, die lautete: „Doktor Adenauer hat bei Herrn Arnaud die Antwort von Herrn Tirard bezüglich seiner Bitte um eine Zusammenkunft entgegengenommen. Nach Empfang hat er sagen lassen, daß, wenn Herr Tirard ihn jetzt nicht empfangen könnte, es später vielleicht zu spät sein würde." Wie kam Adenauer dazu, einen solchen Schritt bei Tirard zu unternehmen? Nach den Angaben Tirards soll Adenauer dies im Auftrag als Chef einer Verhandlungskommission getan haben, die — so verstand es Tirard — in Hagen gebildet worden war. Tatsächlich aber war in Hagen nur der Fünfzehner-Ausschuß beschlossen worden, der aber erst am 31. Oktober tagen sollte. Dieser konnte also am 26. Oktober überhaupt noch nicht in Erscheinung treten. In Köln startete man jedoch schon am nächsten Tag eine Initiative. Es verständigten sich die Kölner Führer der fünf Parteien — SPD, DDP, Zentrum, DVP, DNVP — darauf, daß sie die fünf rheinischen Vertreter des künftigen Fünfzehner-Ausschusses seien. Dabei blieb es jedoch nicht,

1 Die Kabinette Stresemann, Nr. 179, S. 832.
2 Ebenda, S. 786.
3 AN AJ^9/3779.

denn man beschloß, sich sofort an Tirard zu wenden, um ohne Rücksicht auf die anderen Mitglieder aus den anderen Gebieten Tirard um eine Audienz zu bitten. In einem Bericht vom 2. November, der nicht gezeichnet ist, aber sehr wahrscheinlich von Mönnig stammt, geht hervor, daß die fünf Vertreter sich als eigene Kommission fühlten und beschlossen, entsprechend tätig zu werden.[4] Der Bericht enthält dann die Feststellung, daß die Bitte um eine Audienz abschlägig beschieden worden sei, aber dies sei in sehr verbindlicher Form geschehen: „Tirard ließ am Nachmittag zurückrufen, daß er im Augenblick sehr beschäftigt sei und daher eine Stunde der Besprechung nicht angeben könne. Es soll dieses aber nicht als Ablehnung gedeutet werden." Hier ist der Widerspruch offenkundig, denn die bittere Reaktion Adenauers, aus der doch klar die Enttäuschung herauszuhören ist, unterscheidet sich ganz deutlich von der zwar aufschiebenden, aber keineswegs ablehnenden Antwort, die Mönnig überliefert hat.

Dabei ist an der Zurückweisung durch Tirard nicht zu zweifeln. Am späten Abend telegrafierte nämlich Tirard, das, was ihm von Adenauer übermittelt worden war, nach Paris.[5] Demnach hätte eine Verhandlungskommission, „die unter der Leitung von Adenauer stehe" und zu der Louis Hagen, der Gewerkschaftsfunktionär Meyer aus Düsseldorf, der Zentrumsabgeordnete Mönnig, der SPD-Vertreter Meerfeld, Moldenhauer von der DVP und Kloth von der DNVP gehörten, Tirard offiziell um eine Audienz gebeten. Dieser habe jedoch eine solche abgeschlagen, „auf Grund des politischen Charakters der Konferenz von Hagen, aus der die Kommission hervorgegangen sei". Weil es sich um eine Konferenz mit den Spitzen des Reiches gehandelt hatte und damit Verbindungen aufrechterhalten wurden, die Tirard nicht mehr zur Kenntnis nehmen wollte, hatte er die Audienz verweigert. Aber welch andere Gewichtsverteilung und Kompetenzzuweisung gehen aus der Wiedergabe des Ersuchens Adenauers durch Tirard hervor. Von Adenauer war als Vertreter des Rheinlandes in Hagen nicht die Rede gewesen, wahrscheinlich aus gutem Grund, weil er sich in den Augen der dort anwesenden Politiker, die nicht dem rheinischen Zentrum angehörten, mehr als verdächtig gemacht hatte.

In Köln sei er jedoch von den fünf Parteivertretern hinzugezogen worden – so schreibt es Mönnig –, was bei Mönnig dadurch gerechtfertigt wird, daß Adenauer und Hagen, der ebenfalls mit von der Partie war, Vorsitzender und Stellvertreter der „neugewählten Wirtschaftskommission" gewesen seien. Tatsächlich nahm Adenauer praktisch ohne Mandat die Sache sofort selbst in die Hand und setzte sich bei dem Kölner Delegierten Arnaud ins rechte Licht durch die Behauptung, daß er nun die Verhandlungskommission leiten würde. Er hatte offensichtlich erwartet, daß dies eine positive Wirkung ausüben werde. Um so enttäuschter war er, als er am späten Nachmittag die Ablehnung erfuhr. Nur so erklärt sich die persönlich gefärbte, pessimistische Antwort, die er Tirard bestellen ließ.

Möglicherweise hätte auch Tirard schneller gehandelt, wenn er die alleinige Entscheidungsbefugnis besessen hätte. Während Adenauer sich massiv in den

---

4 Die Kabinette Stresemann, Nr. 199, S. 890.
5 MAE Rive gauche 34, Bl. 73; Tel. Nr. 545.

Vordergrund schob und so schnell wie möglich mit Tirard in Kontakt zu kommen suchte, war dieser gar nicht in der Lage, auf die Avancen, die ihm von verschiedenen Seiten gemacht wurden, einzugehen. Er mußte auf die öffentliche Meinung in Frankreich Rücksicht nehmen, die die Separatisten als die einzigen und wahren Freunde Frankreichs akzeptierte, während Tirard wußte, daß ein dauerhafter Erfolg nur mit den katholischen Notabeln und der rheinischen Wirtschaft und Finanz zu erreichen war.

Da auch Poincaré von dem nationalistischen Wunschdenken der öffentlichen Meinung in gleicher Weise beeinflußt war, mußte Tirard stillhalten, bis er in der langen Unterredung mit dem französischen Regierungschef am 30. Oktober grünes Licht für die von ihm schon immer verfolgte politische Linie erhalten hatte, die darauf hinauslief, dem Rheinland eine Autonomie im Rahmen des Reiches zu gewähren, deren Umfang jedoch weitgehend von den Franzosen zu bestimmen wäre. Eine solche Lösung war nur mit den Zentrumspolitikern zu erreichen, und dies auch nur, wenn eine Ausnahmesituation vorlag, wie sie durch die Aufstände der Separatisten hervorgerufen war. Wie stark der Terror der Separatisten wirkte, zeigten die Audienzwünsche, mit denen er geradezu überschüttet wurde. Vor dem klärenden Gespräch mit Poincaré war er jedoch zur Passivität verurteilt.

Es ist daher wahrscheinlich keine Verstellung gewesen, wenn er gegenüber Colonel Ryan, dem amtierenden britischen Hochkommissar, der durchaus frankophile Neigungen hatte und mit dem Tirard schon seit 1919 zusammengearbeitet hatte, keineswegs in Siegerpose, sondern eher in einer gedrückten Stimmung erschien. Machte er auf den britischen Oberst schon einen wenig glücklichen Eindruck, als die Separatisten nach dem 21. Oktober sich überall ausbreiteten, er sich aber darüber klar war, daß es nur vorübergehende Erfolge, Pyrrhussiege waren, mit denen man nichts anfangen konnte, so klagte er am 25. Oktober gegenüber Ryan über die Begeisterung, die die Separatisten in Frankreich ausgelöst hätten, daß dies „historischen und politischen Ursachen zugeschrieben werden müsse". Weiter sagte er, „daß die französische öffentliche Meinung, die kurzsichtig wäre, von der Idee eines unabhängigen Rheinlandes besessen wäre". Man müsse daher etwas Zeit verstreichen lassen, „um die öffentliche Meinung durch die Presse vorzubereiten".[6] Damit meinte er die politische Schwenkung, die er stets im Auge gehabt hatte und für die er erst noch Poincaré gewinnen mußte, nämlich eine autonome, jedoch nicht neutrale und unabhängige Republik zu bilden.

Deshalb versuchte Tirard, den englischen Oberst, mit dem er schon im vergangenen Juni darüber gesprochen hatte und der ihn damals auf eine solche politische Lösung aufmerksam gemacht hatte, nun seinerseits wieder für diese Idee zu erwärmen. Was er als Bedingung nannte, war mehr als bescheiden. Der Vorschlag für die Gründung einer solchen Republik sollte nicht von der englischen Regierung kommen, da dies eine negative Wirkung in Frankreich erzielen würde. Ferner sollte Adenauer nicht den Vorsitz der deutschen Verhandlungsdelegation

---

6 PRO FO 371/8681, C 18378. Zu dem klärenden Gespräch zwischen Poincaré und Tirard vgl. oben S. 161 ff.

einnehmen. Dann dürfe der neue Staat „nicht zu streng" von der Reichsregierung kontrolliert werden. Und schließlich sei es nicht möglich, die führenden Separatisten einfach fallenzulassen.[7]

Wenn auch diese „Bedingungen" zugleich als Köder gedacht waren, um die britische Regierung aus ihrer Reserve zu locken und ihre ablehnende Haltung gegenüber der französischen Politik etwas zu mindern, da diese ausschließlich für die separatistischen Aktivitäten verantwortlich gemacht wurde, wird man doch davon ausgehen können, daß Tirard der realitätsferne Chauvinismus der öffentlichen Meinung Frankreichs tatsächlich einiges Kopfzerbrechen bereitete. Im Rheinland hatte man von diesen Problemen Tirards natürlich nicht die geringste Ahnung.

Statt dessen fiel dort das Stimmungsbarometer immer tiefer, wie die Äußerungen erfahrener Beobachter zeigen. In einem Bericht vom 19. Oktober brachte Ryan die Haltung der Bevölkerung auf folgende Formel: „Obwohl die Franzosen bei der Bevölkerung des Rheinlandes immer noch herzlich verhaßt sind ... seien die Franzosen jetzt aber in einer Position, die es ihnen erlaubt, jeden beliebigen Plan auszuführen; selbst die arbeitenden Klassen sagen jetzt, es wäre besser, unter französischen Schutz zu kommen, als in dem gegenwärtigen Zustand zu verharren. Unter französischer Kontrolle würde wenigstens Frieden herrschen."[8] Karl Jarres brachte am 31. Oktober in einem Brief an Stresemann eine ganz ähnliche Lagebeurteilung zum Ausdruck, die sich vor allem auf die Regierungsbezirke Trier und Koblenz bezog: „Unter dem Drucke der Separatistenherrschaft, die los zu werden die Besatzung mit allen erdenklichen und örtlich wechselnden Mitteln verhindert, macht sich immer mehr auch in rechtsstehenden Kreisen und auch in der Sozialdemokratie die Überzeugung Raum, daß ‚etwas geschehen müsse', daß man ‚das Geschick in die eigene Hand nehmen müsse'. Das heißt in Deutsch: Man glaubt auf dem Wege rheinischer Initiative die unvermeidliche Loslösung von Preußen oder gar dem Reich durch Verhandlungen mit dem Feinde in erträgliche Bahnen leiten zu müssen. Diese Auffassung wird auch von durchaus deutsch denkenden Kreisen und nicht nur aus wirtschaftlichem Eigennutze vertreten."[9]

Die sich ausbreitende Verzweiflung, die Suche nach Auswegen hat die führenden politischen und wirtschaftlichen Persönlichkeiten in Köln nicht ruhenlassen. Am 28. Oktober fuhr der Kölner Erzbischof Kardinal Schulte zu Tirard, um ihn zu einer Änderung seiner Haltung gegenüber Adenauer zu bewegen und zugleich um die Linderung der politischen und wirtschaftlichen Nöte zu bitten. Gegenüber Adenauer zeigte sich der Hochkommissar weiterhin ablehnend, und hinsichtlich der französischen Ziele im Rheinland nahm er eine völlig intransigente Haltung ein. Laut Aufzeichnung des Kardinals soll er sich für eine völlig unabhängige neutrale Republik wie die Schweiz ausgesprochen haben.[10]

---

7 Ebenda, C 18409; Telegramm Ryans vom 25. Okt. 1923.
8 Ebenda, C 18 234.
9 Die Kabinette Stresemann, Nr. 210, S. 921.
10 HAStK 2/253/7; abgedruckt bei Karl Dietrich Erdmann, a.a.O., S. 301.

Am Abend des 28. Oktober fand in Köln nach der erfolglosen Mission des Erzbischofs eine Lagebesprechung der politischen und wirtschaftlichen Führer statt. Namentlich erwähnt werden nur Adenauer und der Braunkohlenindustrielle Silverberg. In dem englischen Bericht, der auf Informationen des schon erwähnten Professors Witte zurückging, wird die Kapitulationsbereitschaft dieses Kreises deutlich zum Ausdruck gebracht.[11] Die französische Weigerung, Verhandlungen aufzunehmen, hatte tief deprimierend gewirkt. Man war um eine Illusion ärmer geworden; denn vorher hatte man sich wohl in dem Glauben gewiegt, daß das, was Berlin abgeschlagen worden sei, den Rheinländern doch gelingen könnte.

Nun meinte man, das Chaos könnte nur vermieden werden, wenn eine sofortige Änderung des politischen Status des Rheinlandes vollzogen würde. Man wollte aber nicht gegen den Willen der Reichsregierung handeln: „Die deutsche Regierung habe jetzt ihre Zustimmung gegeben zur Gründung eines Rheinlandstaates innerhalb des Reiches und zu Verhandlungen, die zu diesem Zweck von Kommissionen mit der Rheinlandkommission geführt werden sollen." Das entsprach zwar keineswegs den Tatsachen, denn davon war weder in Hagen noch unmittelbar danach die Rede gewesen. Aber diese Ausgangsposition – daß man auf Berlin keine Rücksicht mehr zu nehmen brauche – scheint man in Köln geradezu als selbstverständlich angesehen zu haben. Nach den Informationen Wittes sei dieser Führungskreis unter Adenauer und Silverberg zu weitreichenden Konzessionen bereit gewesen. Das bezog sich sowohl auf die Aufbringung der Reparationen durch die Industrie als auch erstaunlicherweise auf die Zusammenarbeit mit denjenigen Separatisten, „die anständig seien". Das war eine beachtliche Konzession, die den Kölnern sicherlich schwergefallen sein muß, denn der Haß auf die Separatisten saß wirklich tief. Aber angesichts der Intransigenz Tirards, der sich nicht rührte und den Rheinländern nicht einmal eine Andeutung von Konzessionsbereitschaft signalisierte, machten die Kölner immer niedrigere Angebote in der Hoffnung, irgendwann doch noch einmal mit ihm ins Geschäft zu kommen.

Am 28. Oktober war man in Köln bereit, fast alles zu schlucken. Nur bei zwei Dingen sollten sie nicht nachgeben, aber man kann kaum sagen, daß dies für sie wirkliche Bedingungen waren. So sollten die Franzosen nicht auf einem unabhängigen Rheinland bestehen, denn das würden weder die deutsche Regierung noch die Rheinländer akzeptieren. Der andere Punkt war delikater; sie wünschten, „daß man ihnen erlaubte, bevor die Verhandlungen publik gemacht würden, von sich aus zu erklären, daß diese im Benehmen mit der Reichsregierung geführt werden". Denn sonst liefen sie Gefahr, als Verräter beschimpft zu werden, was sie verständlicherweise zu vermeiden trachteten.

Zugleich beleuchten diese beiden „Bedingungen" sehr klar die Marschroute der Kölner für die erhofften Verhandlungen. In sachlicher Hinsicht, was die materielle Ausgestaltung der neuen Republik betraf, war man offen; Einwände gegen die faktische Unabhängigkeit und einen Sonderstatus gegenüber dem übrigen Reich wurden nicht erhoben. Wichtig war nur, daß die formale völkerrechtliche Unabhängigkeit vermieden wurde und daß man, falls Kritik

---

11 PRO FO 371/8686, C 18690; Telegramm Kilmarnocks vom 29. Okt. 1923.

gegenüber dem Verhandlungsergebnis laut würde, zugleich sagen konnte, man habe im Einverständnis mit der Reichsregierung gehandelt. Diesem Argument, der Sorge um die Rückendeckung aus Berlin oder besser, daß man sich darauf berufen konnte, selbst wenn das Einverständnis in der behaupteten Weise gar nicht vorlag, wird man immer wieder im Zusammenhang mit den Verhandlungen begegnen. Nur aus diesem Grunde hatte Adenauer in Hagen sein Gewissen so sehr strapaziert, wobei er aber keine Wirkung erzielt hatte. Aus demselben Grunde hielt Adenauer dann im Dezember enge Verbindungen zu dem neuen Reichskanzler Marx, der zum rheinischen Zentrum gehörte. Als später die häßlichen Verdächtigungen auftauchten, daß er im Winter 1923/24 Dinge betrieben hätte, die in der Tagespolemik mit dem Separatismus zusammengebracht wurden, war er sofort mit dem Argument zur Hand, daß er stets im Einvernehmen mit der Regierung gehandelt habe.[12]

Am 29. Oktober häuften sich die Audienzen bei Tirard.[13] Zuerst kam um 10 Uhr der Koblenzer Zentrumspolitiker Loenartz an die Reihe, der einen mehr als nervösen Eindruck machte und überhaupt zur Kapitulation vor den Franzosen drängte. Dann erschienen um 12.00 Uhr Louis Hagen und schließlich um 14.00 Uhr Meerfeld und Mönnig. Was Tirard ihnen vortrug, war stets dasselbe. Frankreich sei nur an einem neutralen und unabhängigen Staat oder auch an mehreren Staaten interessiert, „ähnlich wie Irland oder wie in der Schweiz". Die Herrschaft der Separatisten sei „das Ergebnis einer politischen Revolution", und er gedenke auch weiterhin, sie als faktische Inhaber der politischen Gewalt anzuerkennen. Daß sie nicht die Mehrheit der Bevölkerung hinter sich hatten, störte Tirard nicht, denn es handele sich ja schließlich um eine Revolution, und da brauche man keine Mehrheit. „Das sei auch nicht in Rußland der Fall gewesen."[14] Tirard gab also nicht nach, und die Verwirrung der Geister blieb.

Bewegung kam in die Front erst am 3. November, als Louis Hagen den französischen Hochkommissar wieder aufsuchte. Inzwischen war Tirard in Paris gewesen und hatte die Einwilligung von Poincaré für seine Politik erhalten, die darauf hinauslief, mit den etablierten politischen bürgerlichen Kräften im Rheinland eine für Frankreich günstige politische Lösung anzustreben. Daß er gegenüber Louis Hagen als erstem eine klare Verhandlungsbereitschaft erkennen ließ, war sicher nicht zufällig. Denn dieser schien geradezu als die ideale Verkörperung derjenigen rheinischen Persönlichkeit, mit der die Zusammenarbeit erfolgreich zu werden versprach: Bankier und Präsident der Handelskammer in Köln, gehörte er zu den prominenten Vertretern der Wirtschaft im Rheinland und war zugleich als Mitglied des Zentrums politisch auf kommunaler Ebene wie als Mitglied des Rheinischen Provinziallandtages tätig — kurz ein Mann, der in den verschiedenen Bereichen über viel Einfluß verfügte. Wie Adenauer hatte er sich seit 1919 den Franzosen gegenüber ein vorsichtiges Mißtrauen bewahrt, was wiederholt in den französischen Akten dokumentiert wurde.[15] Dies geschah

---

12 Karl Dietrich Erdmann, a.a.O., S. 190.
13 Das Kabinett Stresemann, Nr. 199, S. 890 f.
14 Ebenda.
15 So beispielsweise AN AJ^9 3236, 4283 u. 4289.

jedoch ohne die Untertöne der Enttäuschung und des Sarkasmus, wie sie in der Berichterstattung über Adenauer immer wieder auftauchten. Louis Hagen erschien mehr als eine Autorität, die zu gewinnen für die Franzosen von hohem Interesse sein mußte.

Erst spät — am 26. Oktober, nach der Konferenz von Hagen — hatte Tirard gemeldet, daß Louis Hagen „zu seinen autonomistischen Gefühlen zurückgekehrt sein soll".[16] Das allein reichte aber wohl nicht aus, um ihn am 3. November als Verhandlungspartner zu akzeptieren. Wichtiger waren seine Pläne für eine eigene rheinische Währung, die ihn in den Augen Tirards interessant machten.

Von der Unterredung existieren zwei Überlieferungen; die eine, sehr umfangreiche Aufzeichnung stammt von Louis Hagen selbst, die andere ist in dem telegraphisch nach Paris übermittelten Bericht Tirards über die Begegnung enthalten. Beide differieren stark voneinander, oder genauer gesagt, sie behandeln verschiedene Verhandlungspunkte. Tirards Aussage[17] ist knapp und eindeutig. Hagen habe sich ihm im Namen einer Reihe der wichtigsten Banken des besetzten Gebietes — keine von ihnen habe ihren Sitz im unbesetzten Gebiet — präsentiert. „Auf mein Betreiben hat er auf die Absicht, die von den anderen Banken vertreten worden sei, verzichtet, eine Währung außerhalb unserer Kontrolle einzuführen. Der Sitz der Bank soll in Koblenz sein. Ich habe erreicht, daß 30 % des Kapitals für die französische Gruppe, 55 % für die rheinische Gruppe und 15 % für Alliierte und Neutrale zugeteilt werden. Die Bank wird einen privaten Charakter haben. Sie wird außerhalb jeder politischen Gruppierung und außerhalb jeder verwaltungsmässigen deutschen Einflußnahme gegründet." Damit hatte Louis Hagen die währungspolitische Kapitulation vor Tirard vollzogen. Er hatte der Gründung einer Bank zugestimmt, die im Rheinland als Voraussetzung eigener Staatlichkeit eine feste Währung herausbringen sollte, auf die keinerlei Einflußmöglichkeit von deutscher Seite erlaubt war.

In Louis Hagens ausführlichem Bericht[18] wird die Goldnotenbank erst am Schluß und ganz knapp erwähnt. Da hieß es nur, daß der französische Finanzdirektor Giscard (der Vater des späteren Staatspräsidenten) erschienen sei; daraufhin „wurden die Einzelheiten der Goldnotenbank besprochen, namentlich die Verteilung des Kapitals, die Beteiligung der Franzosen, internationale Beteiligung, auch die Beteiligung von Franzosen in der Leitung". Um so ausführlicher wird bei ihm der Gang der politischen Unterredung dargestellt. Danach hatte ihn Tirard zuerst gefragt, ob er bereit sei, „mit einem kleinen Kreise von maßgebenden Leuten des besetzten Gebietes in Verhandlung mit ihm zu treten, namentlich über die Form und die Art des zukünftigen Staatswesens des besetzten Gebietes". Daraufhin habe Hagen zwei Gegenforderungen aufgestellt: Tirard müsse die Separatisten fallenlassen, und der neue Staat müsse im Rahmen des Reiches bleiben. Beide Forderungen wurden akzeptiert. Bei den Separatisten ging es ganz schnell, gleichsam mit einem Achselzucken: „Dann müssen wir

---

16 MAE Rive gauche 34, Bl. 73; Telegramm Nr. 545.
17 AN AJ[9]/3837; Telegramm Nr. 574 vom 3. November 1923.
18 HAStK 2/253/7; abgedruckt bei Karl Dietrich Erdmann, a.a.O., S. 305—308.

sehen, diese Leute in anderer Weise abzufinden." Dann kam eine weitere Forderung, die für den Kölner Bankier von besonderer Bedeutung war, ging es doch darum, Tirard zu bewegen, den Bann gegenüber Adenauer aufzuheben, da man auf ihn wegen seiner einzigartigen Stellung im Rheinland nicht verzichten könne. Hinzu komme — hier entwickelte Louis Hagen geradezu prophetische Gaben —, „daß auch gerade Herr Adenauer berufen sei, kraft seiner Autorität, seiner Energie und seiner Übersicht, an der Spitze jedes zu bildenden Staatsgebildes zu stehen". Hier scheint Tirard stärkeren Widerstand geleistet zu haben. Er machte verschiedene Einwände, doch als ihm Louis Hagen erklärte, „daß ich überhaupt nicht ohne Herrn Adenauer zu handeln imstande sei, hat er sich damit einverstanden erklärt, Herrn Adenauer mit mir zwei Stunden vor der Besprechung mit der Kommission zu einer Aussprache zu empfangen und gegen die Teilnahme des Herrn Adenauer bei den Verhandlungen, die nach der ersten Sitzung stattfinden würden, nichts mehr einzuwenden zu haben". Damit meinte er wohl die Besprechung des Verhandlungsausschusses, die am 14. November stattfand. Adenauer ist jedoch nach Ausweis der französischen Akten erst am 15. November, ohne Beistand Louis Hagens, von Tirard empfangen worden.

Nimmt man nun beide Gesprächsüberlieferungen zusammen, so ergibt sich, daß jede Seite nur das in den Vordergrund stellte, was ihr besonders wichtig erschien. Das war bei Tirard die Gründung der Goldnotenbank und für Louis Hagen das Fallenlassen der Separatisten und das Akzeptieren Adenauers. Wahrscheinlich muß man sich den Verlauf des Gesprächs so vorstellen, daß Tirard sich das Fallenlassen der Separatisten und die Aufhebung des Boykotts von Adenauer nur gegen die Konzessionen bei der rheinischen Goldnotenbank abhandeln ließ. Auf jeden Fall war damit außerhalb der offiziellen interfraktionellen Verhandlungsdelegation zwischen Louis Hagen und Adenauer auf der einen Seite, Tirard und seinen Beamten auf der anderen Seite ein wichtiger Kontakt hergestellt worden.

Angesichts der Vergangenheit Adenauers und der vielen negativen Berichte, die über ihn am Quai d'Orsay sich in den Akten befanden, konnte Tirard ihn nicht plötzlich als geläuterten Sünder vorstellen, mit dem man nun ohne Bedenken zusammenarbeiten könne. Deshalb hatte er wohl in dem Bericht über die Zusammenkunft mit Louis Hagen überhaupt nichts von Adenauer erwähnt. Dieser wurde erst nach und nach als eine Persönlichkeit, mit der zu kooperieren sich lohnte, eingeführt. In mehreren Etappen wurde er gleichsam aus der Quarantäne in den französischen Kontaktbereich hineingeschleust.

Am 4. November teilte Tirard mit, daß Adenauer „ihn ständig um eine Audienz bitte, er verhalte sich aber weiter abweisend, bis eine neue Anweisung aus Paris ihn zu einer Änderung seines Verhaltens ihm gegenüber ermächtige."[19] Am 10. November schließlich stellte er in einem Schreiben an Poincaré Adenauer in einem positiven Licht dar. Er habe sich in Barmen energisch für einen rheinischen Staat eingesetzt, der nur sehr schwach an das Reich angelehnt sein sollte, und Tirard verwies außerdem auf einen sehr positiven Bericht des früheren französischen Botschafters in Berlin, Laurent, vom November 1920. Schließ-

---

19 MAE Rive gauche 35, Bl. 131 ff.

lich habe ihm auch der General Degoutte mitgeteilt, daß Adenauer zu unrecht als von den Engländern „vereinnahmt" dargestellt werde und daß er „in Wirklichkeit die Bildung eines rheinische Staates in der Weise wünscht, die für Frankreich annehmbar sei".[20]

Auf dieses Empfehlungsschreiben für Adenauer ist keine Reaktion von seiten Poincarés erhalten. Auf jeden Fall ist aber keine Zurückweisung erfolgt. So konnte Adenauer am 15. November Tirard zum ersten Mal seine politischen Vorstellungen erläutern.

Das geschah nicht unter totaler Geheimhaltung. Louis Hagen hatte am 13. November in einer Sitzung des Reichskabinetts mit den Regierungen der Länder und im Fünfzehner-Ausschuß angekündigt: „Morgen wird Tirard Adenauer und mich empfangen."[21] Auch vorher schon, seit der Konferenz von Hagen, war es informierten Beobachtern aufgefallen, daß Adenauer und Hagen, sekundiert von Mönnig, eine Sonderrolle spielten. So hatte Mönnig in der Sitzung des Fünfzehner-Ausschusses am 9. November in Köln, der tiefe Meinungsverschiedenheiten über das künftige Vorgehen, insbesondere zwischen Westfalen und Rheinländern, zeigte, „häufige Angriffe auf Hagen und Adenauer" abzuwehren.[22] Kennzeichnend jedoch für die Atmosphäre, die damals herrschte, ist die Tatsache, daß öffentliche Vorwürfe zunächst unterblieben und erst dann auftauchten, als die Gefahr überwunden war. Diese Zurückhaltung, daß man nicht sofort öffentlich gegen Hagen und Adenauer Stellung bezog, sondern in dem Bewußtsein der Unberechenbarkeit der politischen Entwicklung abwartete – vielleicht konnten die Angegriffenen in kurzer Zeit über soviel Macht und Einfluß verfügen, daß man sie nicht zu Feinden haben wollte –, war nicht neu. Ähnlich hatte man auch im November 1918 im Rheinland reagiert, als die „KV" ihre vehemente Kampagne für ein selbständiges Rheinland geführt hatte. Auch damals hatten viele Bedenken bestanden, doch keine Zeitung hatte dagegen Front gemacht.

Zwischen dem 7. und dem 13. November wurde in Berlin unter nun zugespitzten Bedingungen wieder die gleiche Frage behandelt, die schon vor der Konferenz von Hagen das Reichskabinett beschäftigt hatte. Es ging um das entscheidende Problem, ob man nach der Einführung der Rentenmark, die für den 15. November geplant war, weiter die Arbeitslosenunterstützung und die Besatzungskosten zahlen sollte. Es wiederholte sich in gewisser Weise die Diskussion vom Oktober, nur dramatisch zugespitzt durch den Zeitdruck, da man unmittelbar vor der Einführung des neuen Geldes stand. Erdmann hat die verzweifelten Beratungen, die sich im Kabinett zusammen mit den betroffenen Ländern und den Vertretern der betroffenen Gebiete abspielten, ausführlich in dem Kapitel geschildert, das in der Überschrift auf einen Adenauer-Ausspruch zurückgeht, der in einer der Besprechungen am 13. November gefallen war. Er lautete: „Das Rheinland muß mehr wert sein als drei neue Währungen". Erdmann zieht aus diesen Auseinandersetzungen die Summe: „Das Ge-

---

20 Ebenda Bl. 378.
21 Die Kabinette Stresemann, Nr. 246, S. 1049.
22 Ebenda Nr. 234, S. 1008.

samtergebnis dieses dramatischen Tages läßt sich wie folgt zusammenfassen: Die Rheinländer hatten ein völlig klares Bild darüber gewonnen, wie die Reichsregierung die zukünftige Entwicklung der Dinge sah. Demnächst würde das Reich sämtliche Zahlungen an das Rheinland einstellen und öffentlich erklären, daß es, ohne staatsrechtlichen Änderungen zuzustimmen, den Rheinländern die Sorge überlassen wolle, sich mit den Besatzungsmächten zu arrangieren. Die Rheinländer wehrten sich gegen die Preisgabe und wollten unter keinen Umständen das Reich von seinen Verpflichtungen entlasten. Sie verhinderten, daß durch eine öffentliche Erklärung vollendete Tatsachen geschaffen wurden. Wie weit der Fünfzehnerausschuß nun eigentlich ermächtigt sei, mit den Franzosen zu verhandeln, blieb unklar. Das Reichskabinett stimmte solchen Verhandlungen zu, soweit sie nicht das staatsrechtliche Gebiet berührten, die Länder waren dagegen. Der staatliche Wille war gelähmt. Die Rheinländer aber wollten die Dinge nicht auf sich beruhen lassen."[23] Von der geschlossenen Front der Rheinländer, die hier so stark hervorgehoben wird, kann jedoch keine Rede sein; sie ist in den Quellen nicht faßbar. Darüber hinaus ist es abwegig, eine Konfrontation zwischen Rheinländern, dem betroffenen Gebiet also, und der Regierung in Berlin zu konstruieren. Denn einerseits waren im Kabinett mehrere Rheinländer vertreten, denen das Schicksal ihrer Heimat keineswegs gleichgültig war. Ferner bestand unter den rheinischen Parteien keine Einigkeit, sondern das Zentrum wurde von den anderen politischen Kräften mit Mißtrauen betrachtet. Andererseits tangierte die Fortzahlung oder der Wegfall der Arbeitslosenunterstützung in erster Linie das Ruhrgebiet, das „neubesetzte" Gebiet, auf jeden Fall stärker als das Rheinland, da durch den passiven Widerstand die Kohleförderung und die industrielle Tätigkeit weitgehend zum Erliegen gekommen waren.

Auch der Gesamttrend der Beratungen in Berlin wird von Erdmann verzeichnet. Die Diskussion im Kabinett und in den erweiterten Kabinettsrunden waren durch Ratlosigkeit und Verwirrung gekennzeichnet. Man sah sich vor die unausweichliche Notwendigkeit gestellt, einen ausgeglichenen Etat in neuer Währung aufzustellen und nicht mehr auf die Notdruckpresse zurückzugreifen. An der damit gegebenen Konsequenz schieden sich aber die Geister: Ob und wie man die Zahlungen aufkündigte, das besetzte Gebiet sich selbst überließ und den Franzosen die Verantwortung dafür zuschob oder ob nicht noch ein Spielraum zum Hinausschieben der Entscheidung bestünde, darüber gab es keine Klarheit. In den Beratungen, die oft der Suche nach der Quadratur des Kreises glichen, wird deutlich, daß verschiedene Minister, vor allem Luther und Jarres, in ihrem Verhalten von verwaltungsmäßig-juristischen Überlegungen bestimmt waren. Sie wollten korrekt vorgehen und neigten der Anschauung zu, daß man eine Insolvenzerklärung abzugeben, ein Manifest zu veröffentlichen habe, um den eigenen Standpunkt zu rechtfertigen. Das ist jedoch nicht als das Beharren auf ihrem Ressortstandpunkt zu kritisieren, sondern zeigt nur, wie stark die Verwaltungstätigkeit sie geprägt hatte. Es ist aber charakteristisch für die Entscheidungsfindung des Kabinetts unter Stresemann, daß trotz dieser

---

23 Karl Dietrich Erdmann, a.a.O., S. 134.

bürokratischen Vorbelastungen die definitiven Entscheidungen immer wieder hinausgeschoben wurden, daß der Kanzler lavierte. Um überhaupt handlungsfähig zu bleiben, war es nötig, den Beschluß zur Zahlungseinstellung zu fassen, denn man konnte keine Währungsreform einführen, und zugleich signalisieren, daß die alte Inflationswirtschaft weitergehen werde. Zugleich machte die Regierung deutlich, daß man für eine kurz bemessene Übergangsfrist, bis zum 25. November, zur Weiterzahlung bereit sei. Mit dem Abkommen zwischen Ruhrbergbau und MICUM am 23. November war dann ein wichtiger Schritt zur Normalisierung des Wirtschaftslebens an der Ruhr gelungen, der die Dinge in neuem Licht erscheinen ließ. Es ist aber die unbestreitbare Leistung Stresemanns gewesen, die Verwirklichung dieses Beschlusses immer wieder hinausgeschoben zu haben, bis die Gefahr überstanden war.

Nur einer spielte bei diesen Beratungen, die im Grunde von der Suche nach einem Ausweg bestimmt waren, von dem man aber nicht wußte, in welcher Richtung er liegen konnte, eine besondere Rolle und fiel durch aggressive Schärfe auf. Konrad Adenauer griff am Abend des 13. November den Finanzminister, der ihm angeboten hatte, sich doch einen Einblick in den Stand der Reichsfinanzen zu verschaffen und sich von der tatsächlichen Lage zu überzeugen – was Adenauer als zwecklos abgelehnt hatte –, in ungewohnter Schärfe an: „Der Reichsminister der Finanzen behauptet immer, daß das Reich gewisse Zahlungen an das besetzte Gebiet nicht mehr leisten könne. Ich bestreite, daß das Reich in einer so schwierigen finanziellen Lage ist. Mag selbst die Rentenmark dadurch ebenso wie die Papiermark in einen Abgrund getrieben werden, daß das Reich umfangreiche Zahlungen an das besetzte Gebiet leistet, das Rheinland muß mehr wert sein als ein oder zwei oder selbst drei neue Währungen. Ohne Lösung des Reparationsproblems wird es überhaupt nicht möglich sein, eine wertbeständige Währung zu schaffen. Wenn der Reichsminister der Finanzen aber die neue Währung retten will, dann hat er dabei den Hintergedanken, das Rheinland preiszugeben, um dadurch von Reparationen freizukommen."[24]

Mit Adenauers finanzpolitischer Unkenntnis ist diese Attacke nicht zu erklären oder gar zu rechtfertigen. Man muß sich vergegenwärtigen, wieviel von dem Erfolg der Rentenmark abhing. Neue Währungen – daß das Rheinland mehr wert sei als ein oder zwei oder drei neue Währungen – konnten nicht am laufenden Bande produziert werden. Wenn man das Chaos in Deutschland im bevorstehenden Winter vermeiden wollte, war es entscheidend, die Rentenmark nicht schon bei ihrem Start scheitern zu lassen.

Ein Beispiel mag verdeutlichen, von welcher Größenordnung das Problem war und welche Gefährdung man erwarten mußte, wenn die neue Währung in einem Gebiet eingeführt wurde, das von einer feindlichen Besatzung beherrscht wurde, von der anzunehmen war, daß sie alle Möglichkeiten ergreifen würde, um das neue Geld zu torpedieren: Als 1948 in den Westzonen die Währungsreform eingeführt wurde, blieben die Westsektoren von Berlin davon ausgeschlossen. Das war kein Zufall. Die Westmächte fürchteten, die Sowjets könnten

---

24 Die Kabinette Stresemann, Nr. 249, S. 1059.

irgendwelche Manöver gegen die neue westdeutsche Währung starten, wenn die Westsektoren in das Währungssystem der Westzonen einbezogen würden. So kam es nach heftigem Tauziehen nur zu dem kläglichen Kompromiß, daß in den Westsektoren trotz der Blockade gespaltene Währungsverhältnisse etabliert wurden. Die rationierten Güter konnten mit der im Anschluß an die westzonale Währungsreform überstürzt eingeführten Ostmark bezahlt werden, während ein kleiner Teil der Lohn- und Gehaltssumme der Bevölkerung in Westmark ausgezahlt wurde, die zudem besonders gekennzeichnet war, um das in den Westsektoren umlaufende Geld noch besser unter Kontrolle zu haben. Wenn man sich vergegenwärtigt, daß die Westmächte soviel Vorsicht zeigten bei einem vergleichsweise so kleinen Wirtschaftsgebiet wie den Westsektoren von Berlin, dann erhält man eine Vorstellung von der Tragweite des Problems und den Risiken, denen sich 1923 die Reichsregierung bei der Einführung der Rentenmark gegenübersah.

Die ignorant-aggressive Art, mit der Adenauer in der Sitzung am 13. November auftrumpfte, ist sicher nicht als das Ergebnis von Unkenntnis und Uneinsichtigkeit anzusprechen. Der Auftritt war wohlberechnet und zeigt Ähnlichkeiten mit dem Verhalten der Kölner Zentrumsführung in der Besprechung vom 22. September in Frankfurt. Waren es damals die Kölner, die für die Fortsetzung des passiven Widerstandes eintraten, um sich so den Anschein besonderer patriotischer Standfestigkeit zu geben, so haben seine überspannten Forderungen für das Rheinland – wobei immer betont werden muß, daß die Fortführung der Zahlungen für das Ruhrgebiet viel wichtiger war als für das Rheinland – eine Alibifunktion gehabt. Wenn er am Abend des 13. November die Position des dramatisch auftrumpfenden Vertreters rheinischer Interessen durch die sinnlose Übertreibung so stark herauskehrte, geschah das vor allem aus dem Grunde, weil er endlich einen Termin bei Tirard erhalten und damit die Gelegenheit bekommen hatte, seine Vorstellungen Tirard direkt und ohne Zeugen, d. h. unter Ausschluß von Vertretern anderer deutscher Parteien darzulegen. So bekommt sein Auftritt in Berlin den Charakter der Rechtfertigung; weil er in der Reichskanzlei mitansehen mußte, wie man das Rheinland zu opfern im Begriff war, nur um auf diese Weise angeblich die Reparationen loszuwerden, fühlte er nun die „Verpflichtung im Gewissen" – um seine eigene Formulierung aus Hagen zu gebrauchen –, mit Tirard in Kontakt zu treten.

Das Gespräch fand am 15. November statt. Erdmann hatte darüber lediglich durch ein späteres Schreiben von Poincaré an Tirard, das auf diese Unterredung Bezug genommen hatte, von dem Inhalt Kenntnis erhalten. Was in diesem Schreiben über den Gesprächsgegenstand am 15. November berichtet wurde, mußte jedoch für Erdmann überraschend und befremdlich klingen, hieß es doch dort, Adenauer habe einen Staat akzeptiert, der, außerhalb der Weimarer Verfassung stehend, neben eigenem Haushalt, Parlament und Währung auch über eigene diplomatische Vertretungen verfügen sollte. Da diese Erklärungen Adenauers nicht in das Bild passen, das Erdmann von dessen Rheinlandpolitik gezeichnet hat, sondern ganz erheblich davon abweichen, hat er die Tendenz, die Nachricht über das Gespräch und die dabei angesprochenen Themen zu verharmlosen und es lediglich als ersten Schritt auf einem langen Weg zu betrachten, der dann zu ganz anderen Ergebnissen geführt habe. Daher meint er herablassend: „In dem einleitenden Gespräch tastete man die Möglichkeiten ab, und es ist wohl verständlich, daß Tirard, bei dem, was er in der Unterredung mit dem zurückhaltend taktierenden Adenauer heraushörte, von seinen eigenen Wunschvorstellungen geleitet war."[25]

Es erscheint wenig überzeugend, die Wiedergabe des Gespräches durch Tirard als die Fixierung von dessen Wunschvorstellungen zu bezeichnen. Es war ja nicht so, daß Adenauer der einzige war, der einige Gedanken entwickelt hatte, die dann in der Berichterstattung nach Paris entsprechend aufgebauscht wurden. Tirard erhielt, insbesondere aus Zentrumskreisen, genügend Beweise der fast bedingungslosen Zusammenarbeit sowie der Annahme seiner Bedingungen, kurz: die Kapitulationsbereitschaft von verschiedenen rheinischen Politikern und auch Industriellen wie Bankiers, so daß er es nicht nötig hatte, die Äußerungen eines einzelnen verfälschend zu übertreiben, zumal es sich bei diesem um eine Persönlichkeit handelte, bei der ohnehin ein hohes Maß an Vorsicht geboten war.

Einige Beispiele der Kooperationsbereitschaft mögen dies unterstreichen. Auf die zentrale Rolle von Louis Hagen ist bereits eingegangen worden. Ein anderes Beispiel lieferte der amtierende Oberbürgermeister von Bonn, Spoelgen, der dem Zentrum angehörte, der sich bereits am 27. Oktober bei Tirard präsentierte. Schon von Gelin, dem Bonner Delegierten, war Tirard signalisiert worden, daß Spoelgen sich durchaus anpassungsfähig verhielt, da er mit ihm, dem Bonner Delegierten, zusammenarbeitete, um mit den Separatisten in der Stadt durch die Vermittlung Gelins zu einem Modus vivendi zu kommen.[26] Diese Kooperation hatte ihm dann sicher das Entrée bei Tirard verschafft. Spoelgen schätzte die politische Situation im Rheinland so ein, daß er meinte, die Gruppe der rheinischen Parteiführer, die um Audienz bei ihm gebeten hätte, sei bereit, „jede von Frankreich geforderte Lösung" anzunehmen. Für ihn selbst war es vor allem wichtig, daß die Freiheit der Kirche und des Unterrichts gewährleistet sei.

Wie kooperationsbereit er selbst war, zeigte der Tip, den er Tirard gab: Dieser solle die Führer aller politischen Parteien empfangen, um in der Öffentlichkeit den Eindruck zu erwecken, „daß man die Wünsche, die von den Vertretern der Bevölkerung vorgetragen werden, auch berücksichtigt".[27] Das war sehr hintersinnig gemeint, denn daß Tirard auf die Wünsche der Bevölkerung und ihrer Vertreter keine Rücksicht nahm, zeigte seine bisherige einseitige Parteinahme zugunsten der Separatisten mehr als deutlich. Die Empfehlung, Vertreter aller Parteien zu empfangen, bekommt nur dann einen Sinn, wenn damit gemeint war, nicht nur Persönlichkeiten zu empfangen, die dem Zentrum angehörten, da dies auf die Dauer einen fatalen Eindruck machen mußte. Tirard, der in dem Gespräch die Idee der Zugehörigkeit des Rheinstaates zum Reich noch

---

25 Karl Dietrich Erdmann, a.a.O., S. 136 f.
26 MAE Rive gauche 34, Bl. 106 f.
27 Ebenda, Bl. 130 f.

ablehnte, denn er war ja noch nicht mit Poincaré zusammengekommen, gab Spoelgen seinerseits ebenfalls einen Hinweis. Er ließ durchblicken, daß es für die Rheinländer von Interesse sei, darauf hinzuwirken, daß in der französischen Öffentlichkeit nicht das Gefühl entstünde, „daß die Rheinländer eine Lösung des politischen Status des Rheinlandes anstrebten, die nicht genügend klar ist". Das mußte als Aufforderung verstanden werden, handfeste Vorschläge über die politische Zukunft des Rheinlandes von rheinischer Seite aus zu machen. Spoelgen erwiderte, er rechne damit, den Mitgliedern der Kölner Kommission dies verständlich machen zu können.

Am 3. November war dann Louis Hagen allein bei Tirard, der ihm das Fallenlassen der Separatisten signalisierte, wofür Hagen auf die französischen Bedingungen bei der zu gründenden Goldnotenbank einging. Hagen versprach darüber hinaus, nach der Sitzung des rheinischen Provinziallandtages ihm „bedeutende und bevollmächtigte Persönlichkeiten" zuzuführen, die „interessante Vorschläge zu unterbreiten hätten".[28]

Als „Berichterstatter" über das, was in Barmen vorgefallen war, wo der Provinziallandtag zusammentrat, diente dann der Koblenzer Zentrumspolitiker Loenartz, der umgehend die französische Seite über den Verlauf der Sitzung informierte. Als Vertreter des Zentrums hatte er sich selbst dort mit großer Eloquenz produziert und war für die Goldnotenbank und für Verhandlungen mit Frankreich eingetreten. Das waren für ihn die zwei Möglichkeiten, um die Situation im Rheinland zu verbessern: „Zunächst die ... unbedingt notwendige schleunigste Einführung eines wertbeständigen Zahlungsmittels, das allein die Beschaffung der notwendigsten Lebensmittel ermöglichen und Handel und Wandel in Gang bringen kann. Wir begrüßen es auf das freudigste, daß der tatkräftigen, sachkundigen, selbstlosen Initiative des Herrn Abgeordneten Hagen die baldige Inverkehrbringung einer Goldnote, die von allen Kreisen der Bevölkerung so heiß ersehnt worden ist und die allen Kreisen der Bevölkerung vom Arbeiter bis zum Industriellen zugute kommen soll und muß, zu verdanken sein wird." Dann kam er auf die Frage der Verhandlungen zu sprechen und erklärte: „Wir Rheinländer ... sehnen uns nach Frieden und Verständigung. Wir hoffen und wünschen, daß sich über das besetzte Gebiet eine Brücke schlagen möge zur Völkerversöhnung und Völkerverständigung. Was liegt da näher, als daß die notwendige Verständigung zwischen Frankreich und dem Deutschen Reich durch Verhandlungen berufener rheinischer Männer angebahnt werde, deren Aufgabe es sein wird, eine Besserung der unerträglichen Lage des Rheinlandes herbeizuführen! Niemand könnte es vor dem Volk und seinem Gewissen und der Geschichte verantworten, einen solchen Versuch der Verständigung von der Hand gewiesen zu haben. Die Zentrumsfraktion des rheinischen Provinziallandtages ist einstimmig der Überzeugung, mit einem solchen Schritte in hervorragendem Maß auch unserem geliebten Vaterland zu dienen, für das wir eine Erleichterung seiner innen- und außenpolitischen Lage, eine Minderung seiner unerträglichen Lasten, sein Wiederaufleben und Erstarken erhoffen. Wir verbinden damit den Wunsch und die Hoffnung, daß endlich auch die Gefangenen befreit werden,

---

28 MAE Rive gauche 35, Bl. 105.

daß die aus dem besetzten Gebiet Ausgewiesenen baldigst wieder zurückkehren können und daß nunmehr weitere Ausweisungen mit ihren traurigen Folgen unterbleiben."[29] Hier begegnet schon Vertrautes: die Rolle des Rheinlandes als Brückenpfeiler der Völkerverständigung zwischen Frankreich und dem übrigen Deutschland, wie es schon 1919 angesprochen worden war. Dann erinnern die vagen Aussichten auf Erleichterungen nicht nur für das Rheinland, sondern für ganz Deutschland, d. h. daß die „unerträglichen Lasten", also die Reparationen, gemildert und die Ausgewiesenen zurückkehren könnten — alles Dinge, die auch für das übrige Deutschland von ebenso großem Interesse wie für das Rheinland seien —, an die Ausführungen Adenauers in Barmen und Hagen.

Das Pathos am Schluß seiner Rede wirkt dann etwas mühsam und dürfte, wenn man das ganze Umfeld seiner Tätigkeiten betrachtet, als schönes Beispiel rheinischer Rhetorik dienen: „Mit allen Fasern unseres Herzens, mit allen politischen und wirtschaftlichen Banden sind wir mit dem deutschen Reich auf Gedeih und Verderb verknüpft. Deutsch sind wir, Deutsch wollen wir bleiben, im Verband des Deutschen Reichs, solange am Rhein die deutsche Zunge klingt!" Es dauerte nicht lange, und die Franzosen wurden darauf aufmerksam gemacht, welchen wirklichen Sinn die pathetischen Treueschwüre von Loenartz hatten. Wie der Landeshauptmann Horion einem französischen Offizier erklärte, hätte „jedes Wort seinen Wert".[30] Denn bei der Betonung des Reiches war ganz bewußt von Preußen nicht mehr die Rede gewesen. Man wollte also signalisieren, daß man im Verband des Reiches zu bleiben gedenke, auf die Zugehörigkeit zu Preußen jedoch keinen Wert mehr lege, der Gründung eines neuen Staates also positiv gegenüberstehe.

Zwei Tage nach seiner Rede, am 10. November, stattete Loenartz der französischen Seite seinen Besuch ab. Es war nicht Tirard selbst, sondern der Oberdelegierte von Koblenz, den er über den Verlauf der Sitzung des Provinziallandtages informierte.[31] Loenartz erklärte, daß die offiziellen Verlautbarungen über die Tagung nicht dem tatsächlichen Verlauf und den dort eingenommenen Positionen entsprächen. Tatsächlich hätten sich zwei Konzeptionen gegenübergestanden, die eine sei vom Zentrum, die andere von den übrigen Parteien vertreten worden, während die Kommunisten sich abseits hielten. DNVP, DDP, DVP und SPD hätten eine Arbeitsgemeinschaft gebildet und den Beschluß gefaßt, die Trennung des Rheinlandes von Preußen abzulehnen.

Demgegenüber trete das Zentrum für die Autonomie des Rheinlandes ein, deren Vorteil für das Rheinland wie für das übrige Deutschland bereits studiert worden sei und noch weiter geprüft werde. Die Zentrumsvertreter könnten aber nicht in direkten Kontakt mit dem französischen Hochkommissar und den französischen Behörden treten: „Herr Hagen muß als geheimer Botschafter des Zentrums oder sogar des 21er Ausschusses betrachtet werden." Das war zweifellos eine wichtige Aussage. Von den gemischten Verhandlungsdelegationen schien das Zentrum nichts mehr zu erwarten, da man sich dort nur gegenseitig

---

29 Protokoll des 67. Provinziallandtages, 3. Sitzung vom 8. November 1923, S. 105 f.
30 MAE Rive gauche 36, Bl. 126—128.
31 AN AJ^9/3821.

belauerte. Kam aber das Zentrum allein zu Tirard, wurde von den anderen Verrat geschrieen, was natürlich vermieden werden mußte. Deshalb schien es Loenartz und seinen Freunden die beste Lösung zu sein, wenn Louis Hagen diskret und unbeaufsichtigt die Verbindungen herstellte.

In einem Punkt gab sich Loenartz sehr entschieden; das war seine scharfe Verurteilung der Separatisten und die kategorische Weigerung, mit ihnen in irgendeiner Weise zusammenzuarbeiten. Auch die erwünschte Verständigung mit den Franzosen stellte er in Frage, wenn diese Individuen weiter ihr Unwesen trieben.

Dann brachte er das Illusionäre dieser Kapitulationspolitik des rheinischen Zentrums zum Ausdruck, dessen führende Vertreter sich in ein Wunschdenken hineingesteigert hatten, das darauf hinauslief, sie könnten mit dem weiten Entgegenkommen gegenüber den Franzosen und ihren Forderungen alle schwebenden Probleme lösen. Mancher behielt dennoch ein ungutes Gefühl und einen Rest von Skepsis: „Eine große Angst tritt bei gewissen Abgeordneten auf, daß nämlich Frankreich, nachdem die rheinische Lösung einmal angenommen ist, weiterhin das Ziel der Hegemonie am Rhein verfolgt und sich nicht mit dem Erreichten zufrieden gibt."

Enthüllend ist schließlich die Schlußpassage des Berichtes, als Loenartz sagte: „Sie können sich nicht vorstellen, was für einen Erfolg es für das Zentrum und auch für mich persönlich im Hinblick auf den zu gründenden rheinischen Staat wäre, wenn Sie die Separatisten fallen ließen, die von Ihrem wie von unserem Standpunkt aus unerwünscht sind." Hier wird die Fellachenmentalität eines in Panik geratenen Provinzpolitikers deutlich, dessen Gesichtskreis zu beschränkt war, um den Konflikt mit Frankreich und dessen Hintergrund zu erkennen. Statt dessen blieb er in erster Linie auf die Separatisten fixiert, die seine Honoratiorenexistenz in der gewohnten Umgebung in Frage stellten. Aus diesem Grund war er nun mit seinen politischen Freunden unablässig bemüht, durch Konzessionsbereitschaft gegenüber den Franzosen dieses Übel aus der Welt zu schaffen, wobei konsequent Ursache und Wirkung verwechselt wurden.

Am 13. November suchte Christian Stöck, Oberbürgermeister von Trier, den französischen Hochkommissar auf. Stöck war schon 1918 Vorsitzender der Trierer Zentrumspartei gewesen. Er kam nicht allein; ihn begleiteten der Geistliche Prof. Wickert, der stellvertretende Bürgermeister Loosen und ein Vertreter aus dem Kreise Saarburg. Diese Herrschaften kamen mit klaren Vorstellungen.[32] Sie hielten die Schaffung eines Rheinstaates für absolut notwendig und waren bestrebt, einen Propagandaausschuß für die Verwirklichung dieses Ziels einzurichten. Nun wünschten sie, die Ansichten Frankreichs dazu kennenzulernen, erklärten aber zugleich, daß eine klare Trennung zwischen ihnen und den Separatisten vollzogen werden müßte.

Daraufhin erklärte ihnen Tirard, daß er auf ihren Wunsch hin die Unterredung als vertraulich behandeln und daß er ihnen die gegenseitigen Garantien darlegen werde, die zwischen Frankreich und dem Rheinland festgelegt werden müßten. Von seiten Frankreichs könne folgendes garantiert werden: Eine

32 AN AJ⁹/3777.

Annexion findet nicht statt; die Freiheit der Religionsausübung und des Unterrichts wird nicht angetastet; die öffentliche Ordnung wird aufrechterhalten — damit war wohl das Fallenlassen der Separatisten umschrieben —, die Senkung der Besatzungskosten wird in Aussicht gestellt bei eingetretener Befriedung der Bevölkerung und bei entsprechenden Sicherheiten, die der neue Staat zu leisten habe; schließlich die Milderung des bestehenden Systems der Militärgerichtsbarkeit und die finanzielle Unterstützung bei der Schaffung einer neuen Währung. Während Frankreich dies alles gewähren wollte, verlangte Tirard vom Rheinland vor allem Sicherheit. Je nach Verwirklichung dieses Hauptziels sollte auch die politische Qualität und der Status dieses zu gründenden Staates beschaffen sein: „Frankreich ist der Meinung, daß seine Sicherheit um so besser gewährleistet ist, wenn der an seiner Seite zu gründende Staat möglichst friedlich und deswegen möglichst autonom und unabhängig ist. Es ist klar, daß der Staat deutsch bleiben und seine Bindungen mit dem übrigen Deutschland, zum Beispiel durch die Vertretung im Bundesrat (sic), wahren kann." Weiter erklärte er, daß das Rheinland eine Konföderation aus drei Staaten bilden soll mit einem gemeinsamen Parlament, einem eigenen Budget, eigener Währung, Verwaltung und diplomatischen Vertretungen bei den Besatzungsmächten.

Das lag genau auf der Linie, die Tirard mit Poincaré am 30. Oktober vereinbart hatte: die faktische Unabhängigkeit nicht einer einzigen Republik, sondern von mehreren Staaten, die zu einer Konföderation zusammenzufassen waren. Wahrscheinlich schien eine Untergliederung des Gebietes ungefährlicher und besser kontrollierbar zu sein. Kulturelle Eigenständigkeit und wirtschaftliche Selbständigkeit sollten garantiert werden. Je unabhängiger, desto besser lautete die Devise. Aber nicht alle Bindungen mit dem Reich mußten nun aufhören. Im „Bundesrat" — Tirard hatte noch immer nicht zur Kenntnis genommen, daß die Vertretung der Länder nach der Weimarer Reichsverfassung nun Reichsrat hieß — konnte das Rheinland vertreten sein; wie aber die wirtschaftlichen Probleme anzupacken waren, darüber verlautete nichts.

Entscheidend war jedoch, daß die Trierer Delegation diese Vorstellungen Tirards „im allgemeinen" billigte. Man wollte nur noch Einzelheiten über die Einnahmen des Staates und seinen Beitrag zu den Reparationen hören. Sie erklärten sich schließlich bereit, sogleich ans Werk zu gehen. Tirard legte besonderen Wert darauf und betonte, daß die Sache der Eile bedürfe und er von ihnen etwas Schriftliches, selbst wenn es nur ein Projekt „in großen Linien" wäre, erhalten müßte, um die französische Regierung damit befassen zu können. Stöck blieb weiter mit dem französischen Hochkommissariat in Kontakt. Am 26. November teilte er Tirard mit, daß er die Verwirklichung der politischen Autonomie weiter verfolge und dabei „in Verbindung mit Kölner Zentrumskreisen" stehe.[33]

Am 15. November empfing Tirard außer Adenauer noch den Oberbürgermeister von Wiesbaden, Borgmann,[34] der mit einigen Parteivertretern erschienen war, die neben ihrer Abneigung gegen Berlin und ihrem Eintreten für eine Auto-

---

33 MAE Rive gauche 37, Bl. 4 f.
34 Ebenda, Bl. 168.

nomie jenseits der von der Weimarer Verfassung gesetzten Grenzen sich vor allem für eine Wiederbelebung der „Nassauischen Traditionen" aussprachen, sich also als alte Nassauer erwiesen. Sie wollten wieder zurück zu den Verhältnissen vor 1866. Das ist jedoch nicht nur als nostalgische Reminiszenz von Angehörigen eines früheren Zwergstaates zu werten, denn selbst ein so erleuchteter Geist wie Sebastian Haffner hatte 1941 den Deutschen geraten, „ihre Schritte auf den Punkt zurückzurichten, zum Jahr 1866, wo sie den falschen Pfad eingeschlagen hatten."[35]

Der Wiesbadener Oberbürgermeister Borgmann scheint schon vorher so enge Kontakte zu den Franzosen gehabt zu haben, daß Louis Hagen, der in dieser Hinsicht nicht eng dachte, in seinem Gespräch mit Tirard am 3. November auf die Distanz zu Borgmann besonderen Wert legte, indem er erklärte, „daß er mit solchen Leuten, wie Herr Borgmann sei, überhaupt nicht verhandelte".[36]

Adenauer war also weder der erste noch der einzige rheinische Politiker, der zu Tirard kam. Was hatte der Kölner Oberbürgermeister vorzutragen? Nach dem Bericht Tirards empfing der ihn als Privatmann. Einleitend wies Adenauer die umlaufenden Gerüchte zurück, die ihn als Anhänger der Engländer auswiesen. Das sei absolut falsch; er versuchte diese Vorwürfe dadurch zu entkräften, daß er darauf hinwies, was ihm auch noch nachgesagt werde: „Er wird im Gegensatz dazu in verschiedenen deutschen Kreisen wegen seiner autonomistischen Überzeugungen" verdächtigt, die bei ihm alt und wohl bekannt seien. Daß Adenauer nicht mehr als Mann der Engländer angesehen werden wollte, sondern sich resolut auf die Franzosen hin orientierte, wurde Tirard kurze Zeit später von einer privaten, aber sehr sicheren Quelle zugetragen. Der Abbé Pradels, Leiter des seit 1907 in Köln bestehenden Institut Français, teilte am 18. November mit, daß ihm Benedikt Schmittmann, der rheinische Ideologe, für den es nicht einmal eine deutsche Kulturnation gab, zu der das Rheinland gehörte, Wichtiges mitgeteilt habe. Schmittmann habe am 16. November seinen Freund Adenauer getroffen. Dieser habe ihm einen Besuch gemacht, um ihm zu gestehen, daß er, Adenauer, jetzt sehe, „daß er einen falschen Kurs gesteuert, einen Fehler gemacht habe, indem er auf die englische Karte setzte".[37]

Schmittmann sei der Meinung, er habe ihn zu seinen Ideen bekehrt und Adenauer sehe ein, „daß man die Lösung in der Zusammenarbeit mit Frankreich suchen muß". Die Ursache für die „Kehrtwendung" glaubte Schmittmann übrigens auf den starken Einfluß des Industriellen Silverberg auf Adenauer zurückführen zu können.

Jedenfalls bemühte sich der Oberbürgermeister, nicht nur direkt, sondern auch durch gezielte Informationen wie in diesem Fall über Schmittmann und Pradels die Franzosen zu überzeugen, daß er tatsächlich mit ihnen und nichts mehr mit den Engländern zu tun haben wollte. Er brach gleichsam die Brücken hinter sich ab, was er als Auftakt für die Gespräche mit der französischen Seite für unabdingbar hielt.

35 Sebastian Haffner, Germany: Jekyll and Hyde. New York 1941, S. 285.
36 HAStK 2/253/7, abgedruckt bei Karl Dietrich Erdmann, a.a.O., S. 307.
37 MAE Rive gauche 36, Bl. 282.

Gleichsam zur Einführung berichtete Adenauer dann, um seine Glaubwürdigkeit zu betonen, Tirard über die Beratungen in Berlin, von denen er gerade zurückgekommen war.[38] „Herr Adenauer ließ mich an seiner Beunruhigung teilnehmen, daß die Berliner Regierung alle Arbeitslosenunterstützung an Rhein und Ruhr einstellt, selbst auf das Risiko hin, dadurch eine Hungerrevolution auszulösen." Dann erzählte ihm Adenauer, daß das Reich schon am 15. November dies ursprünglich tun wollte, aber auf den Protest der rheinischen Vertreter die Zahlungseinstellung auf den 25. November verschoben habe. Das entsprach zwar nicht den Tatsachen, aber diese Version wird auf den Gesprächspartner berechnet gewesen sein, denn Tirard zog daraus den Schluß: „Vielleicht ist das ein Einschüchterungsmanöver gegen uns und die autonomistischen und separatistischen Parteien."

Welche Vorschläge hatte Adenauer zu machen, von dem der französische Hochkommissar sagte, er sei „aufgrund seiner starken Persönlichkeit und seines Einflusses einer der Männer, der fähig sei, Dinge zur Verwirklichung zu bringen"? Er erschien bei Tirard als Anhänger „eines starken und reichen rheinischen Staates im Rahmen des Reiches". Die Gründung dieses Staates müßte aber zugleich von einem „vollständigen System von wirtschaftlichen Absprachen der französischen und rheinisch-westfälischen Industrie, des Bergbaus sowie der Stahl-, Chemie- und Textilindustrie" begleitet sein. „Dies wäre das wahre Unterpfand des Friedens zwischen Frankreich und Deutschland und, fügte er hinzu, es würde zweifellos England nicht gefallen." Es ist erstaunlich, daß er den Seitenhieb auf die Engländer nicht unterlassen konnte. Vielleicht zeigte er hier den Eifer des Renegaten, der Tirard von der Ernsthaftigkeit seiner Eröffnungen überzeugen wollte. Vergegenwärtigt man sich aber die Ausfälle gegen die Engländer in seinen Gesprächen mit dem Marquis de Lillers aus dem Jahre 1919, in denen er diesen mit dem Argument der Unterstützung der rheinischen Republik zu locken versuchte, daß die Franzosen, täten sie es nicht, zu wirtschaftlichen Sklaven der Engländer herabsinken würden, so wird hier die Einseitigkeit seines außenpolitischen Denkens sichtbar. Entweder verbündete man sich mit England zum Schutz vor den Franzosen, oder aber man kooperierte mit den Franzosen in deutlicher Frontstellung gegen England – Dreiecksverhältnisse lagen Adenauer fern.

Was aber den Kern seiner Erklärungen betrifft, so sind sie ebenso klar wie bedeutsam, so daß sie wörtlich wiedergegeben zu werden verdienen: „Der rheinische Staat soll die Autonomie der Pfalz, des vergrößerten Hessens und Nassaus anerkennen. Er soll im Rahmen des Reiches bleiben, aber von der Weimarer Verfassung befreit sein. Er soll innerhalb der deutschen Konföderation den mächtigen und reichen Staat bilden, der mit industrieller Macht und dem Besitz der Kohle ausgestattet, seinen Willen diktieren und durch seine Einwirkung die deutsche Politik im Sinne des Friedens lenken würde, den aufrechtzuerhalten dieser Staat ein primäres Interesse hätte. Der rheinische Staat soll sein Parlament, sein Budget, seine Währung und seine eigene diplomatische Vertretung haben. Die militärische Rekrutierung soll untersagt sein und Frankreich soll

---

38 MAE Rive gauche 36, Bl. 96–98; Tel. Nr. 603.

seine militärischen Sicherheiten behalten und das Recht haben, Festungen zu errichten. Die Reparationspfänder sollen aufrechterhalten bleiben." Das Ganze sollte in einem diplomatischen Vertrag — entweder auf internationaler oder interalliierter Ebene — garantiert werden. „Er wäre bereit, die Verwirklichung einer solchen Lösung in die Hand zu nehmen, wenn er das Gefühl hätte, daß sie den Wünschen Frankreichs entspricht." Schließlich bat Adenauer noch um die Vertraulichkeit seiner Erklärungen.

Tirard hat sich nach seinem eigenen Bericht rezeptiv verhalten und Adenauer geantwortet, daß er seine Erklärungen zur Kenntnis nehme und sie prüfen werde. Zugleich machte er den Oberbürgermeister darauf aufmerksam, „daß es für die Rheinländer, wenn sie angesichts der Haltung der Berliner Regierung sich nach Frankreich wenden und ihr Schicksal in die eigenen Hände nehmen wollen, dafür höchste Zeit ist".

Das ist der Bericht über das Gespräch mit Adenauer, den der französische Hochkommissar an das Außenministerium und damit an Poincaré richtete. Ist es berechtigt, wie es Erdmann getan hat — allerdings aufgrund der ihm damals nur zugänglichen Zusammenfassung des Berichtes in einem späteren Schreiben —, diesen Bericht als Ausdruck des Wunschdenkens von Tirard, nicht aber als korrekte Wiedergabe der Erklärungen Adenauers anzusehen? Angesichts der sich häufenden Audienzen rheinischer Persönlichkeiten, die immer deutlicher seit Ende Oktober ihre Bereitschaft äußerten, sich mit Frankreich zu arrangieren, wenn nur die Zugehörigkeit im Rahmen des Reiches gewahrt bliebe und die Separatisten geopfert würden, stellt Adenauer keineswegs eine isolierte Erscheinung dar. Denn abgesehen von den rheinischen Zentrumspolitikern, die ihre Kooperation signalisierten, kamen aus den Kreisen der Wirtschaft ähnliche, mitunter noch deutlichere Zeichen der Kapitulation. Es war schließlich der Kölner Großindustrielle Otto Wolf gewesen, der schon Anfang Oktober als erster seinen Frieden mit Frankreich gemacht und dabei weder Hoffnung noch Bereitschaft zu erkennen gegeben hatte, dem Deutschen Reiche weiter anzugehören.

Eine Einzelerscheinung war Adenauer also keineswegs. Es war jedoch für ihn notwendig, weit mehr aus sich herauszugehen und ein klares Konzept vorzulegen, als dies bei anderen rheinischen Persönlichkeiten der Fall war. Denn er hatte eine „Vergangenheit", und ohne die entscheidende Hilfestellung von Louis Hagen wäre er kaum bis zur Spitze der französischen Verwaltung im Rheinland vorgedrungen. So tragen seine Ausführungen, die nicht bei vorsichtigem Taktieren stehenbleiben durften, sondern klare Positionen zum Ausdruck bringen mußten, den Charakter der Kapitulation vor Tirard. Er war genötigt, um überhaupt in näheren Kontakt mit der französischen Seite zu kommen, die Karten offen auf den Tisch zu legen. Bezeichnend für diesen Besuch bei Tirard, bei dem er sein Programm vortrug und seine Kooperationsbereitschaft deutlich aussprach, um von diesem akzeptiert zu werden, ist auch die Tatsache, daß Adenauer keine Gegenforderungen erhob, nicht Entgegenkommen in anderen Punkten wünschte, wenn er selbst so wichtige Konzessionen machte.

Nun könnte man fragen, ob Adenauer tatsächlich das gesagt hatte, was Tirard berichtete. Der entscheidende Punkt ist dabei die Aussage, daß der neue rheinische Staat von der Weimarer Verfassung befreit, also weitaus mehr Rechte haben sollte, als die Verfassung für einen „normalen" Einzelstaat vorsah. Betrachtet man nur die Charakterisierung des neuen Staates – „reich und mächtig" –, der die deutsche Politik entscheidend bestimmen sollte, so mußte schon diese Zielsetzung den Rahmen der Verfassung sprengen. Deshalb heißt es bei ihm ganz folgerichtig, daß sein rheinischer Staat eine ausschlaggebende Rolle in der „confédération allemande" spielen sollte. Er rechnete also mit einer völligen politischen Umstrukturierung Deutschlands. Das lag auf der Linie seiner wiederholt vorgetragenen Unheilsprognose, daß Deutschland zerfallen, in seine Bestandteile sich auflösen würde. Ginge die Entwicklung in diese Richtung – und er war davon überzeugt –, dann ergaben sich für die Republik am Rhein mit ihrer Orientierung nach Frankreich als dem Sieger des Ruhrkonflikts, nachdem England in seinen Augen durch seine Tatenlosigkeit jede Glaubwürdigkeit verloren hatte, die besten Ausgangschancen. Im übrigen erinnern die Ausführungen Adenauers sehr stark an seine Pläne von 1919, bei denen auch nicht nur linksrheinische Teile zusammengefaßt werden sollten, sondern das Gewicht der rheinischen und westfälischen Industrie das politische Durchsetzungsvermögen der zu gründenden Republik bestimmen sollte. 1919 war es ganz folgerichtig, daß er die Frage, inwieweit der neue Staat mit der Verfassung zu vereinbaren war, gar nicht anschnitt, da zu dieser Zeit die Verfassung noch nicht fertig vorlag und erst recht noch nicht in Kraft getreten war. Neu war der Gedanke der „ententes économiques"; er wird uns noch später im Hinblick auf seine Realisierungsmöglichkeiten beschäftigen. Daß der Staat Parlament, Budget und diplomatische Vertretung haben sollte, verstand sich gleichsam von selbst. Denn davon hatte Adenauer schon 1919 gesprochen. Bei dem wichtigsten Punkt, der die eigene Staatlichkeit besonders stark betonte und der als Voraussetzung für die wirkliche Unabhängigkeit anzusehen war, nämlich der Schaffung einer eigenen Währung, war man tatkräftig dabei, die Grundlagen zu legen. Ob sich Adenauer so klar für die militärischen Sicherheiten Frankreichs einschließlich des Rechtes der Unterhaltung von Fortifikationen ausgesprochen hat, mag offen bleiben. Hier wird wahrscheinlich Adenauer auf entsprechende Fragen Tirards zustimmend geantwortet haben. Ebenso wird für ihn nicht von entscheidender Wichtigkeit gewesen sein, daß „sein" rheinischer Staat eine Konföderation mit den zu gründenden Staaten im Süden bilden sollte. Das war für ihn eine Frage zweiter Ordnung angesichts der wirtschaftlichen Stärke der von Köln betriebenen Staatsgründung, der gegenüber die kleinen Staaten im Süden mehr ein Anhängsel darstellten.

Auch wenn man die früheren Äußerungen Adenauers in Barmen und Hagen heranzieht, wird deutlich, daß er gegenüber Tirard nichts grundlegend Abweichendes in bezug auf den Sonderstatus der neuen Republik gesagt hat. In Barmen hatte er von der Notwendigkeit gesprochen, zu einem „Rechtsgebilde" zu kommen, aber zugleich seine Skepsis gezeigt, ob die Trennung von Preußen ausreiche, weswegen man sich auch mit der Möglichkeit vertraut machen müßte, „daß äußersten Falles auch eine Loslösung vom Reich im Wege der Verständigung erfolge". Am nächsten Tag in Hagen hatte er nach vielen Beteuerungen seiner Anhänglichkeit an das Reich wie an Preußen schon nach einer Lösung gesucht, „die uns die Wiedervereinigung mit unserem Mutterlande nicht unmöglich macht". Der Gedanke der Trennung war also schon vorher von ihm ausgesprochen worden, d. h. die Änderung des rechtlichen Status für das Rheinland, das nicht mehr zu Preußen und möglicherweise auch nicht mehr zum Reich gehören würde, erschien ihm als unausweichlich. Tirard gegenüber wurde das dahingehend konkretisiert, daß es ein Staat sein sollte, der auf einem international garantierten Statut basieren sollte, so daß die Frage der Reichszugehörigkeit unter diesem Aspekt mehr formaler Natur war.

Ebenso wie 1919 ging Adenauer von einer gleichzeitigen Umstrukturierung Deutschlands aus und sprach deshalb von einer „deutschen Konföderation", in der der „reiche und mächtige" Staat am Rhein das ausschlaggebende Gewicht haben würde. 1919 hatte er von der Schiedsrichterrolle gesprochen, die seine damals westdeutsche Republik künftig in Deutschland spielen werde. Es hatte sich also nicht viel geändert.

Daß Adenauer nun sagte, der neue Staat würde außerhalb der Weimarer Verfassung stehen, daß er also aussprach, was er 1919 nur angedeutet hatte in der Erwartung, seine Gesprächspartner würden die richtigen Schlüsse aus seinen Erklärungen ziehen, erklärte sich aus der verzweifelten Situation, in der sich Deutschland Mitte November 1923 befand, wie aus der Notwendigkeit, bei Tirard im richtigen Licht zu erscheinen. Wenn auch der Hitlerputsch gescheitert war, bedeutete das im Bewußtsein der Zeitgenossen keineswegs, daß nun der gefährlichste Abschnitt der Krise überwunden war. Um mit Tirard ernsthaft ins Geschäft kommen zu können und ihn zu veranlassen, seiner Konzeption eines faktisch unabhängigen Staates mit enger Verflechtung der rheinisch-westfälischen und französischen Industrie näher zu treten, war es unumgänglich, das, was er schon in Barmen und Hagen angedeutet hatte, klar auszusprechen: daß die von ihm erstrebte Staatsgründung außerhalb der Verfassungsordnung anzusiedeln war.

Auf den Bericht Tirards vom 15. November über das Gespräch mit Adenauer erfolgte aus Paris keine Reaktion. Man wartete offensichtlich gespannt darauf, was sich aus diesem ersten Treffen weiter ergeben würde. Zunächst passierte im Rheinland jedoch nichts, was als Fortsetzung des Dialogs angesehen werden konnte. Dafür begann wieder der offizielle Meinungsaustausch zwischen Tirard und dem Verhandlungsausschuß.

Sand im Verhandlungsgetriebe

An Ausschüssen war in Köln, aber auch in den besetzten Gebieten, kein Mangel. Einige standen unter Leitung Adenauers, andere wurden mit viel Aufwand gegründet, wie der Fünfzehner-Ausschuß, wurden aber nie richtig aktiv. Es würde zu weit führen, das ganze System von Ausschüssen mit ihren jeweiligen Spitzen hier näher vorzuführen.

Auch mit dem Verhandeln hatte es eine eigene Bewandtnis. Gegen Verhandlungen mit den Franzosen hatte im Prinzip niemand etwas einzuwenden. Kein böses Wort ließ die Reichsregierung gegenüber dem abstrakt formulierten Vorschlag als solchem verlauten, man müsse — notgedrungen — versuchen, mit der anderen Seite ins Gespräch zu kommen. Es wurde aber nie festgelegt, welches Ziel die Verhandlungen haben sollten. Adenauer hatte sich in Barmen und Hagen bemüht, die Zustimmung für konkrete Staatsgründungsverhandlungen zu erhalten, damit „die Loslösung vom Reiche im Wege der Verständigung" erfolgen sollte, was aber bewußt vermieden wurde, wie Jarres am Schluß der Konferenz von Hagen mit Befriedigung festgestellt hatte.[1]

Da die Parteien unter sich nicht einig waren, worüber konkret zu verhandeln war, bedeutete das Mißtrauen gegenüber dem Zentrum für die anderen Parteien, abgesehen von den Kommunisten, die ihre eigene Politik verfolgten, so etwas wie einen Politik-Ersatz, denn damit allein verfügten sie nicht schon über ein positives Ziel. Angesichts dieser Uneinigkeit konnte aber der gemeinsame Verhandlungsausschuß nicht viel bewirken. Der Ausschuß bestand aus folgenden Mitgliedern; den Politikern Mönnig, Meerfeld und Falk aus Köln, Bayersdörffer aus Neustadt, Scholz aus Mainz, Krücke aus Wiesbaden, den Industriellen Köngeter aus Düsseldorf und Dyckerhoff aus Biebrich sowie einem Bankier aus Köln und drei Gewerkschaftssekretären. Von der regionalen Zusammensetzung her gesehen entsprach diese Gruppierung ungefähr dem auf der Konferenz in Hagen beschlossenen Fünfzehner-Ausschuß; zugleich kommt darin das Bemühen zum Ausdruck, Unternehmer- und Gewerkschaftsvertreter neben Politikern zu berücksichtigen. Es wäre jedoch falsch, diesen Ausschuß als arbeitsfähiges Instrument zu betrachten; es war eher ein informelles Gremium ohne feste Mitgliedschaft, da beispielsweise in einer Sitzung des Ausschusses mit der Reichsregierung am 9. November andere Namen als einige Tage später auftauchten.

Am 14. November fand das erste Gespräch des Ausschusses bei Tirard statt.[2] Der französische Hochkommissar gab sich sehr verbindlich, wies jede

1 Die Kabinette Stresemann, Nr. 179, S. 815 u. 836.
2 Bericht über die Besprechung abgedruckt bei Karl Dietrich Erdmann, a.a.O., S. 308 (Dok. Nr. 12). Das französische Protokoll befindet sich in AN AJ^9/3777.

Annexionsabsicht weit von sich und sprach sich für das Selbstbestimmungsrecht der Rheinländer aus, daß es auf diese selbst ankomme, eine Lösung zu finden, die auch für Frankreich akzeptabel sei. Daraufhin wurden die üblichen Klagen über die Separatisten geäußert, wobei Tirard geschickt auswich. Schließlich wurde die Frage angeschnitten, welche Bedingungen Frankreich für die Gründung des neuen Staates stellen würde. Das Gespräch scheint über einen Austausch von Meinungen nicht hinausgekommen zu sein, und man verabredete sich für den 23. November zu dessen Fortsetzung. Um die Beratungen dann fruchtbarer zu gestalten, war die schriftliche Fixierung der Wünsche der rheinischen wie der französischen Seite erwünscht.

Tatsächlich stand auf der nächsten Sitzung nur eine rheinische Vorlage zur Debatte, die von dem DVP-Abgeordneten Moldenhauer ausgearbeitet und als Moldenhauer-Plan in die Akten eingegangen ist.[3] Dieser lief darauf hinaus, angesichts der faktischen Abtrennung des besetzten Gebietes vom übrigen Reich ohne jede Änderung der bestehenden Verwaltungsgrenzen für das gesamte Gebiet eine „geordnete Verwaltung" wiederherzustellen, was jedoch keinerlei staatsrechtliche Konsequenzen haben sollte.

Tirard wurde durch den Inhalt des Papiers nicht überrascht, denn er war schon vorher pünktlich über die Absichten des Verhandlungsausschusses informiert worden. Am Tage zuvor erschien Mönnig bei dem Bonner Oberdelegierten, Oberst Gelin.[4] Dieser betrachtete ihn als den offiziösen Gesandten Adenauers. Was Mönnig zu berichten hatte, war nichts anderes als die präzise Vorinformation über das Treffen, das am nächsten Tag in Koblenz stattfinden sollte. So wurden die Verhandlungspositionen der Gegenseite den Franzosen ohne eigene Bemühung kostenlos ins Haus geliefert. Auf die Frage Gelins, welche Vorschläge Adenauer als Leiter des Verhandlungsausschusses am nächsten Tag machen werde, gab Mönnig eine vielschichtige Auskunft. Da war zuerst die Rede von dem Projekt eines „Verwaltungsstaates", den man zu präsentieren gedenke. Das war nichts anderes als der Moldenhauer-Plan. Doch dessen Urheber, so Mönnig, könne am nächsten Tag nicht mit nach Koblenz kommen; von dort war wohl signalisiert worden, daß er nicht willkommen sei. Das wurde von Mönnig selbst sehr bedauert, da Moldenhauer ein wirksames Gegengewicht gegen die Sozialisten darstelle. Mit der Darstellung des Projekts des Verwaltungsstaates konnte Mönnig bei Gelin keinen Eindruck machen, denn dieser erkannte richtig, daß es sich um eine „Camouflage" handelte, da mit diesem Projekt die Gründung eines neuen Staates gerade vermieden werden sollte.

Dann machte Mönnig noch mehrere Anläufe, um herauszufinden, ob es für Gelin nicht doch eine Möglichkeit gäbe, eine „Verfassungsreform" durchzuführen, „bei der das Rheinland in der Abhängigkeit von Preußen bleibe". Doch der Oberst wurde in diesem Punkt kategorisch und erklärte, daß es sinnlos wäre, mit solchen Plänen nach Koblenz zu gehen.

---

3 Abgedruckt bei Karl Dietrich Erdmann, a.a.O., S. 310—313 (Dok. Nr. 14).
4 AN AJ^9/3777.

Schließlich kam Mönnig zur Sache, nachdem er lange nur taktisches Geplänkel betrieben hatte. Wie Gelin mit Genugtuung berichtete: „Er hat gestanden, daß Herr Adenauer diesen Vorschlag nur deshalb präsentieren wollte, um sich der Unterstützung der Sozialisten zu versichern." Danach rückte Mönnig mit dem Zentrumsprojekt, dem „Bundesstaat" heraus, von dem er sagte, daß man noch nicht wisse, ob der unitarisch oder föderalistisch sein sollte. Adenauer sei zwar für die unitarische Lösung, sehe aber ein, daß der Süden des Rheinlandes leichter für die föderative Struktur zu gewinnen wäre. Die Hauptstadt des Staates sollte zur Verwunderung Gelins nicht Köln, sondern Koblenz sein, da er als sicher angenommen hatte, daß Adenauer für Köln eintreten werde. Hinsichtlich des Bundesstaates sagte Mönnig nur noch, daß Adenauer bei Einrichtung des neuen Staates ein Direktorium bilden wolle, „das eine gewisse Zahl von Ministern für die verschiedenen Zweige der Verwaltung umfassen soll". Wahlen waren also nicht vorgesehen. Wenn Ende November und im Dezember bei Adenauer vom westdeutschen Bundesstaat die Rede ist, bedeutet das nicht einen neuen Gliedstaat im Rahmen des Reiches, sondern ein in sich föderalistisch strukturiertes Staatswesen.

Abschließend brachte Gelin Mönnig gegenüber die französische Haltung noch einmal zum Ausdruck: Es müsse sich um einen Staat handeln, „der im Rahmen des Reiches bleibt und mit ihm verbunden ist auf eine Weise, die noch zu bestimmen ist, daß die Hauptstadt Koblenz ist, daß er föderalistisch oder unitarisch sein kann". Mönnig versprach, Adenauer alles mitzuteilen und seinen Plan entsprechend zu ändern. Er fügte ergänzend hinzu, der Oberbürgermeister wolle „morgen nur ein gemeinsames Projekt über die Form und Verfassung des neuen Staates vorbringen, ohne in Einzelheiten zu gehen, daß er aber den Willen hätte, in sehr kurzer Frist zu einem Ergebnis zu kommen".

Es ist hier eine eigenartige Diskrepanz festzustellen. Mönnig als Abgesandter Adenauers verwendet sich für den Plan Moldenhauers und deutet darüber hinaus an, daß Adenauer noch eine weitergehende Konzeption verfolge. Moldenhauer erscheint in dem Spiel Adenauers als wichtiger Partner, da jener als Abgeordneter der DVP klerikaler Neigungen unverdächtig war. Darüber hinaus erhebt sich jedoch die Frage, ob nicht auch sein Plan Adenauer interessieren konnte. Ursprünglich, auf der Konferenz von Hagen, hatte Adenauer das Konzept Moldenhauers abgelehnt, weil dieser für die improvisierte Selbstverwaltung der faktisch abgetrennten Gebiete ohne jede rechtliche Fixierung eingetreten war, während der Kölner Oberbürgermeister für die Gründung eines „Rechtsgebildes" plädiert hatte. Einen Monat später scheint Adenauer den Vorstellungen Moldenhauers günstiger gegenübergestanden zu haben, einmal aus parteipolitischen Gründen, zum anderen aber auch aus dem Grunde, weil der Plan ausbaufähig schien und einzelne Bestandteile auch in weiterreichenden Konzeptionen verwendet werden konnten.

Tatsächlich verlief der Empfang bei Tirard so, wie es sich in dem Vorgespräch zwischen Gelin und Mönnig bereits abgezeichnet hatte. Das wurde noch dadurch unterstrichen, daß Moldenhauer nachträglich zu der Gesprächsrunde zugelassen wurde. Zuerst waren Adenauer und Louis Hagen allein empfangen worden; über den Inhalt dieses Gespräches gibt es keine Aufzeichnungen. Wahrscheinlich stand das Bemühen im Vordergrund, Tirard zum Empfang Moldenhauers zu bewegen. Während Adenauer sich völlig zurückhielt, konnte Moldenhauer ausführlich seinen Plan erläutern, den Tirard ebenso klar ablehnte. Er betrachtete ihn nicht als geeignet, um ihn seiner Regierung vorzulegen. Das Projekt der Gründung des Bundesstaates, also der Zentrums-Alternative, muß auch kurz angesprochen worden sein, denn die französische Gesprächsnotiz hält fest, daß Meerfeld und Moldenhauer dazu erklärt hätten, daß dieser Plan nicht von der Mehrheit der Bevölkerung getragen werde, was bei Tirard einige Skepsis hervorgerufen habe.[5]

Der Empfang hatte völlige Klarheit darüber geschaffen, daß man auf diese Weise nicht weiterkam. Überhaupt wird von dem Verhandlungsausschuß in Zukunft nicht mehr die Rede sein; er war mittlerweile funktionslos geworden. Auch eine andere französische Überlieferung bezeugt ganz eindeutig, daß das Zentrum bewußt Moldenhauer den Vortritt ließ, um seinen Plan zu präsentieren und sich eine Abfuhr zu holen.

Kein Geringerer als der Kölner Erzbischof hatte dem im Auftrage Tirards im Rheinland herumreisenden und Kontakte pflegenden ehemaligen französischen Offizier de Gaïl die Taktik des Zentrums in ganz ähnlicher Weise erklärt. Mit dem Kardinal unterhielt de Gaïl schon seit längerer Zeit Beziehungen; er gehörte zu denen, die er regelmäßig aufsuchte. Am 22. November war er bereits von der Demarche Mönnigs bei Gelin informiert gewesen und hatte von Froberger einige zusätzliche Erklärungen erhalten.[6] Dann fuhr er nach Köln und suchte auf dessen eigenen Wunsch den Erzbischof auf. „Er bereitete mir seinen gewohnt herzlichen Empfang und erweckte erneut den Eindruck, einer der freimütigsten Gesprächspartner zu sein." Gleich zu Beginn des Gesprächs erklärte der Kardinal, „daß das Zentrum eine verbündete Partei brauche, um auf Berlin einzuwirken und das sei die rheinische DVP mit Herrn Moldenhauer". Die Sozialdemokraten und insbesondere der Kölner Meerfeld seien Gegner eines autonomen Staates. Dann machte er eine überraschende Bemerkung. Er sagte, „er akzeptiere gern das Programm-Statut, von dem er die Einzelheiten erhalten hat. Das, was ihm daran in erster Linie gefiele, sei die internationale Garantie dieses Statuts. Für ihn wäre dieser Paragraph von der Art, um Berlin das Nachsehen zu geben." Bei Moldenhauer war jedoch von einer internationalen Garantie nicht die Rede. Das war kein Zufall, denn Moldenhauer wollte nur eine provisorische Regelung schaffen, bei der eine internationale Garantie überhaupt nicht gefragt war. Aber Adenauer hatte gegenüber Tirard von der internationalen oder interalliierten Garantie gesprochen, die die Gründungsakte des Rheinstaates genießen sollte. Es liegt durchaus nahe, daß der Kirchenfürst angesichts seiner dezidiert rheinischen Haltung, die er im Gespräch mit de Gaïl zeigte, die Vorstellungen Adenauers kannte. Denn die Distanz gegenüber Berlin als der politischen Zentrale war ebenso deutlich

5 Ebenda. Protokoll über den Empfang bei Tirard.
6 AN AJ[9]/5299, Bericht vom 25. Nov. 1923.

wie der freundlich-vertrauensvolle Ton, in dem die Unterhaltung mit de Gaïl sich abspielte.

Aus den Ausführungen des Kölner Kirchenfürsten geht hervor, daß er sowohl über die Vorstellungen Moldenhauers wie des Zentrums und Adenauers informiert war und zwischen beiden nicht trennte, sondern sie als zwei ineinandergreifende Konzepte verstand.

Daß diese Sicht in Zentrumskreisen verbreitet war, geht auch aus dem rückschauenden Bericht des Abgeordneten Kaas hervor. Dieser berichtete am 18. Dezember dem französischen Offizier und Geistlichen Dugout in Trier, zu dem sich ein besonderes Vertrauensverhältnis herausgebildet hatte, von mehreren Besprechungen in Köln, an denen er teilgenommen hatte. Das Ergebnis der Beratungen war ein Exposé, das von Adenauer in Koblenz überreicht worden sei. In ihm ging es um „die Möglichkeiten der rheinischen Lösung durch Autonomie im Rahmen des Reiches, um die Schaffung einer Atmosphäre des Vertrauens zwischen dem Rheinland und den Besatzungsbehörden, um die Bildung eines Direktoriums, das Souveränitätsrechte besonders auf dem Verwaltungs- und Finanzsektor haben sollte. Die Verfasser des besagten Exposé suchten vor allem damit eine Verhandlungsgrundlage bei der IRKO zu schaffen." Erfolg wäre der Ausarbeitung jedoch nicht beschieden. Denn es wäre nicht möglich gewesen, das Papier vor der Reichsregierung geheimzuhalten. Daher mußte es gewisse Konzessionen enthalten, damit es Stresemann angeblich noch gerade akzeptabel fand. Auf der anderen Seite hielt man das Exposé in Koblenz für nicht weitgehend genug und ließ es liegen.[7]

Mit dem Vorschieben des Moldenhauer-Planes durch Adenauer und das Zentrum kam zugleich zum Ausdruck, daß das Zentrum auf Zeit spielte, und daß man sich auf eine langsam wirkende Überzeugungsarbeit einrichtete. Während Tirard drängte, endlich konkrete Ergebnisse zu erzielen, gingen die Interessen seiner Gesprächspartner — nicht die der interfraktionellen Verhandlungsdelegation, sondern der Zentrumspolitiker, die sich wirklich mit Frankreich arrangieren wollten — eher in die andere Richtung.

Wie vorsichtig man vorgehen mußte, zeigten die Ausführungen Adenauers am 24. November in der Kölner Handelskammer vor Vertretern der Wirtschaft.[8] Die innenpolitischen Rahmenbedingungen waren nicht günstig. Die Regierung Stresemann war am Vortage gestürzt worden, und mit dem neuen Währungskommissar Schacht hatten sich die Verhandlungen über die Genehmigung der Goldnotenbank erheblich kompliziert. Auf der Sitzung der Handelskammer wurde zuerst Bericht über die verschiedenen Beratungen und Verhandlungen erstattet. Nachdem so einige Zeit vergangen war, nahm Adenauer das Wort mit der Bemerkung, „daß man sich endlich einmal klar aussprechen müsse über die kommenden Dinge, wie die verzweifelte Lage Deutschlands es erfordere". Seine Ausführungen im Anschluß an diese Feststellungen entbehrten jedoch der wünschenswerten Klarheit. Zuerst kam wieder die Unheilsprognose:

---

[7] AN AJ[9]/4291; Bericht Nr. 576 v. 18. Dez. 1923.
[8] HAStK 2/253/4; abgedruckt bei Karl Dietrich Erdmann, a.a.O., S. 313–322 (Dok. Nr. 15).

„Wenn keine Änderung dieser Lage in den nächsten Monaten einträte, werde Deutschland in seine Teile zerfallen." Bei ihm gab es also keinen Optimismus und kein Gespür, daß die Krise überwunden werden könne. Dann folgte der Blick zum außenpolitischen Horizont; auch von dort her war keine Hilfe zu erwarten. Entscheidend war für ihn, „daß von England nichts zu hoffen sei", da man von dort ebenso wie aus Amerika „nur Worte" höre. Dann wartete er mit der kühnen These auf, daß in Frankreich die Frage der Sicherheit Priorität vor den Reparationen besitze, die Sicherheit jedoch nicht durch einen Pufferstaat, sondern nur durch die Gründung eines Bundesstaates zu lösen sei. Dann kamen die Argumente, die schon 1919 verwendet wurden; die Schiedsrichterrolle zu Preußen und Süddeutschland, das Interesse an der aufrichtigen Friedenspolitik gegenüber Frankreich, die durch wirtschaftliche Kooperation noch zu intensivieren sei. „Es gelte nur, dies den Franzosen in richtiger Form noch einmal klarzumachen." Man müßte zwar das Opfer bringen, daß der rheinische Bundesstaat von Preußen abgetrennt würde, aber da dieser Staat keine französische Kolonie sein solle, müßten „Besatzung und Rheinlandkommission ... beseitigt werden", wofür vielleicht eine internationale Gendarmerie in Kauf zu nehmen wäre. „Er halte diesen Weg nach seiner Überzeugung und Beobachtung für allein gangbar, auch wenn die Aussicht auf Verwirklichung des Planes nur ein Prozent betrüge."[9] Da war ein überraschender Schluß, mit dem er sich ein taktisches Hintertürchen offenhielt, um später sagen zu können, er habe die Erfolgschancen für minimal gehalten. Das Echo auf seine illusionären Ausführungen war geteilt; „insbesondere die Wirtschaftskreise" sprachen sich dafür aus, während die westfälischen Vertreter ihr Unverständnis gegenüber diesen Plänen zu erkennen gaben und sie ablehnten.

Nach einer anderen Überlieferung hat Adenauer bei dieser Gelegenheit, die ja der klärenden Aussprache dienen sollte und in der er vorsichtig für seine Pläne warb, hinsichtlich des Charakters des zu gründenden Staates eine weitere Kennzeichnung getroffen. Nach der Aufzeichnung des Legationsrates von Friedberg habe er gesagt, man müsse nun den Franzosen die „Schaffung eines besonderen Bundesstaates innerhalb des Rahmens des deutschen Reiches" anbieten. Darauf folgte eine faustdicke Unwahrheit, denn Adenauer zeigte sich „überzeugt, daß ein derartiges Angebot vor einigen Monaten zu einer befriedigenden Lösung geführt haben würde, wie er von englischer Seite wisse". Das war wieder die Taktik, mit Argumenten zu operieren, die die Gesprächspartner nicht nachprüfen konnten. Darüber hinaus ist von einem Meinungsaustausch zwischen Franzosen und Engländern nicht die Rede gewesen, sondern Adenauer hatte versucht, die Engländer zum Handeln — und zwar gegen die französischen Pläne — zu bewegen. Erst als sich die Engländer nicht rührten und die Situation durch die Separatistenputsche immer prekärer wurde, hatte Adenauer die Front gewechselt und sich den Franzosen angedient. Wichtiger war aber noch etwas anderes. Vor deutschen Zuhörern, die nicht alle auf seine Pläne eingeschworen waren, ließ er auf dieser Sitzung wenigstens anklingen, daß es mit diesem Bundesstaat eine besondere Bewandtnis haben müßte: „Er

9 Ebenda, S. 325.

ist sich dabei klar, daß hierbei weite Konzessionen gemacht werden müßten, so daß das Rheinland dann kaum mehr als gewöhnlicher Bundesstaat anzusprechen sein würde, sondern mancherlei Sonderheiten aufweisen würde."

Ein solches Lüften des Vorhanges, die Andeutung, daß man mehr als bloß einen „normalen" Bundesstaat gründen müßte, um mit den Franzosen handelseinig zu werden, stellt Erdmann vor erhebliche Interpretationsprobleme. Im Hinblick auf dieses Quellenzitat fühlt er sich zu folgendem monumentalen Satz veranlaßt: „Da er aber einen vom Reich faktisch gelösten Rheinbundstaat mit Entschiedenheit ablehnte, konnte die Lösung nur darin liegen, daß der voll dem Reich zugehörende westdeutsche Bundesstaat in der Tat kein ‚gewöhnlicher Bundesstaat' sein würde, sondern um seiner Klammerfunktion willen ‚mancherlei Sonderheiten' aufweisen müßte."[10] Der Satz ist in sich völlig widersprüchlich, denn die „Sonderheiten" konnten sich nur auf besondere Rechte und Einrichtungen des neuen Staates beziehen, wie die eigene Währung und die Einrichtung von diplomatischen Vertretungen. Darüber hinaus kommt einmal mehr die konsequente Fehlinterpretation der Politik Adenauers durch Erdmann zum Ausdruck, das Bestreben, sie als grundsätzlich konsensfähig hinzustellen und den Oberbürgermeister als Koordinator und von den Parteien allgemein als Führerfigur anerkannte Persönlichkeit darzustellen. Was sollte „die Klammerfunktion" bedeuten? Vom Wortsinn her gesehen ist es die Aufgabe der Klammer, auseinanderstrebende Teile zusammenzuhalten. Davon konnte jedoch überhaupt keine Rede sein. Adenauer hatte nach den Separatistenputschen im Oktober 1923 nur das eine Bestreben gehabt, bei Tirard vorgelassen zu werden und ihn zu überzeugen, daß die französischen Sicherheitsinteressen bei ihm und seinen politischen Freunden viel besser aufgehoben seien als bei den Separatisten. Um sich bei seinem Einstand bei dem französischen Hochkommissar ins rechte Licht zu setzen, war er sogar so weit vorgeprescht zu erklären, daß der neue Staat außerhalb der Reichsverfassung stehen solle. Um die Franzosen zufriedenzustellen und selbst wichtige Konzessionen von ihnen zu erhalten, lief die Planung Adenauers wie schon 1919 auf die faktische Unabhängigkeit hinaus. Darüber hinaus muß man den Oberbürgermeister gegen die Fehlinterpretation Erdmanns geradezu in Schutz nehmen. Im Dezember 1923 und selbst noch im Januar 1924 verbreitete sich Adenauer über die deutsch-französische Versöhnung und eine entsprechende Wirtschaftsverflechtung. Das geschah in einer anderen politischen Situation und — wie noch zu zeigen sein wird — in einem anderen Motivationszusammenhang. Im November 1923 stand aber Frankreich als der strahlende Sieger des Ruhrkonfliktes da, und es kam für die rheinischen Honorationen einzig und allein darauf an, sich mit dieser tonangebenden Macht zu arrangieren.

Von den Verhandlungen mit Tirard war etwas in die Presse gelangt. Sicherlich geschah dies nicht zufällig. „Daily Mail" meldete schon am 23. November, daß angeblich am Vortage Adenauer dem französischen Hochkommissar das Projekt eines rheinischen Staates im Rahmen des Reiches vorgelegt

---

10 Ebenda, S. 150.

habe. Hermant, Tirards Verbindungsmann in Paris, hatte sofort an das Außenministerium ein Dementi gesandt. Doch der Argwohn Poincarés war geweckt, denn die Zeitung hatte nicht nur die Tatsache des Empfanges bei Tirard gebracht, sondern ergänzend gemeldet, daß „dieser Plan von Herrn Stresemann bei dem letzten Besuch der rheinischen Delegierten in Berlin unter der Bedingung gebilligt worden sei, daß der neue Staat innerhalb der Grenzen der Reichsverfassung bliebe". Die Zeitungsmeldung veranlaßte ihn zu einer Schlußfolgerung, aus der sein ganzes Mißtrauen sprach: „Ich glaube, Ihre Aufmerksamkeit auf diese Information lenken zu müssen, die zu beweisen scheint, daß Herr Adenauer gemeinsame Sache mit der Berliner Regierung macht, was im Gegensatz zu dem Eindruck steht, den Sie bei Ihrer letzten Unterhaltung mit dieser Persönlichkeit gewonnen haben ..."[11]

Umgehend versuchte Tirard, die Bedenken zu zerstreuen und das, was Poincaré widersprüchlich zu sein schien, zu erklären.[12] Er bezeichnete die Pressemeldung als ungenau, denn bei dem Empfang von Adenauer und seiner Begleitung, der sich in keiner Weise von den zahlreichen anderen Besuchen dieser Art unterschieden habe, sei kein Plan zur Bildung eines autonomen Staates, sondern nur für die Einrichtung eines Verwaltungsdirektoriums skizziert worden, wobei verschiedene Gegenleistungen, wie Reduzierung der Besatzung, Änderung der Militärgerichtsbarkeit und Rückkehr der ausgewiesenen Beamten, gefordert wurden, die er alle als unzumutbar abgelehnt habe.

Dann nahm er Stellung zu der Behauptung, die aus der Sicht Poincarés besonders verdächtig war, daß nämlich Adenauer in Verbindung mit der Regierung in Berlin stehe. Ganz kühl erklärte er, daß alle, die ihn aufgesucht hätten, Politiker wie Industrielle, Verbindung mit Berlin gehalten hätten, um der Anklage des Hochverrats zu entgehen. Alle im besetzten Gebiet erfolgten Regelungen, die Wiederaufnahme der Arbeit bei der Eisenbahn, der Vertrag mit dem Bergbau, die Pläne zur Errichtung der Notenbank, seien alle mit mehr oder weniger Druck, den man auf Berlin ausgeübt habe, zustandegekommen. Damit hatte er keineswegs Unrecht, und es zeigte sich hier wieder, welch unterschiedliches Verständnis für die Bedingungen und Möglichkeiten rheinischer Politik bei Tirard und Poincaré vorhanden war.

So richtig die Ausführungen Tirards auch waren, zu einem Punkt hat er sich nicht geäußert. Das betraf die Frage Poincarés nach seinen Beziehungen zu Adenauer, ob das am 15. November so verheißungsvoll begonnene Gespräch in der Zwischenzeit fortgesetzt worden sei. Davon war in seiner Antwort an Poincaré nicht die Rede. Aber genausowenig befand es Tirard für notwendig, die Taktik Adenauers zu erklären, daß der Empfang des Ausschusses am 23. November nur dazu diente, den Plan Moldenhauers zu desavouieren. Genau an diesem Punkt aber — der Frage, was aus dem Kontakt mit Adenauer geworden sei — hakte der französische Regierungschef ein. Am 3. Dezember erinnerte er Tirard an das, was er am 15. November gemeldet hatte, als Adenauer den reichen und mächtigen Staat vorgestellt habe, der außerhalb der

11 MAE Rive gauche 37, Bl. 11; Tel. Nr. 2773 v. 26. Nov. 1923.
12 Ebenda, Bl. 51 f.; Tel. Nr. 625 v. 27. Nov. 1923.

Verfassung stehen sollte. Diese erfolgversprechenden Ankündigungen stellte er den dürren Aussagen gegenüber, die das Telegramm Tirards vom 27. November über das Treffen am 23. November mit Adenauer und seinem Ausschuß enthalten hatte, wo anstatt der von Adenauer unter vier Augen gemachten Erklärungen nun in der Verhandlungsrunde vor allem von Konzessionen die Rede war, die die Franzosen machen sollten. Deshalb wollte der Regierungschef ausdrücklich wissen, „ob Sie seit der Absendung des Telegramms Mitte November neue Unterhaltungen mit Herrn Adenauer gehabt haben, wo er dieselbe Haltung eingenommen hat, die Sie in Ihrem Telegramm vom 27. November gekennzeichnet haben."[13] Daraufhin machte Tirard sofort noch einmal den Versuch, seinem Chef klarzumachen, daß das Gespräch am 15. November wegen seines persönlichen Charakters etwas ganz anderes gewesen sei als der Empfang des Ausschusses, der bloß der „Kontaktaufnahme" gedient habe, wo die einzelnen Mitglieder aus gegenseitigem Mißtrauen es vermieden hätten, „sich auf dem politischen Terrain zu weit vorzuwagen". Zum Schluß schrieb Tirard ganz lakonisch: „Ich glaube übrigens zu wissen, daß Herr Adenauer persönlich die Prüfung des zukünftigen politischen Statuts des Rheinlandes weiterverfolgt."[14]

Was bedeutete diese Feststellung? Am 29. November war Adenauer wieder bei Tirard gewesen. Über den Verlauf des Gesprächs berichten die Quellen nichts. Der Hochkommissar hatte darüber auch nichts nach Paris gemeldet. Bei diesem Empfang hat Tirard Adenauer die „Principes"[15] übergeben, ein von Tirard ausgearbeitetes Grundsatzpapier, das aus französischer Sicht die wesentlichen Bedingungen für die Bildung eines rheinischen Staatswesens enthielt. Wenn der obige Satz Tirards einen Sinn hat, dann kann dies nur bedeuten, daß Adenauer das Papier nicht von vornherein abgelehnt, jedenfalls Tirard gegenüber nicht diesen Eindruck erweckt hat. Denn warum sollte dieser eine solche Aussage machen, wenn ihm von Adenauer rundheraus das Gegenteil erklärt worden wäre? Wenn Adenauer wirklich einen ablehnenden Eindruck gemacht hätte, wäre es Tirard Poincaré gegenüber, ohne jede Einbuße an Prestige und ohne daß ihm dieser einen Vorwurf hätte machen können, möglich gewesen, den erneuten Kurswandel Adenauers ruhig zu konstatieren. Damit hätte er das stets vorhandene Mißtrauen bei seinem Regierungschef bestätigt, und es wären ihm sicherlich daraus keine Nachteile erwachsen, denn er hatte ja selbst Adenauer lange genug kritische Zurückhaltung und Mißtrauen entgegengebracht.

Es ist also davon auszugehen, daß Tirard seinem Kölner Gesprächspartner die von ihm verfaßte Ausarbeitung am 29. November in der Erwartung über-

---

13 Ebenda, Bl. 141 f.; Tel. Nr. 2814 v. 3. Dez. 1923.
14 Ebenda, Bl. 171; Brief Nr. 3684 v. 4. Dez. 1923.
15 In den Akten Adenauers findet sich ein Schriftstück mit der Überschrift „Principes sur lesquels pourrait être basée la constitution d'un état rhénan"; abgedruckt bei Karl Dietrich Erdmann, a.a.O., S. 322 f. (Dok. Nr. 17). Auf diesem Papier findet sich die eigenhändige Bemerkung Adenauers: „Ende November von H. T. erhalten, als unmöglich erklärt, gesagt, daß ich Gegenvorschlag überreichen werde." Allerdings geht aus dieser Notiz nicht das Datum hervor.

geben hat, daß damit für künftige Gespräche eine Verhandlungsgrundlage gegeben sei. Damit meinte er sicherlich nicht Erörterungen von irgendwelchen Ausschüssen, denn der Empfang vom 23. November hatte klar vor Augen geführt, daß man mit solchen heterogenen Gremien, deren Mitglieder über die einzuschlagende Politik völlig uneins waren, nicht weiterkommen konnte. Der Fünfzehner-Ausschuß hatte sich ganz folgerichtig auch nach dem Besuch von Tirard aufgelöst. Das bedeutete jedoch nicht, daß man auf diesem Weg nicht weiter fortschreiten wollte. Ganz im Gegenteil. Man gründete einen viermal so großen Ausschuß, den Sechziger-Ausschuß, um möglichst viele Mitsprachemöglichkeiten zu schaffen. Dieser trat jedoch erst am 11. Dezember in Köln zusammen und hat nie eine Bedeutung erlangt. Im Vorstand dieses Gremiums begegnen dann wieder neben Adenauer die bekannten Kölner Persönlichkeiten mit Mönnig an der Spitze.

Karl Dietrich Erdmann macht sich Gedanken, wie denn Adenauer überhaupt dazu gekommen sei, allein von Tirard empfangen zu werden und dessen „Principes" zu erhalten. Denn nicht dem Verhandlungsausschuß, sondern Adenauer persönlich hatte er sein Papier übergeben. Getreu seiner These, daß Adenauer nur etwas im Auftrag und in Übereinstimmung mit der Reichsregierung getan, daß er stets eine Legitimation zu Verhandlungen gehabt und entsprechend benutzt habe, ist Erdmann deshalb zu einigen irreführenden Konstruktionen gezwungen. So sieht er den Besuch bei Tirard lediglich als Konsequenz der ergebnislosen Zusammenkunft des Fünfzehner-Ausschusses mit Tirard am 23. November, da ihm die besonderen Kontakte von Louis Hagen und Adenauer unbekannt waren und er den Hinweis auf die entscheidende Zusammenkunft Adenauers mit Tirard am 15. November nicht zur Kenntnis genommen hat. Erdmann ist also der Meinung, daß Adenauer „angesichts der Lähmung der Reichszentrale ... nun erst recht" versucht habe, „auf dem Weg der Verhandlung mit Tirard einen Ausweg zu finden". Das sei jedoch eine neue Situation gewesen, da er bis dahin „zu den Gesprächen mit Tirard von Reichs wegen legitimiert gewesen (sei). Die einzige Legitimation für die jetzt beginnenden Verhandlungen war ihm auf jener Sitzung des wirtschaftlichen Verhandlungsausschusses gegeben worden."[16] Abgesehen davon, daß nicht klar wird, welcher Ausschuß eigentlich gemeint ist, muß doch zunächst festgestellt werden, daß es sich hier um bloße Spiegelfechtereien handelt. Denn Adenauer war ursprünglich für den Fünfzehner-Ausschuß gar nicht vorgesehen gewesen, und eine wirkliche Verhandlungsvollmacht hatte dieser Ausschuß nie besessen. Für die Situation war doch bezeichnend und sicherlich von der Reichsregierung beabsichtigt, daß die ganze Sache in der Schwebe gehalten wurde; man verhielt sich nicht ablehnend, wenn von rheinischer Seite gedrängt wurde, mit der Gegenseite in Verhandlungen zu treten, war aber tatsächlich nicht an solchen Kontakten interessiert. Was Adenauer betrifft, so ist entscheidend, daß er für die Verhandlungen, die er und Louis Hagen mit Tirard geführt haben, nie eine Legitimation besessen hat. Daß er damit

---

16 Karl Dietrich Erdmann, a.a.O., S. 150.

eine klare Sonderpolitik verfolgte, beleuchtet auch die Tatsache, daß er über seine Kontakte nie nach Berlin berichtet hat.

Tirards Papier war also nicht für irgendwelche Verhandlungsausschüsse, sondern in erster Linie für Adenauer und seine Mitstreiter und Sympathisanten in der Zentrumspartei und der rheinischen Wirtschaft gedacht. Wie waren nun die „Principes" beschaffen? Hatte Tirard Bedingungen vorgelegt, die mit den von Adenauer geäußerten Vorstellungen nichts zu tun hatten und deshalb nur auf seine entschiedene Ablehnung stoßen konnten, wie es Erdmann darstellt? Die Analyse des Textes führt zu einem zwiespältigen Ergebnis. Auf der einen Seite begegnet Bekanntes, was aus den Erklärungen Adenauers und anderer rheinischer Honoratioren vertraut klingt, insbesondere die Zusicherung der eigenen Verfassung, der weitgehenden legislativen Kompetenzen des zu gründenden Parlamentes, der rheinischen Herkunft der Beamten, des eigenen Budgets und der eigenen Währung, der Vertretung im Reichsrat, der Beibehaltung von Verkehrs- und Wirtschaftsbeziehungen mit dem übrigen Deutschland und der Einrichtung von eigenen diplomatischen Vertretungen. Die Besatzungsmächte, so die Vorstellungen von Tirard, würden bei der Errichtung der Autonomie und des wirtschaftlichen Wiederaufbaus behilflich sein. Die Ausgewiesenen könnten zurückkehren und die Gefangenen begnadigt werden, wie überhaupt das Besatzungsregime gründlich überprüft werden sollte.

Das alles konnte durchaus von Adenauer akzeptiert werden, denn vieles war in ähnlicher Weise von ihm selbst vorgeschlagen worden. Denn die Zugehörigkeit zum Reich — die Aufrechterhaltung der „nationalité allemande" hatte Tirard handschriftlich, vielleicht auf Drängen Adenauers, hinzugefügt — war zugestanden, an der Einführung der rheinischen Währung wurde bereits fleißig gearbeitet, der Plan der eigenen diplomatischen Vertretungen tauchte bei Adenauer und Froberger schon 1919 auf. In den „Vorbedingungen" Frobergers wurden diese bereits im Mai 1919 gefordert. Adenauer hatte sich mit diesem Papier identifiziert und es zur Verdeutlichung seines Standpunktes am 1. Juni dem Marquis de Lillers überreicht.

Was das Papier Tirards unannehmbar machte, war jedoch etwas anderes. Denn was Adenauer stets zu erreichen behauptet hatte, wenn man nur seinen Plänen folgte, erwies sich als Illusion. Tirard dachte nicht daran, den Vertrag von Versailles und die damit gegebenen Zahlungsverpflichtungen und Garantien in Frage zu stellen. Selbstverständlich sollte der Rheinstaat seinen Anteil an den Reparationen aufbringen und „loyal" mit den Siegermächten auf dem Gebiet der Reparationen und der Sicherheit zusammenarbeiten. Außerdem war es absolut klar, daß die Besatzung zu bleiben hatte und daß die militärischen Klauseln des Friedensvertrages in Kraft blieben. Außerdem wollte Tirard festgeschrieben wissen, daß die Maßnahmen, die zur Ausbeutung der Reparationspfänder ergriffen worden waren, auch in Zukunft anerkannt würden.

Daß dies alles von französischer Seite gefordert wurde, war naheliegend und verstand sich fast von selbst. Die Bildung eines Rheinstaates lag im französischen Interesse, und deshalb konnten auch Konzessionen verschiedener

Art gemacht werden, um dessen Realisierung voranzutreiben. Derartige Zugeständnisse konnten sich jedoch nur auf einer Ebene bewegen, die unterhalb des Versailler Vertrages angesiedelt war. Dieser durfte dadurch nicht revidiert werden. Die „Heiligkeit" des Vertrages, das heißt seine Unabänderlichkeit, stellte eine französische Grundüberzeugung dar, an der nicht gerüttelt werden durfte. Daher war es aus französischer Sicht völlig abwegig, für die vage Aussicht auf mehr Sicherheit durch den zu gründenden Rheinstaat und die dadurch gegebenen Kontrollmöglichkeiten die klaren Rechte aus dem Vertrag aufzugeben!

Adenauer hatte dagegen auf massive Vertragsrevisionen gesetzt und für seine Pläne geworben, indem er durchblicken ließ, daß bei ihrer Verwirklichung die Reparationsfrage gelöst und Besatzung und Rheinlandkommission „verschwinden" müßten. In den „Principes" war davon jedoch nicht die Rede, konnte es auch nicht sein, wenn man die Dinge realistisch sah. Davon war Adenauer jedoch weit entfernt; wie 1919 hielt er zäh an seinem Wunschdenken fest und war überzeugt, daß Frankreich den Wert seiner Pläne doch im wohlverstandenen eigenen Interesse anerkennen müßte. Da die Gegenseite nicht so reagierte, wie er es erhofft hatte, sah er sich erst einmal auf diesem Wege blockiert.

In dieser Situation eröffnete sich für Adenauer eine neue Perspektive, die Möglichkeit, mit einer politisch weitaus wichtigeren Persönlichkeit Kontakt aufzunehmen, zudem noch der direkte Vorgesetzte von Tirard, nämlich mit Poincaré. War so eine Chance gegeben, wirklich einen Durchbruch zu erzielen und den toten Punkt zu überwinden?

Intermezzo: Adenauers Kontakt zu Poincaré

Schon am 2. November 1923, als es Adenauer immer noch nicht gelungen war, bis zu Tirard vorzudringen, die Verhältnisse im Rheinland aber wie überhaupt in Deutschland von Tag zu Tag chaotischer wurden, hatte der Kölner Oberbürgermeister sich an den AEG-Direktor Hamspohn gewandt. Dieser verfügte über gute internationale Verbindungen, wahrscheinlich aufgrund der Auslandsinteressen der AEG. Gerade auf dem Straßenbahnsektor hatte das Unternehmen sowohl im Produktionsbereich wie durch die Beteiligung an Straßenbahngesellschaften im Ausland eine starke Stellung. Adenauers Brief vom 2. November klingt wie ein Hilferuf, wie ein verzweifelter Appell an Hamspohn, ob er nicht einen Ausweg wüßte, einige einflußreiche Persönlichkeiten in England oder Frankreich auf die Verhältnisse im Rheinland aufmerksam zu machen.

Einige Tage später, am 10. November, wandte sich Hamspohn direkt an einen französischen Bekannten. Er telegraphierte im Auftrag Adenauers an den pensionierten höheren Beamten der Straßenbauverwaltung Arnaud: „Es wäre für unsere beiden Länder von höchstem Nutzen, wenn Sie sich so bald wie möglich nach Köln begeben wollten, um sich mit Dr. Adenauer zu unterhalten, der Sie sehr schätzt."[1] Die Beziehungen zu Arnaud und noch zu einer weiteren französischen Persönlichkeit, zu Charles Laurent, dem ersten französischen Nachkriegsbotschafter in Berlin, stammten aus den Jahren 1920 und 1921, als das Kölner Stadtoberhaupt für die Errichtung des städtischen Grüngürtels auf dem ehemaligen Festungsgelände kämpfte. Damals gab er dem Entente-Vorschlag, der die radikale Schleifung jeder Fortifikation vorsah, im Grunde den Vorzug gegenüber deutschen Plänen, die seinen städtebaulichen Ideen weniger entgegenkamen, und bediente sich dabei auch der beiden Franzosen, um in Einzelfragen bei der Gestaltung des Grüngürtels Unterstützung für seine Pläne bei der Alliierten Entwaffnungskommission zu erhalten.[2] Botschafter Laurent hatte damals von Adenauer einen sehr positiven Eindruck gewonnen und dies auch dem Quai d'Orsay mitgeteilt.

Arnaud antwortete umgehend und teilte mit, daß er inzwischen pensioniert, aber gern bereit sei, nach Deutschland zu kommen. Am 4. Dezember fand der Besuch in Köln statt. Adenauer hatte inzwischen die „Principes" von Tirard erhalten und erblickte nun in der Vermittlung von Arnaud und dessen früherem Vorgesetzten und späterem Geschäftsfreund Laurent die Chance, an Tirard vorbei direkt in Paris seine Vorstellungen vortragen zu lassen und diesen so auszuspielen.

1 HAStK 902/253/4 S. 177.
2 HAStK 902/168/1.

Arnaud brachte aus Köln eine Stellungnahme Adenauers mit, die dieser am Ende der langen Unterredung diktiert hatte.[3] Dieses Papier stellt die erste und daher kürzere Ausarbeitung dar, die über seine Position im Dezember 1923 Auskunft gibt. Die etwas umfangreichere Version soll er nach Ausweis seiner Akten am 12. Dezember Tirard übergeben haben.[4]

Zweifellos unterscheidet sich dieses Papier beträchtlich von seinen früheren Verlautbarungen. Zuerst brachte es die schon seit 1919 vertretenen Argumente vor, daß nämlich Frankreichs Sicherheitsinteresse durchaus gerechtfertigt, die Bildung eines Pufferstaates aber keine Lösung dafür sei, weil dieser doch wieder zu Deutschland zurückkehren wolle. Dagegen würde eine westdeutsche Konföderation – er verwandte diesen Begriff hier anstatt des sonst üblichen vom Bundesstaat – alle diese Garantien durch ihre Größe, wirtschaftliche Macht und des sich daraus ergebenden Einflusses auf die deutsche Innen- und Außenpolitik bieten. Die friedensfreundliche Wirkung einer solchen Staatsgründung würde noch erheblich verstärkt werden, wenn die deutsche und französische Schwerindustrie zu einer Verständigung gelangten.

Aber – und das war neu – diese Konföderation könne nur dann Einfluß in Deutschland gewinnen und die Politik des Friedens und der Verbesserung der deutsch-französischen Beziehungen betreiben, wenn sie die gleichen Rechte und Pflichten wie die anderen Gliedstaaten des Reiches hätte, denn ein Staat, „der nur scheinbar und nicht auf andere Weise mit dem Reich verbunden ist, liegt keineswegs im Interesse des Friedens und entspricht nicht einer guten Auffassung der französischen Politik". Daß der Staat außerhalb der Reichsverfassung stehen, wie Adenauer am 15. November, oder daß er „kaum mehr als gewöhnlicher Bundesstaat" anzusprechen sei, wie er am 24. November erklärt hatte – davon war jetzt keine Rede mehr. Statt dessen wollte er nun eine Gesamtlösung, die er so skizzierte: Die auf Erhaltung des Friedens abzielende Politik, die die deutsch-französischen Beziehungen im Sinne der Verständigung auf eine neue Ebene zu heben in der Lage wäre, sollte zugleich die „Lösung der Reparationsfrage, der Besatzung und der Rheinlandkommission umfassen". Nicht mehr und nicht weniger. Um Bedenken der öffentlichen Meinung Frankreichs zu zerstreuen, war er sogar zu einer Konzession bereit. An die Stelle der Besatzung könnte eine internationale Gendarmerie treten, die die Einhaltung der Entwaffnungsbestimmungen überwachen sollte.

Diese Darlegung der Vorstellungen Adenauers wurde ergänzt durch eine Note Arnauds über Adenauer. Beides findet sich in den Akten des Quai d'Orsay[5]. Die Beurteilung fiel denkbar positiv aus. Der Oberbürgermeister wurde als ein Mann von hohen Qualitäten geschildert, kein populärer Politiker, der um die Gunst der Massen buhlte, sondern ein Mann, dem es vor allem um die Sache ging. Natürlich fehlte nicht der Hinweis, daß er Präsident des Preußischen Staatsrates und mehrfach – Arnaud spricht von dreimal – Kandidat

---

3 MAE Rive gauche 37, Bl. 192 f.
4 Abgedruckt bei Karl Dietrich Erdmann, a.a.O., S. 327–333 (Dok. Nr. 20).
5 MAE Rive gauche 37, Bl. 194 f. Im Anschluß daran findet sich eine Abschrift der sog. „Principes" von Tirard, die Laurent und Arnaud ebenfalls Poincaré übergeben hatten.

für den Posten des Reichskanzlers gewesen sei. Auch gegen den schlechten Ruf, der ihm in Frankreich anhinge, nämlich ein Freund der Engländer zu sein, nahm er ihn in Schutz und ließ ihn selbst zu Wort kommen, um seine wahre Einstellung deutlich zu machen. Er müsse sich nämlich mit den Engländern gut stellen, da sie seine Stadt besetzt hielten. Aber: „Sie haben uns, dank der Hilfe der Franzosen, besiegt; sie haben ihre Kriegsziele erreicht, und wir liegen am Boden. Jetzt wollen sie die Wiederaufrichtung Frankreichs verhindern und versuchen die deutsch-französische Verständigung und Zusammenarbeit zu hintertreiben. Sie, die meine wahren Ideen kennen, helfen Sie mir, die Wahrheit bekannt zu machen!"

Aber nicht nur diese Bekenntnisse konnte Arnaud festhalten. In seinem Bericht vermerkte er auch, daß Adenauer ein Bewunderer von Poincaré sei: „Er erklärt offen, ebenso wie die meisten Großindustriellen und Geschäftsleute, daß er Frankreich um unseren Ministerpräsidenten beneidet." In Deutschland seien nämlich nach dem Krieg nur Leute „zweiten und dritten Ranges" in der Politik anzutreffen.

In diesen Erklärungen Adenauers kommt wieder klar zum Ausdruck, wie sehr sie auf seinen Gesprächspartner zugeschnitten waren. Er erschien als politisch hochrangige Persönlichkeit, der in Deutschland Dinge in Bewegung setzen konnte und von der deutsch-französischen Verständigung zutiefst überzeugt war. Deshalb gab er sich betont anti-englisch und entpuppte sich schließlich als ein Bewunderer von Poincaré — sicherlich hatte Adenauer das alles in der Hoffnung geäußert, daß es dem französischen Ministerpräsidenten mitgeteilt würde.

Während Arnaud in Paris tätig wurde, machte sich Adenauer zusammen mit Mönnig auf den Weg nach Berlin. Am 6. Dezember suchten sie Reichskanzler Marx auf. Das ausführliche Gespräch mit dem freundlichen Pensionär Arnaud, von dem über dessen Freund Laurent die Verbindung zu Poincaré ging, hatte Adenauers Unternehmungsgeist offensichtlich beflügelt. Mit welcher Verve er an die Sache heranging, zeigt die Notiz, die er über den Besuch bei Marx gemacht hatte.[6] Danach hatte er den Kanzler gefragt, „ob er es als für Deutschland tragbar ansehe, wenn gleichzeitig die Reparationsfrage in einer annehmbaren Weise gelöst und ein westdeutscher Bundesstaat mit den Rechten und Pflichten der übrigen Bundesstaaten unter Fortfall der Rheinlandkommission und Ersatz der militärischen Besatzung durch eine internationale Gendarmerie zwecks Kontrolle der Entmilitarisierung auf eine Reihe von Jahren errichtet werde". Marx war skeptisch, er hielt die Lösung „theoretisch für sehr gut, aber praktisch nicht für durchführbar". Immerhin hatte er nichts dagegen, daß Adenauer Verhandlungen einleitete, um die tatsächliche Konzessionsbereitschaft auszuloten. Mit wem er das zu tun beabsichtige, hatte der Oberbürgermeister nicht gesagt, sondern nur die Ansicht vertreten, daß bei einem günstigen Ausgang seiner Sondierungen die Reichsregierung die Gespräche weiterführen müßte. Mit diesem Verfahren erklärte sich der Kanzler einverstanden.

6 HAStK 902/253/4; abgedr. bei Karl Dietrich Erdmann, a.a.O., S. 327.

Von Berlin aus schrieb der Oberbürgermeister an Arnaud und verbreitete über seine Berliner Gespräche allgemein Optimismus. Insbesondere ließ er durchblicken, daß es mit dem Kanzler keine Schwierigkeiten geben werde; „man wird ihn zu einer Lösung bringen können, wie ich sie im Auge habe".[7] Zugleich bereitete ihm die Möglichkeit einiges Kopfzerbrechen, daß Tirard von seinen neuen Gesprächsaktivitäten etwas erfahren könnte. Deshalb bat er um Auskunft, ob überhaupt und gegebenenfalls was dem Präsidenten der Rheinlandkommission mitgeteilt werden sollte. Hier kommt überaus deutlich das Bestreben zum Ausdruck, an die unbequemen Realitäten nicht mehr erinnert zu werden, die Tirard in seinen „Principes" umrissen hatte und statt dessen auf das Prinzip Hoffnung zu bauen und von dem ranghöheren Gesprächspartner in Paris günstigere, den eigenen Wunschvorstellungen eher entsprechende Ergebnisse zu erlangen.

Adenauer hatte am 6. Dezember Arnaud geschrieben, daß er eine Woche später, am 13. Dezember, wieder in Berlin sein werde. Daher wäre eine – natürlich günstige – Antwort bis zu diesem Zeitpunkt sehr nützlich, vor allem deshalb, „um mir vom Kanzler eine Vollmacht für die Vorverhandlungen geben zu lassen".

Auf seine Pariser Partner konnte sich der Kölner verlassen. Denn tatsächlich wurden Arnaud und Laurent von Poincaré am 12. Dezember empfangen. Das Gespräch fand abends statt und dauerte eine gute halbe Stunde. Als Ergebnis telegraphierte Arnaud an Hamspohn über die „sehr interessante" Besprechung, daß sie „gute Aussicht, natürlich mit wichtigen Vorbehaltungen (sic)" gebracht hätte.[8] Das erschien Adenauer so verheißungsvoll, daß er wieder gemeinsam mit Mönnig am 14. Dezember erneut den Reichskanzler aufsuchte und ihm nun „bis ins einzelne" die Kontakte zu Arnaud schilderte. Marx war – gemäß der Aufzeichnung Adenauers – der Meinung, „daß diese Verhandlungen außerordentlich wertvoll seien und von mir unbedingt fortgesetzt werden sollten".[9] Zugleich vereinbarten die beiden Kölner, der Kanzler und der Oberbürgermeister, ein seltsames Verfahren: Sie kamen überein, den Außenminister nicht zu informieren, hielten sie es doch nicht für „opportun, dem Minister Stresemann Kenntnis zu geben". Diese erstaunliche Haltung ist sicherlich auf die Unerfahrenheit des erst wenige Tage amtierenden Reichskanzlers Marx zurückzuführen, der sich hier kompromißbereit, wie er stets war, von Adenauer dazu überreden ließ. Denn dieser wußte genau, warum er Stresemann nicht in die Pläne einweihen wollte.

Das Telegramm von Arnaud klang jedoch wesentlich positiver als der Bericht, den er am 14. Dezember in einem Brief an Hamspohn erstattete.[10] Danach bestand nicht der geringste Anlaß zum Optimismus, denn Poincaré

---

7 MAE Rive gauche 37, Bl. 191; es handelt sich um eine wohl von Arnaud gefertigte französische Übersetzung.
8 HAStK 902/253/4, S. 327.
9 Abgedruckt bei Karl Dietrich Erdmann, a.a.O., S. 335 f. (Dok. Nr. 23). Es ist erstaunlich, daß die Akten der Reichskanzlei nichts über die Besuche Adenauers und Mönnigs bei Marx enthalten.
10 Abgedruckt bei Karl Dietrich Erdmann, a.a.O., S. 332–335 (Dok. Nr. 22).

war verbindlich in der Form, aber hart in der Sache. Er hatte keine unüberwindlichen Einwände gegen einen neuen westdeutschen Bundesstaat; er bemängelte, daß er zu weit nach Osten reiche, denn er hätte lieber nur das linke Rheinufer in diesem Staat zusammengefaßt, weil die Leute dort eine „besondere Rasse" seien. Er war skeptisch, ob die Pfalz sich diesem Staate anschließen würde, doch das war für ihn eine offene Frage, hatte doch Deutschland in Form eines einheitlichen Staates ohnehin nur als Ausnahme — und das auch nur unter der eisernen Faust Preußens — existiert. Das waren alles Dinge, über die man reden konnte. Aber über das Wesentliche gab es keine Illusionen, und das war für Poincaré: „Reparationen und Sicherheit", nichts von internationaler Gendarmerie, vielleicht ein etwas milderes Besatzungsregime, aber entscheidend waren für den Ministerpräsidenten, daß die Fristen für die Besatzung von der Erfüllung der Reparationsverpflichtungen des Friedensvertrages abhingen, und hier lag der entscheidende Punkt: Nach seiner festen Überzeugung hatten die „Fristen aufgrund der deutschen Vertragsverletzungen noch gar nicht zu laufen begonnen", es konnte also keine Rede vom Abzug der Besatzung sein. Reparationen und Sicherheit genau nach den Buchstaben des Friedensvertrages waren also das Leitmotiv der Erklärungen von Poincaré, während Arnaud sich mehr an der freundlichen Verpackung orientierte und tapfer den Glauben vertrat, daß sein Gespräch mit Adenauer, wie er es Poincaré mitgeteilt hatte, einen bedeutenden Einfluß haben und „sehr deutlich die an Tirard gegebenen Direktiven modifizieren würde".

Davon konnte natürlich keine Rede sein. Nach Ausweis der französischen Akten sind Laurent und Arnaud nicht mehr von Poincaré empfangen worden. Abgesehen von dem fundamentalen Gegensatz in bezug auf die Behandlung der Reparations- und Sicherheitsfrage war auch die aktuelle politische Lage den Sondierungen Adenauers überaus ungünstig. In Koblenz wie in Paris sah man voller Mißtrauen, daß das Berliner Kabinett sich anschickte, über die Probleme des Rheinlandes Verhandlungen von Regierung zu Regierung anzustreben mit der Folge, daß „die rheinische Frage so den Betroffenen selbst entzogen und auf die Ebene der internationalen Verhandlungen gehoben würde".[11] Daraufhin reagierte Poincaré sofort und wies den französischen Botschafter in Berlin an zu erklären, „daß ich mich weigere, das Rheinproblem in direkten Verhandlungen mit der Berliner Regierung zu behandeln und daß wir damit einverstanden sind, der dortigen Bevölkerung die volle Entscheidungsfreiheit zu lassen".[12]

11 MAE Rive gauche 38, Bl. 261. Tel. Tirards vom 12. Dez. 1923.
12 Ebenda Bl. 301; das Telegramm Poincarés ging nicht nur an Tirard, sondern zugleich an die französischen Botschaften in London und Brüssel sowie an den französischen Konsul in Düsseldorf. Vgl. zu der deutschen Verhandlungsinitiative Karl Dietrich Erdmann, a.a.O., S. 169. Am 24. Dez. wandte sich Poincaré noch einmal an Tirard und wies diesen an, gegen die Berliner Beeinflussungsversuche Stellung zu nehmen: „Il importe que vous remettiez les choses au point de leur esprit par les moyens que vous jugerez appropriés et que leur laissiez aucun doute sur notre résolution de maintenir la discussion du problème rhénan exclusivement entre les autorités locales alliées et les représentants des populations intéressées."

Der Verlauf des kurzen Gesprächs mit Poincaré hatte im Grunde schon gezeigt, daß hier das Pflichtpensum eines hohen Politikers abgeleistet wurde, Klienten gegenüber offen zu sein und ihre Wünsche anzuhören und nach Möglichkeit zu erfüllen. Von einer neuen Perspektive oder gar dem Durchbruch gegenüber den „Rheinbundstaatplänen" Tirards, wie Erdmann die politischen Vorstellungen Tirards in einer wenig passenden historischen Analogie zu bezeichnen pflegt, konnte nicht die Rede sein. Es war eine Episode, die folgenlos blieb. Lediglich Adenauer suchte daraus Kapital zu schlagen, indem er bei seinen Gesprächen in Berlin im Dezember und Januar 1924 mit überaus durchsichtigen Argumenten deren Wichtigkeit betonte. Dabei ist es schwierig zu unterscheiden, was in diesem Zusammenhang bewußte Täuschung seiner Gesprächspartner oder realitätsferner Ausdruck seiner Wunschvorstellungen gewesen ist.

Das Projekt der rheinischen Goldnotenbank und die Haltung der Industrie

Faktische Unabhängigkeit vom übrigen Reich konnte auf keinem Gebiet so wirksam und nachhaltig erreicht werden wie auf dem Währungssektor. Das Wort Ernst Reuters aus Blockadezeiten: „Wer die Währung hat, hat die Macht"[2], trifft in gleicher Weise auf die Krisensituation des Herbstes 1923 zu. Darüber hinaus hatte die eigene Währungsreform, mit der der politische Sonderstatus des Rheinlandes festgeschrieben werden sollte, den Vorzug, daß sie in der chaotischen Situation auf dem Höhepunkt der Inflation relativ leicht durchführbar schien. Wo jede Stadt ihr eigenes Geld druckte, das Notgeld fast zur „normalen" Währung geworden war, da die Versorgung mit dem Papiergeld der Reichsbank immer weniger dem Tempo der Geldentwertung angepaßt werden konnte, mochte es auf den ersten Blick nicht überraschen, daß im Rheinland der Plan auftauchte, dem Währungschaos ein Ende zu setzen und eine eigene Währung einzuführen.

Die besondere Brisanz dieses Projektes, das mehr sein wollte als der Versuch, anstelle der verschiedenen kommunalen Notgeldsorten ein regionales Notgeld zu schaffen, lag in seinem politischen Hintergrund. Dieses wertbeständige neue Geld sollte in Zusammenarbeit mit französischen, belgischen und auch möglichst englischen Finanzkreisen geschaffen werden. Man dachte an eine Währung, die mit dem politischen Hintergrund der Orientierung nach Westeuropa eine deutliche Spitze gegen die durch die Inflation zerstörte deutsche Währung haben mußte.

Hinzu kam, daß ein derartiges Unternehmen, wie es seit Ende Oktober 1923 langsam publik wurde, in deutscher Sicht seine besondere Gefährlichkeit dadurch erhielt, daß auf französischer Seite derartige Pläne nicht neu waren. Da es seit 1919 der feste Wille der französischen Führung gewesen war, möglichst lange am Rhein zu bleiben und vornehmlich das linksrheinische Gebiet französischem Einfluß zu öffnen, mußte der Finanzbereich aus dieser Perspektive heraus besondere Aufmerksamkeit auf sich ziehen.

Wie ein roter Faden zieht sich durch die vornehmlich von Tirard bestimmte Besatzungspolitik seit 1919 das Bemühen, auf dem Finanz- und Banksektor Fuß zu fassen. Zuerst dachte man an die Gründung einer französisch-rheinischen Bank. Von einem solchen Konzept, an dem auch Louis Hagen interessiert

---

1 Für wertvolle Informationen über den sozio-ökonomischen Rahmen der Situation im Rheinland bin ich Hermann J. Abs aufrichtig dankbar.
2 Willi Brandt und Richard Löwenthal, Ernst Reuter. Ein Leben für die Freiheit, München 1957, S. 407.

gewesen sein soll, war schon 1920 die Rede.³ 1922 war wieder von einer anderen „Banque franco-rhénane" die Rede, an der sich auf französischer Seite das bedeutende Bankhaus Lazard beteiligen wollte. Die Verhandlungen zogen sich zwar über das ganze Jahr hin, hatten aber kein Ergebnis. Die Ursache dafür lag einmal an Bedenken des französischen Finanzministeriums.⁴ Wichtiger für das Scheitern der wiederholten Bestrebungen, eine solche Bank zu gründen, waren wohl die mangelnden Erfolgsaussichten. Denn eine Bank lebt von dem Vertrauen der Kunden und von deren Einlagen, mit denen die Bank arbeitet. Ein Institut mit einem kontroversen politischen Hintergrund wirkte offensichtlich nicht attraktiv, und es bestand nicht genügend Interesse, mit einer Bank in Geschäftsverbindung zu treten, die zugleich für die französische Rheinpolitik engagiert war. Das Scheitern der Bankpläne war auch darauf zurückzuführen, wie Tirard im August 1922 resignierend feststellte, daß die Stellung der Berliner Großbanken übermächtig war. Sie übten auch im Rheinland den bestimmenden Einfluß aus und hatten alteingesessene Institute wie den Schaafhausenschen Bankverein in Köln längst in ihren Besitz oder in ihre Abhängigkeit gebracht.

Der unermüdliche Förderer der Bankprojekte auf rheinischer Seite war Carl von Stein. Er war Teilhaber des alten Kölner Bankhauses J. H. Stein, zwar nicht selbst in der Bank tätig, aber versiert in allen Finanzangelegenheiten. Die französische Seite hatte volles Vertrauen zu ihm und stellte ihm ein uneingeschränkt positives Zeugnis aus. So schrieb Tirard 1921: „Er hat uns wiederholt aus der Kölner Finanzwelt und aus anderen deutschen Kreisen sehr interessante Informationen geliefert, die sich immer bewahrheitet haben."⁵

Von Stein war es auch, der im Januar 1923 den Plan einer Notenbank ins Spiel brachte. Am 10. Januar, als die französischen und belgischen Truppen in das Ruhrgebiet einrückten, diskutierte er in Paris mit Beamten und Bankenvertretern sein Vorhaben, nämlich ein Institut im Rheinland zu gründen, das Banknoten emittieren sollte. Diese Notenbank wollte er mit einem Kapital von 300 Millionen Goldfranken ausstatten, das je zur Hälfte von einer französischen und einer rheinischen Gruppe aufgebracht werden sollte. Stein ging es dabei nicht um die schnelle Verwirklichung, sondern ihm kam es mehr darauf an, zu diesem frühen Zeitpunkt das Projekt als solches vorzutragen und damit eine Perspektive zu eröffnen, damit die weitere Beschäftigung mit dieser Frage in der gebotenen Diskretion stattfinden konnte.⁶

Tirard griff die Anregung auf. Auf seinen Antrag hin billigte am 30. Januar die Rheinlandkommission grundsätzlich die Möglichkeit, für das besetzte Gebiet eine neue Währung einzuführen und darüber hinaus im Falle der Papiergeldknappheit selbst Notgeld zu drucken. Der neuen, „gesunden" Währung war die Aufgabe zugedacht, die Mark im besetzten Gebiet zu ersetzen.

Am 7. Februar war von Stein wieder in Paris und berichtete, daß er inzwischen das Projekt mit seinen „Freunden" beraten habe. Als solche bezeich-

---

3 AN AJ⁹/3236; Tirard vom 24. Dezember 1920.
4 Ebenda.
5 AN AJ⁹/3232; Tirard vom 21. Juni 1921.
6 AN AJ⁹/3826.

nete er die Bankdirektoren Hinsberg vom Barmer Bankverein und Koenigs vom Bankhaus Delbrück und von der Heydt; letzterer war außerdem mit der Gruppe Otto Wolff liiert. Hinzu kamen seine Verwandten in der Geschäftsführung des Familienunternehmens J. H. Stein. Diese Gesprächspartner, deren Kundschaft in der Industrie gewichtig sei, stünden der Gründung positiv gegenüber, würden jedoch niemals den ersten Schritt zur Gründung eines solchen Instituts tun. Etwas anderes wäre es jedoch, wenn man sie vor die Alternative stellte, ob solch ein Institut zusammen mit ihnen oder ohne sie verwirklicht werden sollte. Dabei betonte von Stein zugleich, daß seine Gesprächspartner zu einem erheblichen finanziellen Engagement — 400 Millionen Goldmark — bereit wären und ein solches Projekt keineswegs mit dem Reichsfinanzminister in Berlin beraten und sich um dessen Zustimmung bemühen würden.

Mit den Gesprächen von Steins in Paris war das Projekt der Goldnotenbank zum ersten Mal angeschnitten worden, und es scheint bezeichnend zu sein, daß dieser Plan von einem rheinischen Großbürger von unbestreitbarem Renommee sogleich der französischen Seite vorgelegt wurde. Es handelte sich also nicht um eine Art rheinischer Notwehrreaktion, die auf dem Höhepunkt der Inflation im Herbst 1923 erfolgte, sondern um ein schon zu Beginn des Ruhrkonfliktes erörtertes Projekt, dessen Bedeutung den Franzosen sofort bewußt wurde und das sie fortan nicht mehr aus den Augen ließen.

Die unerwartete Ausweitung des Konfliktes durch den von der Reichsregierung verkündeten passiven Widerstand ließ das Währungsprojekt nicht unbeeinflußt. Im März machte sich eine belgisch-französische Kommission aus Bankiers im Auftrage ihrer Regierungen an die Arbeit; sie operierten jedoch nur sehr vorsichtig. Das rief die Kritik Tirards hervor, der im April gegenüber Poincaré den Standpunkt vertrat, daß man mit den konkreten Vorbereitungen — Druck der Noten, Bildung der Entscheidungsgremien usw. — schon beginnen müßte, um im Augenblick des Zusammenbruchs der Mark handlungsfähig zu sein. Auf diese Weise könne man „ein Druckmittel gegenüber dem Reich wie ein Instrument zur Reorganisation des besetzten Gebietes" erhalten.[7] Poincaré war derselben Meinung; auch er hielt es für übertrieben, daß ein Zeitraum von sechs Monaten nötig sei, um die Banknoten herzustellen, wie es die Bankierskommission angenommen hatte, sondern ihm kam es vor allem darauf an, im Augenblick des Marksturzes die Verwirrung auszunutzen, um der Bevölkerung durch die Einführung der neuen Währung und weiterer Maßnahmen, wie der Aufnahme des Eisenbahnverkehrs unter französischer Regie, den Eindruck zu vermitteln, daß die Besatzung sich dauerhaft zu etablieren beabsichtige.

Durch die Versteifung der Fronten und die Verlängerung des passiven Widerstandes über den Sommer hinaus wurde eine neue Situation geschaffen. Reichskanzler Cuno war zwar schon im August gestützt worden, da der Kurs der Bewegungslosigkeit, den sein Kabinett eingeschlagen hatte, für die es tragenden Parteien politisch unerträglich geworden war. Obwohl die Große Koalition unter Gustav Stresemann, die seit dem 13. August regierte, mit dem er-

---

[7] MAE Rive gauche 107, Bl. 119; Tel. Nr. 256 vom 13. April 1923.

klärten Ziel des Abbruchs des Konfrontationskurses gegenüber Frankreich angetreten war, hatte es doch bis Ende September gedauert, bis die Reichsregierung das Ende des passiven Widerstandes verkündete.

Nun war jedoch die Pariser Regierung nicht mehr an Verhandlungen mit Berlin interessiert. Nachdem die von den Franzosen erwarteten raschen Erfolge im Frühjahr 1923 ausgeblieben waren, wollten sie nun, als der Sturz Cunos die Risse in der deutschen Abwehrfront deutlich machte, nach so zähem Ausharren auf den endlichen Erfolg nicht mehr verzichten.

Daher war es kein Zufall, daß Tirard im August wieder verstärkt auf die Währungspläne zurückkam.[8] Er hatte sich dabei mit dem französischen Finanzminister auseinanderzusetzen, der allen Plänen sein Veto entgegensetzte, die die neue Währung im Rheinland in zu nahe Beziehung zum französischen Franken brachten. Das schien ihm ein Risiko zu sein, das er unbedingt zu vermeiden trachtete. Denn der militärischen Stärke, die Frankreich im Ruhrgebiet demonstrierte, entsprach keineswegs die wirtschaftliche und finanzielle Situation des Landes. Hier bestand, insbesondere in bezug auf den Außenwert des Franken, eine beträchtliche Diskrepanz. Das Mißverhältnis zwischen militärischer Stärke und wirtschaftlicher Schwäche führte zu einem gewissen Gegensatz zwischen Tirard und dem Finanzminister. Denn dem Hochkommissar in Koblenz kam es in erster Linie auf die politische Wirkung an. Ihn reizte vor allem die Möglichkeit, die Wirtschaft und mehr noch die Bevölkerung auf seine Seite zu ziehen oder wenigstens positiv zu beeinflussen, indem die Franzosen den Rheinländern eine wertbeständige Währung zur Verfügung stellten, die am Franken orientiert war. Das mußte angesichts der galoppierenden Inflation in Deutschland eine magnetische Anziehungskraft ausüben.

Den Anlaß, auf währungspolitischem Gebiet im August aktiv zu werden, sah Tirard aufgrund der Berichte seiner Delegierten, die die immer mehr sich verstärkende Tendenz der Bauern betonte, ihre Ernte nicht mehr gegen Papiermark zu verkaufen. Auf der deutschen Seite reagierte man übrigens ganz ähnlich, wie die Regierungsberatungen Ende August und Anfang September zeigten.[9] Auch hier spielte die Sorge vor der Zurückhaltung der Ernte bei den Beratungen über die Schaffung einer neuen wertbeständigen Währung eine wichtige Rolle.

Der Finanzminister und seine Beamten sahen jedoch in erster Linie die Gefahren für die französische Währung, wenn der Franken in einem so bevölkerungsreichen und wirtschaftlich starken Gebiet zu einer Art Reservewährung sich entwickelte mit all den Risiken, die aus dem unkontrollierten Versickern und den Möglichkeiten der Manipulation entstehen konnten. Die Schwierigkeiten mit der Eingliederung Elsaß-Lothringens, wo nicht einmal die Sparguthaben voll in die französische Währung umgetauscht wurden, werden sicherlich eine abschreckende Wirkung gehabt haben.

---

8 MAE Rive gauche 107, Bl. 140–143.
9 Die Kabinette Stresemann, Nr. 15 (Schreiben des Reichsernährungsministers vom 27. August 1923, Nr. 22 (Kabinettssitzung vom 30. August 1923) und Nr. 55 (Kabinettssitzung vom 13. September 1923).

Der Finanzminister setzte deshalb mehr auf die rheinische Initiative, daß die Notenbank in erster Linie von den dortigen Bankiers und Industriellen geschaffen werden müßte. Tirard hatte zu diesem Zeitpunkt noch nicht so viel Vertrauen, daß von der rheinischen Seite viel zu erwarten sei. Deshalb befürwortete er im August eine französische Gründung, die dann — bereits die Ankündigung ihrer Gründung würde positiv wirken — der Bereitschaft, sich daran zu beteiligen, entsprechenden Auftrieb geben würde. Man müßte erst einmal die Sache auf die Beine stellen, dann würde von rheinischer Seite schon die Unterstützung kommen, da die Vorteile lockten. Daneben sei die Möglichkeit gegeben, das Notgeld weiterzuentwickeln und das von den einzelnen Kommunen gedruckte Geld, das nur lokale Geltung hatte, durch entsprechende Verordnungen so in seinem Charakter zu verändern, daß das Notgeld austauschbar und im gesamten besetzten Gebiet in Umlauf gesetzt werden konnte. Auf jeden Fall stimmte Tirard mit dem Finanzminister darin überein, „daß wir die Kontrolle über das Geschehen behalten müßten und nicht den Augenblick vorbeilassen dürften, wo eine Aktion von unserer Seite noch möglich sei".[10]

Am 22. Oktober entwickelte Tirard seine Vorstellungen gegenüber dem Direktor der belgischen Staatsbank Janssen. Inzwischen hatte auch er den Standpunkt sich zu eigen gemacht, daß die Währungsreform „das Werk der Rheinländer selbst" sein müßte. Er unterschied dabei zwei Schritte. Zuerst sollte ein privates Emissionsinstitut ins Leben gerufen werden, das, von rheinischen Wirtschaftskreisen getragen, auf Gold lautende Schatzscheine auszugeben berechtigt sei. Später könnte dann rheinisches Geld im eigentlichen Sinne geschaffen werden, „wenn der politische Status des Rheinlandes modifiziert würde". Die Währung sollte konvertierbar sein und sich von einer „normalen", frei zu handelnden Währung nicht unterscheiden.[11]

Blickt man auf die verschiedenen Anläufe und Stellungnahmen von französischer Seite seit Beginn der Ruhrbesetzung zurück, so läßt sich feststellen, daß unabhängig von irgendwelchen rheinischen Aktivitäten die Meinungsbildung in Koblenz und Paris in die Richtung gegangen ist, daß vor allem Hoffnungen auf die rheinische Wirtschaft und Finanz gesetzt wurden. Es erschien den französischen Währungsspezialisten als vorteilhafteste Lösung, wenn unter ihrer diskreten Anleitung — dazu gehörte Giscard, der Chef der Finanzabteilung der Rheinlandkommission, und Schweisguth, der Vertreter des Finanzministers in Koblenz — ein rheinisches Institut gegründet würde, das außer dem autochthonen Image zugleich noch den Vorzug böte, daß ein erheblicher Teil des Kapitals von dieser Seite käme. Der Sachverhalt kann in der Weise umrissen werden, daß für die rheinischen Finanzleute alles vorbereitet war, als sie sich im Oktober 1923 mit Währungsplänen ernsthaft zu beschäftigen begannen. Man wartete gleichsam auf sie, aber bis zum Oktober war alles ruhiggeblieben.

Auch bei der Notenbankgründung macht sich die Zäsur bemerkbar, die die von Aachen ausgehenden Separatistenputsche darstellten. Denn mit diesen Aktionen, so wenig fundiert sie auch immer waren, kamen die Dinge ins Rollen.

10 MAE Rive gauche 107, Bl. 142.
11 Ebenda, Bl. 178ff.

Das führte dazu, daß nun auch die bisher in vorsichtiger Zurückhaltung verharrenden rheinischen Honoratioren aus der Zentrumspartei wie aus der Wirtschaft aktiv wurden, um sich den Franzosen als Partner zu präsentieren und so den Separatisten den Rang abzulaufen.

Am 29. Oktober konnte Schweisguth dem Finanzminister melden, daß die Vorbereitung der Ausgabe auf Gold lautender Bons, wie Tirard es Ende August angekündigt hatte, so weit fortgeschritten sei, daß man auf Unterstützung im Rheinland rechnen könne. Was ihn zu dieser optimistischen Einstellung veranlaßte, war weniger das Interesse von Kölner Privatbanken. Dem wurde noch Mißtrauen entgegengebracht; Schweisguth fürchtete nämlich, die Kölner könnten eine Lösung ohne die Franzosen anstreben. Viel wichtiger war demgegenüber, daß die Gruppe des Industriellen Otto Wolff der von Tirard und seinen Spezialisten entwickelten Konstruktion zuzuneigen schien.[13]

Der Name Otto Wolff hatte für die französischen Beamten der Rheinlandkommission wie für die Pariser Regierung einen besonderen Klang, denn Otto Wolff war der erste Industrielle gewesen, der aus der geschlossenen Front der rheinisch-westfälischen Schwerindustrie ausgebrochen war und seinen Frieden mit den Franzosen gemacht hatte.

Als er sich am 1. Oktober Tirard präsentierte,[14] kam er nicht allein. Neben einem Direktor vom Phoenix Konzern begleiteten ihn der Holländer van Vlissingen, eine wichtige Figur des internationalen Kohlenhandels und zugleich als Vertreter eines gewichtigen, in holländischen Händen befindlichen Aktienpaketes Mitglied des Verwaltungsrates der Phoenix A.G. Schließlich war als Kontaktmann Carl von Stein, der Teilhaber des Bankhauses J. H. Stein, mit von der Partie.

Otto Wolff sprach nicht nur für die Phoenix A.G., bei der er die Aktienmehrheit besaß, sondern auch im Namen der Rheinischen Stahlwerke. Das war jedoch eher ein Juniorpartner, denn er legte Wert auf die Feststellung, daß er als Großindustrieller allein aus eigenem Antrieb zu Tirard gekommen sei und sich weder mit den anderen Konzernen – das waren in erster Linie Stinnes und Thyssen – noch mit den Behörden in Berlin abgesprochen habe.

Was er von Tirard hören wollte, waren die französischen Bedingungen für die Wiederaufnahme der Arbeit in seinen Werken und – das war für ihn noch wichtiger – die Freigabe seines Lagerbestandes. Was er zur Begründung für seinen ungewöhnlichen Schritt äußerte, war weniger das Bekenntnis einer schönen Seele als das eines skrupellosen Geschäftsmannes mit einer sozialreaktionären Einstellung. Die Hauptschuld an der ganzen Misere habe seiner Meinung nach die Politik der Regierung Cuno, die Deutschland ruiniert und die Arbeiter nicht nur dem Hunger ausgeliefert, sondern sie auch zugleich zur „Diszi-

---

12 Entfällt.
13 Ebenda, Bl. 183.
14 AN AJ^9/3839. Schon im August 1923 hatte sich Otto Wolff im Ruhrgebiet gegenüber dem General Degoutte für die Gründung einer rheinisch-westfälischen Republik ausgesprochen, die weitgehend von Berlin unabhängig sein sollte. Vgl. Marc Trachtenberg, Poincaré's Deaf Ear: The Otto Wolff Affair and French Ruhr Policy, August–September 1923, in: The Historical Journal 24 (1981), S. 699–707.

plinlosigkeit" geführt habe. Darüber hinaus maß er der Sozialpolitik des Reiches schwere Schuld zu, da durch diese zuviel Macht auf die Gewerkschaften übergegangen sei, was die Produktion natürlich beeinträchtige. Gleichsam als Krönung dieser reaktionären Sprüche behauptete der Inflationsgewinnler Otto Wolff, daß die Arbeiter „vor allem von der Inflation Nutzen gehabt und dabei die Gewohnheit zu arbeiten verloren hätten".

Tirard nahm diese Erklärungen mit dem Kommentar zur Kenntnis, daß, wenn er die Gesetzgebung des Reiches für verhängnisvoll halte, es dann seine und die seiner Freunde Angelegenheit wäre, auf diesem Gebiet Abhilfe zu schaffen, indem der politische Status des Rheinlandes geändert würde. Als Antwort darauf wies Otto Wolff auf die Widerstände hin, die von seiten der Arbeiterschaft drohten, denn diese ständen „jeder Idee von Autonomie" feindlich gegenüber, besonders weil sie fürchteten, daß sonst die sozialen Vorteile abgebaut würden, die sie im Augenblick genössen. Nachdem er auf diese Weise den Standpunkt eines klassenbewußten Unternehmers deutlich gemacht und zugleich keinerlei Gegnerschaft gegenüber den politischen Plänen Tirards zum Ausdruck gebracht hatte, konnte es nicht überraschen, daß er auch an Währungsfragen interessiert war. „Er zeigte sich begierig, an jeder Währungsreform, die imstande ist, die Situation zu verbessern, mitzuarbeiten."

Am 7. Oktober war die Einigung perfekt.[15] Otto Wolff verpflichtete sich, die Kohlensteuer, einschließlich der bisher nicht gezahlten, an die MICUM zu entrichten und Reparationskohle zu liefern. Dafür sollten den Zahlungen entsprechend die Lagerbestände an Eisen und Stahl freigegeben werden. Auch der Export von Kohle, für die nächsten beiden Monate je 60 000 Tonnen, wurde ihm erlaubt, wodurch sich eine schnelle Möglichkeit, Devisen zu verdienen, eröffnete. Die Freigabe der Vorräte war vor allem wichtig, um auf diese Weise Kredite zu erhalten. Überhaupt lag dem raschen Entschluß Otto Wolffs, sich mit den Franzosen zu arrangieren, ein spekulatives Moment zugrunde. Wie die Konkurrenz vorrechnete, würde er durch das Geschäft, gegen Bezahlung der Kohlensteuer alle Lagerbestände freizubekommen und zu verkaufen, 200 000 Pfund Sterling — in Papiermark eine schwindelerregende Summe — verdienen.[16]

Nachdem das Geschäft abgeschlossen war, informierte der Kölner Großindustrielle die Reichskanzlei. In der Erkenntnis, daß sich das Abkommen nicht geheimhalten ließe, erschien er am 10. Oktober persönlich in Berlin und unterrichtete den Kanzler, um so einen Teil der zu erwartenden Kritik abzufangen.[17] Außerdem entsprach das dem Grundmuster rheinischer Verhandlungskunst, bei Kontakten, Gesprächen oder Abmachungen mit den Franzosen immer sofort die Reichsregierung zu unterrichten, um so dem Verdacht — so zutreffend er auch immer sein mochte — entgegenzuwirken, man habe Berlin hintergangen. Natürlich unterschied sich das, was er in Berlin berichtete, ganz er-

---

15 MAE Papiers Millerand 31, Bl. 109—111.
16 Ebenda, Bl. 158. Es war der Stinnes-Vertreter Frick, der Seydoux am 15. Oktober 1923 dies vorrechnete.
17 Die Kabinette Stresemann, Nr. 123, S. 520—522.

heblich von den Erklärungen gegenüber den Franzosen. In Berlin schimpfte er nicht mehr auf die arbeitsunlustigen und autonomiefeindlichen Arbeiter, sondern nun kehrte er den sozialen Unternehmer heraus, der aus Sorge um seine Arbeiter sich zu der Einigung mit den Franzosen gezwungen gesehen hatte. Denn diese hätten begonnen, die in seinen Werken beschlagnahmten Bestände abzufahren. Um dies zu stoppen und die Wiederinbetriebnahme seiner Unternehmen zu erreichen, habe er Tirard aufgesucht und mit besonderem Nachdruck auf die Tatsache hingewiesen, daß „100 000 Arbeiter mit ihren Familien ... von der Inbetriebnahme abhängig (seien)". Demgegenüber habe die Politik keine Rolle gespielt: „Tirard habe versucht, mit ihm über die Autonomie zu sprechen. Er habe dies abgelehnt, er komme nur im Interesse seiner Werke und wolle sich über politische Fragen nicht auslassen."

Am 9. Oktober stattete der ARBED-Direktor Mayrisch, eine beherrschende Figur des europäischen Stahlhandels, der die Schwerindustrie an Rhein und Ruhr genau kannte, dem Direktor der Handelsabteilung am Quai d'Orsay, Seydoux, dem Vater des späteren Bonner Botschafters, einen Besuch ab und berichtete ihm von seinen Reiseeindrücken in Deutschland. Otto Wolff bezeichnete er als „klar separatistisch, er will ein Rheinland, vollkommen unabhängig vom Reich".[18] Der Kölner Großindustrielle habe auch keinerlei Bedenken hinsichtlich der Lebensfähigkeit eines solchen Staates gezeigt; nötig sei es nur, diesem Staat den freien Handel nach beiden Seiten, in das übrige Deutschland wie nach Westeuropa, zu ermöglichen. Ebenfalls verberge sich hinter dem von Otto Wolff unterstützten Plan, eine gemischte Kommission von rheinisch-westfälischen Industriellen und französischen und belgischen Delegierten zu bilden, eine separatistische Politik. Denn offiziell solle die Kommission zwar die Wiederaufnahme des Wirtschaftslebens organisieren, „in Wirklichkeit aber das Land regieren".

Im Zusammenhang mit der separatistischen Einstellung Otto Wolffs fiel in dem Bericht von Mayrisch nur noch ein weiterer Name, der des Braunkohlenindustriellen Silverberg. Aber mit aller Deutlichkeit betonte Mayrisch, daß diese keine Einzelfälle seien, erklärte er doch Seydoux, „an der Ruhr und im Rheinland übrigens nur zwei Industrielle getroffen zu haben, die nicht separatistisch waren". Eine solche lakonische Feststellung sollte nicht unbesehen als bare Münze genommen werden, zumal nicht näher erläutert wird, was unter Separatismus bei den Industriellen zu diesem Zeitpunkt verstanden wurde. Sicher gab es entschiedene Parteigänger, die bereit waren, sich nach Frankreich zu orientieren und das Reich zu verlassen. So erklärte etwa der Kölner Industrielle Scheibler, in dessen Haus und durch dessen Vermittlung Adenauer im Mai 1919 mit dem Marquis de Lillers zusammengetroffen war, schon im März 1923 dem Kölner Delegierten Arnaud, daß er sich zuerst als Rheinländer und dann erst als Deutscher fühle und „daß er mit Vergnügen die Trennung vom Reich sehen würde".[19] Den Zeitpunkt für den Zusammenbruch des Reiches sah er damals zu dem Zeitpunkt als gegeben an, wenn die künstliche Stützungsaktion

18 MAE Rive gauche 32, Bl. 258—262.
19 AN AJ^9/4284; Note vom 26. März 1923.

der Mark sich nicht mehr aufrechterhalten ließe. Tatsächlich dauerte es wesentlich länger, bis das Reich am Rande des Abgrundes stand, aber im Oktober 1923 war dies ohne Zweifel der Fall.

Bei der Untersuchung der Einstellung der Industrie zu der Frage der rheinischen Währung wie überhaupt einer profranzösischen Orientierung im Herbst 1923 wird immer wieder der Zusammenhang zwischen dem Fall der Mark ins Bodenlose und dem Rückgang der Wirtschaftstätigkeit deutlich. Im Herbst konnte man nicht mehr, wie in den Jahren zuvor, mit der Inflation viel Geld verdienen; im Gegenteil, die Lage der Industrie begann kritisch zu werden. Mayrisch gab deshalb Seydoux den guten Rat, Vorsicht gegenüber deutschen Kooperationsangeboten walten zu lassen: ,,Übrigens ist eine große Zahl von deutschen Gesellschaften entgegen dem Anschein mit ihren Reserven am Ende. Deshalb müssen wir uns hüten, das Beteiligungsangebot an der deutschen Industrie anzunehmen, das uns Stresemann anbietet." Denn die Unternehmen seien ruiniert, während das Fluchtkapital — die nicht nach Deutschland zurückgeführten Einnahmen in Devisen — bei Dachgesellschaften läge", an die man über die Beteiligung nicht herankäme. Dieser Hinweis wird sicher noch eine Rolle gespielt haben, als Adenauer und Stinnes ihre Verflechtungspläne im Dezember 1923 vorbrachten.

Das, was Mayrisch als Separatismus unter den Industriellen bezeichnete, wird in den meisten Fällen eine tief pessimistische Haltung gewesen sein, die von Berlin keine Hilfe mehr erwartete. Sollte aber die Wirtschaft wieder in Gang kommen, so die Überlegung, so müßte man sich mit den Franzosen arrangieren. Das war aber nur die eine Seite; zugleich benötigte die Wirtschaft etwas anderes, nämlich wertbeständiges Geld.

Dieser Zusammenhang wurde dem französischen Delegierten für die britische Zone in einer Unterhaltung deutlich gemacht, die er mit einer Kölner Persönlichkeit führte, ,,die zu einem der größten Konzerne des Landes gehört und über ausgezeichnete Informationsmöglichkeiten verfügt".[20] Dieser Herr, dessen Name nicht mitgeteilt wurde, machte seinem Gesprächspartner klar, daß er und die Kreise, die ihm nahestanden, von Deutschland nichts mehr erwarteten. Insbesondere hielt er es für unmöglich, eine neue Währung für das ganze Reich zu schaffen. Für das Rheinland allein wäre dies aber etwas ganz anderes. Mit einem Kapital von 200 bis 250 Millionen Goldmark wäre eine Basis geschaffen, auf der die neue Währung errichtet werden könnte.

Wenn schon die Überlegungen von Industriellen dahin gingen, daß die wirtschaftliche Erholung nur durch die Schaffung eigenen rheinischen Geldes eingeleitet werden könnte, so war es naheliegend, daß auch die Bankiers sich diesem Projekt zuwandten. Denn die Banken gehörten zu den Verlierern der Inflation. Das Geld, das sie ausgeliehen hatten, erhielten sie nur zu einem geringeren Wert zurück. Eine neue, stabile Währung lag daher ganz in ihrem Interesse, und man wird bei den Bankiers auch noch ein emotionales Engagement in Rechnung stellen können. Aufgewachsen im Kaiserreich und von der soliden Grundlage des Goldstandards der Währung geprägt, waren nur die wenig-

---

20 AN AJ^9/4289; Bericht des Delegierten Arnaud vom 7. Oktober 1923.

sten in der Lage, den Prozeß der Inflation zu durchschauen und durch kompensierende Reaktionen die negativen Auswirkungen für die Banken aufzufangen. Daher hatte die Aussicht, mit dem mächtigen französischen Partner wieder auf festen monetären Boden zu gelangen, eine unvergleichliche Anziehungskraft.

Otto Wolff blieb auch in der Folgezeit direkt oder indirekt in Kontakt mit französischen Dienststellen. Am 8. November erschien der Chefredakteur des „Kölner Tageblattes", Rademacher, bei dem in Köln residierenden französischen Delegierten Arnaud. Die Eigentümer dieser Zeitung waren Otto Wolff und sein Kompagnon Othmar Strauß, ein aus Berlin stammender Finanzier. Das Tageblatt hatte schon 1922 der Kooperation mit den Franzosen zugestimmt und „inspirierte", von französischer Seite stammende Artikel in die Zeitung aufgenommen. Eine Bezahlung für dieses Entgegenkommen hatte die Redaktion abgelehnt, denn bei der finanziellen Stärke der Eigentümer war man auf derartige politische Subventionen nicht angewiesen.

Rademacher gab im Gespräch mit Arnaud[21] eine allgemeine politische Lagebeurteilung. Er berief sich nicht darauf, das Sprachrohr Otto Wolffs zu sein, aber es ist nicht zu vermuten, daß sein Standpunkt von dem seines Herrn abwich. Sein Urteil klang ziemlich pessimistisch, und er war sich nicht sicher, ob Tirard seine Pläne im Rheinland auch realisieren könnte. Die einzige Ursache für die Stagnation auf politischem Gebiet sah er in dem Fehlen geeigneter Führungspersönlichkeiten. Was den zu gründenden Staat betraf, so erklärte er einen solchen im Verband des Deutschen Reiches für unmöglich; eine solche Lösung sei als „Camouflage" anzusprechen, die der französischen Zielsetzung keineswegs diente. Das sei auch die Meinung von Otto Wolff. „Die einzig praktikable Lösung ist die Schaffung eines absolut autonomen Staates, der zur Not einige Verbindungen mit Berlin aufrechterhalten könnte." Aufschlußreich ist, wen er zu dem harten Kern rechnete, der zum Gelingen der politischen Pläne nötig sei: „Diese Gruppierung müßte in wirtschaftlicher Hinsicht ihren Schwerpunkt bei Otto Wolff, in politischer Hinsicht beim ‚Kölner Tageblatt' haben." Er dachte also daran, selbst eine führende Rolle zu übernehmen. Die Banken Stein, Delbrück, Seligmann und der Schaafhausensche Bankverein würden finanzielle Unterstützung leisten. Von politischer Unterstützung durch die Parteien hielt er wenig, da insbesondere die liberalen Parteien dieser Politik strikt ablehnend gegenüberstünden. Lediglich Mönnig als Vorsitzender des rheinischen Zentrums mache eine rühmliche Ausnahme, denn „er steht der Bewegung infolge seiner persönlichen Beziehungen zu den Industriellen, die uns günstig gestimmt sind, sympathisch gegenüber". Mönnig habe zwei Vertrauensleute: Maus, der den pro-französischen „Düsseldorfer Bankverein" mitgegründet hatte, und den Zentrums-Stadtverordneten Bollig, die beide „die Verbindung mit der Gruppe Otto Wolff aufrechterhalten". Letztere Erklärung bat Rademacher als besonders vertraulich zu behandeln.

Interessant ist, daß der Chefredakteur des „Kölner Tageblattes" keine direkten Beziehungen zu Adenauer unterhielt. Dennoch ist sein Urteil bemerkens-

---

21 AN AJ[9]/3779.

wert. Er kannte die französischen Vorbehalte, die gegen den Kölner Oberbürgermeister existierten und die er angesichts seiner „Unbeständigkeit und Schwächen" durchaus verständlich fand. Aber dessenungeachtet sei Adenauer ein Mann von großer Popularität und „seine Mitarbeit sei fast unerläßlich". Ein weiterer Pluspunkt komme hinzu: „Er hat sich entwickelt, und ohne sein bevorzugtes Projekt der englischen Republik am Rhein aufzugeben, begnüge er sich damit, dieses als eine von verschiedenen Möglichkeiten zu bezeichnen."

Rademacher war zu diesem Zeitpunkt noch nicht bekannt, daß Adenauer sich von den Engländern abgewandt hatte und intensiv bemüht war, den Kontakt zu Tirard herzustellen. Auch bei ihm findet sich die Lagebeurteilung, wie sie im Herbst 1923 immer wieder anzutreffen ist. Der Mangel an geeigneten Führungspersönlichkeiten wurde ganz allgemein beklagt; damit rückte der Kölner Oberbürgermeister automatisch ins Blickfeld: Mochten auch Vorbehalte in der einen oder anderen Richtung ihm gegenüber bestehen, so waren doch seine Führungsfähigkeiten unbestritten.

Am 25. November präsentierte sich Otto Wolff zusammen mit seinem Kompagnon Strauß bei François-Poncet, der unabhängig von Tirard eine eigene „Mission" in Düsseldorf unterhielt, die Poincaré direkt unterstellt war.[22] Bei diesem Gespräch hielt sich Otto Wolff zurück und ließ nur für wirtschaftliche Fragen Interesse erkennen, während sein Kompagnon zur politischen Situation ausführlich Stellung nahm. Seine Erklärungen liefen auf den Appell an die Franzosen hinaus, im besetzten Gebiet Wahlen ausschreiben zu lassen und dann eine Regierung zu bilden, die von der Bevölkerung stillschweigend hingenommen werden würde, da Apathie und Erschöpfung überall anzutreffen seien. Mit besonderer Genugtuung erkundigten sie sich nach den laufenden Verhandlungen zwischen der MICUM und dem Ruhrbergbau und waren begierig zu erfahren, ob am selben Abend noch der Vertrag unterschrieben würde. Sie brüsteten sich: „Die Leute in Berlin haben uns des Hochverrats beschuldigt, aber wir haben standgehalten, und schließlich ist jedermann unserem Beispiel gefolgt." Das hier bezeugte Hochgefühl wich kurze Zeit später jedoch einem tiefen Gefühl der Enttäuschung, mehr noch, dem Eindruck, ganz erheblich getäuscht worden zu sein, als nämlich Otto Wolff und Strauß erfahren mußten, daß der Vertrag zwischen der MICUM und dem Ruhrbergbau für letzteren günstiger ausgefallen war als die Abmachung, die Otto Wolff Anfang Oktober akzeptiert hatte.[23] Obwohl sie als erste die „Front des Widerstandes" durchbrochen und zugleich den „wirklichen Wunsch nach Verständigung" geäußert hätten, so ging ihre Klage, sie also zu der Annahme berechtigt sein konnten, „wirkliche Vorteile" als „logische Folge" ihrer Haltung zu erwarten, waren nun dem Bergbaulichen Verein, und das hieß im Klartext Stinnes, bessere Bedingungen eingeräumt worden. Wenn dies der Fall war, und angesichts der Empörung von Wolff und Strauß ist daran nicht zu zweifeln, dann ist darin keineswegs ein bewußtes Entgegenkommen der Franzosen Stinnes gegenüber zu erblicken. Es handelte sich wohl eher um einen Verhandlungserfolg der deut-

22 MAE Rive gauche 37, Bl. 1f.
23 AN AJ[9]/4289; Bericht des Delegierten Arnaud vom 3. Dezember 1923.

schen Industriellen — ob von Stinnes oder der Verhandlungsdelegation des Bergbaus, bleibe dahingestellt —, aber sicherlich nicht um eine Konzession an Stinnes, der bei den Franzosen als „bête noire" galt und dem sie gewiß keinen Vorteil gönnten.

Wie im Oktober die Meinungsbildung unter den rheinischen Banken verlaufen ist, läßt sich nicht im einzelnen rekonstruieren, da die Quellen von Seiten der Banken nicht zur Verfügung stehen. Man wird davon ausgehen können, daß die Bereitschaft zur Schaffung einer eigenen Währung sich in Übereinstimmung mit der politischen Lage entwickelt hat. Als am 25. Oktober Adenauer in Hagen in der Überzeugung, daß nur die schnelle Übereinkunft mit den Franzosen, das Akzeptieren der faktischen Unabhängigkeit, das Rheinland „retten", d. h. nicht den separatistischen Banden ausliefern würde, von der Notwendigkeit der „Loslösung im Geiste der Verständigung" sprach, plädierte Louis Hagen auf derselben Versammlung für die möglichst rasche Einführung einer eigenen Währung. Dies geschehe aber nicht, wie er meinte — aus eigenem Antrieb, sondern als Reaktion auf die Einführung der Rentenmark. Er ging davon aus, daß die Franzosen die Rentenmark im besetzten Gebiet beschlagnahmen würden. Als unabwendbare Folge dieses Ausschlusses von der Währungsreform sah er die Notwendigkeit zu reagieren: „Damit würde allerdings der unangenehme Zustand geschaffen sein, daß wir im besetzten Gebiet gezwungen sind, eine eigene Währung zu schaffen. Denn ich muß an dieser Stelle wiederholen: Wir werden kaum mehr Tage, vielleicht kaum mehr Stunden mit der jetzigen Papiermark für die Ernährung der 12 Millionen Menschen im besetzten Gebiet durchkommen."[24] Das war eine sinnlose Übertreibung, denn von Stunden und Tagen konnte am 25. Oktober keine Rede sein, da die Einführung der Rentenmark erst für den 15. November vorgesehen war.

Am gleichen Tag wurde Arnaud, der französische Delegierte für die britische Zone, von den Aktivitäten der Bankiers in Kenntnis gesetzt.[25] Er berichtete, daß sich für die Währungsfrage eine Kommission gebildet habe, die aus folgenden Persönlichkeiten bestehe: Pferdmenges vom Schaafhausenschen Bankverein, Bendix vom Barmer Bankverein, Hammerschmidt vom Bankhaus Simons in Düsseldorf, Heinrich von Stein vom Kölner Bankhaus J. H. Stein und Kaufmann von Sal. Oppenheim & Cie. Arnauds Informant konnte ohne Einschränkung als gut unterrichtet gelten, denn es war Carl von Stein, der Verwandte des Bankiers Heinrich von Stein, der in ständiger Beziehung zu den Franzosen stand, von diesen hoch geschätzt wurde und mit der rheinischen Bankenwelt stets gut vertraut war. Er teilte mit, daß Pferdmenges und Hammerschmidt ausersehen seien, in Berlin sich umzuhören und herauszufinden, was die Reichsregierung von ihren Plänen halte. Ob Pferdmenges in der Reichskanzlei oder der Reichsbank vorsprach, ist ungewiß. Er selbst sprach rückblickend im Dezember von der „stillschweigenden Zustimmung der Reichsregierung" zu Verhandlungen mit Tirard über die Goldnotenbank.[26] Einen schriftlichen Niederschlag hat

---

24 Die Kabinette Stresemann, Nr. 179, S. 793.
25 AN AJ^9/3779.
26 Das Kabinett Marx Nr. 19, S. 120.

dies nicht gefunden, und man kann skeptisch sein, ob es überhaupt so etwas gegeben hat. Denn lediglich indirekt, durch ein Schreiben des Direktors der Disconto-Gesellschaft, Georg Solmssen, vom 1. November an den Ministerialdirektor im Auswärtigen Amt Carl von Schubert, wurden Informationen an Regierungskreise herangetragen. Angesichts der engen Geschäftsbeziehungen zwischen der Disconto-Gesellschaft und dem Schaafhausenschen Bankverein, bei dem Pferdmenges Direktor war, wird Solmssen seine Kenntnis von diesem bei seinem Aufenthalt in Berlin erworben haben. Solmssen teilte von Schubert mit: „Es besteht ein Komitee, bestehend aus den Herren Adenauer, Hagen, Vögler, Pferdmenges, Silverberg u. v. Waldthausen, welches bereits den Plan für eine solche Bank mit dem Kapital von 100–150 Millionen Gold fertig ausgearbeitet hat." Obwohl Solmssen selbst dieser Plan als Vorstufe für eine Abtrennung vom Reich erschienen sei, habe er von rheinischer Seite Beruhigendes gehört, „daß die Herren Adenauer und Hagen bis jetzt sich einen kühlen Kopf bewahrt hätten" und insbesondere Hagen mit Nachdruck erklärt hätte, daß es unmöglich sei, „ohne Einwilligung der Reichsregierung in dieser Beziehung Schritte zu tun".[27]

Das lag ganz auf der Linie, die Hagen konsequent in Berlin vertrat. Bereits am 17. Oktober hatte er bei einem Besuch in der Reichskanzlei[28] als Maxime seiner Politik „möglichste Zurückhaltung und Fühlungnahme mit der deutschen Regierung" angegeben. Allerdings deutete er auch weitergehende Aktivitäten an. Er erwähnte eine Zusammenkunft von Industriellen des Kölner Raumes, bei der ganz andere Töne angeschlagen worden seien. Denn dort habe sich „eine sehr prominente Persönlichkeit zum Wort" gemeldet – ein Name wurde natürlich nicht genannt –, die vorgeschlagen habe, „sofort eine eigene rheinische Währung zu schaffen". Die Reaktion auf diesen Vorschlag sei keineswegs einhellig gewesen. Er sei zwar abgelehnt worden, „aber es war unverkennbar, daß von allen Seiten eine sofortige Lösung der Währungsfrage als erste und dringendste Notwendigkeit empfunden wurde". Mit dieser Mitteilung schien Louis Hagen einen Vorbehalt anzumelden, nämlich daß er die Haltung unerschütterlicher Reichstreue, die er überall demonstrativ zur Schau trug, nicht unbegrenzt durchhalten könnte.

Carl von Stein berichtete aber am 25. Oktober dem französischen Delegierten eine Version, die von den in Berlin geäußerten Beteuerungen klar abwich.[29] Pferdmenges und sein Kollege seien nämlich nicht nach Berlin geschickt worden, um mögliche Widerstände gegen eine rheinische Währungsreform zu erkunden, sondern sie hätten zugleich gehofft, von Stresemann das Einverständnis zu erhalten, „daß die Mittel des Reiches, um das Rheinland wieder flott zu machen, durch die gegenwärtige Finanzlage begrenzt wären". Ein solches Eingeständnis der Ohnmacht des Reiches, so die Überlegung der Bankiers, konnte von seiten der Regierung nur zu dem resignierenden Ratschlag an die rheinischen Bankiers führen, sich selbst zu helfen. Wie zurückhaltend oder

---

27 Die Kabinette Stresemann, Nr. 219, S. 960f., Anm. 2.
28 Das Kabinett Stresemann, Nr. 145, S. 616f.
29 AN AJ^9/3779.

undeutlich auch immer die Regierung sich in dieser Hinsicht äußern würde, für die rheinischen Banken wäre es das Zeichen, „ohne Verzug" sich mit der Rheinlandkommission in Verbindung zu setzen.

Aber das war noch nicht alles. Von Stein hatte der französischen Seite noch einen viel weiterreichenden Wunsch der Bankiers zu übermitteln: „Damit die Bemühungen der Bankengruppe von Erfolg gekrönt sind, ist es nach Aussage ihrer Mitglieder unerläßlich, daß die IRKO sich der Einführung und dem Umlauf der Rentenmark im besetzten Gebiet widersetzt. Diese Währung, die Hypotheken zur Grundlage hat, die auf Haus- und Grundbesitz, Industrie, Handel und Banken liegen, würde der zukünftigen rheinischen Währung die sicherste Unterlage entziehen, auf der diese gegründet werden kann." Gleichsam zur Begründung für diese radikale Forderung fügte von Stein hinzu, daß die Rentenmark in den Augen der rheinischen Bankiers ohnehin zum sicheren Scheitern verurteilt sei, jegliche Rücksicht auf sie deshalb entfallen könne.

Nun ging es Schlag auf Schlag. Einen Tag später, am 26. Oktober, meldete Tirard, daß Louis Hagen „zu seinen autonomistischen Gefühlen zurückgekehrt ist".[30] Es begannen die Bemühungen, beim Präsidenten der Rheinlandkommission eine Audienz zu erhalten. Erst nachdem Tirard selbst von Poincaré am 30. Oktober grünes Licht erhalten hatte, mit den rheinischen Honoratioren zu verhandeln und ein faktisch unabhängiges Rheinland bei nomineller weiterer Zugehörigkeit zum Reich anzustreben, fand in dem Gespräch mit Louis Hagen am 3. November der Durchbruch statt. Hagen erreichte es in zähen Verhandlungen, die französischen Widerstände gegen Adenauer zu überwinden und zugleich volle Einigung über die zu gründende Goldnotenbank zu erzielen.

In den folgenden Wochen und Monaten verhandelte Hagen wiederholt in Koblenz und in Berlin über dieses Projekt, dessen Verwirklichung mit der Überwindung der akuten Krise im November sich immer mehr Hindernisse in den Weg stellten. Vergleicht man aber Stil und Tenor der Verhandlungen bei den Franzosen und bei der Reichsregierung, so wird klar, wo die Präferenzen Hagens lagen: auf dem Abschluß mit der französischen Seite.

Am 3. November wurde die grundsätzliche Einigung über die zu gründende Bank erzielt.[31] Es ist für die Autorität Louis Hagens, die er im Rheinland wie bei den Franzosen besaß, bezeichnend, daß er allein die Verhandlungen führte. So akzeptierte er, ohne sich hinter der notwendigen Rücksprache mit seinen Bankierskollegen zu verstecken, folgende Punkte: Die Bank, deren Hauptaufgabe es war, eine „rheinische Goldwährung" zu emittieren, sollte ihren Sitz in Koblenz haben und keine Banken außerhalb des besetzten Gebietes beteiligen. So war die Gefahr vermieden, daß die neue Währung auch außerhalb der französischen Kontrolle zirkulierte. Für die rheinische Gruppe waren 55 %, für die französische 30 % und 15 % für alliierte und neutrale — vor allem dachte man an eine englische und belgische oder holländische Beteiligung — vorgesehen. Die Bank sollte keinerlei deutschem Einfluß — weder in politi-

30 MAE Rive gauche 34, Bl. 73.
31 Vgl. oben S. 209.

scher noch in verwaltungsmäßiger Hinsicht — unterliegen und durch eine Ordonnanz der Rheinlandkommission ins Leben treten. Dem französischen Wunsch nach Kontrolle des Unternehmens war durch das Zugeständnis eines französischen Vizepräsidenten Rechnung getragen worden. Hinsichtlich der Deckung des auszugebenden Geldes wurde vereinbart, daß das umlaufende Geld mindestens zur Hälfte durch Handelswechsel gedeckt sein sollte.

Schließlich teilte Hagen noch mit, er werde in der Lage sein, nach der Sitzung des Rheinischen Provinziallandtages „wichtige und bevollmächtigte Persönlichkeiten" mitzubringen, deren „interessante Vorschläge" als weitere Gesprächsgrundlage dienen könnten. Daraus wurde allerdings nichts, denn auf der Sitzung in Barmen hielt man sich bedeckt, und nur der Zentrumsabgeordnete Loenartz hielt sein Plädoyer für die Gründung der Bank, dessen peinliches Bemühen um Glaubwürdigkeit und Seriosität bei nüchternen Zuhörern eher die gegenteilige Wirkung hervorrufen mußte.

Hagen hatte gleich nach seiner Rückkehr aus Koblenz die Reichsregierung informiert. Was er konkret mitteilte, ist unbekannt; es wird sicherlich eine stark verharmlosende Version von dem Ergebnis seiner Verhandlungen gewesen sein. Aber dennoch wirkte der Bericht so beunruhigend, daß noch am selben Abend eine Sitzung beim Reichskanzler einberufen wurde. Hagen hatte mitgeteilt, daß schon am Abend in Köln die „Goldbank" gegründet werden sollte und „daß Herr Tirard sich neuerdings sehr freundlich zeige". Daraufhin wurde an Hagen telegraphiert, von der Gründung abzusehen und das ganze Material über die Bank zur Prüfung nach Berlin zu schicken.[32]

Tatsächlich ist es im November 1923 nicht zu der Gründung der Bank gekommen, aber Louis Hagen ließ sich durch den Einspruch aus Berlin nicht von den weiteren Vorbereitungen abhalten, die planmäßig weitergingen. Am 10. November brachte er Tirard das Statut der Bank, das von den französischen Finanzexperten sofort geprüft wurde. Natürlich gab es in Einzelfragen noch Differenzen, aber Tirard war optimistisch, daß eine Einigung möglich wäre. Denn er meldete zugleich, daß sich das Zentrum im Provinziallandtag über die heftige Kritik hinweggesetzt habe und daß auch die Berliner Regierung keine Hindernisse in den Weg legen wolle. Wenn er das von Louis Hagen erfahren hatte, dann hatte dieser die Einstellung des Kabinetts ins genaue Gegenteil verkehrt! Wie sehr das ganze Projekt allen Bemühungen um Erhaltung der Reichseinheit zuwiderlief, gab Tirard selbst zu erkennen, als er im Zusammenhang der Darlegung der Verhandlungen mit Louis Hagen feststellte, daß „in politischer Hinsicht die Schaffung einer neuen Währung einen beträchtlichen Widerhall zugunsten der rheinischen Autonomie haben wird".[33]

Poincaré verfolgte das Unternehmen mit großem Interesse und trieb zur Eile. Am 17. November billigte er das Ergebnis der Verhandlungen, die an den beiden Vortagen in Bonn zwischen den französischen Experten und den Bankiers stattgefunden hatten, mit der Maßgabe, bei allen Planungen nach Möglich-

---

32 Pol. Arch. AA, Büro Reichsminister 15, Bd. 4, Bl. 403.
33 MAE Rive gauche 107, Bl. 229–231; Tel. Nr. 591.

keit Köln auszuschalten.[34] Die geschäftliche Zentrale solle in Düsseldorf, der Sitz der Gesellschaft in Koblenz sein. Nur wenn es wegen Köln zum Bruch käme, sollte Tirard nachgehen. Auf keinen Fall aber dürfe nach der Meinung des Ministerpräsidenten die Druckerei in der Domstadt installiert werden. Ob diese Aversion gegen die Kölner oder die dortige britische Besatzung gerichtet war, wird nicht deutlich.

Am 22. November brachte Poincaré einen anderen Einwand zur Sprache.[35] Die französischen Banken, deren Beteiligung an der rheinischen Goldnotenbank vorgesehen war, hätten erklärt, daß sie nur mitmachen könnten, „wenn die Alliierten die Mehrheit in dem zukünftigen Unternehmen hätten". Ob dieses Bedenken tatsächlich von den französischen Banken und nicht eher von französischen Regierungsstellen herrührte, denen die rheinische Mehrheit nicht geheuer war, ist nicht zu ermitteln; auf jeden Fall stellte sich Poincaré mit Nachdruck hinter diese Forderung, fast so, als habe er sie selbst als erster erhoben. Was ihn mit Mißtrauen erfüllte, war die Möglichkeit, daß es trotz aller Vorsichtsmaßnahmen im einzelnen doch dazu kommen könnte, daß die Bank deutsch blieb, pro-französische Unternehmen benachteiligte und wieder die Verbindung mit Berlin aufnähme und so den Franzosen „entwischte".

Diesem Einwand gegenüber konnte Tirard seine Bedenken nicht unterdrücken.[36] Er sah Widerstände voraus und erinnerte Poincaré an die Geschäftsgrundlage, die er selbst gebilligt hatte und die darauf hinauslief, „die neue rheinische Währung von den Rheinländern selbst einzurichten und von Ihnen das Kapital zu erhalten". Wahrscheinlich hatte Tirard so viel Vertrauen in Louis Hagen und dessen Kollegen und schätzte zudem die Einwirkungsmöglichkeit von französischer Seite so hoch ein, daß ihn die schwache rheinische Kapitalmehrheit nicht schreckte.

Wenn Tirard auch mit den Pariser Vorbehalten nicht einverstanden war, mußten er und seine Spezialisten diesen Wünschen jedoch Geltung verschaffen. Und sie hatten Erfolg. Am 1. Dezember fanden wieder rheinisch-französische Bankiers-Verhandlungen in Bonn statt, der von Köln aus nächstgelegenen Stadt in der französischen Zone. Die rheinische Gruppe unter Louis Hagen gab nach und akzeptierte, daß der rheinische Anteil am Kapital auf 50 % reduziert wurde und daß darüber hinaus wichtige Entscheidungen mit einer Mehrheit von 75 % zu fassen waren. Damit waren aber die französischen Bankenvertreter immer noch nicht einverstanden. Nachdem Tirard gemeldet hatte, daß aus Berlin massive Einwände geäußert würden und die Gefahr bestünde, daß die rheinischen Bankiers angesichts der Schwierigkeiten, die ihre französischen Kollegen ihnen bereiteten, die Lust an dem Unternehmen verlieren und abspringen könnten, sah sich Poincaré zum Eingreifen veranlaßt.[37] Er teilte Tirard mit, daß der Sprecher der französischen Bankengruppe, Atthalin, nach Koblenz kommen werde mit der von der Regierung verordneten Marschroute, die darauf hinauslief, die

---

34 MAE Rive gauche 108, Bl. 3 f.
35 Ebenda, Bl. 26.
36 Ebenda, Bl. 32; Tel. vom 25. November 1923.
37 Ebenda, Bl. 67 u. 75; Tel. v. 8. u. 11. Dezember 1923.

Verhandlungsergebnisse vom 1. Dezember, die die rheinische Beteiligung von 50% vorsahen, zu akzeptieren.

Während nun die rheinisch-französische Zusammenarbeit Fortschritte machte, wuchsen die rheinischen Befürchtungen, daß die neue Reichsregierung unter Marx die Genehmigung verweigern könnte. Man rechnete etwa mit der Möglichkeit, daß die Bank nicht in das Handelsregister eingetragen werden könnte. Und wieder ließen in dieser Situation die rheinischen Bankiers klar die Priorität erkennen, mit welcher Partei sie sich gegen die andere Seite zu verbünden bereit waren. Angesichts der zu erwartenden Widerstände aus Berlin wandten sie sich an Tirard mit der Bitte um Hilfe: „Die rheinischen Bankiers haben uns klar zu verstehen gegeben, daß wenn sie mit ihrem Schritt in Berlin scheiterten, eine Ordonnanz der Rheinlandkommission es erlauben würde, sich darüber hinwegzusetzen und die Schwierigkeiten zu überwinden."[38] Drei Tage später, am 15. Dezember, gab Tirard die folgende Lagebeurteilung ab: „Die Haltung der Vertreter der großen rheinischen Banken, die sie im Verlauf der Verhandlungen mit den französischen Banken über die Gründung einer Notenbank gezeigt haben, scheint übrigens anzuzeigen, daß Rhein und Ruhr sich bemühen, eher ihr wirtschaftliches Vermögen für sich selbst zu retten als es in den allgemeinen Ruin des Reiches ziehen zu lassen."[39]

Am 17. Dezember war eine Bankiersgruppe zusammen mit Stinnes in der Reichskanzlei.[40] Dort waren allerdings ganz andere Töne zu hören. Als Sprecher traten neben Hagen, Pferdmenges und dem Baron von Oppenheim noch der Freiherr Kurt von Schroeder auf, der später traurige Berühmtheit erlangte, als am 4. Januar 1933 in seiner Villa in Köln die entscheidende Begegnung zwischen Hitler und Papen stattfand. Pferdmenges erklärte, „daß er und seine Freunde gute Deutsche seien und daß sie nichts gegen das vaterländische Interesse unternehmen würden". Er verwahrte sich entschieden gegen die „häßlichen Angriffe der Presse", unter denen sie zu leiden hätten. Mit wie gezinkten Karten die Bankiers in der Reichskanzlei auftraten, mag ein Beispiel zeigen. Louis Hagen erklärte, nachdem er die Gründung der Bank vor allem mit der dadurch gebotenen einzigartigen Gelegenheit gerechtfertigt hatte, auf diese Weise die rheinisch-westfälische Industrie mit ausländischen Krediten zu versorgen – was alles andere als sicher war, denn es ging ursprünglich vor allem um die neue Währung –: „Tirard sei tatsächlich dem besetzten Gebiet doch sehr entgegengekommen, indem er die Fundierung der Rentenmark im besetzten Gebiet Zug um Zug gegen die Genehmigung der Goldnotenbank durch die Reichsregierung zugesagt habe." Das war eine faustdicke Unwahrheit; nicht nur die Tatsache, daß sich darüber kein Hinweis in der französischen Berichterstattung nach Paris findet, ist hier als Argument anzuführen. Es konnte nämlich davon überhaupt keine Rede sein, denn die Rheinlandkommission hatte bereits am 19. November darüber einen Beschluß gefaßt.[41] Dieser genehmigte den Umlauf

---

38 Ebenda, Bl. 80; Tel. vom 12. Dezember 1923.
39 MAE Rive gauche 37, Bl. 339.
40 Das Kabinett Marx Nr. 29. S. 120–124.
41 MAE Rive gauche 108, Bl. 20f.

der Rentenmark im besetzten Gebiet. Was von deutscher Seite immer befürchtet worden war und ein Separatist wie Carl von Stein praktisch empfohlen hatte, daß nämlich das neue Geld an der Demarkationslinie beschlagnahmt werden würde, traf nicht ein — aus dem einfachen Grund, weil die Besatzungsmächte daran interessiert waren, daß mit diesem Geld die Unterstützung der Arbeitslosen gezahlt werden konnte und diese nicht den Franzosen zur Last fielen.

Während also die Rheinlandkommission nichts gegen die Zirkulation der Rentenmark unternahm — noch stand als Ersatz kein rheinisches Geld zur Verfügung —, erhob sie gerade gegen die Fundierung der Rentenmark Einspruch. Sie erblickte in der Bestimmung des Rentenmarkgesetzes, wonach deren hypothekarische Deckung den ersten Rang vor allen anderen Hypotheken haben sollte, im Bereich des besetzten Gebietes eine Verletzung des Artikels 248 des Versailler Vertrages. Aus diesem Grunde konnte Tirard hinsichtlich der Fundierung der Rentenmark gar kein Entgegenkommen zeigen; denn die Rheinlandkommission hatte einen klar gegenteiligen Entschluß gefaßt.

Als die Reichsregierung am 19. Dezember ihre Einstellung zur rheinischen Goldnotenbank festlegte, war die Entscheidung gegen die Bank gefallen.[42] In der Diskussion waren alle Kabinettsmitglieder für die Gründung der Bank, auch Stresemann fand klare Worte der Befürwortung. Die Ursache dafür liegt auf der Hand, wenn man die Bedingungen betrachtet, an deren Erfüllung die gesetzliche Genehmigung geknüpft war. Diese bedeuteten die klare Widerlegung aller französischen und rheinischen Sonderbestrebungen. Das Reichskabinett wollte nur eine Bank anerkennen, die von der Regierung und der Reichsbank kontrolliert und voll in das deutsche Währungssystem integriert war. Da die Väter der Bank gerade dies nicht wollten, war das Scheitern des ganzen Unternehmens unausweichlich.

Das ging jedoch nicht unverzüglich vonstatten, sondern zog sich noch über mehrere Wochen hin. Es wiederholte sich das Hin- und Herpendeln von Louis Hagen zwischen Berlin und Koblenz, der Reichsregierung und Tirard. Nachdem Marx am 22. Dezember Hagen von dem Kabinettsbeschluß unterrichtet hatte, ging dieser wiederum — am 26. Dezember — zu Tirard, erläuterte den Brief des Reichskanzlers, nahm die klare Zurückweisung des Inhalts durch den französischen Hochkommissar ruhig und gefaßt mit den Worten entgegen, er „erwartete diese Antwort und rechnete mit unserer Weigerung, um sie gegen die Berliner Behörden zu wenden".[43] Seinen Brief vom 31. Dezember an Marx, in dem er die französischen Beschwerdepunkte aufführte, war gleich noch ein Brief Tirards an Hagen beigefügt, der die ablehnende Haltung unterstrich. Daraufhin beschäftigte sich das Kabinett am 10. Januar wieder mit der Bank, die nun „rheinisch-westfälische Bank" genannt wurde; mit dem Ergebnis der Beratung war die französische Seite aber ebenfalls nicht einverstanden, und dabei blieb es.

Allerdings hat neben dem hinhaltenden Widerstand der Reichsregierung, die ihre Zustimmung an unerfüllbare Bedingungen knüpfte, vor allem die engli-

---

42 Das Kabinett Marx Nr. 33, S. 142.
43 MAE Rive gauche 108, Bl. 101.

sche Weigerung, an der Bank sich zu beteiligen, für deren schließlichen Mißerfolg gesorgt.[44] Statt dessen unterstützte der Governor der Bank von England, Montagu Norman, die Reichsbank durch Kredite an die in Berlin gegründete Golddiskontbank. Dieses Institut war als Hilfsinstrument der Reichsbank speziell zur Förderung des deutschen Exportes gedacht. Schließlich bereitete der Sturz des Franken im Januar 1924, der die finanzielle und wirtschaftliche Schwäche Frankreichs offenlegte, dem Interesse der Pariser Banken und Regierungsstellen an der Bank im Rheinland ein Ende. Louis Hagen hatte wohl schon Mitte Dezember geahnt, daß die Engländer gefährliche Gegner sein würden. Deshalb warnte er am 17. Dezember in der Reichskanzlei das Kabinett davor, „auf die Lockungen Englands zu hören; das Verhalten der Engländer sei unaufrichtig und doppelzüngig".[45]

Peter Wulf ist in seiner Stinnes-Biographie auch auf die rheinische Goldnotenbank eingegangen, da Stinnes im Dezember zu ihren Befürwortern zählte. Er stützt sich dabei allein auf die deutschen Akten und arbeitet klar die Gefährlichkeit des Unternehmens heraus, da es der Erhaltung der Reichseinheit voll entgegengesetzt war. „Der Adenauersche Bundesstaatsplan, die eingeschränkte Verwaltungshoheit des Reiches im besetzten Gebiet, das Projekt einer deutschfranzösischen industriellen Zusammenarbeit und schließlich der Plan einer Rheinischen Goldnotenbank waren Teilstücke eines Weges, der schließlich zur Abtrennung des besetzten Gebietes führen konnte. Besonders gefährlich wurde diese Bewegung natürlich dadurch, daß hinter diesen verschiedenen Projekten ein und dieselbe begrenzte Personengruppe stand, die die politisch und wirtschaftlich stärksten Kreise des besetzten Gebietes repräsentierte."[46]

Allerdings wird man Wulf, insbesondere auch aus der Kenntnis der französischen Akten heraus, nicht zustimmen können, wenn er eine deutliche Differenz zwischen Adenauer und Hagen zu erkennen glaubt. Seiner Einschätzung nach wäre die „Bereitschaft zur Herauslösung" des Rheinlandes aus dem Reich „sicher bei Adenauer am geringsten, bei Hagen am stärksten ausgebildet (gewesen)".[47] Davon kann sicherlich keine Rede sein. Während Stinnes, Vögler, Silverberg, um einige prominente Persönlichkeiten des rheinisch-westfälischen Industriegebietes zu nennen, bei den Rheinstaatbestrebungen eher eine periphere, schwer einschätzbare Rolle spielten, kann man Adenauer und Hagen als eine Art kölnisches Dioskurenpaar bezeichnen, die eng zusammenarbeiteten. In den verschiedenen Kölner Ausschüssen traten sie in der Regel als Vorsitzender und Stellvertreter auf. Hagen verkörperte das Geld, die wirtschaftliche Autori-

---

44 Von verschiedener Seite erhielt die Reichsregierung Kenntnis von der ablehnenden britischen Einstellung; vgl. Pol. Arch. AA, Abt. II/Bes. Rheinland, Rhein. Goldnotenbank; L 486836, H 269851/53. Ferner Hjalmar Schacht, 76 Jahre meines Lebens, Bad Wörishofen 1953, S. 251 ff.
45 Das Kabinett Marx Nr. 29. S. 124. Der britische Botschafter Lord d'Abernon berichtete am 22. November das genaue Gegenteil, „daß Herr Hagen ihn kürzlich aufgesucht und mitgeteilt habe, daß die Rheinländer die Goldbank in Köln nur dann gründen würden, wenn die Engländer sich daran beteiligen würden". Pol. Archiv, a.a.O.
46 Peter Wulf, Hugo Stinnes. Wirtschaft und Politik 1918–24, Stuttgart 1975, S. 514.
47 Ebenda. S. 518.

tät und den geschäftlichen Sachverstand, alles Dinge, die Adenauer fehlten, so daß sie sich hervorragend ergänzten. Die Verhandlungen über die Bank führte Hagen allein oder mit anderen Bankiers, aber nicht gemeinsam mit Adenauer — warum sollte er auch?

Zu dem Währungsprojekt selbst hat Adenauer 1923 nur in einem Interview mit einer holländischen Zeitung einmal Stellung genommen.[48] Was er da sagte, war falsch und ist eher als Manöver zur Verharmlosung anzusehen. Er behauptete nämlich, daß gar keine Notenbank geplant, sondern lediglich beabsichtigt sei, ,,Devisen in Goldmark-Banknoten umzuwechseln und diese in Umlauf zu bringen". Das war natürlich reine Augenwischerei, denn der springende Punkt war doch, daß eine konvertible neue Währung, die auf den alten Goldparitäten beruhte, wieder eingeführt werden sollte. Dazu war die Reichsbank für das ganze Reichsgebiet mangels Gold und Devisen nicht in der Lage, so daß man auf den Notbehelf der Rentenmark verfallen war. Was also das Reich zu tun nicht imstande war, sollte im besetzten Gebiet durchgeführt werden, womit zugleich der Grundstein für die politisch-ökonomische Sonderexistenz gelegt worden wäre. Außerdem hätte die rheinische Währungsreform den unschätzbaren Vorteil, daß sie eine wirksame Gelegenheit geboten hätte, das neue Staatswesen in den Augen der Bevölkerung zu legitimieren. Wer wertbeständiges Geld einführte, hatte damit seine Qualifikation zur politischen Führung weitgehend unter Beweis gestellt.

Adenauer und Hagen haben eng zusammengearbeitet; sie verband nicht nur eine politische Freundschaft in dem Sinne, daß sie sich gemeinsam für dasselbe Ziel einsetzten. Daß es sich auch um eine enge menschliche Bindung gehandelt haben muß, wird deutlich, wenn man die Trauerrede liest, die Adenauer am 4. Oktober 1932 im Hause des verstorbenen Louis Hagen hielt.[49] Mit Nachdruck würdigte er seine Tätigkeit im Herbst 1923: ,,Bei der Rettung des Rheinlandes hat er in vorderster Reihe gestanden: Hier hat er sich ein geschichtliches Verdienst erworben, das die Zeit überdauern wird. Ich bin berufen, Zeugnis abzulegen für seine Tätigkeit in diesen Jahren; denn ich weiß um jeden seiner Schritte und jede seiner Taten in dieser Zeit." Adenauer wies auch auf die scharfe Kritik hin, die Hagen entgegengeschlagen sei, aber mit Blick auf die Zukunft fügte er hinzu: ,,Aber des bin ich sicher: er wird in dieser Geschichte einen Ehrenplatz erhalten, und sein Name wird darin verzeichnet werden mit goldenen Lettern, als der Name eines Mannes, der, ohne sich seiner Vaterlandsliebe mit tönenden Worten zu rühmen, in schwerster Notzeit für sein Vaterland handelte mit ganzer Kraft und unter Einsatz seiner ganzen Persönlichkeit." Der prophetische Vorgriff auf das Urteil der zukünftigen Geschichtsschreibung ist beliebt. Für den Historiker stellt sich die Sache differenzierter dar, als sie Konrad Adenauer 1932 rückblickend gewertet wissen wollte. Louis Hagen war gewiß kein rheinischer Ideologe wie etwa Benedikt Schmittmann, und er erstrebte keine politische Führerstellung. Als er im Oktober 1923 aktiv

---

48 Abschrift in AN AJ[9]/3222.
49 Konrad Adenauer, Reden 1917—1967, hrsg. von Hans-Peter Schwarz, Stuttgart 1975, S. 66ff.

wurde, geschah dies wohl aus zweierlei Gründen. Als einem Bankier, der mit der Goldwährung groß geworden war, stellte sich ihm die Inflation etwas total Neues und zugleich Unbegreifliches dar. Als die Währungskrise mit der politischen Krise im Herbst 1923 zusammenfiel und das Reich vor dem Auseinanderbrechen zu stehen schien, suchte er zielstrebig den Kontakt zu den Franzosen, um in Zusammenarbeit mit ihnen das Rheinland vor dem Chaos zu retten, auch wenn dies bedeutete, daß man getrennt vom übrigen Deutschland eine staatliche Sonderexistenz begründete. Er nahm die französischen Bedingungen an und bemühte sich, einen Beitrag zum wirtschaftlichen und politischen Neuanfang des Rheinlandes durch die Gründung der Bank und die dadurch ermöglichte Währungsreform zu schaffen. Das rheinische Hemd saß ihm näher als der deutsche Rock. So sind die historischen Verdienste, die Adenauer für ihn reklamierte, eher für die rheinische als für die deutsche Geschichte in Anspruch zu nehmen.

Das Verwirrspiel an der Jahreswende 1923/24: Festhalten an Illusionen oder Verwischen von Spuren?

Die letzte Phase der politischen Aktivitäten Adenauers in Sachen rheinischer Republik ist nicht leicht zu beurteilen, denn es ist schwierig, aus den verschiedenen Quellenzeugnissen ein in sich schlüssiges Bild der politischen Ziele und der zu ihrer Verwirklichung gewählten Wege zu zeichnen.

In der Sicht Karl Dietrich Erdmanns, die das Adenauer-Bild weitgehend geprägt hat, sehen die Dinge relativ einfach aus. Für ihn stellen die Kontakte zu Poincaré und die von Adenauer und Stinnes getragenen und dem französischen Ministerpräsidenten übermittelten Pläne „Höhepunkt und Ende westdeutscher Staatspläne" dar. Das ist ganz einsichtig, wenn man der Argumentation Erdmanns folgt, wonach es Adenauer nur um die Schaffung des Bundesstaates innerhalb des Deutschen Reiches, eines legal zu begründenden und keine Sonderrechte beanspruchenden Staatswesens, gegangen sei, das zugleich die Basis für eine wirkliche deutsch-französische Verständigung liefern sollte. Diese gar nicht hoch genug zu veranschlagende Wirkung — schließlich darf man nicht vergessen, daß Deutschland und Frankreich sich im Jahre 1923 fast im Kriegszustand miteinander befanden — wäre durch die Verflechtung der rheinisch-westfälischen mit der französischen Schwerindustrie zu erreichen gewesen, wofür der Name Stinnes stand. Der Höhepunkt der Adenauerschen Sonderpolitik bestand demnach — und das macht für Erdmann ihre historische Bedeutung aus — in dem Aufzeigen der Zukunftsperspektive für die deutsch-französischen Beziehungen, wie sie sich erst im Laufe der Jahrzehnte nach 1945 entwickelt haben: „In der Entwicklung seiner über den Tag hinausweisenden Konzeption einer politisch-wirtschaftlichen Interessenverklammerung zwischen Deutschland und Frankreich liegt die Bedeutung seiner Rheinlandpolitik nach dem Ruhrkampf."[1] Das ist der „Stand der Forschung", wobei es sich mehr um Thesen handelt, mit denen die Politik Adenauers zu charakterisieren versucht wird, als daß die Motive wie die Realisierungschancen seiner Aktivitäten näher untersucht werden. Dabei könnte die sorgfältige Lektüre der Ausführungen Erdmanns schon Hinweise dafür geben, daß die Angelegenheit recht verwickelt ist, finden sich doch am Schluß des Kapitels kritische Bemerkungen über Adenauer, die man ansonsten bei Erdmann vergeblich sucht: „Seinen Argumenten fehlt oft die Überzeugungskraft, weil er sie allzu taktisch nach den wechselnden Situationen und Adressaten ausrichtet und sich in Widersprüche verwickelt. Ohne die Begabung zur großen Rede, zur zwingenden sprachlichen Darstellung, blieb sein Tun im Zwielichtigen."[2]

1 Karl Dietrich Erdmann, a. a. O., S. 192.
2 Ebenda, S. 185 f.

Es wird zu prüfen sein, ob das Scheitern der Pläne Adenauers auf dessen mangelhafter Artikulationsfähigkeit beruhte oder ob nicht tatsächlich ganz andere Ursachen eine Rolle spielten. Darüber hinaus ist die Frage zu stellen, ob es in dieser späten Phase — Dezember 1923/Januar 1924 — für Adenauer überhaupt darum gegangen ist, Pläne wie die oben zitierte „Interessenverflechtung" durchzusetzen.

Bei dem Verhalten Adenauers in diesem Zeitraum tritt ein Grundwiderspruch zutage. Seit Anfang Dezember 1923 mehrten sich in Deutschland die Stimmen, die meinten, daß der Höhepunkt der Krise überwunden und begrenzter Optimismus angebracht sei. Dies zeigte auch die mehrtägige Debatte im Reichstag seit dem 5. Dezember, die mit der Annahme eines Ermächtigungsgesetzes für das Kabinett Marx endete. So sprach Scheidemann im Reichstag bei aller Vorsicht doch davon, „daß in diesem Augenblick bescheidene Vorzeichen einer wirtschaftlichen Besserung zu bemerken sind", und auch der Abgeordnete Kaas hatte das Empfinden, daß „die Krise ihrer Lösung entgegengeht".[3] Adenauer gab jedoch noch im Januar Unheilprognosen ab, Lagebeurteilungen voll tiefsten Pessimismus, als ob die Zukunft so düster wie Anfang November aussähe, als man tatsächlich mit dem Auseinanderbrechen des Reiches rechnen mußte. So erklärte er am 9. Januar in der Reichskanzlei: „Die innere Lage Deutschlands sei so, daß Deutschland, wenn es ihm nicht gelänge, in gemessener Zeit das Verhältnis zu Frankreich in Ordnung zu bringen, wahrscheinlich auseinanderbrechen würde, daß aber jedenfalls das besetzte Gebiet nicht beim Deutschen Reich verbleiben würde".[4]

Tatsächlich muß er jedoch schon Anfang Dezember neue Möglichkeiten erspäht und sich auf neue Konjunkturen eingerichtet haben. Benedikt Schmittmann, sein enger persönlicher Freund, mit dem er in politischen Fragen keineswegs immer übereinstimmte, wußte Neues zu berichten. Schmittmann war es auch gewesen, der einem Vertrauten, dem Abbé Pradels vom Kölner Institut français, am 18. November mitgeteilt hatte, daß Adenauer ihm erzählt habe, aufs falsche Pferd gesetzt zu haben, als er sich zu eng mit den Engländern eingelassen hatte. 14 Tage später hatte er Adenauer nach seinen Plänen ausgehorcht und war, wie schon in früheren Zeiten, davon keineswegs angetan. Offensichtlich hatte die positive Wendung, die er am 18. November konstatiert hatte, nicht lange vorgehalten, denn nun erklärte er am 3. Dezember gegenüber dem Delegierten Arnaud: „Adenauer ist ein wankelmütiger und dadurch gar ein gefährlicher Charakter. Es wäre leichtfertig und letzten Endes verhängnisvoll, wenn man ihm eine Aufgabe ersten Ranges anvertrauen würde."[5] Früher habe er mit den Sozialisten „geflirtet", was dem katholisch-rheinischen Fundamentalisten Schmittmann offensichtlich zuwider war, und nun entwickelte er sich zur Rechten hin, was ihm auch nicht behagte.

Eine gute Woche später, am 11. Dezember, wußte Schmittmann mehr.[6] Er war über den Besuch Adenauers bei dem Reichskanzler Marx am 6. Dezem-

3 Sten. Berichte, Bd. 361, S. 12300.
4 Die Kabinette Marx I und II, Nr. 53, S. 211—215.
5 An AJ[9]/3779.
6 Ebenda.

ber inzwischen informiert worden. Worum es dabei gegangen sei, stellte Schmittmann seinem französischen Gesprächspartner folgendermaßen dar: „Er ist nach Berlin gegangen mit der Absicht und auch der Hoffnung, in irgendeiner Weise einen ‚Blankoscheck', zumindest die Genehmigung zu erhalten, direkt mit der IRKO zu verhandeln. Er hat sich stattdessen ein ausdrückliches Veto eingehandelt und ist verbittert, entmutigt und vor allem mit dem Entschluß zurückgekehrt, nicht wieder etwas Ähnliches zu versuchen." Schmittmann war sogar skeptisch, ob Adenauer überhaupt noch einmal nach Koblenz, d. h. zu Tirard, kommen würde.

Schmittmanns Beobachtungen und sein Urteil über seinen Freund Adenauer sind von hohem Interesse, denn ihn kann man getrost als Separatisten bezeichnen. Natürlich hatte er nichts mit Dorten oder Smeets zu tun, sondern vertrat seine politischen Ziele im vertrauensvollen Umgang mit den französischen Besatzungsspitzen. Mit dem Zentrum hatte er wegen dessen angeblicher Grundsatzlosigkeit und Unentschiedenheit in der rheinischen Frage gebrochen, so daß er nicht als prominentes Parteimitglied auftrat. Er verfügte jedoch innerhalb katholischer Kreise des Rheinlandes über ein beträchtliches Ansehen. Noch im Dezember erklärte er dem Delegierten Arnaud freimütig seine politischen Überzeugungen, die in der „Notwendigkeit eines unabhängigen und neutralen Rheinlandes, frei nach Osten wie nach Westen" gipfelten.[7] Weil die Position dieses rheinischen Ideologen unerschütterlich war, blickte er mit strafendem Blick auf den taktierenden Adenauer, der nach neuen Möglichkeiten Ausschau hielt.

Übrigens war Schmittmann nicht der einzige Rheinländer, der sich auch nach Überwindung der akuten politischen Krise für die Fortsetzung der politischen Bemühungen aussprach, die Unabhängigkeit für das Rheinland doch noch zu erreichen. Als prominentester Zentrumspolitiker ist hier der Prälat Kaas zu nennen. Außerdem darf nicht außer acht gelassen werden, daß im Dezember die rheinisch-französischen Verhandlungen über die Goldnotenbank liefen, die zu diesem Zeitpunkt noch nicht aussichtslos zu sein schienen.

Adenauer hatte am 4. Dezember durch den Kontakt mit seinem Pariser Besucher Arnaud die Möglichkeit erhalten, seine politischen Vorstellungen Poincaré direkt zu unterbreiten. Tirard hatte er dabei bewußt umgangen.

Am 12. Dezember, bevor aus Paris irgendein Echo eingetroffen war, hatte er sich wieder bei dem französischen Hochkommissar eingefunden. Nach Aussage der Kölner Akten hatte er an diesem Tage Tirard seine Entgegnung auf dessen „Principes" übergeben. Nach dem Exemplar, das sich in den Oberbürgermeisterakten befindet,[8] konnte Tirard darüber nicht viel Freude empfinden. Denn nachdem Adenauer seine altbekannten Vorstellungen entwickelt hatte, daß sich ein dauerhafter Friede nur durch die Gründung eines westdeutschen Bundesstaates erreichen ließe, verwandte er in dieser Ausarbeitung seine beson-

---

[7] Ebenda. Dies geht klar aus dem Bericht von Arnaud vom 3. Dez. 1923 hervor. Welche Bedeutung Schmittmann beigemessen wurde, zeigt die Tatsache, daß Arnaud ihn, und nicht umgekehrt, besuchte, als Schmittmann „indisponiert" war.
[8] Abgedruckt bei Karl Dietrich Erdmann, a. a. O., S. 327—331 (Dok. Nr. 20).

dere Aufmerksamkeit darauf, genau herauszuarbeiten, daß der neue westdeutsche Staat, dessen bloße Existenz soviel Positives bewirken sollte, sich streng im Rahmen der Reichsverfassung zu bewegen hatte.

Nach der Lektüre dieser Entgegnung ist es nicht schwer, den Verlauf des Empfanges in Koblenz vorzustellen: Tirard wies das Papier zurück, erklärte die Position Adenauers für unvereinbar mit den französischen Interessen und betonte im übrigen die klare Abweichung von seinen früheren Erklärungen mit dem Ergebnis, daß der Kontakt damit sein Ende finden würde.

Das war jedoch keineswegs der Fall. Denn in der Berichterstattung von Tirard[9] wird ganz im Gegenteil der Eindruck vermittelt, als habe sich in den Beziehungen zu Adenauer nichts geändert, schrieb er doch über seinen Besucher: „Er schien mir immer noch von denselben Absichten bewegt zu sein." Er beschränkte sich jedoch in der Wiedergabe des Gesprächs keineswegs auf dieses lakonische Urteil, sondern gab den Standpunkt des Kölners ausführlich wieder. Danach hielt dieser von komplizierten Verhandlungsausschüssen nichts und war der Meinung, „daß nur direkte Verhandlungen mit den französichen Besatzungsbehörden einen Weg zu Abkommen zwischen den Regierungen brechen würden". Eine solche Perspektive schien Adenauer besonders aus dem Grunde sinnvoll zu sein, weil er in dem Reichskanzler Marx den geeigneten Politiker sah, der nach dem Durchbruch zu direkten Verhandlungen diese dann auf Reichsebene mit Erfolg weiterführen könnte. Adenauer empfahl Marx mit den Worten: „Der Kanzler Marx ist ein Rheinländer, der der Autonomie günstig gegenübersteht; er wünscht die Revision der Verfassung in einem stark föderalistischen Sinn." Ob Marx solche Pläne ernsthaft verfolgte, ist mehr als zweifelhaft. Aber Tirard gegenüber klang es gut, wenn Adenauer derartiges versicherte. Es hatte zudem den Vorteil — und deshalb wurde diese Methode von Adenauer wiederholt —, daß es positiv klang, aber nicht überprüfbar war.

Marx sei also voll der besten Absichten und nur durch die Sozialisten und Stresemann daran gehindert, seine Pläne zu verwirklichen. „Wenn aber eine annehmbare Grundlage für den politischen Status der Ruhr und des Rheinlandes ausgearbeitet sei, würde Marx durch den Druck der rheinischen Bevölkerung dazu gebracht werden, diese zu akzeptieren." Nachdem Adenauer so die Möglichkeit aufgezeigt hatte, mit Hilfe und durch Nachhilfe bei dem gebürtigen Kölner Marx zum Erfolg zu kommen, verbreitete er sich wieder über den zu gründenden Staat, der durch seinen Reichtum und seine Bevölkerungszahl — 12 Millionen — „das sicherste Pfand des zukünftigen Friedens" sein würde. Pfalz, Hessen und Nassau sollten dazugehören, aber nur eine Art von Provinzialautonomie genießen. Kompensationen, um dem Vorwurf des Verrats auf deutscher Seite zu entgehen, seien jedoch notwendig. Das verstand sich gleichsam von selbst. 1919 hatten Adenauer und Froberger an die Saar und Eupen-Malmedy sowie an Grenzkorrekturen im Osten zu Deutschlands Gunsten gedacht. Im Gespräch mit Tirard gab Adenauer der Forderung nach Gegenleistungen neben den üblichen Beschwichtigungsbemühungen eine neue Begrün-

---

[9] MAE Rive gauche 37, Bl. 340—342; Tel. Nr. 665 v. 15. Dez. 1923.

dung. Diese Politik — Staatsgründung mit Gegenleistungen — sollte als „Ursprung einer Verständigungs- und wirtschaftlichen Verflechtungspolitik zwischen Deutschland und Frankreich erscheinen". Dabei rechnete Adenauer im Dezember mit längeren Zeitspannen. Das zeigte sich besonders in der Weise, wie er die Forderung auf Gegenleistungen präsentierte. Hatte er im Rheinland bei verschiedenen Anlässen die Lösung der Reparationsfrage, Abzug der Besatzung und Abschaffung der interalliierten Rheinlandkommission als direkte Gegenleistungen für die Gründung einer Republik am Rhein hingestellt, so klang es Tirard gegenüber anders. Denn hier hielt er es für „wünschenswert", wenn man „für einen fernen und endgültigen Zeitpunkt nach einem schrittweisen Abbau unserer Besatzung die Internationalisierung des Rheinisch-Westfälischen Staates, der unter der Garantie des Völkerbundes im Rahmen des Reiches gegründet und mit einer internationalen Gendarmerie ausgestattet ist, ins Auge fassen könnte". Hier wird — allerdings unter der einschränkenden Prämisse eines längeren Entwicklungsprozesses — die Konzeption Adenauers deutlich, von der sonst nur einzelne Bestandteile angesprochen werden: Ein besonderer Staat mit einem internationalen Status unter der Garantie des Völkerbundes, also keineswegs ein „normaler" Gliedstaat des Reiches wie Sachsen oder Württemberg. Adenauer stellt diesen Staat als Ergebnis eines längeren Prozesses dar; so sollte der Endzustand aussehen. Das aber bot ihm die Möglichkeit des Taktierens: Während er die Franzosen für den Endzustand zu interessieren zu versuchte, konnte er im Rheinland oder in Berlin sich auf den „normalen" Bundesstaat herausreden, um nur beiläufig etwas von internationaler Gendarmerie oder einer Garantie durch den Völkerbund oder anderen weitergehenden Bestandteilen seiner Konzeption einfließen zu lassen. Auf jeden Fall war das Staatswesen, wie er es im Gespräch mit Tirard entwickelte, weit von einem Gliedstaat mit Rechten und Pflichten wie allen anderen entfernt, und es zeigt sich wieder, daß die alte Konzeption — faktische Unabhängigkeit und eine staatsrechtliche Stellung, die mit der Weimarer Reichsverfassung nicht zu vereinbaren war — sich nicht geändert hatte.

Tirard zeigte sich von den Ausführungen Adenauers durchaus angetan, mußte aber seinen Gesprächspartner mit der harten Wirklichkeit konfrontieren, daß Frankreich nicht als Ausgleich für die vage Möglichkeit innerer Reformen in Deutschland auf die militärischen Sicherheiten des Friedensvertrages Verzicht leisten könne. Obwohl ihm klar war, daß den Adenauerschen Plänen keine Realisierungschance beizumessen war, wollte er dennoch den Kontakt zu ihm nicht abbrechen. Offensichtlich versprach sich Tirard Mitte Dezember nicht mehr viel von durchschlagenden Erfolgen auf dem Gebiet der rheinischen Politik und war mit kleinen Schritten zufrieden, denn er war der Meinung, daß „wir in starkem Maße bereits den Weg der Befriedung beschreiten". War diese Analyse richtig, dann mußte es sinnvoll sein, zur Verbesserung des Klimas auf die Forderungen einzugehen, die von der Presse im besetzten Gebiet erhoben wurden, um so zu einem modus vivendi zu kommen. Zur gleichen Zeit war Tirard damit beschäftigt, die Hinterlassenschaft Dortens zu liquidieren, der seine Aufgabe als „erfüllt" ansah und sich nach Frankreich absetzte. Auch hier war nun eine in Frankreich einst mit großen Erwartungen gestartete Unternehmung sang- und klanglos zu Ende gegangen.

Poincaré hatte im Dezember, als die Regierung Marx zu erkennen gab, daß sie an Verhandlungen mit der französischen Regierung zur Normalisierung der Lage im besetzten Gebiet Interesse habe, mehrfach kategorisch alle Kontakte und Verhandlungen mit der Reichsregierung abgelehnt. Lediglich mit den Vertretern der betroffenen Bevölkerung sollte das rheinische Problem diskutiert werden, nicht aber mit Berlin.[10] Über diese eindeutige französische Haltung sollte bei den interessierten Kreisen im Rheinland kein Zweifel bestehen, und es ist davon auszugehen, daß auch Adenauer von Tirard am 12. Dezember davon unterrichtet worden ist. Das konnte für den Kölner eine Ermutigung bedeuten, die Kontakte und Verhandlungen fortzusetzen, da den rheinischen Vertretern so eine Schlüsselfunktion zukam. Nur sie konnten nämlich mit Tirard Verhandlungen führen, nicht im Auftrag der Reichsregierung, sondern gleichsam aus eigener Kraft, und es lag bei ihnen, was sie nach Berlin weitermeldeten, während die Reichsregierung zur Passivität verurteilt war. Berlin konnte bremsend wirken, aber die rheinisch-französischen Kontakte nicht von vornherein verbieten. Der inhaltliche Widerstand der deutschen Regierung und die besondere Rücksicht, zu der sie gezwungen war, konnte bei dem Ringen um die rheinische Goldnotenbank besonders deutlich studiert werden.

Mit der zunehmenden Normalisierung in Deutschland wurde die Stellung der Reichsregierung stärker, denn mit ihr mußte auch in Zukunft gerechnet werden, was naturgemäß die Einstellung zu ihr veränderte. Auf der anderen Seite hatte die französische Regierung deutliche Zeichen gesetzt, daß sie nur mit politischen Vertretern des Rheinlandes verhandeln wollte. Ihr Repräsentant im besetzten Gebiet, Tirard, begann jedoch schon skeptisch zu werden, was die Erfolgsaussichten dieser Politik betraf, und dieser Eindruck wird insgesamt durch die französischen Akten bestärkt.

Das wurde im Januar 1924 noch deutlicher. Die Erschießung des pfälzischen Separatistenführers Heinz nahm breiten Raum in der Berichterstattung ein. Die eigentliche politische Auseinandersetzung spielte sich aber auf einer anderen Ebene ab. Es handelte sich vor allem um den Plan der Reise des britischen Generalkonsuls in München in die bayerische Pfalz, um durch die Besichtigungsreise zu demonstrieren, daß nach britischer Auffassung die Pfalz noch immer zu Bayern gehörte, daß sich also staatsrechtlich nichts geändert habe, was den französischen Plänen strikt zuwiderlief und zu scharfen Spannungen führte.[11]

Während also nach Ausweis der französischen Akten die Bewegung rückläufig war und im Januar eher Nachhutgefechte geführt wurden, war ganz im

---

10 MAE Rive gauche 37, Bl. 301; Tel. Nr. 701 vom 13. Dez. 1923, in dem Poincaré erklärte „que je me refusais à traiter le problème rhénan dans des négociations directes avec le Gouvernement de Berlin et que nous entendions laisser toute liberté de décision aux populations locales." Ganz ähnlich die Anweisung Poincarés an Tirard in Rive gauche 38, Bl. 120, Tel. Nr. 726 v. 24. Dez. 1923.
11 Vgl. dazu MAE Allemagne 351, Bl. 47–50 und Rive gauche 39 u. 40.

Gegensatz dazu bei Adenauer eine beträchtliche Aktivität festzustellen. Am 28. Dezember schrieb er zwei Briefe; der eine ging an Arnaud, den französischen Mittelsmann, dem er Anfang Dezember seine politischen Vorstellungen entwickelt hatte und der dann zusammen mit dem früheren Botschafter Charles Laurent von Poincaré empfangen worden war. Der andere Brief war an den AEG-Direktor Hamspohn gerichtet, der ebenfalls in Kontakt zu Arnaud stand.[12]

Adenauer hatte Erstaunliches zu berichten. Er war am Vortag bei Tirard gewesen und hatte, wie er schrieb, einen völlig verwandelten Hochkommisar vorgefunden. Dieser habe nämlich den Plänen Adenauers völlig zugestimmt, natürlich nur der keimfreien Version, wonach der neue Staat dieselben Rechte und Pflichten wie die anderen Gliedstaaten übernehmen sollte, und nur in Einzelheiten eine abweichende Meinung entwickelt. Daß dies tatsächlich der Fall war, erscheint ausgeschlossen. Der Zweck dieser optimistischen Darstellung lag nämlich in der Bitte an Arnaud, Stinnes und Vögler mit „maßgebenden französischen Herren" zusammenzubringen. Da der Kontakt zu Poincaré nichts gebracht hatte, wollte Adenauer Kontakte für Stinnes unterhalb der Regierungsebene vermitteln. In diesem Zusammenhang war es nützlich, die neue Harmonie und Übereinstimmung mit Tirard nach Paris zu melden, um mögliche Bedenken, daß nämlich der Hochkommissar nicht hintergangen werden dürfe und informiert sein müsse, zu zerstreuen.

Tirard hat über den Besuch nichts berichtet, offensichtlich aus dem Grunde, weil aus seiner Sicht sich nichts Neues ergeben hatte. Es war auch nach dem Verlauf des Gespräches am 12. Dezember keine wesentliche Veränderung zu erwarten gewesen. Obwohl Adenauer damals den verlockenden Endzustand eines unter internationaler Kontrolle stehenden und mit entsprechender Selbständigkeit ausgestatteten Staatswesens geschildert hatte, war die Wirkung auf Tirard ausgeblieben, denn dieser pochte auf den im Friedensvertrag festgeschriebenen Status quo, während Adenauer mit seiner westlich orientierten und verflochtenen rheinischen Politik gerade diesen Zustand in Frage stellte, obwohl das gar nicht sein eigentliches politisches Ziel gewesen ist. Möglicherweise war aber der Empfang des Kölner Oberbürgermeisters am 27. Dezember deshalb etwas freundlicher ausgefallen, weil Tirard neugierig geworden war und von seinem Gesprächspartner wissen wollte, wie dessen Kontakt zu Poincaré zustande gekommen war.[13] Vielleicht war Tirard aus Vorsicht etwas aufgeschlossener und entgegenkommender gewesen, weil er nicht wissen konnte, ob eventuell die Beziehungen zwischen Adenauer und Poincaré noch einige Bedeutung erlangen könnten. War diese Möglichkeit nicht auszuschließen, dann war es naheliegend, daß diese sich dann nicht zu seinen Lasten auswirken sollten, denn die Zusammenarbeit zwischen Tirard und Poincaré war, wie die Akten des Jahres

---

12 Abgedr. bei Karl Dietrich Erdmann, a. a. O., S. 339–346. (Dok. Nr. 26 u. 27).
13 MAE Rive gauche 38, Bl. 121. In einem Telegramm vom 24. Dez. hatte Tirard Poincaré gegenüber erklärt, daß Adenauer ihm gegenüber „sich nur auf eine bloße Andeutung über eine solche Unterredung mit Herrn Arnaud beschränkt habe".

1923 wiederholt zeigen, nicht spannungsfrei. Mitunter hatte es scharfe Zurechtweisungen für Tirard gegeben.

Es ist also davon auszugehen, daß der Besuch Adenauers in Koblenz am 27. Dezember in verbindlicheren Formen verlief, daß aber in sachlicher Hinsicht kein Fortschritt erzielt wurde. Das war auch nicht entscheidend, denn Adenauer wollte mit dem positiv gefärbten Bericht über seinen Besuch vor allem den Boden für Verhandlungen von Stinnes und Vögler in Paris bereiten.

Was Stinnes den Franzosen schmackhaft zu machen versuchte, war eine gegenseitige Verflechtung der beiden Schwerindustrien bei weitgehenden deutschen Sachleistungen. Der vor dem Krieg bestehende Austausch von Ruhrkohle und lothringischem Minette-Erz sowie Roheisen und Halbfabrikaten sollte wiederhergestellt werden. Mit den Sachleistungen, vor allem Kohle, sollten die Reparationsleistungen erbracht werden. Dieser Plan bot zugleich für Stinnes „erhebliche geschäftliche Vorteile".[14]

Welche Chance hatte aber ein solcher Plan, der im Grunde — unbeschadet der inzwischen eingetretenen politischen und territorialen Veränderungen — die Verhältnisse von 1914 wiederherzustellen suchte, nur mit dem entscheidenden Unterschied, daß inzwischen Deutschland den Krieg verloren hatte und daß hinter dem Projekt die beherrschende Figur von Hugo Stinnes stand, der infolge seines Machtzuwachses in der Nachkriegszeit geradezu als Personifizierung deutschen Expansionsdranges gelten mußte?

Welches Bild hatte man von Stinnes innerhalb der französischen Regierung, wie urteilte insbesondere Poincaré über diesen Industriellen? Das Urteil war denkbar schlecht. Dazu trug zum einen die zynische Offenheit bei, mit der Stinnes die wirtschaftliche Lage Deutschlands und die Vorteile, die sich aus der Inflationskonjunktur ergaben, kennzeichnete. So beurteilte er bei einem Essen in Köln im Dezember 1922, an dem neben englischen und französischen Besatzungsvertretern auch Silverberg und Adenauer teilnahmen, die französische und die deutsche Situation folgendermaßen: „Ich bin ohne Besorgnis für die Zukunft, ... denn innerhalb sehr kurzer Zeit wird Frankreich uns brauchen und uns die Hand reichen. Seine finanzielle Situation ist tatsächlich beklagenswert, ... seine industrielle Lage ist noch schlechter, denn die französischen Erz- und Kohlenbergwerke sowie die Stahlindustrie arbeiten mit Verlust und zwar unter Bedingungen, die nicht andauern können. In Elsaß-Lothringen herrscht absoluter Koksmangel, und wir sind dafür die großen Lieferanten. In diesem mitleiderregenden Zustand der Industrie muß man die Ursache für den Fall des Franken suchen, denn man hat kein Vertrauen mehr, und Sie werden bald den Kurs des englischen Pfundes bei 100 Franken sehen. Was die Situation Deutschlands betrifft, ist es anders; solange die Mark fällt, und sie wird ihre nach unten gerichtete Kurve gegenüber allen anderen fortsetzen, werden unsere Fabriken arbeiten und unsere Arbeiter bezahlt werden. Es wird keine Arbeitslosigkeit geben, und trotz einer gewissen Unbequemlichkeit werden wir einen Tag länger durchhalten als bis zu dem Tag, an dem uns

---

14 Peter Wulf, Hugo Stinnes. Wirtschaft und Politik 1918–1924, Stuttgart 1979, S. 493.

Frankreich die Hand reichen wird."[15] Es bedarf keiner stark entwickelten Phantasie, um sich vorzustellen, wie diese herablassende Art auf Franzosen wirken mußte. An dieser Lagebeurteilung konnte jeder Franzose die Bestätigung dessen ablesen, was er ohnehin bei den Deutschen immer vermutet hatte. Deutschland setzte die Inflation in Gang, um die eigene Industrie zu Lasten Frankreichs zu fördern, und erklärte zugleich, nicht mehr Reparationen – u. a. wegen der Inflation – zahlen zu können, alles um Frankreich nach Kräften zu ruinieren.

Im Herbst 1923 war das Bild von Stinnes nicht positiver geworden – ganz im Gegenteil; nun mehrten sich die Berichte, daß der Industrielle Frankreich erpressen wolle und man aus diesem Grunde Maßnahmen vorbereiten müsse, um ihn im Konfliktsfall durch Beschlagnahme seiner Unternehmungen aus dem Ruhrgebiet zu entfernen.[16] Derartige Überlegungen wurden von Poincaré vollkommen geteilt. Am 13. November gab er konkrete Anweisungen; wenn Stinnes die Verhandlungen mit der MICUM verließe, solle man „sich seiner Person bemächtigen für den Fall, daß er versuchen sollte, seine Betriebe zu schließen, und seine Arbeiter auf die Straße zu setzen und dadurch Unruhen zu verursachen". Das Feindbild stand für den französischen Ministerpräsidenten fest: „Stinnes ist schon immer, seit der Konferenz von Spa, das Hindernis für jede mögliche Einigung zwischen Deutschland und Frankreich gewesen. Man muß ihn jetzt klar ausschalten und ihn wissen lassen, daß seine Fabriken durch Zwangsverwaltung ausgebeutet würden, wenn er nicht unsere Vorschläge annimmt. Diese werden in Bezug auf seine Person die Form eines Ultimatums annehmen müssen." Am 20. November gab Poincaré an Tirard die Weisung, Stinnes nicht zu empfangen. Die Begründung lag auf derselben Linie: „Wenn wir mit ihm verhandeln, wird er sich als Leiter der Verhandlungen und als Retter Deutschlands betrachten. All unsere Bemühungen müssen im Gegenteil darauf gerichtet sein, ihn auszuschalten." Schließlich machte der Ministerpräsident aus seinem Herzen keine Mördergrube, als er erklärte, daß es Stinnes sei, „der gegenwärtig die deutsche Regierung und die Industriellen führt, er ist der schlimmste Feind der deutschen Demokratie und von uns".[17] Wenn man an der Spitze der französischen Regierung den deutschen Superkapitalisten in dieser Weise beurteilte, ist es klar, daß in französischen Regierungskreisen diesem entschieden negativen Standpunkt gebührend Rechnung getragen wurde.

Sicher war die Einstellung in der französischen Schwerindustrie nüchterner. Diese war aufgrund der eigenen Schwäche, die sich auch aus dem Ruhrkonflikt und dem daraus resultierenden Lieferstopp für Kohle ergeben hatte, Stinnes gegenüber vorsichtiger und einer Kooperation nicht von vornherein abgeneigt, zumal Stinnes mit Ködern lockte. So ließ er im Dezember 1923 deutliches Interesse erkennen, aus Lothringen einen großen Posten Halbzeugfabrikate

---

15 AN AJ^9/3218.
16 MAE Papiers Millerand 31, Bl. 157–164; Bericht von Seydoux über einen Besuch des Stinnes-Vertreters Frick vom 15. Okt. 1923.
17 Ebenda 32, Bl. 223–225.

abzunehmen, „ziemliche Mengen für ein oder zwei Jahre".[18] Auch hinsichtlich der Bezahlung wollte er jede gewünschte Bankgarantie geben. Doch diese Versuche, mit der französischen Schwerindustrie wieder ins Geschäft zu kommen und zu großen Lösungen zu gelangen, blieben bei privaten Sondierungen stecken.

Warum hat sich aber Konrad Adenauer mit Stinnes zusammengetan, ist als Vermittler für ihn aufgetreten und hat schließlich dessen undeutliche Fusionspläne mit übernommen? Man wird dies in erster Linie auf die Magie des Namens Stinnes zurückführen müssen. Um es im Vergleich anzudeuten: Ein Ölscheich nach der ersten Ölkrise von 1973 war doch nur ein kleiner Fisch gegenüber dem Stinnes von 1923! Daß er wenige Monate später ein toter Mann war und sein Imperium ihn nicht lange überlebte, konnte damals niemand wissen. Auch war es wohl den wenigsten bewußt, daß mit der Rückkehr zu festem Geld das aufgeblähte Inflationsimperium, das zum Teil auf dem wahllosen Zusammenkauf verschiedenster Unternehmungen beruht hatte, notwendigerweise in die Krise kommen mußte.

Neben der magnetischen Anziehung des Namens Stinnes kann bei Adenauer auch die Absicht eine Rolle gespielt haben, für den Fall des Scheiterns seiner Pläne einen Partner vorweisen zu können, der nicht aus dem rheinischen Umkreis stammte und bei dem der Vorwurf des Separatismus nicht so schnell erhoben wurde.

Auch hier ist jedoch wieder festzustellen, wie sehr Adenauer die Fähigkeit fehlte, die sein Freund Schmittmann den Rheinländern generell attestiert hatte, zwischen den „unendlich verschiedenen Kulturen von Preußen und Frankreich" — eine deutsche Kulturnation gab es wohl für Schmittmann nicht — eine „Völkerbrücke" zu bilden. Denn es sei die „besondere Gabe" der Rheinländer, „in seelische Gemeinschaft mit fremden Kulturen zu treten",[19] also, etwas einfacher ausgedrückt, sich in die Mentalität des französischen Nachbarn hineinzuversetzen. Davon war jedoch in bezug auf Stinnes keine Rede. Natürlich konnte Adenauer nicht wissen, wie tief der Haß bei Poincaré saß, aber es gehörte nicht viel Phantasie dazu, sich klar zu machen, daß Stinnes als die Verkörperung des ungeheuer effektiven und auf ständige Expansion bedachten Unternehmers der Vorkriegszeit, der dann durch Krieg und Inflation ins Gigantische gewachsen war, sich stets treu blieb und gleichsam die Verkörperung von aggressivem Nationalismus und wirtschaftlicher Tüchtigkeit darstellte, den Franzosen unheimlich sein mußte.

Adenauer hatte überhaupt kein Gespür für das negative Bild von Stinnes in Frankreich. Ihn faszinierte wohl mehr der Name Stinnes und die sich damit bietenden wirtschaftlichen Möglichkeiten, so daß er sich zum Wortführer der kleinen Delegation machte, die am 9. Januar das Gespräch mit der Reichsregierung suchte.[20] Mit ihm erschienen Stinnes und Vögler sowie, gleichsam als seine ständige Begleitung, Louis Hagen, Mönnig und Silverberg. Ganz im Ge-

---

18 Ebenda 33, Bl. 107.
19 KV Nr. 122 vom 13. Febr. 1919.
20 Die Kabinette Marx I und II, Nr. 53, S. 211 ff.

gensatz zum Verlauf der Besprechung und zu der Rolle, die Adenauer dort spielte, taucht er in der Anwesenheitsliste als letzter auf. Tatsächlich bestritt er den größten Teil der Unterhaltung, während seine Kölner Gefährten sich völlig zurückhielten und nur Stinnes und Vögler vergleichsweise kurz das Wort ergriffen, um auf die Situation nach Ablauf der im November geschlossenen Verträge mit der MICUM hinzuweisen. Darüber hinaus sprachen sie sich für die Aufbringung der Reparationen in Form von Sachleistungen — konkret: Kohle — aus, was unter dem Gesichtspunkt der Wiederherstellung des schwerindustriellen Verbundes zwischen der Ruhr und Lothringen und im Sinne der Interessenpolitik von Stinnes von Bedeutung war, aber tatsächlich nicht zur Lösung des Reparationsproblems beitragen konnte. Denn Sachlieferungen konnten nur eine nebenrangige Rolle spielen, da die Reparationsgläubiger, in erster Linie Frankreich, an Zahlungen interessiert sein mußten, die sie zur Begleichung ihrer eigenen, d. h. der interalliierten Schulden dringend benötigten.

Adenauers Ausführungen nahmen viel Raum ein. Das Protokoll bezeichnet als Beginn seiner Aufzeichnungen den ebenso monumentalen wie grundverkehrten Satz: „Nach unserer Auffassung habe Deutschland weder von Amerika noch von England eine nennenswerte Hilfe zu erwarten; uns stehe vielmehr Frankreich allein gegenüber."[21] Als nächster Schlag folgte die Unheilsprognose: „Die innere Lage Deutschlands sei so, daß Deutschland, wenn es ihm nicht gelänge, in gemessener Zeit das Verhältnis zu Frankreich in Ordnung zu bringen, wahrscheinlich auseinanderbrechen würde, daß aber jedenfalls das besetzte Gebiet nicht beim Deutschen Reich verbleiben würde." Dann folgten die schon oft geäußerten Argumente über Frankreichs Sicherheitsbedürfnis und die Möglichkeit, durch Schaffung des Bundesstaates diesem Rechnung zu tragen und zugleich Reparationen und Besatzung aus der Welt zu schaffen. Dabei fehlten auch die falschen, d. h. unaufrichtigen Treuebekundungen nicht, die sein Eintreten für den Bundesstaat als nicht aus freien Stücken, sondern eher als Opfer im Interesse höherer Güter darstellen sollte. So erschien ihm die Schaffung des Bundesstaates als „an sich durchaus unerwünscht", und er hielt es für „höchst inopportun", durch Gründung des neuen Staates — Gipfelpunkt der Heuchelei — Preußen zu „schwächen".

Sodann benutzte er die Möglichkeit der Darstellung in der Reichskanzlei dazu, ausführlich über die verschiedenen Kontakte zu Tirard und Poincaré zu berichten und die entsprechenden Briefe vorzulesen bis hin zu dem Treffen mit Tirard am 27. Dezember, an dem dieser einen angeblich so positiven und wie verwandelten Eindruck gemacht haben sollte. Natürlich war von seinem Besuch am 15. November nicht die Rede. Er vergaß aber nicht hinzuzufügen, daß er und Mönnig schon am 6. Dezember den Reichskanzler über die sich anbahnenden Fühlungnahmen mit der französischen Regierung unterrichtet habe. Die anwesenden Mitglieder des Kabinetts — Stresemann hatte sich schon eher abgesetzt — nahmen die Ausführungen zur Kenntnis und sprachen sich, wenn auch etwas verklausuliert, für die Fortführung dieser nichtamtlichen Kontakte aus.

21 Ebenda.

Das Protokoll über diese Unterredung darf besonderes Interesse beanspruchen. Es ist nicht, wie sonst üblich, in der Reichskanzlei angefertigt worden, sondern von einem Mitarbeiter Vöglers. Es wurde in die Reichskanzlei gesandt, dort teilweise korrigiert, aber — und das ist bezeichnend — nicht zu den Akten genommen. Eine weitere Besonderheit des Protokolls liegt darin, daß ein wichtiger Teilnehmer des Gesprächs seine Unterschrift verweigerte: Der Reichsaußenminister Stresemann.

Es ist naheliegend, daß Adenauer die Besprechung mit dem Reichskanzler genutzt hat, einen Teil seiner Kontakte zu französischen Stellen — das, was er für mitteilenswert hielt — gleichsam zu legalisieren. Darauf läßt vor allem das umfangreiche Verlesen von Schriftstücken schließen. Ein weiteres Indiz dafür, daß nicht nur an dem Zustandekommen der Besprechung, sondern auch an der Fixierung des Gesprächsverlaufs in erster Linie die Besucher und nicht etwa die Beamten der Reichskanzlei ein Interesse hatten, ist die Tatsache, daß von ihrer Seite das Protokoll angefertigt wurde. Und nicht nur das. Die Ausfertiger waren sehr besorgt, daß auch, um das Papier hieb- und stichfest zu machen, alle anwesenden Kabinettsmitglieder es unterzeichneten. Deshalb zeigte sich Mönnig besonders interessiert an der Unterschrift Stresemanns und erkundigte sich danach eigens in der Reichskanzlei.

Doch genau aus diesem Grunde, weil er nicht Übereinstimmung vorgeben wollte, wo es für ihn keine geben konnte, verweigerte Stresemann die Unterschrift und sandte am 16. Januar ein ausführliches Schreiben an Reichskanzler Marx, das seinen Standpunkt begründete und zugleich die Behauptungen Adenauers widerlegte.[22] Er verwahrte sich gegen dessen Untergangsbeschwörungen: „Die politischen Verhältnisse in Deutschland sind weitgehend beruhigt, und vorläufig kommt ein Zusammenbruch Deutschlands gar nicht in Betracht. Ein Bekanntwerden einer so pessimistischen Auffassung, die in der deutschen Lage keine Berechtigung findet, müßte ebenfalls als eine starke Schädigung der deutschen Interessen erscheinen, denn sie kann beispielsweise die Zustimmung anderer Länder zur Hergabe von Geldern für die zu errichtende Goldnotenbank nach der negativen Seite beeinflussen."

Dann zeigte er am Beispiel der britischen Zusage für die Unterstützung der Berliner Goldnotenbank, daß die pauschale Abqualifizierung der angelsächsischen Mächte ebenfalls falsch war. Entscheidend war jedoch sein Votum gegen Verhandlungen, die von Adenauer und dessen politischen Freunden zu führen wären.

Hier wies er als abschreckendes Beispiel auf das Tauziehen um die rheinische Goldnotenbank hin und auf die Erfahrungen, die die Reichsregierung mit den rheinischen Vertretern machen mußte: „Die Herren haben uns viele Dinge zugesagt, die nachher nicht zu erreichen waren, und drängten aber dann auf Genehmigung seitens des Reichskabinetts." Die gleiche Taktik leicht erpresserischen Charakters, daß man danach Ergebnisse akzeptieren müsse, die hinter den ursprünglichen Versprechungen weit zurückblieben, befürchtete Stresemann — durchaus zurecht — auch bei den künftigen Verhandlungen

22 Abgedruckt bei Karl Dietrich Erdmann, a. a. O., S. 361—365 (Dok. Nr. 32).

Adenauers, für die dieser das Plazet der Reichsregierung schon im voraus eingefordert hatte. So fragte Stresemann den Reichskanzler: „Wer bürgt uns aber dafür, daß wir nicht eines Tages in die Lage kommen, zu hören, die Herren hätten sich zwar die größte Mühe gegeben, die Errichtung eines solchen Bundesstaates herbeizuführen, es sei aber leider auf einen unüberwindlichen Widerstand von französischer Seite gestoßen. Die Vertretung des Bundesstaates im Reichstag habe sich nicht durchsetzen lassen, man müsse sich mit einer Zollunion und mit einer Vertretung im Reichsrat begnügen etc. Wir sind beim ersten Schritt noch frei, später aber dadurch gebunden, daß die Herren sich stets darauf berufen werden, daß sie mit Wissen und Willen und späterer Unterstützung der deutschen Regierung ihre Verhandlungen begonnen hätten."

Betrachtet man das Vorgehen Adenauers am 9. Januar insgesamt, so ist es am plausibelsten, wenn man sein Auftreten als den Versuch wertet, sich ein Alibi zu verschaffen. Neben dem Gefälligkeitsdienst für Stinnes kam es ihm vor allem darauf an, unter Darlegung bisheriger Kontakte und einer bewußt ins Negative verzerrten Darstellung der außen- und innenpolitischen Lage die Regierung über seine bisherigen Aktivitäten zu informieren und ein Mandat für künftige Kontakte und Verhandlungen zu erhalten. Ob diese zustandekamen oder nicht, war unter diesem Gesichtspunkt gesehen gar nicht so wichtig; entscheidend war nur, sagen zu können, daß die Regierung von allem wußte und er stets in Übereinstimmung mit Berlin behandelt habe. Denn will man die Version der Alibi-Beschaffung nicht akzeptieren, stellt sich die Frage, ob Adenauer tatsächlich die Unverfrorenheit und Engstirnigkeit besessen hat, vor dem Reichaußenminister zu behaupten, daß von England und den USA nichts zu erwarten sei. Er selbst hatte zwar von französischer Seite keinerlei Hintergrundinformationen über die internationale Situation erhalten, aber die deutsche Diplomatie war weit besser informiert und setzte völlig zurecht auf die Hilfe der Angelsachsen, mit denen dann auf der Londoner Konferenz durch den Abschluß des Dawes-Planes tatsächlich der Durchbruch gelang.

So schlüssig es auch erscheinen mag, das Auftreten Adenauers in erster Linie als die Sorge um die „Legalisierung" seiner bisherigen Kontakte durch die Reichsregierung zu verstehen, als er am 9. Januar seine völlig verfehlte Lagebeurteilung abgab, so ist dennoch in Rechnung zu stellen, daß es nicht nur Taktik und nüchternes Kalkül war, die ihn zu seinem Auftreten veranlaßten, sondern daß eine gewisse Verranntheit hinzukam, die ihn veranlaßte, das Rheinstaat-Projekt unter allen Umständen voranzutreiben.

Für letztere Annahme spricht vor allem eines: Fast gleichzeitig bezeugte ein anderer prominenter Befürworter der rheinischen Republik ebenfalls einen erstaunlichen Optimismus in bezug auf den Erfolg der rheinischen Sache, ohne daß dieser Erklärung taktische Motive zugrunde lagen. Fast gleichzeitig, am 10. Januar, fand in Trier ein Gespräch statt, in dem eine ganz ähnliche Einstellung, allerdings ohne den Aspekt der schwerindustriellen Verflechtung, entwickelt wurde. Kein geringerer als der Prälat Kaas bezeugte gegenüber einem französischen Gesprächspartner seine volle Überzeugung von dem Fortschritt der rheinischen Sache, obwohl doch die Anzeichen der Normalisierung und damit das Schwinden der Erfolgsaussichten auch einen überzeugten Parteigänger zur Skepsis hätten veranlassen müssen.

Dies war jedoch bei Kaas nicht der Fall. Er unterhielt einen exklusiven Kontakt zu dem Delegierten Dugout, einem Geistlichen, der während des Krieges Offizier war und in dieser Eigenschaft Anfang 1919 mit Zustimmung Clemenceaus ins Rheinland geschickt worden war, um insbesondere zum katholischen Klerus Kontakte herzustellen.[23] 1923 war Dugout als Delegierter der französischen Besatzungsverwaltung nach Trier gesandt worden. Dort hatte sich, wie seine umfangreichen und sehr informativen, stets als geheim gekennzeichneten Berichte zeigen, eine offene und vertrauensvolle Beziehung zwischen ihm und Kaas ergeben, wobei er von dem Prälaten wichtige Informationen erhielt über die Situation der Regierung in Berlin, dessen eigene politischen Aktivitäten und über das, was dessen politischen Freunde in Köln planten.[24] Denn Kaas war neben dem unbedeutenden Abgeordneten Loenartz aus Koblenz der einzige Zentrumspolitiker von Rang außerhalb Kölns, der die Pläne Adenauers unterstützt hat.

In der Unterredung am 10. Januar sprach sich Kaas mit Nachdruck für die Beibehaltung der französischen Politik aus, nicht mit Berlin, sondern mit den lokalen Instanzen des Rheinlandes zu verhandeln. Würde diese Linie beibehalten, wäre der endgültige Erfolg der französischen Politik absehbar: „Er selbst würde dann seine Unterstützung leihen, offener, als er es bis dahin hat tun können." Er empfahl die Bildung eines rheinischen Beirates (Conseil Rhénan), der dann mehr und mehr Befugnisse erhalten und am besten durch eine Rechtsverfügung der Rheinlandkommission ins Leben gerufen werden könnte. Damit zusammenhängend befürwortete Kaas eine Politik der kleinen Schritte, Verhandlungen und Abkommen auf vielen Teilgebieten. Entscheidend war jedoch der politische und rechtliche Rahmen, in dem die Verhandlungen stattfinden sollten. Für ihn kam es vor allem auf die grundsätzliche Entscheidung an, „daß die rheinischen Verhandlungen im besetzten Gebiet, zwischen den örtlichen Behörden stattfinden müssen und daß man bereit ist zu verhandeln und alle Vorschläge zu prüfen, die von den wirklichen Vertretern der rheinischen Interessen ausgehen". Das war also die volle Übereinstimmung mit der Politik von Poincaré.

Am Schluß der Unterredung sagte Kaas „mit ganz besonderem Nachdruck": „Wir Rheinländer haben nicht die Gewohnheit der Freiheit; wir wollen die Freiheit und die Unabhängigkeit, vor allem gegenüber Preußen, aber die Freiheit in der Ordnung. Wenn wir ein, zwei selbst zehn Jahre warteten, das spielt keine Rolle. Wenn wir Erfahrungen mit der autonomen Verwaltung haben, werden wir zur Unabhängigkeit der Regierung gelangen. Das ist das Ziel von morgen. Die Abmachungen von heute, die Schaffung unseres rheinischen Beirates stellen den entscheidenden Schritt dar, in Richtung auf unsere friedliche Eroberung der Freiheit und in Richtung auf den wahren Frieden."

---

23 Vgl. Henning Köhler, Novemberrevolution und Frankreich, Düsseldorf 1980, S. 255.
24 An AJ^9/4291.

Hier wird also unter der Voraussetzung, daß die französische Regierung ihre abweisende Haltung gegenüber der deutschen Reichsregierung beibehielte und nur mit den lokalen Instanzen des Rheinlandes verhandelte, eine Perspektive eröffnet, die auf längere Sicht sogar die völlige Unabhängigkeit des Rheinlandes ermöglichen sollte.[25] Um die Dinge voranzutreiben, war der Prälat sogar bereit, möglichst bald mit Tirard zusammenzutreffen. Ob das noch geschehen ist, wird aus den Akten jedoch nicht ersichtlich.

Denn das Ende dieser Pläne und Bestrebungen kam rasch. Adenauer gab vor, daß es die Opposition des Reichsaußenministers gewesen sei, die ihn und seine Freunde zum Verzicht auf die Fortführung ihrer politischen Pläne veranlaßt hätte. Das war schwerlich die Wahrheit, denn daß Stresemann seit dem 25. Oktober 1923, der Konferenz von Hagen, den Plänen Adenauers ablehnend gegenübergestanden hatte, war ebenso eindeutig wie die Tatsache, daß diese Haltung bei Adenauer keinerlei Wirkung hervorgerufen hatte. Weil er den Widerstand Stresemanns fürchtete, hatte er am 6. Dezember Marx vergattert, über seine beabsichtigte Kontaktaufnahme zu Poincaré nicht den Außenminister zu informieren. Dieser Wunsch seines Kölner Parteifreundes war dem korrekten und loyalen Kanzler sicherlich unangenehm; da er aber, wie so häufig, den Kompromiß anstrebte, verfiel er auf den Ausweg, die Erklärungen Adenauers in der Reichskanzlei nicht aktenkundig zu machen. Deshalb findet sich das Protokoll vom 9. Januar 1924 sowie der Brief Stresemanns nur in seinem Nachlaß.

Der Abgang Adenauers von der rheinischen Politik im Januar 1924 ist für sein ganzes Verhalten charakteristisch. Seine Aktivitäten auf diesem Gebiet versickerten nicht etwa in der Weise, wie es das Bild der französischen Akten vermittelt. Dort verschwindet seit Mitte Dezember 1923 mehr und mehr der „Etat rhénan" aus den Akten, sowohl in quantitativer Hinsicht als auch, was die Substanz betrifft.

Adenauer dagegen verabschiedete sich von seinen Plänen durch einen Brief an Reichskanzler Marx vom 23. Januar, in dem er seine jüngsten Aktivitäten auf diesem Gebiet in sehr optimistischer Sicht darstellte und Stresemann die Schuld für den Abbruch seiner erfolgversprechenden Initiativen zuwies.[26] Er berichtete in dem Brief von einem erneuten Empfang durch Tirard am 19. Januar, bei dem dieser nicht nur wieder so freundlich zu ihm war wie bei der Audienz am 27. Dezember, sondern bei diesem Anlaß habe er sogar eine Bot-

---

25 Die Position von Kaas findet ihre Erklärung wahrscheinlich in seiner Verbindung über den Nuntius Pacelli zur vatikanischen Politik, die damals klar profranzösisch war, wie es die Haltung des Monsignore Testa, der von Rom zur Inspektion des besetzten Gebietes entsandt war, eindeutig zeigt. Es war bezeichnend, daß Kaas am 10. Januar Dugout mitteilte, die Politik der rheinisch-französischen Abmachungen sei „schon immer insbesondere von Seiner Exzellenz dem Apostolischen Nuntius Mgr. Pacelli gestützt worden, die die notwendige Unterstützung zu gegebener Zeit beim Heiligen Stuhl finden wird." Dieser Feststellung fügte Kaas, wie Dugout berichtet, noch Erklärungen hinzu: „Bei diesem Gegenstand teilte er mir gewisse vertrauliche Dinge mit, über die ich mündlich berichten werde."
26 Abgedruckt bei Karl Dietrich Erdmann, a. a. O., S. 369f. (Dok. Nr. 35).

schaft von Poincaré entgegennehmen dürfen. Traf dies zu, so war das eine entscheidende Wende. Denn nun hätte es sogar über Tirard den Kontakt zu Poincaré gegeben. Hatte Adenauer noch im Dezember den französischen Hochkommissar umgehen wollen, als er über Arnaud und Charles Laurent dem französischen Ministerpräsidenten seine Pläne vortragen ließ, so hätten nun alle an einem Strang gezogen. Tirard habe Adenauer — so dieser in seinem Schreiben an Marx — mitgeteilt, „Herr Poincaré sei bereit zu Verhandlungen über die Reparationsfrage zwischen Herrn Stinnes und Vögler einerseits und Herrn Seydoux und anderen französischen Herren andererseits, wenn die Herren Stinnes und Vögler durch Herrn Hoesch als offiziöse Verhandler eingeführt würden". Also eine geradezu sensationelle Wende der Dinge! Demnach hätte Poincaré seine Politik entscheidend geändert, indem er die Bedingung fallen ließ, über das Rheinland nur mit Vertretern des besetzten Gebietes zu verhandeln. Nun sollte er ganz im Gegensatz zu seiner bisherigen Haltung damit einverstanden sein, die Zuständigkeit des Reiches für derartige Verhandlungen dadurch anzuerkennen, daß der diplomatische Vertreter in Paris die rheinischen Abgesandten dort einführte. Und das sollte mit Leuten wie Stinnes geschehen, die in französischen Augen mehr als verdächtig waren. Natürlich durfte diese sensationelle Kehrtwendung der französischen Haltung nicht an die große Glocke kommen; „diese ganzen Dinge, auch schon die Anwesenheit der Herren in Paris, die Tatsache der Einführung durch Herrn von Hoesch usw. müßten natürlich absolut geheim gehalten werden".

Es ist ebenso seltsam wie bezeichnend, daß von all diesen Dingen in den französischen Akten nichts zu finden ist. Kein Wort von Poincaré, das von Paris nach Koblenz ging, um Tirard in der von Adenauer behaupteten Richtung zu informieren, findet sich in den Akten. Auch der französische Hochkommissar hat weder über den Besuch vom 27. Dezember, von dem wir nur etwas durch die Briefe Adenauers wissen, noch über den erneuten Empfang des Kölner Oberbürgermeisters etwas mitgeteilt. Das muß nicht bedeuten, daß ein solcher nicht stattgefunden hätte, sondern besagt lediglich, daß Tirard nichts nach Paris Mitteilenswertes dabei herausgefunden hatte.

Daß Poincaré irgendwelche Mitteilungen an Adenauer über Tirard zu richten hatte, erscheint ausgeschlossen. Arnaud, Adenauers Mittelsmann, hatte zweimal im Januar 1924, durch Schreiben vom 8. und 16. Januar, bei Poincaré auf Adenauer aufmerksam zu machen versucht, aber der Regierungschef hat darauf nicht reagiert.[27] Für ihn waren die Pläne Adenauers nicht mehr von Interesse.

Es ist also davon auszugehen, daß Adenauer in seinem Brief an Marx mit den erstaunlichen Verhandlungsofferten einen „Türken" baute, indem er eine höchst interessante Perspektive eröffnete, die er angeblich jedoch nur deshalb nicht weiterverfolgte, weil der Außenminister „Bedenken" hatte.

---

27 MAE Rive gauche 38, Bl. 305 ff. Mit Anschreiben vom 9. Januar hatte Arnaud die französische Übersetzung des Briefes Adenauers an ihn vom 28. Dezember übersandt; der Brief Arnauds vom 16. Januar befindet sich in Rive gauche 39, Bl. 143 f.

Mit der Geschichte von den konzessionsbereiten Tirard und Poincaré wollte Adenauer sich einen respektablen Ausstieg aus der Affäre verschaffen; er gab sich deshalb überkorrekt und teilte — im Namen von Hagen, Silverberg, Stinnes und Vögler — mit: „Wir sind nach wie vor von der Richtigkeit unserer Ihnen bekannten Ansicht überzeugt; wir werden uns aber nunmehr mit Rücksicht auf diese nachher geäußerten Bedenken jeder weiteren Betätigung in der in den Verhandlungen am 8. und 9. Januar gekennzeichneten Richtung enthalten."

Mit Sicherheit war es nicht die Gegnerschaft Stresemanns, die ihn zum Verzicht veranlaßte. Der wirkliche Anlaß ist nicht auszumachen: War es der Sturz des Franken am 14. Januar[28] oder waren es die Verhandlungen Schachts in Paris, die ihm die Augen öffneten und ihm das Illusionäre seiner Pläne deutlich machten? Was es auch gewesen sein mag, es ist weniger wichtig als die Tatsache, daß er so lange an seinem Projekt festgehalten hatte.

Man wird wohl einen gewissen Realitätsverlust in der kleinen Gruppe der entschiedenen Befürworter eines Rheinstaates als Ergebnis rheinisch-französischer Verhandlungen vermuten dürfen. Sie setzten auf diese Möglichkeit, blieben aber dabei isoliert. Sie konnten ihre Pläne nicht in die Öffentlichkeit bringen; selbst in Parteikreisen war es nicht ratsam, darüber zu sprechen, wenn etwa westfälische Parteifreunde anwesend waren, die nur ihr Unverständnis über diese Pläne zum Ausdruck bringen konnten. Im kleinen Kreis der Eingeweihten, ohne Beeinflussung von außen oder von anderen Positionen her, entwickelte sich die Meinungsbildung in der Richtung, daß nur die eigenen Anschauungen bestätigt wurden, aber die Beziehung zur politischen Realität an Bedeutung verlor. In der Fixierung auf das Ziel sahen Verfechter dieser Politik, wie Adenauer und Kaas, nur die positiven Seiten, nicht aber die immer größer werdenden objektiven Widerstände. Von dem Wunschdenken beherrscht, vor dem Durchbruch bei den Verhandlungen zu stehen, wollten sie nicht zur Kenntnis nehmen, daß mit der Überwindung der existenzbedrohenden Krise des Novembers 1923 die entscheidende Voraussetzung für das Gelingen des Plans entfallen war. Nur so wird es verständlich, daß Adenauer noch so lange, bis weit in den Januar 1924 hinein, an seinem Rheinstaatprojekt festhielt. Gewiß hat der Gedanke, sich durch den Regierungskontakt ein Alibi zu verschaffen, eine Rolle gespielt, aber damit allein wird man sein Verhalten um die Jahreswende 1923/24 nicht erklären können.

---

28 Vgl. Walter M. McDougall, France's Rhineland Diplomacy 1914—1924, Princeton 1978, S. 351 und Jacques Bariéty, Les relations franco-allemandes après la première guerre mondiale, Paris 1977, S. 285.

Zusammenfassung

Die Politik Konrad Adenauers nach dem Ersten Weltkrieg ist nicht auf einen einfachen Nenner zu bringen. Von Rheinlandpolitik in diesem Zusammenhang zu sprechen, verwischt die Problematik eher, als daß der Begriff zur Klärung beizutragen vermag. Denn es ging nicht um die Diskussion der Rheinländer über ihre Zukunft, etwa im Rahmen der Diskussion um eine Reichsreform, sondern um die alles entscheidende Frage, ob und wie man sich in der zugespitzten Situation von 1918/19 und 1923 gegenüber Frankreich, der Hegemonialmacht am Rhein, behaupten und einen Modus vivendi finden konnte.

Adenauers Verhalten in bezug auf diese Lebensfrage des Rheinlandes zeigt keine durchgehende Linie. Er war zu keiner Zeit derjenige, der die verschiedenen politischen Kräfte in seiner Heimat zusammenfaßte, und erst recht nicht der Koordinator zwischen dem Rheinland und Berlin, also der Reichs- und Preußischen Staatsregierung. Als Konstante seiner Politik läßt sich vor allem die klare Priorität feststellen, mit der er letzten Endes die Interessen des Rheinlandes über die nationalen Interessen stellte, auch wenn seine öffentlichen Äußerungen das Gegenteil zu bekunden suchten.

Die Vertretung des rheinischen Sonderinteresses ist jedoch nicht so zu verstehen, daß Adenauer bestrebt war, eine bestimmte Strategie zu entwickeln und durchzuführen. Der Kölner Oberbürgermeister wurde nicht von sich aus aktiv, um bestimmte politische Pläne durchzusetzen. Er agierte nicht, sondern er reagierte. Das ist ein entscheidender Punkt. Sein Engagement für die rheinische Republik war stets die Reaktion auf die Bedrohung von außen; diese veranlaßte ihn zum Handeln.

Zuerst, im Augenblick des Umsturzes und Waffenstillstandes, war es die von Froberger und den Aktivisten um die „Kölnische Volkszeitung" geäußerte Behauptung, daß die Annexion durch Frankreich bevorstehe, die ihn veranlaßte, sich mit den rheinischen Republikanern der ersten Stunde einzulassen. Zusammen mit Froberger entwickelte er das Konzept der „Friedensrepublik", das er auch nach seiner Distanzierung von den politisch wenig geschickt operierenden Aktivisten beibehielt. Es bedeutete die faktische Unabhängigkeit des zu gründenden Staates bei lockerer Zugehörigkeit zum restlichen Reich und gleichzeitiger internationaler Garantie seines besonderen Status.

Als die Friedensbedingungen im Mai 1919 bekanntwurden, bildete sich in ihm die Überzeugung, daß diese für das Rheinland verhängnisvoll seien. Diese Einsicht trieb ihn wiederum zur Aktion. Nach den negativen Erfahrungen mit seinen früheren politischen Weggefährten knüpfte er — praktisch auf sich allein gestellt, denn nur einige Vertraute aus der Industrie wußten von seinen Kontakten — über einen französischen Offizier Verbindungen zu den Spitzen der französischen Besatzung, zu Tirard und Foch, an. Diese Sonderpolitik, die die französische Regierung für seinen Plan gewinnen sollte, bei Errichtung der „Friedensrepublik" am Rhein Milderungen des Friedensvertrages zuzustimmen, konnte nicht zum Erfolg führen, da der Vorschlag zu spät kam. Der Friedensvertrag stellte nämlich einen mühsam zustande gekommenen Kompromiß der verschiedenen Positionen der Alliierten über die zukünftige Behandlung Deutschlands dar, an dem nichts in letzter Stunde geändert werden konnte, ohne das Ganze überhaupt zu gefährden.

Nach dem Scheitern seiner Geheimpolitik mit den Franzosen vollzog Adenauer einen klaren Kurswandel. Er zog sich von den Franzosen zurück, arrangierte sich mit der für Köln zuständigen britischen Besatzungsmacht und machte in dem von ihm so oft verteufelten Preußen Karriere.

Als Mann der Engländer, wie ihn die Franzosen gehässig bezeichneten, hoffte er, daß die Briten 1923 von sich aus etwas tun würden, um die Krise nicht zum Höhepunkt treiben zu lassen. Er fand bei ihnen kein Gehör für seine wiederholt geäußerten Befürchtungen, daß Deutschland auseinanderbrechen würde, wenn von seiten Großbritanniens nichts geschehe.

Die Separatistenputsche nach dem 20. Oktober schufen eine neue Situation. Die Horrorvision, daß die Separatisten, in den Augen der rheinischen Bevölkerung Gesindel der schlimmsten Sorte, von den Franzosen die Macht zugespielt erhielten, ließ Adenauer nicht ruhen. In der Erkenntnis, daß er zu lange auf die Engländer gewartet hatte, warf er resolut das Steuer herum und suchte in Kontakt mit dem französischen Hochkommissar Tirard zu gelangen. Dabei trieb ihn nicht der Wunsch nach Versöhnung oder die Hoffnung, einen Brückenschlag zwischen Deutschland und Frankreich bewerkstelligen zu können. Eine solche Vorstellung geht an der historischen Realität der damaligen Krise völlig vorbei. Es war vielmehr die Kapitulation vor dem französischen Nationalismus, wie er sich in der Politik von Poincaré äußerte, zu der er sich im November 1923 veranlaßt sah.

Adenauer ging es vor allem darum, die Franzosen zu überzeugen, daß ihre „politique rhénane" nicht mit den Separatisten, sondern mit seriösen Leuten, den traditionellen Führungsschichten des Rheinlandes, weitaus erfolgreicher realisiert werden konnte. Als er endlich bei Tirard am 15. November vorgelassen wurde, erklärte er sich damit einverstanden, daß der zu gründende Staat am Rhein außerhalb der Reichsverfassung stehen würde. Das geschah auf dem Höhepunkt der Krise und erklärte sich wohl in erster Linie aus seiner pessimistischen Grundeinstellung. Er hatte seit Monaten die Befürchtung geäußert, daß das Reich auseinanderfallen werde. So war es nicht überraschend, daß er zu diesem Zeitpunkt taktische Rücksichtnahmen fallenließ. Die nicht mehr mit der Reichsverfassung zu vereinbarende Sonderstellung der rheinischen Republik wurde auch bei den Plänen zur Gründung der rheinischen Goldnotenbank deutlich, die außerhalb des deutschen Währungssystems stehen sollte. Nichts konnte aber zu gleicher Zeit die Staatsgründung nachhaltiger fördern und sie gegenüber der Bevölkerung legitimieren als die Ausgabe wertbeständigen Geldes. Es war ein Separatismus des „Rette-sich-wer-Kann", der in diesen Planungen Adenauers und seiner Freunde aus der Wirtschaft, in erster Linie Louis Hagen, zum Ausdruck kam.

Als das Reich wider Erwarten nicht zusammenbrach, kam eine Zeit der Unentschiedenheit; sie zeigt einerseits ein erstaunlich langes Festhalten Adenauers an seinen Staatsplänen, andererseits das Bestreben, sich gegen den Vorwurf des Separatismus abzusichern.

Es ist häufig die These vertreten worden, daß trotz des Scheiterns oder des vielleicht sogar notwendigen Scheiterns seiner Pläne diese vor allem deswegen positiv zu beurteilen seien, weil mit ihnen die deutsch-französische Verständigung gefördert werden sollte. Demnach wäre Adenauer als Pionier der Aussöhnung zu begreifen, der schon für dieses große Ziel eintrat, als die große Masse der Bevölkerung und die veröffentlichte Meinung in Deutschland Frankreich haßerfüllt gegenüberstanden. Kann man, wie es vorgeschlagen worden ist, seine politischen Aktivitäten von 1923 als einen „Vorläufer der Locarno-Politik"[1] bezeichnen? So unstrittig es ist, daß er sich wiederholt für die deutsch-französische Verständigung ausgesprochen hat, so vieldeutig ist das, was sich dahinter verbirgt. Nach seinen geheimen Sondierungen im Jahre 1919 hatte er, als mit der Annahme des Versailler Vertrages die Voraussetzung für seine Pläne entfiel, plötzlich den kaisertreuen Patrioten herausgekehrt. Dann hatte er durch die enge Kooperation mit der britischen Besatzungsmacht die französische „Konkurrenz" brüskiert, die dieses Verhalten mit bitterer Feindschaft quittierte. Durch sein radikales Umschwenken im Herbst 1923 verbesserten sich die Beziehungen, und er konnte Tirard und Poincaré gegenüber von dem Ziel der Verständigung sprechen, obwohl gerade der französische Ministerpräsident mit Sicherheit vom Gegenteil überzeugt war und der Begriff Verständigung in seinem Denken keinen Platz hatte.

Denn wenn man den Gedanken der Verständigung lediglich als positiven Wert an sich versteht und ihn nicht im Kontext der politischen Pläne Adenauers und der Ziele der französischen Politik sieht, vergißt man eines: Zur Verständigung gehören zwei; beide Partner müssen dazu bereit sein. In den Krisen nach dem Ersten Weltkrieg war davon nicht die Rede, und vor allem für die französische Regierung unter Poincaré stellte sich das deutsch-französische Verhältnis unter machtpolitischen Gesichtspunkten dar. Nach den Vorstellungen Adenauers sollte die Gründung des Rheinstaates den eigentlichen Wandel bringen. Dieser sollte im Klartext, ohne Verbrämungen für die deutsche Optik, faktisch unabhängig sein. Daß damit die Gefahr des Revanchekrieges erledigt wäre und überhaupt die Beziehungen zu Frankreich eine neue Realität erhielten, verstand sich dann gleichsam von selbst. Wenn aber die andere Seite darin nicht ein Angebot der Verständigung, sondern nur eine Möglichkeit zur Schwächung des Potentials des Gegners sah, blieb von Annäherung und Entspannung nicht viel übrig.

Entscheidend ist jedoch, daß die Pläne Adenauers nur seinen engsten Vertrauten und der französischen Seite bekannt waren. Sie waren in Deutschland unbekannt; ihre Kenntnis hätte einen Sturm der Entrüstung hervorgerufen.

---

1 Peter Wulf, Hugo Stinnes. Wirtschaft und Politik 1918–1924, Stuttgart 1979, S. 491.

Man darf nicht vergessen, daß Adenauer ohne jede demokratische Legitimation agierte. Er wollte in seinen geheimen Verhandlungen mit der französischen Besatzungsmacht, die er in der Regel allein führte und von denen die anderen Parteien vielleicht etwas ahnten, aber nichts wußten, eine Lösung herausholen, die in erster Linie für das Rheinland vorteilhaft war, aber zugleich Kompensationen für das übrige Deutschland enthielt, die so attraktiv sein mußten − die Quadratur des Zirkels −, daß Berlin zustimmte und der Vorwurf des Verrates nicht laut wurde. Kern der Verständigung war für Adenauer die rheinisch-französische Kooperation, die mit der innenpolitischen Umstrukturierung des Reiches dann auch die gewünschte Entspannung des deutsch-französischen Verhältnisses bringen sollte. Nur war für eine solche Lösung kein Konsens in Deutschland − auch nicht im Rheinland − zu erreichen, ganz zu schweigen davon, daß für eine solche Konzeption auch in Frankreich kein Interesse bestand. Zwei Voraussetzungen waren zu erfüllen, um dem Unternehmen wenigstens eine gewisse Erfolgsaussicht einzuräumen: Die Lage in Deutschland mußte so hoffnungslos sein, daß man sich am Rhein aus Abwehr und reinem Selbsterhaltungstrieb nach Westen orientierte, und zugleich mußte die Lösung von außen − von Frankreich − kommen. Dann konnte sie als notwendiges oder kleineres Übel hingenommen und die Zustimmung zu einer solchen Lösung politisch vertreten werden. Da das Reich im Herbst 1923 die Krise überstand, entfiel die entscheidende Voraussetzung.

Die Pläne Adenauers hatten nichts mit der Locarno-Politik zu tun, und es ist kein Zufall, daß er in diesem Zusammenhang überhaupt nicht in Erscheinung getreten ist. Natürlich spielte hier eine Rolle, daß Adenauer seinem verhaßten Gegenspieler Stresemann diesen Erfolg nicht gönnte. Aber das ist nicht alles. Locarno war der Versuch des republikanischen Deutschlands als Ganzem, mit Frankreich zum Ausgleich zu kommen. Wenn auch die Schwierigkeiten 1925 keineswegs überwunden wurden und die damalige Euphorie im historischen Rückblick zu relativieren ist, darf jedoch diese Politik weder als verfehlt noch als von vornherein zum Scheitern verurteilt betrachtet werden. Die Vorstellungen Adenauers liefen im Kern nicht auf eine Lösung hinaus, die das ganze Deutschland umfaßte, sondern waren von den Forderungen der französischen Rheinpolitik bestimmt und orientierten sich deshalb an Teillösungen. Was in der rheinischen Perspektive als „Friedensrepublik" erschien, war nicht als Baustein für einen dauerhaften Ausgleich zu betrachten, sondern stellte die Verschiebung des machtpolitischen Gleichgewichtes zugunsten Frankreichs dar, die in Deutschland nie hingenommen worden wäre.

Vergegenwärtigt man sich die Quintessenz der Pläne Adenauers − die faktische Unabhängigkeit des Rheinstaates − und die Art seines Vorgehens − Geheimverhandlungen mit der französischen Seite −, wie es die französischen Quellen eindeutig belegen, so kann kein Zweifel darüber bestehen, daß er im Urteil seiner Zeitgenossen als Separatist gegolten hätte, wenn damals schon die Kenntnisse vorhanden gewesen wäre, die nun die Archive preisgeben. Doch dieser Sachverhalt erscheint heute weniger wichtig als die Erkenntnis, daß er zu den wenigen Deutschen gehörte, die vor 1933 politische Alternativen zu dem überkommenen Nationalstaat sahen und sich für diese einsetzten. Er hat nicht, wie Schwarz behauptet, im Deutschen Reich „die natürliche Ordnung der Dinge" gesehen,² sondern konnte sich ganz anders strukturierte politische Gebilde vorstellen.

Darüber hinaus zeigte sein Verhalten in den Krisen nach 1918 Züge, die für die Beurteilung seiner Persönlichkeit und für die Art, wie er Politik betrieb, wichtig sind. Adenauer begegnet in dieser Situation nicht als der überlegene Taktiker, der seine politischen Ziele stets in realistischer Einschätzung ihrer Verwirklichungschancen verfolgt hat. Davon kann keine Rede sein. Er erscheint vielmehr als Politiker, der abrupte Schwenks vollzog, ohne diese taktisch abzusichern, und als ein Mann, der auch dann noch seine illusionären Pläne verfolgte, als keinerlei Realisierungsmöglichkeiten mehr bestanden.

Adenauer hat mit seinem Projekt des nach Westen geöffneten Teilstaates nach dem Ersten Weltkrieg ein politisches Konzept entwickelt, das in der Weimarer Republik notwendigerweise scheitern mußte. Als politische Grundvorstellung blieb es aber für ihn von entscheidender Bedeutung. Nach 1945 ist es wohl vor allem dieses Konzept gewesen, das ihn die politische Entwicklung schneller erkennen und entsprechende Konsequenzen ziehen ließ.

Im Winter 1918/19 war es das kurze Aufflackern der revolutionären Gefahr aus dem Osten gewesen, das den Plänen zur Gründung eines Staates am Rhein erheblichen Auftrieb verschaffte. Am 31. Januar 1919 schrieb die „Kölnische Volkszeitung" in einem Artikel mit der Überschrift „Die Weltmission des rheinischen Volkes" einen Satz, der viel eher aus der Zeit des Kalten Krieges herzurühren scheint: „Zu unserem Staate sollen die Brüder im Osten aufblicken wie zu einem Leuchtturm im brandenden Meere, wenn sie in der Nacht des Bolschewismus und Nihilismus zu versinken drohen."

Nach dem Zweiten Weltkrieg hatte die Vision von 1919 einen ganz anderen Realitätsgehalt. Schon im Juli 1945 sah Adenauer die sowjetische Zone hinter einem eisernen Vorhang verschwinden. Im Oktober war für ihn der von „Rußland besetzte Teil ... für eine nicht zu schätzende Zeit für Deutschland verloren".³ Doch wenn Asien bis an die Elbe reichte, mußte das für das restliche Deutschland Konsequenzen haben. Da die preußischen Kerngebiete entweder unter polnischer Verwaltung standen oder zur sowjetischen Besatzungszone gehörten, fiel die antipreußische Begründung der früheren Staatsgründungspläne weg. Die Bedrohung aus dem Osten sorgte für eine entscheidende Modifikation. Als die französische Regierung 1945 begann, dieselben Ziele am Rhein anzustreben wie nach dem Ersten Weltkrieg — den Rhein zur Grenze zu machen, einen Kranz von Satellitenstaaten, „Allemagnes françaises", zu errichten und das Ruhrgebiet unter französische Kontrolle zu bringen — fanden diese Pläne nicht die Zustimmung Adenauers. Er hatte, anders als die französische Politik, die nur den Aufguß nationalistischer Träume darstellte, die grundlegende Veränderung der Situation in Deutschland und Europa erkannt und in seine Pläne einbezogen. „Wenn man einen Rhein-Ruhrstaat losgelöst von den anderen

---

2   Hans-Peter Schwarz, Adenauer und Europa, in: VZG 27 (1979), S. 510.
3   Konrad Adenauer, Briefe 1945–1947, S. 124.

Teilen Deutschlands bilde, erhebe sich sofort die Frage, was denn aus den Teilen Deutschlands nördlich und südlich dieses Rhein-Ruhrstaates staatsrechtlich werden solle. Rußland würde getreu seinen imperialistischen Tendenzen sofort erklären, der von ihm besetzte Teil, das ist die Hälfte des alten Deutschland, sei das alte deutsche Reich. Die drei zerschnittenen Teile der nichtrussisch besetzten Zone würde schon automatisch nach Wiedervereinigung mit diesem russisch besetzten alten Reich streben. Man kehre ihr Gesicht geradezu nach dem Osten nicht nach dem Westen. Es sei notwendig, die drei Teile des nichtrussisch besetzten Gebietes, die bei Schaffung eines Rhein-Ruhrstaates entstünden, in einem staatsrechtlichen Verhältnis zueinander zu belassen. Es könne das eventuell bundesstaatlich sein."[4]

Das war die Anpassung des alten Konzeptes an die neue Situation, die sich, wie die Zukunft zeigte, als außerordentlich erfolgreich erwies.

---

[4] Ebenda.

Quellen- und Literaturverzeichnis

Unveröffentlichte Quellen

Archives diplomatiques du Ministère des Affaires Etrangères
    Série Europe
        Rive gauche du Rhin
        Ruhr
    Papiers Tardieu
    Papiers Millerand

Archives Nationales Paris
    Archives de la Haute Commission Interalliée des territoires rhénans (Fonds Tirard, AJ^9)

Bundesarchiv Koblenz
    ZSg. 105
    Kl. Erwerbungen

Politisches Archiv des Auswärtigen Amtes Bonn
    Büro Reichsminister 7
    Büro Staatssekretär; Besetzte Gebiete, Rheinlandfragen Abt. II, IIa
    Weltkrieg 30
    Deutschland

Public Record Office London
    Foreign Office 371

Historisches Archiv der Stadt Köln
    Akten betr. Rheinlandbewegung
    Nachlaß Carl Bachem

Literaturverzeichnis

Adenauer, Konrad: Briefe 1945–1947. Bearb. von Hans Peter Mensing. o. O. (1983).
Adenauer, Konrad: Briefe 1947–1949. Bearb. von Hans Peter Mensing. o. O. (1984).
Adenauer, Konrad: Erinnerungen 1945–1953. Stuttgart ^{4}1980.
Adenauer, Konrad: Reden 1917–1967. Eine Auswahl, hrsg. von Hans-Peter Schwarz, Stuttgart 1975.
Akten der Reichskanzlei – Das Kabinett Cuno, bearb. von Karl-Heinz Harbeck, Boppard 1958.
    – Die Kabinette Stresemann I u. II, bearb. von Karl Dietrich Erdmann u. Martin Vogt, 2. Bde., Boppard 1968.
    – Die Kabinette Marx I. u. II, bearb. von Günter Abramowski. Boppard 1973.
Artaud, Denise: A propos de l'occupation de la Ruhr. In: Revue d'Histoire moderne et contemporaine 17 (1970), S. 1–21.
Artaud, Denise: Die Hintergründe der Ruhrbesetzung 1923. Das Problem der interalliierten Schulden. In: VZG 27 (1979), S. 241–259.
Auffray, Bernard: Pierre de Margerie (1861–1942) et la vie diplomatique de son temps. Paris 1976.

Bariéty, Jacques: Les relations franco-allemandes après la première guerre mondiale. Paris 1977.
Bischof, Erwin: Rheinischer Separatismus 1918—1924. Bern 1969.
Brandt, Willy u. Löwenthal, Richard: Ernst Reuter. Ein Leben für die Freiheit, München 1957.
Brüggemann, Fritz: Die rheinische Republik. Bonn 1919.
Brüning, Heinrich: Memoiren 1918—1934. Stuttgart 1970.

Craig, Gordon A.: On the Diplomatic Revolution of our Times. Riverside 1961.
Craig, Gordon A.: Das Ende Preußens. München 1985.
Delbreil, Jean-Claude: Les catholiques français et les tentatives de rapprochement franco-allemand (1920—1933). Metz 1962.
Die Regierung der Volksbeauftragten 1918/19. Eingel. von Erich Matthias, bearb. von Susanne Miller unter Mitwirkung von Heinrich Potthoff. Düsseldorf 1969.
Dreher, Klaus: Der Weg zum Kanzler. Adenauers Griff nach der Macht. Düsseldorf 1972.
Dünnebacke, Paul-Heinz: Karl Jarres im Kaiserreich und in den ersten Jahren der Weimarer Republik. Phil. Diss. Münster 1974.
Düwell, Kurt: Universität, Schulen und Museen. Adenauers wissenschafts- und bildungspolitische Bestrebungen für Köln und das Rheinland (1917—1932). In: Konrad Adenauer. Oberbürgermeister von Köln. Hrsg. von Hugo Stehkämper. Köln 1976, S. 167—206.

Erdmann, Karl Dietrich: Adenauer in der Rheinlandpolitik nach dem Ersten Weltkrieg. Stuttgart 1966.
Erdmann, Karl Dietrich: Stresemann und Adenauer — zwei Wege deutscher Politik. In: Aus Reichsgeschichte und Nordischer Geschichte, hrsg. von Horst Fuhrmann, Hans Eberhard Mayer, Klaus Wriedt. Stuttgart 1972, S. 397—410.

Faust, Raimund: Los von Berlin. Ein freier Rheinstaat im Deutschen Reich. Trier 1919.

Haffner, Sebastian: Germany: Jekyll and Hyde. New York 1941.
Heinen, Ernst: Zentrumspresse und Kriegszieldiskussion unter besonderer Berücksichtigung der „Kölnischen Volkszeitung" und der „Germania". Phil. Diss. Köln 1962.
Hüttenberger, Peter: Methoden und Ziele der französischen Besatzungspolitik nach dem Ersten Weltkrieg in der Pfalz. In: Bll. f. dt. Landesgeschichte 108 (1972), S. 105—121.

Ilges, F. Walther und Schmid, Hermann: Hochverrat des Zentrums am Rhein. Berlin (1934).

Kamper, Walter: Die Rheinlandkrise. Frankfurt 1925.
Klein, Peter: Separatisten an Rhein und Ruhr. Die konterrevolutionäre separatistische Bewegung der deutschen Bourgeoisie in der Rheinprovinz und in Westfalen, November 1918 bis Juli 1919. Berlin (Ost) 1961.
Kleinewefers, Paul: Jahrgang 1905. Ein Bericht. Stuttgart 1977.
Köhler, Henning: Autonomiebewegung oder Separatismus? Die Politik der „Kölnischen Volkszeitung" 1918/1919. Berlin 1974.
Köhler, Henning: Novemberrevolution und Frankreich. Die französische Deutschlandpolitik 1918—1919. Düsseldorf 1980.
Köhler, Henning: Das Ende Preußens in französischer Sicht. Berlin 1982.
Köhler, Henning: Beziehungen des französischen Geheimdienstes zu deutschen Linksradikalen 1917/18. In: Aus Theorie und Praxis der Geschichtswissenschaft, hrsg. von Dietrich Kurze, Berlin 1972. S. 189—208.

Lehmann, Hans Georg: Adenauer und der rheinische Separatismus 1918/19. Clives Intervention zugunsten Adenauers vom Januar 1935. In: Untersuchungen und Dokumente zur

Ostpolitik und Biographie (Adenauer-Studien III). Hrsg. von Rudolf Morsey und Konrad Repgen. Mainz 1974. S. 213—225.

Mayeur, Jean-Marie: La politique religieuse du gouvernment français et l'Affaire Rhénane (1920—1923) In: Problème de la Rhénanie (1919—1930). Metz 1975, S. 29—58.
Mc Dougall, Walter A.: France's Rhineland Diplomacy 1914—1924. Princeton 1978.
Montant, Jean-Claude: Une tentative française d'infiltration dans la presse allemande: L'affaire de la „Kölnische Volkszeitung" (février-décembre 1918). In: Revue d'Histoire moderne et contemporaine 27 (1980), S. 658—685.
Morsey, Rudolf: Adenauer und Ludwig Kaas. In: Untersuchungen und Dokumente zur Ostpolitik und Biographie (Adenauerstudien III). Hrsg. von Rudolf Morsey und Konrad Repgen. Mainz 1974. S. 226—242.
Morsey, Rudolf: Der Staatsmann im Kölner Oberbürgermeister Konrad Adenauer. In: Rhein. Vjbll. 40 (1976), S. 199—211.
Morsey, Rudolf: Die Deutsche Zentrumspartei 1917—1923. Düsseldorf 1966.

Peck, Joachim: Dr. Konrad Adenauer 1917—1952. Berlin (Ost) 1952.
Poincaré, Raymond: A la recherche de la paix. Préface Pierre Renouvin. Paris 1974.
Poppinga, Anneliese: Konrad Adenauer. Geschichtsverständnis, Weltanschauung und politische Praxis. Stuttgart 1975.

Recker, Marie Luise: Adenauer und die englische Besatzungsmacht (1918—1926). In: Hugo Stehkämper (Hrsg.): Konrad Adenauer. Oberbürgermeister von Köln 1976, S. 99—121.
Reimer, Klaus: Rheinlandfrage und Rheinlandbewegung (1918—1933). Ein Beitrag zur Geschichte der regionalistischen Bestrebungen in Deutschland. Frankfurt/Main 1979.
Rupieper, Herman J.: The Cuno Government and Reparations 1922—1923. The Hague/Boston/London 1979.

Scheringer, Richard: Das große Los unter Soldaten, Bauern und Rebellen. Hamburg 1959.
Schulze, Hagen: Otto Braun oder Preußens demokratische Sendung. Eine Biographie. Frankfurt 1977.
Schwarz, Hans-Peter: Adenauer und Europa. In: VZG 27 (1979), S. 471—523.
Schwarz, Hans-Peter: Die Ära Adenauer. Gründerjahre der Republik 1949—1957. Stutgart/Wiesbaden 1981. (Geschichte der Bundesrepublik Deutschland Bd. 2).
Schwarz, Hans-Peter: Die Ära Adenauer. Epochenwechsel 1957—1963. Stuttgart/Wiesbaden 1983. (Geschichte der Bundesrepublik Deutschland Bd. 3).
Sollmann, Wilhelm: Die Revolution in Köln. Ein Bericht über Tatsachen. Köln 1918.
Soutou, Georges: La France et les Marches de l'Est. In: Revue historique 260 (1978), S. 341—388.
Stehkämper, Hugo: Konrad Adenauer als Katholikentagspräsident 1922. Form und Grenze politischer Entscheidungsfreiheit im katholischen Raum. Mainz 1977.
Stehkämper, Hugo (Hrsg.): Konrad Adenauer. Oberbürgermeister von Köln. Festgabe der Stadt Köln zum 100. Geburtstag ihres Ehrenbürgers am 5. Jan. 1976. Köln 1976.
Stehkämper, Hugo (Hrsg.): Der Nachlaß des Reichskanzlers Wilhelm Marx. Teil 1—4. Köln 1968.

Trachtenberg, Marc: Poincaré's Deaf Ear. The Otto Wolff Affair and French Ruhr Policy. August—September 1923. In: The Historical Journal 24 (1981), S. 699—707.

Ursachen und Folgen. Eine Urkunden- und Dokumentensammlung zur Zeitgeschichte. Hrsg. von Herbert Michaelis und Ernst Schraepler. Bd. 3, Berlin 1958.

Winzer, Otto: Der Vaterlandsverrat des Dr. Konrad Adenauer. Vom Separatismus zur „Integration Europas". Berlin Ost 1952.
Wulf, Peter: Hugo Stinnes. Wirtschaft und Politik 1918—1924. Stuttgart 1979.

Zimmermann, Ludwig: Frankreich Ruhrpolitik vom Versailles bis zum Dawesplan. Hrsg. von Walther Peter Fuchs. Göttingen 1971.

Personenregister

d'Abernon, Lord 254
Abs, Hermann J. 236
Ahn 48, 50, 72, 74
Arnaud, franz. Delegierter 196f., 243, 245, 247, 258f.
Arnaud 230−234, 259, 263, 272
Atthalin 251
Augstein, Rudolf 12

Bachem, Carl 30, 84
Bachem, F. C. 166
Bachem, Franz-Xaver 21, 28, 73
Bachem, Robert 55
Balfour 68
Bariéty, Jacques 137f., 142, 145
Barrès, Maurice 142, 149
Bauer, Gustav 111
Bacmeister 36
Batocki 17
Bayersdörffer 218
Beissel, Graf 48
Bendix 247
Beuckenberg 63
Bismarck, Otto von 12, 22, 137
Bollig 245
Borgmann 212
Boucabeille, General 25−27, 29, 119
Bracht, Franz 186
Braun, Otto 192
Breitscheid, Rudolf 36f., 39, 113
von Brentano, Otto Rudolf 181f.
Briefs, Götz 36f., 38ff., 45, 120
Brockdorff-Rantzau, Graf Ulrich von 93, 104, 106, 108, 111, 113
Brüning, Heinrich 166
Brugère 141
von Buhl 109, 111f., 115
Buchrucker 147

Cecil, Lord Robert 143
Charlier, Max 48f., 67, 124
Clemenceau, Georges 26, 29, 81, 96, 105, 108, 120, 138, 149, 270
Clive, General Sidney 62f., 64, 82, 89f., 98, 122, 124
Cuno, Wilhelm 151, 165, 168, 174−176, 177, 238f., 242

Dahlen 83, 91, 95
Deckers 151
Degoutte, General 137, 204
Delafaille, Pater 27
Dietrich, Hermann 44
Domsdorf, Fritz 24f., 25, 27, 29, 119
Domsdorf, Pater 27
Dorten, Hans Adam 14, 20, 29, 51−54, 62, 64f., 69−72, 83, 85, 91−93, 98, 101f., 105f., 117, 122, 127, 142, 144, 146−152, 154, 157, 163f., 168, 179, 182, 259, 261
Dreher, Klaus 19
Duckwitz 42, 48
Dugout, Capitaine 105, 167, 270
Dyckerhoff 218

Ebert, Friedrich 22, 43f.
Eckert, Christian 48, 53
Erdmann, Karl Dietrich 11−14, 16, 18f., 21, 31f., 37f., 40, 44f., 47, 51, 66, 69f., 76, 93f., 104, 137, 158, 161, 185, 193f., 204f., 207, 215, 224, 227, 235, 257
Erzberger, Matthias 25, 43f., 111, 112f., 160
Esser, Thomas 180, 193

Falk, Bernhard 52, 55, 170, 218
Farwick 121
Fehrenbach, Constantin 39, 43f.
Foch, Marschall 84, 95f., 103, 160, 275
Foerster, Friedrich Wilhelm 101
François-Poncet, André 153, 155, 163, 246
von Friedberg 223
Froberger, Josef 21, 28f., 31f., 38, 41, 47, 52, 63, 65ff., 68f., 72f., 76−79, 82, 84−87, 89, 91−93, 95f., 100, 112f., 119f., 123, 130f., 171f., 221, 228, 260, 274
Fuchs, Johannes 185

de Gaïl 130f., 172, 174, 176, 221f.
de Gaulle, Charles 10
Gelin 167, 208, 219ff.
Giesberts, Leo 24
Giscard d'Estaing, Edmond 202, 240

Groener, Wilhelm 39, 42f.
Guérard, Theodor von 181
von Guillaume 49f., 103

Haase, Hugo 43f.
Hagen, Louis 47—50, 55, 63, 128, 163, 179, 181ff., 193, 195, 197, 201—204, 208—211, 213, 221, 227, 236, 247—255, 266, 276
Haguenin 153
Hammerschmidt 247
Hamspohn 230, 233, 263
von Hartmann, Kardinal 111
Hauptmann, Carl 48
Headlam-Morley 82
Heinz (Orbis) 262
Henkels, Walter 9
Hermant, Max 68, 152, 157, 159, 161, 225
Hindenburg, Paul von 44f.
Hinsberg 238
Hirsch, Paul 99
Hocquel, Paul 164
Hoeber, Karl 21, 28, 35, 48, 51
von Hoesch 160, 272
Hoffmann, Adolf 19, 21, 33
Horion, Johannes 180, 210

Irmer 167, 178
Ilges, F. Walther 19, 20, 36, 53

Jörg 63
Janssen 240
Jarres, Karl 187, 188f., 192ff., 199, 205, 218

Kaas, Ludwig 55, 72, 83, 92, 99, 104f., 166ff., 170, 194, 196, 222, 258f., 269f., 273
Kastert, Bertram 32, 34, 72f., 78, 82ff., 87, 89, 91f., 95
Kaufmann 247
Kemal Pascha 153
Kilmarnock, Lord 117, 125f., 176f.
Kingsley Webster, C. 143
Klecker de Balazuc 149
Kloth 197
Koenigs 238
Köngeter 218
Krücke 218
Kuckhoff, Joseph 84, 87, 89, 91f.

Laurent, Charles 203, 230, 232ff., 263, 272

Lauscher 171
Lenin 153
Lensing, Lambert 186
de Lillers, Marquis 49f., 63, 68, 90, 95, 100—104, 106, 112, 115—118, 123, 127—129, 132, 149, 181f., 243
Lloyd George, David 81, 124
von Loë 193
Loenartz, Friedrich 104, 201, 209ff., 250, 270
Loosen 211
von Lossow 155
Luther, Hans 54, 185f., 205f.

Mangin, General 83f., 86—89, 91f., 95, 103, 123, 149, 152
Marin, Louis 149
Marx, Wilhelm 34f., 39, 169, 201, 232f., 252f., 258, 260, 268, 271f.
Massigli, René 153f.
Matthes 151—155, 157, 185
Maus 245
Mayrisch 243f.
Meerfeld, Johann 48, 197, 218, 221
de Metz, General 159
von Metzen 153, 157
Meyer 197
Meynial, Colonel 67f., 95, 101, 106
Millerand 138
Mönnig, Hugo 166f., 169—172, 178, 193, 197, 204, 218—221, 227, 232f., 245, 266, 268
Moldenhauer, Paul 187, 191, 197, 219—222
Montant, Jean-Claude 24—27
Morsey, Rudolf 14, 19, 21, 46, 166f.
Muehlon, Wilhelm 101
Mussolini, Benito 153

Norman, Montagu 254
Nothomb 156

Oehme, Adolf 48
von Oppenheim 63, 252

Pacelli, Eugenio 271
Peretti de la Rocca 140f., 157ff., 161
Pastor, Robert 50
Pferdmenges, Robert 247f., 252f.
Pieck, Wilhelm 26
Piggott, Julian 174f., 177f.
Poincaré, Raymond 80, 132, 136—140, 142—145, 148—163, 168, 176, 184, 198, 201, 203f., 207, 209, 212, 215,

225f., 229–235, 238, 249ff., 257, 262–267, 271f., 275f.
Posse, Ernst 48
Pradels, Abbé 213, 258
Preuß, Hugo 16f., 22, 37–40, 58, 69
Primo de Riveira 153

Rademacher 245f.
Reuter, Ernst 236
Rinkel, Ferdinand 50
Ryan, Colonel 63, 65f., 82, 89f., 103, 143, 177ff., 198f.

Sarolea 68
Schacht, Hjalmar 222, 273
Scheibler 49, 68, 99, 117, 243
Scheidemann, Philipp 73f., 76, 87, 89, 111, 258
Scheringer, Richard 147
Schmittmann, Benedikt 100f., 119, 213, 255, 258f., 266
Scholz 218
Schorlemer-Lieser, Freiherr von 48
Schroeder, Kurt von 252
Schubert, Carl von 248
Schulte, Kardinal 199f., 221
Schwarz, Hans-Peter 9f., 12, 278
Schweisguth 240f.
Schwink, Hauptmann 51, 70, 84ff., 96
„Seneca" 120
Serrigny, General 139f., 142
Seydoux, Jacques 242ff.
Silverberg, Paul 48, 200, 213, 243, 248, 254, 264, 266, 276
Sollmann, Wilhelm 31, 87f., 104, 111, 185
Solmssen, Georg 248
Smeets, Joseph 127, 146, 151, 157, 259
Spears, General 178
Spoelgen 208
de Staël, Madame 209

von Starck 104, 111
Stein, Carl von 237f., 241, 247ff., 253
Stein, Heinrich von 47f., 49f., 72, 103, 127, 247
Steinbach-Thierry 68
Stinnes, Hugo 241, 244, 246f., 252, 254, 257, 263–269, 272
Strauß, Othmar 245f.
Stresemann, Gustav 133, 151, 163, 169, 179, 184, 189–194, 205f., 222, 225, 233, 238, 244, 248, 253, 260, 267ff., 271, 273, 277
Stöck, Christan 211f.

Tardieu, André 108
Testa 171, 271
Thyssen 241
Tirard, Paul 49, 62, 64, 68, 80, 83, 89, 95, 105–109, 125, 128, 130f., 137, 140–164, 168–183, 188, 196–204, 207–228, 230, 233–243, 246f., 249–253, 257, 259–265, 267, 271ff., 275f.
Trautmann 67, 82
Trimborn, Carl 35, 75

Valot, Paul 153
van Vlissingen 241
Vögler, Albert 263, 266ff., 272

von Waldthausen 248
Wallraf, Max 83
Weidtmann 48
Weymar, Paul 20, 51
Wickert, Prof. 211
Wilhelm II. 116f.
Wilson, Woodrow 15, 21, 56, 81
Wirth, Joseph 129
Witte, Prof. 180, 182, 200
Wolff, Otto 48, 184, 215, 241–246
Wulf, Peter 254

Rudolf Wendorff
Zeit und Kultur
Geschichte des Zeitbewußtseins in Europa
3. Auflage (Sonderausg.) 1985. 720 S. 15,5 X 22,6 cm. Br.

Erstmalig wird hier zusammenhängend dargestellt, wie sich im abendländisch-europäischen Kulturkreis seit den Anfängen im Vorderen Orient das Verhältnis der Menschen zum Phänomen Zeit entwickelt hat. Die Auswirkungen auf Erleben, Denken, Verhalten und Handeln und vor allem auf die Dynamik der westlichen Welt stehen dabei im Mittelpunkt. Besonders die letzten Jahrhunderte werden in zunehmender Ausführlichkeit behandelt.

Eines der gefragtesten Bücher, die quer zu allen Disziplinen liegen.   *Die Zeit*

Das Buch vereinigt eine große Menge verschiedener und weit auseinanderliegender Einsichten. Wendorffs Begabung erlaubt die der Thematik so dringend notwendige interdisziplinäre Verarbeitung der Forschungsergebnisse.

Neue Zürcher Zeitung

Der Autor hat einen bedeutenden und eminent wichtigen, vor allem auch klaren Beitrag zum Zeitproblem geliefert — eines der Bücher, von denen Rezensenten sich wünschen, daß Politiker, Bischöfe, Gewerkschafter und Arbeitgeber sie sorgfältig lesen möchten.   *Frankfurter Allgemeine Zeitung*

Wendorffs Arbeit ist nicht nur außerordentlich kenntnisreich und informativ, sie enthält vielmehr in allen Partien auch sehr scharfsinnige und anregende Interpretationen und Analysen.   *Soziologische Revue*

Wendorff rückt in seinem alle Möglichkeiten der Information ausschöpfenden Werk dem Thema „Zeitbewußtsein" von allen Seiten zu Leibe. Den krönenden Abschluß bilden die umfangreichen Kapitel über die das Dasein des Menschen heute auf vielfältige Weise bestimmende Herrschaft der linearen Zeit. Alle modernen Tendenzen, Spannungen, Wissensgebiete, Lebensbereiche gewinnen unter dem kritischen Blick des Autors Bedeutung sub specie temporis. Sein Buch macht Epoche in der historischen Betrachtung des menschlichen Zeitbewußtseins.   *Zeitschrift für Religions- und Geistesgeschichte*

Als Einführung in die Probleme wie als Nachschlagebuch ist „Zeit und Kultur" für alle Sprachgebiete ein einzigartiges Werk. Es ist mit Enthusiasmus, Sorgfalt und Klarheit geschrieben. Es erweist die Vertrautheit des Autors mit der ungeheuren Zahl der zeitbezogenen Probleme in der Gesellschaftsgeschichte und im Denken Europas.
   J. T. Fraser, Gründer der International Society for the Study of Time

Westdeutscher Verlag